Revel · Die totalitäre Versuchung

Jean-François Revel

Die totalitäre Versuchung

Ullstein

Titel der französischen Originalausgabe
»La tentation totalitaire«
Erschienen bei Éditions Robert Laffont, Paris
Verlag Ullstein GmbH, Frankfurt/M · Berlin · Wien
Aus dem Französischen von Eva Brückner-Pfaffenberger
Übersetzung © 1976 Verlag Ullstein GmbH, Frankfurt/M · Berlin
Alle Rechte vorbehalten
Satz und Druck Süddeutsche Verlagsanstalt, Ludwigsburg
Einband May & Co., Darmstadt
Printed in Germany 1976

CIP-Kurztitelaufnahme der Deutschen Bibliothek

Revel, Jean-François
Die totalitäre Versuchung.– Frankfurt/M.
Berlin, Wien: Ullstein, 1976
   Einheitssacht.: La tentation totalitaire ‹dt.›
   ISBN 3-550-07342-9

Für L., M. und N.

Inhalt

DIE KOMMUNISTISCHE
KONTERREVOLUTION

Der Sozialismus und
seine Feinde

Die gegenwärtige Welt entwickelt sich in Richtung Sozialismus. Das Haupthindernis für den Sozialismus ist nicht der Kapitalismus, sondern der Kommunismus. Die zukünftige sozialistische Gesellschaft kann nur im Weltmaßstab bestehen und wird sich also nur unter der Bedingung realisieren lassen, daß die Nationalstaaten, wenn sie auch nicht gleich verschwinden, so doch zumindest einer politischen Weltordnung unterworfen werden.

Dies sind die drei Leitgedanken dieses Buches. Es stellt sich die Frage, ob es den Sozialisten gelingen wird, die zwei wesentlichen Hindernisse, die der Errichtung einer sozialistischen Welt im Wege stehen, nämlich den Staat und den Kommunismus, auszuschalten. Oder werden sie stattdessen hartnäckig darauf bestehen, ihnen zu dienen und sie zu stärken, dem einen wie dem anderen, dem einen durch den anderen, und weiterhin der Erschaffung neuer totalitärer Staaten Vorschub leisten, mit unermüdlicher Selbstverleugnung dem eigenen Untergang zustreben? Man wird mir sofort entgegenhalten, daß diese Frage eine Definition des Sozialismus voraussetze. Ich werde ebenso unverzüglich antworten, daß sie sie nicht mehr voraussetzt. Definitionen des Sozialismus gibt es in Hülle und Fülle: Die Realisierung ist es, an der es mangelt. Mit dem Sozialismus steht es wie mit der Freiheit: Verspürt man noch das Bedürfnis, sie nach dem, was über sie geschrieben und erfahren wurde, zu definieren, so hat man nicht die Absicht, sie in Praxis umzusetzen. Das bedeutet in der Tat, daß Sekten oder Gruppen einen Schulstreit ins Leben rufen, um despotische Intentionen gleichzeitig zu verschleiern und zu rechtfertigen. Ein französischer Schriftsteller (ich glaube, Jean Cocteau) sagte einmal: »Es gibt keine Liebe, es gibt nur Liebesbezeugungen.« Ebenso kann man sagen: Es gibt keinen Sozialismus, es gibt nur Bezeugungen des Sozialismus. Und: Es gibt keine Demokratie, es gibt nur Bezeugungen der Demokratie. Versucht man zu definieren, was die Liebe, der Sozialismus oder die demokratischen Freiheiten *an sich* sind, so gelangt man allzu häufig nur zur philosophischen Platitüde, zur juristischen Abstraktion, zum stalinistischen Dogmatismus oder zur liberalen Phrase. Verlangt man jedoch die

11

Aufzählung einiger *konkreter Taten,* die ihr Vorhandensein bekunden, ist die Unsicherheit rasch verflogen. Die politische Wissenschaft ist eine Verhaltenswissenschaft.

Als sich die Spanier 1975 die Frage des »Nach-Franquismus« stellten und über den »Übergang« ihres Landes zur Demokratie räsonnierten, machte ein hoher Funktionär der moribunden Diktatur mir gegenüber folgende elementare Bemerkung: »Unsere ganze Diskutiererei über das, was Demokratie ist, ist nur eine Art, ihre Rückkehr zu verzögern. Ein zehnjähriges Kind kann verstehen, was Demokratie ist. Wenn man ihm pauschal sagt, daß dies freie Wahlen sind, das allgemeine Wahlrecht, das Versammlungsrecht, die Meinungs- und Redefreiheit etc., so wird es nicht einen Augenblick bezweifeln, daß dies, in jedem beliebigen System, die unbestreitbaren Zeichen sind, deren Vorhandensein oder Fehlen das Vorhandensein oder Fehlen der Demokratie anzeigt.« Um den Gedankengang jenes Mannes vom rechten Flügel, dem die Ausflüchte seines Lagers auf die Nerven gingen, zu vervollständigen, füge ich hinzu, daß die Diskutiererei, wie er sagte, über das Wesen der Demokratie meiner Ansicht nach klarmacht, daß man sie ablehnt, ganz gleich, ob man sich »links« nennt oder »rechts« ist. Ich sehe nicht ein, weshalb die kümmerlichen Ausreden, durch die man versucht, dem Tageslicht auszuweichen, in dem einen Fall reaktionär und im anderen progressiv sein sollen.

Die »Bezeugungen der Demokratie« sind sehr klar und greifbar. Die Beseitigung einiger von ihnen genügt, um durch ihr Fehlen unverzüglich spürbar zu machen, daß sie für die demokratische Realität tatsächlich konstitutiv sind.

Wenn ein Bravo von der neuen Heilsbotschaft mir klarzumachen versucht, daß allein das Staatsmonopol auf Information – will sagen der Staatsmonolog –, ob direkt oder unter der Hand praktiziert, die Presse und das Fernsehen in den Dienst des Volkes stellen kann, denn, so sagt er, die »falsche Objektivität« der *New York Times,* der *Stampa* oder der N.B.C. sei sehr wohl bekannt, so weiß ich ihm Dank, daß er mir mit diesem Argument anzeigt, er habe den festen Vorsatz, die Information abzuschaffen und durch Propaganda zu ersetzen. Sicherlich gibt es eine »falsche Objektivität«. Doch es kann sie nur dort geben, wo die wahre ebenfalls existieren kann. Bertrand Russell schrieb über gewisse Sätze, daß »sie nicht einmal den seltenen Vorzug besitzen, falsch sein zu können«, und deutete damit an, daß sie zu unausgeformt sind, um widerlegt zu werden, daß sie nicht ausreichend durchgearbeitet sind, um überhaupt wahre oder falsche Aussagen zu sein. Der Nachweis der

Falschheit muß sich auf einen gewissen Mindestgrad logischer Kohärenz stützen.

Auf dieselbe Weise können sich die zensurierten Gesellschaften nicht einmal den Luxus der »falschen Objektivität« leisten, da sie die wahre nicht haben. Und in den freiheitlichen Zivilisationen kommt die Mission, gegen die »falsche Objektivität« zu kämpfen, eben der wahren zu und nicht irgendeiner der Kultur äußerlichen Bürokratie. Die seriöse Geschichte ist es, die die parteiische Geschichte eliminiert oder verdrängt; der rechtschaffene Journalismus ist es, der den bestechlichen Journalismus zurückzudrängen vermag, und keineswegs eine administrative Kommission, deren erste Sorge gemeinhin darin besteht, irgendwelche geheimen Fonds zu verteilen. Eine freie Presse ist ebensowenig eine Presse, die immer recht hat und immer aufrichtig ist, wie ein freier Mensch ein Mensch ist, der immer recht hat und immer aufrichtig ist. Wäre es zur Rechtfertigung der Literatur nötig gewesen, abzuwarten, bis zunächst erlernt wurde, aus ihr die schlechte zu verbannen, so wären wir immer noch damit beschäftigt, den ersten Satz von Abzügen in der Geschichte der Druckerkunst zu korrigieren. Nicht zu begreifen, daß die Freiheit ein Wert für sich ist, deren Ausübung notwendig einen guten und einen schlechten Pol umfaßt, heißt nachzuweisen, daß man der demokratischen Kultur entschieden entgegenarbeitet.

Ich bin kurz bei diesem klassischen Beispiel der Pressefreiheit stehengeblieben, weil es einer der grundlegenden Tests ist, um die der demokratischen Kultur zugeneigten Geister von den anderen zu scheiden. So einfach es für die ersteren ist, eine freie Presse zu definieren, so kompliziert ist es für die zweiteren, weil sie insgeheim zu der Schlußfolgerung neigen, daß allein eine Presse, in der sich einzig ihre eigenen Auffassungen bestätigen, »frei« wäre. Der treuherzige Dogmatismus, mit dem sie uns vom Pluralismus, welcher das »repressive Geldsystem« begleitet, zu befreien meinen, um uns die Verpflichtung aufzunötigen, auf die Dauer das tugendhafte Grau in Grau ihres guten Gewissens und ihrer korrigierten Information über uns ergehen zu lassen, bildet die Antithese zu dem, was ich »Bezeugung der Demokratie« nenne.

Die »Bezeugungen des Sozialismus« wiederum lassen sich sehr viel schwieriger anführen als die Bezeugungen der Demokratie, da diese existiert hat und existiert, was für den Sozialismus nicht zutrifft. Die sozialistische Idee macht täglich Fortschritte, doch nicht die Wirklichkeit. Die sozialistische Literatur ist die umfangreichste, die es seit den

Scholastikern und den mittelalterlichen Theologen gegeben hat, doch in Ermangelung eines Gegenstandes findet auch sie nicht mehr Anwendung als jene. Ich habe gesagt, daß der Sozialismus »erprobt« worden ist, doch im Gegensatz zu dem, was mit der politischen Demokratie geschah, sind diese Experimente überall gescheitert. Gewiß existiert so etwas wie Sozialismus, insbesondere in den kapitalistischen Ländern; genauer: *einzig* in den kapitalistischen Ländern. *Ausschnitte* von Sozialismus, doch keine sozialistische *Gesellschaft.* Wenn man von der politischen Demokratie spricht, so hat man eine ausreichende Fülle an historischem Material vor sich, das Gegenstand einer wissenschaftlichen und nicht allein futurologischen Untersuchung sein kann. Natürlich verweisen die Totalitären lautstark auf die Unvollkommenheiten der demokratischen Gesellschaften. Aber Unvollkommenheit ist nicht dasselbe wie Nichtvorhandensein. Die demokratische Gesellschaft hat ihre Mängel, aber sie existiert. Ich gebe zu, die sozialistische Gesellschaft hat den höchsten Grad an Vollkommenheit, doch keinerlei Existenz.

Die meisten Versuche, den Sozialismus zu »definieren«, gehen im übrigen weniger aus dem Willen hervor, ihn existent zu machen, als aus Querelen zwischen Sekten, die sich den Anspruch auf die Macht oder auf die Vorherrschaft unter den Oppositionsparteien streitig machen. Sie stellen den Kodex der Einflußkämpfe zwischen politischen Eliten mit ihren autoritären Größen auf, welche sich weitaus weniger über die Bedürfnisse der Menschen Gedanken machen als über die Bedingungen einer zukünftigen Aufteilung des Staates. Nun ist das politische Ziel das Glück, das größtmögliche Glück für die größtmögliche Anzahl von Menschen, und nicht der Erfolg einiger Profis, die der Mehrheit ihre Ansichten aufzwingen wollen, indem sie vorgeben, ihr zu folgen. Daß ihre Thematik links ist, nimmt nichts von ihrem Archaismus, denn für sie bleibt das Ziel der Politik jenes uralte, aus der Tiefe der Zeiten ererbte Ziel: die Macht einer Minderheit, und nicht das Glück der Masse.

Formulieren wir vorsichtig, um uns von primitiven und schwerfälligen Streitigkeiten abzusetzen, daß man als einen Fortschritt in Richtung Sozialismus, als eine »Bezeugung des Sozialismus« jede Evolution, Reform oder Revolution definieren kann, deren Folge darin besteht, daß die Wirtschaft etwas mehr zugunsten des Menschen arbeitet und der Mensch etwas weniger zugunsten der Wirtschaft: daß sie zum Vorteil einer größeren Anzahl von Menschen funktioniert und etwas mehr unter ihrer Kontrolle. Antisozialistisch ist alles, was die Menschen im Dienst der Wirtschaft festhält und dabei die Wirtschaft mehr berück-

14

sichtigt als sie; sozialistisch also alles, was bestrebt ist, die Wirtschaft mehr den Bedürfnissen der größtmöglichen Anzahl unterzuordnen, *doch ohne aufzuhören, sie weiter zu verbessern.* Was den Begriff der Kontrolle betrifft, so impliziert er, *daß es keinen ökonomischen Sozialismus ohne politischen Sozialismus gibt.* Es gibt nur Sozialismus, wenn es eine *gleichzeitige* Zunahme der sozialen Gerechtigkeit und der politischen Demokratie gibt. Was nützt eine vorgebliche Vergesellschaftung der Wirtschaft, wenn die politische Macht weiterhin von einer Oligarchie monopolisiert wird, die zum Beispiel ohne Kontrolle beschließen kann, 40 % des Bruttosozialproduktes Rüstungs- und Prestigeausgaben zukommen zu lassen, den Stützen des Staatsimperialismus einer »Großmacht«, will sagen, allein der Macht der Oligarchie selbst?

Dieses parallele Wachstum von ökonomischer und politischer Demokratie setzt die Erhaltung, die Wiederherstellung oder vielmehr Verbesserung der Produktion voraus. Welcher praktische Unterschied besteht zwischen unverantwortlichen »Sozialisten«, die mit ihrer Machtübernahme der Verwaltung eines Landes ihre niemals durch Fakten verifizierten ideologischen Diktate aufnötigen und damit anfangen, seine Produktionskapazität um die Hälfte zu verringern, und unverantwortlichen Kapitalisten, die der Entwicklung einer Krise Vorschub leisten, in welcher Preisanstieg und Arbeitslosigkeit den Produktionsrückgang begleiten? Keiner, abgesehen davon, daß die zweiten trotz allem häufig weniger Schaden anrichten als die ersten, zudem weniger schnell und unwiderruflich, und uns jeglichen scheinheiligen Messianismus ersparen. Ein Punkt, der sich zugunsten des Kapitalismus verbuchen läßt: Er ist wenigstens nur in Zeiten der Euphorie und wenn er gut funktioniert, mit sich zufrieden, während der sozialistische Triumphalismus keineswegs dieser Bedingung bedarf, um sich zu entfalten. Die Niederlagen stärken ihn – zu seinem Glück, denn wenn er seine Selbstzufriedenheit auf seine Erfolge gründen müßte, so würde er sich unablässig in Demütigungen winden.

Wenn ich schreibe, daß sich die Welt zum Sozialismus hin entwickelt, so verstehe ich also darunter, daß die Liste der weltweiten *Bedürfnisse* nachdrücklich für eine Wirtschaft plädiert, die auf Weltebene von einer politischen Macht verwaltet wird, welche dieser weltumfassenden Verwaltung im Interesse der gesamten Menschheit (ein Begriff, der aufgehört hat, theoretisch stupid zu sein) und mit der größtmöglichen Egalität angepaßt ist.

Doch ich will nicht sagen, daß sich diese Entwicklung von selbst vollziehen könne. Ein von Hegel und Marx ererbter, extrem simplistischer Begriff des historischen Determinismus hat viele Denker zu einem mit Illusionen versetzten Fatalismus geführt, aus dem die historische Schöpfung ausgeschlossen ist, also eher zu einer Art historischem *Automatismus* als Materialismus. Nun ist aber die Politik Aktion und keineswegs nur das Durchlaufen einer Abfolge im voraus bestimmter Etappen. Die einzige unvermeidliche Etappe im Verlauf der Geschichte ist die Verschärfung der Probleme: Die Lösungen entspringen niemals dieser Verschärfung selbst. Nichts anderes wird die Menschheit zum Sozialismus führen als die Kenntnis der Realitäten, der kritische Geist und die Korrektur der Irrtümer – Tugenden und Disziplinen, welche die heutigen Journalisten kaum kultivieren. Wenn ich von Evolution und sogar von notwendiger Evolution gesprochen habe, so wollte ich damit sagen: unerläßlich und nicht schicksalhaft.

Insbesondere die beiden Haupthindernisse, die heute der Realisierung des Sozialismus im Wege stehen – der Kommunismus und der Nationalstaat –, scheinen nahezu unüberwindlich zu sein.

Auf einer rein rationalen Ebene gibt man ziemlich allgemein die Unvereinbarkeit zwischen dem traditionellen Nationalstaat und der Schaffung einer neuen ökonomischen und politischen Weltordnung zu. Man gibt zu, daß diese neue Ordnung der einzig mögliche Rahmen für Lösungen ist, von denen keine in der gegenwärtigen Situation der Interdependenz der Gruppen, aus welchen sich die Menschheit zusammensetzt, ausschließlich national sein kann. Der Sozialismus ist von daher nur vorstellbar und dürfte nicht anders realisiert werden als durch eine weltumfassende Koordination. Doch weit entfernt davon, sich aufzulösen, verhärtet sich gleichzeitig der Nationalstaat, je mehr die Menschen (jene zumindest, die nicht durch ihren Beruf im Dienst eines der bestehenden Nationalismen stehen) diese Tatsache erkennen. Je mehr man von internationaler Zusammenarbeit spricht, desto mehr verstärkt man den Nationalstaat, der seinem Wesen nach mit den anderen Nationalstaaten rivalisiert, ein Werkzeug, das im Hinblick auf diese Rivalität geschaffen wurde und sich in der Tat nur dadurch hervortut, daß es sie neu belebt oder ausbreitet.

Insbesondere besteht die natürliche Tendenz des Nationalstaats darin, die Innenpolitik in den Dienst der Außenpolitik zu stellen, das heißt, alles dessen, was dazu dienen kann, den anderen Nationalstaaten Konkurrenz zu machen und sie zu schwächen. Was offenkundig weder heißt, dem Glück der Menschen als politisches Ziel den Vorrang zu geben, noch die Zusammenarbeit auf Weltebene zu begünstigen. Doch der Nationalstaat kann nicht anders handeln. Man kann sogar als ein Beispiel für die »Bezeugung des Sozialismus« die Umkehrung dieser natürlichen Tendenz des Nationalstaates anführen. Wenn ein Land seine Außenpolitik seiner Innenpolitik unterordnet, das heißt, dem Wohlergehen seiner Bürger, kann es unter diesem Aspekt für sozialistischer gelten, als wenn es das Umgekehrte tut. Dies gilt für Schweden oder seit 1950, wohl oder übel, für Japan. Wenn es dagegen ohne absolut zwingende Sicherheitsgründe die innere Entwicklung dem Streben nach äußerer Macht und Prestige opfert, so stellt dies einen Rückgang des Sozialismus dar: dies gilt insbesondere für die UdSSR, das Ägypten Nassers, das gaullistische Frankreich, das Indien der Indira Gandhi – auf sehr verschiedenen Ebenen des Wohlstandes, wie man sieht. Es ist dies also weniger eine Frage der ökonomischen Entwicklung als des Typs politischer Macht und der Handhabung des Staates.

Was die sozialistische Vergesellschaftung der natürlichen Ressourcen der Erde betrifft, die Bedingung des Überlebens der Art, so wird sie nicht stattfinden und kann nicht einmal beginnen, solange es Staaten gibt. Denn der Staat kann seiner Natur gemäß diese Ressourcen, wenn der Zufall ihm irgendeinen Teil zugänglich macht, nur im Hinblick darauf verwenden, seine Macht zu vergrößern, um die der anderen Staaten zu verringern. Diese Verwendung hat nichts mit einer klugen Ausbeutung der Reichtümer der Erde zum Nutzen der gesamten Menschheit zu tun, sie zerstört sogar ihre Möglichkeit im Keim. Die wachsende Verschärfung der Macht- oder »Unabhängigkeits«-bestrebungen der Nationalstaaten nähert also die Probleme der gegenwärtigen Menschheit immer mehr der Unlösbarkeit.

Diese Verhärtung der Staaten darf nicht mit einem anderen bedeutenden Phänomen unserer Epoche verwechselt werden, nämlich dem Wiedererstehen oder der Bestrebung eines Wiedererstehens der Ethnien. Die Verwechslung zwischen den beiden rührt daher, daß die Behauptung oder Wiedererlangung der kulturellen Originalität durch einzelne Kollektivitäten häufig »Nationalismus« genannt wird. Doch dieser »Nationalismus« unterscheidet sich von dem der Staaten. Die Rechte der Ethnien (oder »Nationalitäten«) müssen, unter dem Vorbehalt, daß sie mit den Menschenrechten vereinbar sind, ebenso wie die der Individuen garantiert oder respektiert werden. Doch so wenig die Freiheit der Individuen in der bürgerlichen Gesellschaft darin besteht, sich eine kleine Festung zu bauen und sich ein Arsenal zu verschaffen, braucht sich die Ausübung der Rechte von Ethnien notwendig und stets durch die Schaffung eines neuen souveränen und

17

bewaffneten Staates kundzutun. Eine solche grobe Vereinfachung der Auffassung dessen, was kulturelle Autonomie bedeutet, kann nur täglich weiter zur Anarchie unseres armen Planeten beitragen und einer ganzen Bande kleiner lokaler Politgangster, die sich stets rasch junger oder weniger junger Staaten zu versichern wissen, um ihren Hang nach Diktatur zu befriedigen, die Mittel in die Hände geben, um Schaden anzurichten. Wir können uns noch glücklich schätzen, wenn sie sich nicht Sozialisten taufen, was leider meist der Fall ist. Wie oft mußte man nicht seit zwanzig oder dreißig Jahren mitansehen, wie die achtbaren und sogar heldenhaften Führer einer nationalen Befreiungsbewegung kämpften und zum Kampf für die Unabhängigkeit aufriefen, um sich dann jedoch, nachdem sie sie erlangt hatten, des neuen Staates zu bemächtigen und ihr »befreites« Volk ihren fixen Ideen, ihrem Machthunger und ihren größenwahnsinnigen außenpolitischen Träumen zu unterwerfen! Häufig genügt es, Herr dieses Spielzeugs, das der Nationalstaat darstellt, zu werden, um in den reinsten Gemütern alle Schändlichkeiten eines mehr oder weniger als Republik getarnten Despotismus erstehen zu lassen und ihn darüberhinaus auch noch durch einen Scheinsozialismus gegen die Kritik der Weltöffentlichkeit gefeit zu machen.

Zweifelhafter noch ist der staatsbildende Einfluß des sowjetischen, chinesischen oder indochinesischen Kommunismus. Es gibt zahlreiche Gründe, die aus dem mit dem Nationalstaat verbundenen Kommunismus einen Gegner des Sozialismus machen. Der erste besteht darin, daß er die stärksten und am wenigsten kommunikativen Nationalstaaten hervorbringt, welche die Geschichte gekannt hat, und auf diese Weise die Entwicklung zu einer entstaatlichten Zivilisation um mehrere Jahrhunderte zurückwirft. Der zweite Grund ist die Ausnützung der fortschrittlichen Motive des Sozialismus durch den Kommunismus zu Propaganda- und Expansionszwecken. Er kann also von sehr realen »Widersprüchen des Kapitalismus« profitieren und die daraus resultierende Unzufriedenheit ausnutzen, um im Namen des Sozialismus die politische Demokratie zu zerstören und in der Folge Systeme zu errichten, die weder demokratisch noch sozialistisch und darüberhinaus in ökonomischer und menschlicher Hinsicht dem Kapitalismus weitaus unterlegen sind.

Die Verwirrung wird durch den methodischen Gebrauch des Wortes »sozialistisch« als Synonym für »kommunistisch« unterstützt – wobei die »sozialistischen Länder« die kommunistischen Länder sind, in denen die totalitäre Bürokratie herrscht, und die »sozialistischen Revolutionen« diejenigen sind, in denen eine Minderheit die absolute Macht an sich reißt, ohne die Absicht zu haben, sie wieder aus den Händen zu geben.

Es wird nur allzu verständlich, weshalb die Kommunisten ein Interesse daran haben, diese Verwirrung aufrechtzuerhalten. Sehr viel weniger verständlich wird jedoch, wieso sie derart viele »Sozialisten« und »Revolutionäre« finden, die ihnen auf diesem Wege folgen und ihnen dadurch helfen, den Sozialismus auf immer unrealisierbar zu machen.

Das Verlangen nach Totalitarismus

Gibt es in uns ein Verlangen, totalitär regiert zu werden? Dies ist eine
Hypothese, die manche Verhaltensweisen, manches Reden und Schwei-
gen erklären würde. Im Kreise dessen, was ich vorläufig »die Linke« der
nichtkommunistischen Länder nenne, werden alle Mängel der liberalen
Gesellschaften von ihren Kritikern in einem solchen Maße vergrößert,
daß sie als Maske einer im Grunde totalitären Realität dargestellt
werden, und die Mängel der totalitären Gesellschaften in einem solchen
Maße verkleinert, daß sie sich ihrem Wesen, wenn nicht gar ihrer
Erscheinung nach als liberal darstellen. Es wird postuliert, daß sie von
Natur aus gut sind, obgleich sie vorübergehend die Menschenrechte
nicht respektieren, und daß die liberalen Gesellschaften von Natur aus
schlecht sind, obgleich die Menschen in ihnen zufällig weniger unglücklich und freier leben. Zahlreichen Kommentaren zufolge, die in den sehr
wenigen Ländern erscheinen, in denen man sie frei publizieren kann, ist
eine kommunistische Gesellschaft, selbst wenn sie auf ein riesiges
Konzentrationslager reduziert wäre, das von Individuen bevölkert ist,
die mühevoll ums Überleben kämpfen, eine Gesellschaft auf dem Wege
zu Besserem. Eine liberale kapitalistische Gesellschaft ist ungeachtet
jeglicher Einschätzung des Lebens, das man in ihr führt, eine Gesellschaft, die es zu beseitigen gilt.

Diese ungleiche Behandlung ist vielleicht in erster Linie das mechani-
sche Resultat des Unterschiedes der politischen Staatsformen: in den
Gesellschaften, in denen es erlaubt ist, sie von innen her anzugreifen,
häuft sich durch die beständige Aufdeckung von Ungerechtigkeiten
rasch ein ganzes Gebirge von Beschwerden, während auf der anderen
Seite das Schweigen, das den totalitären Gesellschaften aufgezwungen
ist, die tägliche Notierung ihrer Passiva verhindert. Sicherlich werden
diese Passiva von Zeit zu Zeit aufgedeckt, jedoch von äußeren
Beobachtern und von Abtrünnigen, was nicht dieselbe Wirkung
hervorruft wie die beständige Störung durch eine innere Opposition, die
selbst ein Teil des System ist, das sie angreift, und nicht dasselbe Gewicht
hat wie eine Abstimmung, bei der sich eine bedeutende Fraktion, zum
Beispiel der Polen oder der Rumänen, im Verlaufe von freien Wahlen

vor aller Augen gegen den Sozialismus aussprächc. Folglich werden in der Praxis fast allein die Mißerfolge und die Verbrechen des liberalen und sozialdemokratischen Kapitalismus täglich und erbarmungslos registriert. Auf die lange Sicht sind es nur diese Gesellschaften, denen beständig von den Menschen selbst, die von ihnen betroffen sind, der Prozeß gemacht wird.

Diese Menschen kommen also zu einer Sicht der gesellschaftlichen und politischen Herrschaftsformen der Welt, die zuungunsten ihres eigenen Systems ausfällt und dazu verleitet, es zu zerstören, während sich dieselbe Tendenz zur korrigierenden oder destruktiven kritischen Herabwürdigung in den kommunistischen Gesellschaften, in denen die untergrabende Botschaft beständig bereits im Entstehen ausgemerzt oder bei ihrer Verbreitung von der bürokratischen Macht verstümmelt wird, nicht manifestieren kann. Das ganze ähnelt einem Fußballspiel, bei dem auf der Anzeigetafel nur die von der einen der beiden Mannschaften verlorenen Punkte vermerkt werden.

Wenn diese Ungleichheit auch zweifellos den Prokommunismus gewisser Länder der dritten Welt erklärt, in denen die Massen kaum informiert sind und vor allem niemals den politischen Liberalismus kennengelernt haben, so dürfte sie doch kaum ausreichen, um dem wachsenden Nachdruck Rechnung zu tragen, mit dem im Westen die Freiheit zugunsten einer Gerechtigkeit für unwesentlich erklärt wird, die im übrigen die kommunistischen Länder auch nicht herstellen. Denn darin besteht der Unsinn. Wenn es sichere Nachweise gäbe, daß man die Gerechtigkeit verwirklichen kann, indem man auf Freiheit und Würde verzichtet, so wäre die Wahl schwierig, doch es gäbe eine Wahl. Dies ist nicht der Fall, und jeder weiß es, doch trägt man dem selten Rechnung.

Das verwirrende Paradox des Ost-West-»Dialogs« scheint weniger an der Unfähigkeit als an der Weigerung der westlichen Linken zu liegen, politische, ökonomische und moralische Schlußfolgerungen aus dem Bilde der sozialistischen Gesellschaften zu ziehen oder es überhaupt wahrzunehmen, abgesehen von flüchtigen Momenten. Im Gegenteil, der Zeuge, der auf diese Unterdrückung verweist, wird selbst häufig als Reaktionär behandelt. Sagen nicht die Faschisten dasselbe wie er? Hat ein Aussätziger die Pest verurteilt, so sind all jene, die die Pest verurteilen, Aussätzige. Die spontane Zensur der Information ist auf lange Sicht effizienter als eine offizielle Zensur. Wie ein ehemaliger Professor der Prager Universität sagt: »Selbstzufrieden, herablassend, seiner eigenen Stimme lauschend, wiederholt der Westen sich selbst seine eigene Erzählung vom Sozialismus, das *Nicht-Gelebte* zum Dogma erhoben«.* Da es indessen unmöglich ist, die Realität der Länder Osteuropas, Chinas und gewisser »Sozialismen« der dritten Welt total und fortgesetzt zu ignorieren, muß die Weigerung, sie zu beurteilen, den Entschluß zum Ausdruck bringen, sie allem zum Trotz gutzuheißen.

Aus diesem Grunde läßt sich nicht von der Hand weisen, daß die treibende Kraft einer solchen freiwilligen Blindheit seitens einer bedeutenden westlichen Minderheit ein uneingestandenes Verlangen ist, im stalinistischen System zu leben, nicht trotz, sondern wegen dessen, was es ist. Die einen, um die Neigung zu befriedigen, Gewaltherrrschaft auszuüben, von der keiner von uns frei ist; die anderen aus dem Bedürfnis, sich der Knechtschaft zu unterwerfen, ein undurchsichtiges Bestreben, von dem vielleicht auch niemand frei ist. Wenn schließlich die Gewaltherrschaft niemals auf die Komplizenschaft ihrer Opfer getroffen wäre, so wäre die Geschichte unserer Zeit und mancher anderer nicht, was sie war.

Der mögliche Appell an die Tiefenpsychologie ist im übrigen vielleicht nicht notwendig, um die Nachsicht zu erklären, die den Totalitarismus umgibt. Die Vulgärpsychologie lehrt in zureichendem Maße, daß die Minorität, die bereits die kommunistischen Parteien und Gewerkschaften im Westen lenkt, bestrebt ist, ihre Macht auf die Gesamtgesellschaft auszudehnen. Gewisse Charaktere entfalten sich nur, wenn sie eine absolutistische Herrschaft ausüben. Die einen wissen, daß sie unfähig sind, zu den ersten Rängen oder überhaupt zu irgendeinem Machtrang, so obskur er auch sein mag, in einer Gesellschaft aufzusteigen, in der nicht der Eifer im Dienste der Gewaltherrschaft die Begabung ersetzt; die anderen dagegen, die über eine große Begabung verfügen, können nicht ertragen, daß die Autorität, die sich daraus ergibt, eingeschränkt wird oder an Grenzen stößt. In der Geschichte der Menschen ist die Akzeptierung des Pluralismus die Ausnahme und nicht etwa die Lust, ihm zu entkommen. Was wir im übrigen akzeptieren – wenn wir es akzeptieren –, ist niemals der Pluralismus, die unzähligen kleinen Übergriffe, die täglich an unserer Macht und unserem Stolz feilen, es ist abstrakt gesehen das System, das den Pluralismus unausweichlich macht. Wir wählen aus Vernunft- und Moralgründen die Regel der wechselseitigen und satzungsgemäßen Begrenzung des Machtstrebens. Doch welcher Mensch würde nicht seiner Neigung folgen und die Allmacht wählen, wenn er eines Systems

* J. Jannakakis, zitiert von C. Jelen, in: *Les Normalisés.* Paris 1975.

sicher wäre, in dem sie stets die seine und niemals die des anderen ist? Vorzugeben, man sei frei von diesem Verlangen, ist nichts als Heuchelei.

Was weiß nun aber die Masse jener, die in einem eventuellen totalitären System von der Macht ausgeschlossen und der Herrschaft durch die bürokratische Minorität und die offizielle Intelligentsia unterworfen sind, bevor sie sich darein schickt, von dieser zukünftigen Erfahrung?

In den bestinformierten Gesellschaften gibt es eine innere dritte Welt der Information. Da sie beständig sagen hören, die liberalen Gesellschaften des industrialisierten Westens bildeten den historischen Höhepunkt an Unterdrückung, an Elend, jeder beliebige Wandel sei der Grausamkeit der Gegenwart vorzuziehen, treiben die Wähler der westlichen kommunistischen Parteien auf das totalitäre Regime zu, sicher nicht aus Sehnsucht nach dem Stalinismus, der ihnen unbekannt ist, sondern nach Reformen und Verbesserungen, von denen sie meinen, man könne sie nicht anders erlangen. Und sind die Massen einmal imstande, das stalinistische System aus direkter Anschauung einzuschätzen, so verlieren sie zugleich die Möglichkeit, sich ihm im Falle einer Meinungsänderung zu entziehen. Die Eigenart und die Funktion des Überganges zu einem totalitären Regime besteht in der Irreversibilität, es sei denn, eine weltweite Katastrophe, zum Beispiel ein interkontinentaler Krieg, tritt ein. In dem Moment, da jene, die in einem totalitären Regime leben und es erleben, es mit Sachkenntnis beurteilen können, sind sie nicht länger in der Lage, es abzuschaffen, zu kritisieren, zu verwandeln, oder sogar ihm zu entfliehen. Nach einer Generation schließlich hat ein dem Totalitarismus unterworfenes Volk fast kaum mehr die Möglichkeit, seine eigene Gesellschaft mit einer anderen zu vergleichen. Die totalitären Mächte, die in dauerhafter Weise straff disziplinieren als die schlichtweg diktatorischen traditionellen autoritären Regimes, verbieten sowohl ihren Staatsangehörigen, nach ihrem Belieben ins Ausland zu reisen, als auch den Ausländern, frei in ihrem Territorium zu reisen. Da die Information vollständig zugunsten der Propaganda verdrängt ist, wird es für die Einwohner totalitärer Länder sogar unmöglich, das Bild einer Gesellschaft, das sich der ihren entgegensetzen ließe, zu bewahren oder sich vorzustellen. Nicht allein ihre Fähigkeit zu denken, sondern auch zu träumen, verkümmert. Im Trommelfeuer der politischen Propaganda, geschwächt durch die kulturelle Isolierung, werden sie nicht nur ihres nostalgischen Zweiges, sondern ebenso ihres utopischen beraubt. Diese Völker können sich weder die Vergangenheit noch die Zukunft mehr vorstellen. Keine feststellbare Erfahrung hat bislang die Hoffnungen gerechtfertigt, welche die liberale Linke unermüdlich auf eine Entwicklung der Kommunisten hin zur pluralistischen Demokratie und zur Anerkennung des »Machtwechsels« setzt, das heißt, eine Verpflichtung, sich die Macht gegebenenfalls durch eine reguläre Abstimmung entziehen zu lassen.

Die charakteristische Eigenart eines kommunistischen Regimes, seine Definition selbst, seine Daseinsberechtigung besteht in der Zerstörung der Bedingungen seiner Infragestellung, also darin, den Massen wie auch der leitenden Minderheit selbst jede Möglichkeit, sich anders zu besinnen, zu entziehen, ist einmal das Ausgangsmoment vorüber, in dem sich dies Regime konstituiert hat. Der Kommunismus hätte keinen Sinn, wenn er, zum Abschluß einer »offenen und herzlichen Diskussion« mit liberalen Partnern, die Hinzufügung eines kleinen Kodizills dulden würde, des Inhalts, man würde den Pluralismus zulassen und, sollte es der Wunsch einer Mehrheit von Bürgern sein, die Macht, die man einmal errungen hat, wieder aus den Händen geben. Würde der regierende Kommunismus eine solche Klausel unterschreiben, so würde er ebenso wider seine Natur handeln wie eine kapitalistische multinationale Firma, deren Präsident ihren Konkurrenten das Recht gäbe, sie jeden Moment zu enteignen. Aus diesem Grunde wurden übrigens alle Liberalisierungen in den kommunistischen Ländern von der Logik des Systems verworfen.

Was in der Tat die pluralistischen demokratischen Systeme, die sich auf Wahlen gründen, charakterisiert, ist die Tatsache, daß im Prinzip die Regierungen für die Führungsfehler zu zahlen haben, während sie in den kommunistischen Systemen im Prinzip vom Volk bezahlt werden. Wenn ich sage, bezahlt, so verstehe ich darunter natürlich nicht, daß die Völker in den Demokratien nicht auch unter den Folgen von Regierungsfehlern zu leiden hätten. Nichtsdestoweniger ist die Sanktion, die vom System gegen das Versagen einer Politik vorgesehen ist, die Ersetzung der einen Mehrheit an der Macht durch eine andere. Umgekehrt besteht die Logik des Kommunismus am Ende einer Periode von Mißerfolgen, selbst wenn innerhalb der Oligarchie einzelne ausgebootet werden, in der Verstärkung der Kontrolle über das Volk durch diese Oligarchie. Im stalinistischen Jargon nennt sich das »Normalisierung«.

Dies ist die Bedeutung des regierenden Kommunismus. Was nun den Oppositionskommunismus in den westlichen Demokratien angeht, so hat er keine Kohärenz und rechtfertigt die Disziplin, die er seinen Führern und Militanten aufnötigt, nur, wenn das Ziel seiner Aktivität

24

die absolute und endgültige Macht ist. Beseitigt man dieses Ziel, so wird der ganze Rest absurd. Warum sollte man gegenwärtig politisch wenig wirksame und menschlich verächtliche Taktiken anwenden, wenn nicht mit der Perspektive, daß man sich zu guter Letzt eine ungeteilte Macht aneignet? Die italienischen Kommunisten können sich, wie wohlbekannt ist, erlauben, toleranter zu sein als zum Beispiel die französischen, weil sie zahlreicher sind und ihre Chancen, auf demokratische Weise an die Macht zu gelangen, einen realistischen Weg darstellen, was in Frankreich nicht der Fall ist. Doch sie wären inkonsequent, wenn sie nicht die logisch folgende Etappe anstrebten: nachdem sie eine der Parteien an der Macht geworden sind, die anderen Parteien zu beseitigen. Wenn sie das nicht anstrebten, hätten sie sich in Sozialdemokraten verwandelt.

Das Ziel der Kommunisten ist die Machtergreifung durch die Kommunistische Partei. Dies ist natürlich das Ziel aller politischen Parteien. Doch worin sich die kommunistische von den anderen Parteien unterscheidet, ist ihre Art, sich der Macht zu bedienen, wenn sie sie erlangt hat. Und wie bei allen anderen politischen Parteien muß man zwischen den Rechtfertigungen, welche die Kommunisten ihrem Unternehmen geben, und dem tatsächlichen Gebrauch der Macht – wenn sie sie haben, natürlich, und dort, wo sie sie haben – unterscheiden, nicht andernorts oder zu einem anderen Zeitpunkt.

Die Illusion der liberalen Prokommunisten der Linken besteht in der Ansicht, es gebe einen anderen Kommunismus als den Stalinismus. Nicht das stalinistische System variiert, sondern die mehr oder weniger große Rigidität, mit der es angewandt wird. Man kann nicht ständig alle Leute erschießen oder internieren. Man ist nicht jeden Tag gezwungen, Panzerwagen zu schicken, um die stalinistische Ordnung in einem befreundeten Land wiederherzustellen. Was zählt, ist das Resultat. In den Perioden, in denen die Unwilligkeit, verbunden mit einem Konsumzuwachs, genügt, um Aufständen zuvorzukommen, hat die Repression nichts Spektakuläres an sich: Sie ist alltägliche Routine. Sie ist darum nicht weniger stalinistisch. Chruschtschow und Breschnew sind nicht weniger stalinistisch als Stalin, und zwar in dem Sinne, daß sie seine Ordnung aufrechterhalten haben. Sie haben Truppen in die Satellitenländer entsandt, wenn es nötig war. Sie waren nur weniger blutrünstig als Stalin und setzten den als Prozeß verschleierten Morden ein Ende. Doch der Polizeiapparat, die willkürlichen Verhaftungen, die Lager, das ganze totalitäre System der Kontrolle über Personen und Gedanken dauerte fort. Und es konnte nicht anders sein. Ob es nun

Moskau, Peking oder Hanoi ist, ein Kommunismus, der nicht stalinistisch ist, würde sich selbst zerstören. Die relative »Unabhängigkeit« der rumänischen Außenpolitik von der UdSSR führte zu einer Verstärkung des Stalinismus im Inneren Rumäniens, um den Sowjettruppen keinen Vorwand für eine Intervention zu liefern für den Fall, daß der Kommunismus in Bukarest hätte für bedroht gelten können. Diese Außenpolitik, die vielleicht für das Selbstbewußtsein der Führungsschicht schmeichelhaft ist, zieht also für das rumänische Volk eine Verschärfung des Totalitarismus nach sich. Und Rumänien ist nicht das Opfer der Nachbarschaft der Vereinigten Staaten und des »imperialistischen Embargos«, Gründe, mit denen man gewöhnlich den kubanischen Totalitarismus entschuldigt. Der Titoismus selbst hat eine gewisse Aktionsfreiheit Titos gegenüber Moskau hervorgebracht, viel weniger jedoch der Jugoslawen gegenüber Tito. Insgesamt ermöglicht eine mittlerweile ausgedehnte historische Erfahrung die Schlußfolgerung, nicht etwa durch Spekulation, sondern einzig durch Feststellung, daß niemals ein nichtstalinistisches kommunistisches Regime existiert hat oder irgendwo existiert. Verwechseln wir nicht die Versuche mit den Systemen, noch die Bücher, die geschrieben werden, mit den Gesellschaften, in denen man lebt.

Das Verlangen nach Totalitarismus umfaßt also zwei Komponenten.

Die eine, weit verbreitete, ist nicht wirklich ein Verlangen nach Totalitarismus, da sie auf der Unkenntnis der kommunistischen Systeme beruht, die für Länder, in denen sie niemand jemals durchlebt hat, natürlich ist. Sie ist ein besonderer politischer Ausdruck des Klassenkampfes, des Kampfes für die wirtschaftliche Gerechtigkeit und die Verbesserung der Lebensbedingungen im allgemeinen, ohne eine genaue Anschauung des zukünftigen Regimes, welches diese politische Wahl impliziert. Innerhalb dieser Komponente wird das Ausweichen in den Kommunismus schlicht und einfach als die Kehrseite der Fehler jener Gesellschaft, in der man lebt, aufgefaßt.

Die andere Komponente dagegen, die elitäre Komponente des Verlangens nach Totalitarismus, wird vom klaren Bewußtsein der Wahl einer Gesellschaft begleitet, trotz der notorischen Unzulänglichkeiten dieses Gesellschaftstyps und trotz des Widerwillens, zuzugestehen, daß diese Unzulänglichkeiten ihr wirklich inhärent sind und keine zufälligen Abweichungen darstellen. Sie beruht also auf einer komplexeren psycho-sozialen Erklärung.

Weshalb der Stalinismus in der Welt Fortschritte macht

Im größten Teil der Welt läßt sich der Fortschritt des Stalinismus auf rationale und einfache Weise erklären. Die Ursachen sind gleichzeitig massiv und wenig zahlreich. Ihre Verbindung setzt den Determinismus einer Macht in Bewegung, der sich auf die Dauer nichts entgegensetzen kann.

Die ökonomische Unterentwicklung, der Haß gegen jegliche Fremdherrschaft, der Mangel jeglicher gelebten Erfahrung der pluralistischen Demokratie, dies sind die drei inneren Faktoren, die zum Stalinismus treiben. Man muß noch einen äußeren Faktor hinzufügen: die jeweilige Unterstützung der Sowjetunion oder Chinas mit dem Ziel der Schaffung von Satellitensystemen, sei es im Kontext ihrer Rivalität mit den Vereinigten Staaten, sei es im Zusammenhang ihrer gegenseitigen Rivalität. Doch der sowjetische oder chinesische Beitrag hätte ohne das Zusammentreffen der drei inneren Hauptgründe: der Armut, des Nationalismus und der historischen Unkenntnis der Demokratie, wenig Auswirkungen. Diese letztere Realität macht die westliche Kasuistik über die Schwierigkeiten, politische Demokratie und sozialistische Entwicklung miteinander zu vereinbaren, fruchtlos. Wie könnten die Menschen auch Angst haben, zu verlieren, was für sie niemals existiert hat?

Ich spreche im Augenblick nicht vom objektiven Wert dieser Gründe. Er ist meiner Ansicht nach diskutabel. Vom Gesichtspunkt eines Menschen in einem unterentwickelten Land erscheint der bürokratische Zentralismus nahezu unvermeidlich eines Tages als das einzige Mittel, zu Wohlstand zu gelangen, selbst wenn diese Berechnung sich später zum größten Teil als Illusion erweist. Ihr Unglück fast ausschließlich einer Fremdherrschaft zuzuschreiben, entspricht bei den Völkern einem universellen und elementaren Hang, der Quelle von Disziplin und Opferbereitschaft während der Unabhängigkeitskriege, die jedoch in Friedenszeiten selten nützlich ist. So teuer man auch manchmal für den Nationalismus zahlt, bleibt er nichtsdestoweniger der einfachste und fruchtbarste Gegenstand aller Demagogie. Der Umstand schließlich, niemals in einer Gesellschaft gelebt zu haben, die an öffentliche

Freiheiten gewöhnt ist, macht allerdings per definitionem ihrem Fehlen gegenüber unempfindlich. Resultiert jedoch daraus, daß die Einführung in die Demokratie ein Erwachen hervorruft, das für die ökonomische Entwicklung selbst unerläßlich ist und mehr noch, daß sie ein unerläßlicher Bestandteil einer Befreiung und zwar des Menschen und nicht allein der Staaten ist?

Ob diese Einwände nun stichhaltig sind oder nicht, sie können doch in keiner Weise Einfluß ausüben. Angesichts von Unterentwicklung und Erniedrigung sprechen die Wortführer der nationalisierenden und verstaatlichenden Diktatur die einzige Sprache, die unmittelbar verstanden wird. Was sie tun, nachdem sie die Macht erobert haben, ist eine andere Sache. Zuvor ist nichts natürlicher, als daß man ihnen zuhört, vor allem in einem Informationsvakuum, das sie dann im übrigen fast alle später möglichst fortsetzen, um den Staat, den sie gegründet haben, zu schützen.

Sehr viel unverständlicher ist dagegen die Fürsprache für den Stalinismus, dem in den entwickelten und informierten Zivilisationen und besonders in den entwickeltsten und bestinformierten kulturellen Schichten dieser Zivilisationen Vertrauen geschenkt wird. Der Stalinismus ist in den demokratischen und entwickelten Ländern geographisch eingegrenzt und im Hinblick auf Wahlen einigermaßen eingeschränkt. Die reichen Länder, in denen sich die kommunistischen Parteien im Verlaufe der dreißig Jahre nach dem Zweiten Weltkrieg nicht auf bedeutungslose Grüppchen reduzierten, belaufen sich alles in allem auf drei: Italien, Frankreich und Japan. Ich nenne sie in der Reihenfolge der abnehmenden Zahl ihrer Wählerschaft: etwa ein Drittel der abgegebenen Stimmen in Italien, ein Fünftel in Frankreich, ein Zehntel in Japan. Ebenso haben die Kommunisten in der Geschichte des demokratischen Chile bis zu dem Staatsstreich, der Salvador Allende stürzte, eine politische Rolle gespielt. Es handelt sich hier nicht um ein reiches Land, aber auch nicht um ein Land der Dritten Welt. Weiter sollte man zu dieser Liste zwei Länder hinzufügen, die lange Zeit unter klerikalen und konservativen Diktaturen gelebt haben: Portugal und Spanien, in denen die kommunistischen Parteien in der Lage zu sein scheinen, auf die Dauer etwas mehr als ein Zehntel der Wählerschaft mit demokratischen Mitteln an sich zu binden.

Doch die Wahlen sind eine Sache, die Parteien eine andere. Dort wo regelmäßig unverfälschte Wahlen stattfinden, unter Bedingungen, unter denen der Wahlakt sinnvoll ist, das heißt, dort wo in so hohem Maße, daß die Mehrzahl der Bürger davon profitiert, das Versammlungsrecht, das

28

Informationsrecht, das Recht auf Ausbildung und den freien Verkehr von Ideen und Personen respektiert werden, haben die Kommunisten niemals die Macht ergriffen. Nirgends haben sie die absolute Mehrheit der Wählerstimmen erhalten, noch selbst die relative Mehrheit, obwohl diese letzte Möglichkeit in Italien eintreten kann.

Jedoch überall dort, wo sie eine geringfügige kritische Masse erreichen, üben die kommunistischen Parteien mit eingeschriebenen und militanten Mitgliedern, die höchstens vier oder fünf Prozent ihrer Wählerschaft darstellen, einen Einfluß aus, der das Gewicht dieser Wählerschaft um vieles überschreitet und so weit gehen kann, daß er das ganze politische Leben eines Landes bedingt. In den genannten Ländern gibt es eine kommunistische »Dynamik«, das heißt, daß die Kraft der Aktion und der Durchdringung den Kommunisten eine *politische Produktivität* verleiht, *welche höher ist als der numerische Umfang der Bürger, die für sie stimmen*. Diese Dynamik beruht im wesentlichen auf drei Gründen.

Zunächst der Effizienz ihrer Organisation, der Ergebenheit ihrer Kader und ihrer Anhänger, der Unerbittlichkeit ihrer Überzeugung, der völligen intellektuellen und militanten Verfügbarkeit ihrer Truppen, die, abgesehen von meist geringfügigen periodischen Dissidenzerscheinungen, alle ideologischen, strategischen und taktischen Weisungen der Führung akzeptieren und ausführen. Und auch die unvorhergesehensten Modifikationen dieser Weisungen akzeptieren.

Weiter verdanken die Kommunisten die Dynamik ihres Einflusses ihrer Beherrschung des Arbeitersyndikalismus. Diese Beherrschung hat einen Widerspruch zur Folge, daß nämlich in den Ländern mit starker kommunistischer Präsenz der Syndikalismus von der Partei kontrolliert wird, jedoch auch weitaus schwächer in der Gesamtheit der Arbeitswelt ist als zum Beispiel in den sozialdemokratischen Ländern und sogar in einer liberalen Wirtschaft wie jener der Vereinigten Staaten. (Es sind einige Korrekturen an der so verbreiteten Überzeugung vorzunehmen, die amerikanische Wirtschaft sei dem klassischen liberalen Modell treu geblieben, doch wollen wir einstweilen dieses Klischee beibehalten.) Der Anteil der gewerkschaftlich organisierten Arbeiter im Verhältnis zur Gesamtheit der Lohnabhängigen beträgt in Frankreich 15 bis 20 %, in Italien 20 bis 30 %, in Westdeutschland 30 %, im Vereinigten Königreich 40 %, in Dänemark 50 %, in Schweden 70 %*. Mit einem

---

* Diese Syndikalisierungsrate wurde nach J.-D. Reynaud, *Les Syndicats en France*. 2 Bd., Paris 1975, zitiert. Man wird die unbestimmten, nur gemutmaßten Prozentsätze in Frankreich und Italien bemerkt haben. Daß die (kommunistische) CGT nicht bis auf eine

Wort, die kommunistische Kontrolle über die Gewerkschaften verstärkt den politischen Einfluß des Kommunismus und verringert die Wirksamkeit der Gewerkschaften.

Die Arbeiter wurden im Laufe dieses Jahrhunderts weniger wirksam von den kommunistischen Gewerkschaften der Länder Südeuropas vertreten als von den sozialdemokratischen Gewerkschaften der Länder Nordeuropas. Doch muß man sich, um diese geringe Leistungsfähigkeit zu verstehen, vor Augen führen, daß das Ziel des kommunistischen Syndikalismus nicht in der Verbesserung der Situation der Arbeiter im Rahmen des kapitalistischen Systems besteht, sondern in der Ausbeutung der Konflikte, um das System zu schwächen.

Diese Regel wurde jedoch nicht beständig angewandt. Die Kommunisten nehmen häufig unter Umständen, unter denen sie einen Rückfall des Kleinbürgertums und der Bauernschaft in Rechtsradikalismus oder sogar Faschismus befürchten, eine reformistische Attitüde an (was ihnen regelmäßig den Spott der Ultralinken einträgt). Doch trotz der verschiedenen Taktiken bleibt das Prinzip dasselbe, daß nämlich der Syndikalismus für sie eine politische Waffe ist.

Wogegen sich die Gewerkschaften kommunistischer Observanz oder allgemeiner marxistischer Ideologie natürlich immer ungehalten verwahren, obwohl die Regierungen und Unternehmen sie unausbleiblich auf dieser Ebene angreifen. Die einen wie die anderen lügen mit Emphase, wenn sie einen Streik, der politisch ist, als Arbeitsstreik ausgeben und als politisch, wenn er ein Arbeitsstreik ist.

Um in dieser Konfusion klarzusehen, muß man zwischen den politischen *Konsequenzen* eines Streiks oder jeder anderen Gewerkschaftsaktion und den politischen *Bindungen* einer Gewerkschaft, welche die Koordination ihrer Taktik mit der Strategie einer bestimmten politischen Partei zur Folge haben, unterscheiden: zwischen dem Syndikalismus als politische *Realität* und dem Syndikalismus als politisches Instrument.

Das reine Berufsgewerkschaftlertum kann nicht existieren. Auch der bornierteste Korporativismus hat ökonomische Folgen, wirkt also auf die politische Macht. In einer Demokratie ist Politik Ausdruck der gesellschaftlichen Spannungen. Es gab niemals einen bedeutenden

Million präzisieren kann, wieviele Anhänger sie hat, das heißt, ob sie eineinhalb oder zweieinhalb Millionen hat, scheint wenig mit den modernen Erhebungsmitteln vereinbar zu sein. Es ist genau so, als gäbe der französische Staat vor, er sei unfähig, die Zahl der Nationalbevölkerung genauer anzugeben als zwischen 30 und 50 Millionen Einwohnern. In diesen Fällen ist im allgemeinen die pessimistischste Zahl richtig . . .

Streik ohne politische Fortsetzung, denn wenn er wirklich bedeutend ist, läßt er sich nicht allein auf Berufsebene beilegen, sondern ruft zum Eingriff oder zur Intervention der gewählten politischen Macht auf, ob sie nun lokal oder national ist. In diesem Falle ist es, wie sich bereits im 19. Jahrhundert in Großbritannien abzeichnete, als der Aufschwung der Gewerkschaften zur Entstehung der Arbeiterpartei führte, der Syndikalismus, der als Ausdruck der Arbeiterschichten einer Gesellschaft die Politik prägt.

Im Falle des kontrollierten Syndikalismus ist es dagegen eine politische Partei, welche die – vorzugsweise einzige – Gewerkschaft prägt. Im ersten Falle kann man vom politischen Syndikalismus sprechen; im zweiten von politisiertem Syndikalismus. Beispielsweise kann beim politisierten Syndikalismus über Unnachgiebigkeit oder Mäßigung in den Forderungen nicht etwa in Bezug auf die wirtschaftliche Situation, sondern auf das mehr oder weniger nahe Wahldatum oder auch den Wunsch, der Regierung aufgrund einer internationalen Strategie Schwierigkeiten zu bereiten, entschieden werden. Dies ist übrigens der Grund, weshalb die Führer dieser Gewerkschaften einmal mehr und einmal weniger aggresiv sind als die gewerkschaftlich erfaßten Arbeiter selbst. Bald suchen sie künstliche Streiks, die von oben beschlossen wurden, einzuleiten, bald bemühen sie sich im Gegensatz dazu, spontane Streiks zu bremsen, die an der Basis begonnen haben.

Der unabhängige Syndikalismus hat *a posteriori* eine politische Konsequenz, im Falle des kontrollierten Syndikalismus ist die Ausrichtung *a priori* politisch. Jedoch ist das erste Gewerkschaftssystem, das allein auf Berufsinteressen beruht, politisch bei weitem das mächtigste. In der Bundesrepublik Deutschland, in Schweden und in Großbritannien sind die sozialistischen Regierungen in Wirklichkeit Auswirkungen der großen Gewerkschaften. Im romanischen Syndikalismus ist es umgekehrt: die Hauptgewerkschaft ist immer ein Ausdruck der Kommunistischen Partei.

Wenn auf diese Weise die politische Wahl nicht etwa die Verlängerung, sondern die Vorentscheidung der Anhängerschaft an die Gewerkschaften ist, so bleibt diese Anhängerschaft gering. Die prokommunistische französische Gewerkschaft, die CGT (deren Generalsekretär traditionellerweise Mitglied des Politbüros der KPF ist), zählt im Jahre 1976 ungefähr zwei Millionen Anhänger auf zweiundzwanzig Millionen erwerbstätiger Franzosen. Die andere Gewerkschaft mit marxistischer Ideologie, die CFDT, die eine sozialistische Selbstverwaltung proklamiert, erreicht kaum 800 000 Mitglieder. Im kommunistischen Syndikalismus gibt also die Gewerkschaft häufig die Parole zum Streik aus, um ihre Repräsentativität zu erweisen. Da sie nur einen geringfügigen Teil der Arbeiter repräsentiert, ist sie in ruhigen Perioden nur ein schwacher Verhandlungspartner. In Unruhezeiten, wenn ein Gesellschaftskonflikt es ihr ermöglicht, nicht gewerkschaftlich organisierte Arbeiter in ihrem Kielwasser mitzureißen, nimmt die Stärke ihrer Verhandlungsposition zu. Doch wenn sich die Lage verschlechtert, in dem Moment, da allein die Ausdauer die Kraftprobe entscheiden könnte, hat sie nicht die Mittel, die Subsistenz der Streikenden zu sichern.

Darüber hinaus ist die Leistungsfähigkeit dieser beiden Formen von Syndikalismus sehr ungleich. Seit dem Ende des Jahrzehnts 1950–1960 wurde der Arbeitstag in der Bundesrepublik kürzer als in Frankreich, während die Löhne höher sind, was den Exodus der französischen Grenzanwohner über den Rhein erklärt. Die paritätische Arbeitermitbestimmung wurde in der Bundesrepublik zur selben Zeit in zahlreichen Unternehmen eingeführt: im Verwaltungsrat sitzen nicht allein Delegierte des Personals, sondern auch Gewerkschaftsfunktionäre, die dem Unternehmen nicht angehören – ein wahrhafter Beginn einer Aufteilung der wirtschaftlichen Macht.

Es sind dies sehr viel grundsätzlichere politische Wandlungen als ein »Linksruck«, der sich in einigen zusätzlichen Sitzen im Parlament äußert. In Großbritannien ist die Gewerkschaftskonföderation, der Trade Union Congress (TUC), häufig in gewisser Weise die wirkliche Regierung. Sie verfügt über die Mittel, mit einer souveränen Unparteilichkeit für die Wahlniederlage von Arbeiterkabinetten, wie im Jahre 1970, und von konservativen Kabinetten, wie im Jahre 1973, zu sorgen, wenn sie die Stirn haben, sich ihren Forderungen zu widersetzen, und sie manifestiert in gefährlichem Maße bei der Verteidigung ihrer wohl- oder schlecht verstandenen Interessen die unerschütterlichste Gleichgültigkeit gegenüber den nationalen Imperativen wie zum Beispiel dem Kampf gegen die Inflation oder der Senkung des Defizits der Zahlungsbilanz und des Außenhandels. Diese Gewerkschaften sagen nicht, wir wollen die Gesellschaft ändern, doch sie haben sie tatsächlich geändert und fahren fort, sie zu ändern. Die romanischen Gewerkschaftler proklamieren, daß sie die Grundlagen der Gesellschaft ändern wollen, aber in Wirklichkeit ändern sie nicht einmal deren Oberfläche. Sie gehen sogar noch weiter, sie machen aus ihrer Ohnmacht einen Glaubensartikel. Zurecht, denn sie siedeln sich in einer revolutionären Perspektive oder zumindest Phraseologie an. Tatsächlich streiten sie heftig die Existenz und die Möglichkeit jeglicher Reform, jeglicher

Verbesserung im »bestehenden System« ab, von dem vorausgesetzt wird, daß es seit dem Anbruch der kapitalistischen Zeiten unveränderlich und unverändert war. Wenn die Lebensbedingungen der Arbeiter Fortschritte machen, weigern sie sich, dies anzuerkennen. Niemals nehmen sie auch nur mit einem Wort ein neues Gesetz zur Kenntnis, das die Lohnabhängigen begünstigt. Die »Unzufriedenheit der Arbeiter« »wächst« ihnen zufolge beständig, ihre Kaufkraft »verringert sich« seit unvordenklichen Zeiten beständig. Genau an diesem Punkte möchte man ihnen sagen: Und was tut ihr, seit dreißig, vierzig Jahren? Wenn es richtig ist, daß die »manuellen und intellektuellen Arbeiter in den Städten und auf dem Land« – um die der Kommunistischen Partei liebgewordene weitläufige und allem offene Formulierung zu gebrauchen – all diese Jahre hindurch einer beständigen Verschlechterung ihrer Situation zusehen mußten, so spricht das kaum zugunsten der Wirksamkeit eurer Aktion, und ihr leistet damit eure Selbstkritik. Entweder seid ihr unfähig, oder ihr seid nicht aufrichtig.

Der Syndikalismus romanischen Typs dagegen ist äußerst wirkungsvoll hinsichtlich der politischen Ziele, die er sich gesteckt hat, nämlich das Gewerkschaftsleben der kommunistischen Strategie unterzuordnen und vor allem die Entwicklung eines jeglichen mächtigen Reformsyndikalismus zu verhindern, welcher die kommunistische Bürokratie der Rolle des nahezu einzigen Wortführers der Arbeiterwelt bei den politischen Machthabern und den Arbeitgebern berauben würde. Diese Strategie wurde von den portugiesischen Kommunisten zu ihrem logischen Ende geführt, als sie nach der Beseitigung der Salazardiktatur durch die Armee im April 1974 die neuen Machthaber, die Bewegung der Streitkräfte, dazu veranlaßten, trotz der Proteste der Sozialisten, der Sozialdemokraten und der Zentrumsanhänger, Portugal eine Einheitsgewerkschaft aufzunötigen. Diese Einheitsgewerkschaft erlaubt es ihnen, mit einigen gut vorbereiteten und in jedem Unternehmen geschickt plazierten Militanten das Wirtschaftsleben zu beherrschen und diese Herrschaft zu politischen Zwecken zu nützen, insbesondere in den Presse-, Rundfunk- und Fernsehunternehmen. Auf diese Weise konnte die portugiesische KP mit nur 13 % der Stimmen bei den Wahlen vom 25. April 1975 nach ihrem Gutdünken die Produktion lähmen und die Information manipulieren, mit einem Wort, mehr reale Macht ausüben als die Sozialisten und die Sozialdemokraten zusammen, die 64 % der Portugiesen repräsentierten. Es ist dies ein gutes Beispiel für eine der Repräsentativität einer Partei ungeheuer überlegene politische »Dynamik« dank des klugen Einsatzes eines Gewerkschaftsmonopols.

Dieses Monopol läßt sich umso leichter wahren, je weniger Arbeiter gewerkschaftlich organisiert sind. Die strikte Anwendung eines leninschen Prinzips: die organisierte Minderheit ernennt sich selbst zum Fürsprecher der nichtorganisierten Mehrheit und sorgt mit allen Mitteln dafür, daß sie diese Ausschließlichkeit wahrt. Die zahlenmäßige Schwäche der Gewerkschaft macht die politische Kraft der Partei aus.

Schließlich verdankt sich der Fortschritt des Stalinismus in der Welt an dritter Stelle der Fügsamkeit, welche die nichtkommunistische Linke ihm gegenüber an den Tag legt. Diese Fügsamkeit reicht von aktiver Komplizenschaft bis zur Widerstandslosigkeit durch Einschüchterung. Sie hatte zur Folge, daß der sozialdemokratische Weg in Mißkredit geriet, und man sich allmählich daran gewöhnte, die grundlegenden Merkmale des Totalitarismus für sekundär und episodisch zu halten und auf jeden Fall für sehr viel weniger ernst als die Unzulänglichkeiten des Kapitalismus. Auf diese Weise entstand eine Situation (und die Stalinisten konnten sich kein schöneres Resultat erträumen), die das Postulat geltend machte, die antikommunistische, antisowjetische oder antimaoistische Kritik könne nur eine Kritik der Rechten sein. Abgesehen von den Kritiken der Linken – die sich im übrigen alles in allem meist darauf beschränken, den Stalinisten vorzuwerfen, sie seien nicht stalinistisch genug –, ging die gesamte Denkschule der demokratischen sozialistischen Linken, jenes Sozialismus, der sich als die Fortsetzung der Eroberung der politischen Freiheit verstand, in die Defensive. Sie hat es akzeptiert, sich selbst als eine Art gemäßigten Stalinismus oder eine Variante der paternalistischen Rechten zu betrachten, und nicht länger als eine eigenständige politische und intellektuelle Kraft. Da sie in ihrer Gesamtheit die Überzeugung verloren hat, sie sei die einzige wirkliche Linke, enthält sie sich jeglicher schöpferischen Kritik an den Kommunisten und läßt nur manchmal, wenn sie von ihnen zu rauhe Schläge hat einstecken müssen, kurz ein klagendes Geblök nach den Menschenrechten vernehmen – völlig umsonst, wie sich von selbst versteht. Daher das Vakuum, die Fügsamkeit dem Stalinismus gegenüber, die sich in den demokratischen Gesellschaften eingebürgert hat.

Das Mißverständnis
der Demokratie

Bevor ich darstelle, wie sich das Entgegenkommen gegenüber dem Stalinismus insbesondere bei jenen, die weder Mitglieder noch Wähler der kommunistischen Parteien sind, äußert und die Gründe dafür suche, müssen noch einmal die Ursachen für die Nichtexistenz und Unmöglichkeit eines »liberalen Kommunismus« hervorgehoben werden. Dieses Fabeltier dient nämlich den Komplizen des stalinistischen Fortschritts dazu, jede Verantwortlichkeit angesichts der Konsequenzen ihrer Haltung abzulehnen. Sie billigen, wie sie sagen, den liberalen Kommunismus – den sie übrigens gerne »Sozialismus« nennen – und keineswegs den totalitären Kommunismus.

Doch in der Realität ist es stets der zweite, der Fortschritte macht, und nicht der erste. Anstatt sich nach dem Weshalb und dem Gesetz einer so· langen Serie zu fragen, beschränkt man sich darauf zu erklären, es sei unloyal, den »Sozialismus« nach der Erfahrung zu beurteilen. Und was könnte man auch anderes sagen? Denn die Erfahrung bringt einzig folgendes ans Licht: daß nämlich die Begünstigung der Ausdehnung des Kommunismus ganz offenkundig die Ausdehnung des einzigen Kommunismus, den es gibt, bedeutet und keineswegs die seines Gegenteils.

In ihrer Bemühung um Public Relations stellen die westlichen kommunistischen Historiker häufig die »Verbrechen Stalins« – in Augenblicken sehr großer geistiger Aufgeschlossenheit, in denen sie deren Existenz eingestehen – als »Unfälle der Geschichte« dar. Diese reichlich mittelmäßige Ausflucht beweist allein, wie wenig diese Historiker Marxisten sind. Denn wie soll man von einem marxistischen Gesichtspunkt her eine solche Fülle von Unfällen und Abweichungen während mehrerer Jahrzehnte erklären, deren Gründe weder im wirtschaftlichen Unterbau noch in der Gesellschaftsorganisation noch im System politischer Autorität zu suchen sind? Oder, wenn man so will, wie soll man erklären, daß mehr als ein halbes Jahrhundert lang sich ein despotisches System aufrechterhalten hat, ohne irgendeine Wurzel zu haben, ohne das Ergebnis irgendeines historischen Determinismus zu sein? Dies wäre das erste Phänomen dieser Art seit Anbeginn aller

Zeiten, und es ist interessant, daß uns ausgerechnet die Vertreter des »wissenschaftlichen« Sozialismus die ersten Blüten dieser geistreichen Anwendung des historischen Materialismus reserviert haben: der Stalinismus, eine Konstante von seltener Langlebigkeit, die in zwei so verschiedenen Ländern wie der UdSSR und China kein Anzeichen für eine Abschwächung erkennen läßt, eine Konstante, die sich ebenfalls bei all ihren Satelliten oder Imitatoren beobachten läßt, wäre ein Zufallsprodukt, ein reiner Unfall, ohne Beziehung zur zugrundeliegenden Realität des Systems, von dem sie jedoch überall, immer schon, untrennbar ist!

Um die These von einer historischen Bahn, die sich einzig aus Ausnahmen, aneinandergeschweißten abweichenden Momenten zusammensetzt, zu bestätigen, müßte man jedoch imstande sein, eine Orientierungsperiode, so kurz sie auch immer sei, erwägen zu können, in der die Hauptregel angewandt wäre. Dergleichen gab es nicht in der Geschichte der UdSSR oder des kommunistischen China, da, um es noch einmal zu sagen, das Wesen des Stalinismus nicht in diesen Höhepunkten von Erschießungen und Deportationen besteht, sondern im System, das sie stets möglich macht, wenngleich nicht immer im selben Intensitätsgrad notwendig.

Kein kommunistischer Staat war jemals etwas anderes als stalinistisch. Was das Verhalten der kommunistischen Parteien in demokratischen Ländern betrifft, so ist es mit dem von Missionaren in heidnischen Ländern vergleichbar. Sie müssen sich mit dem lokalen Aberglauben abfinden und einen gewissen religiösen Synkretismus akzeptieren. Doch diese Toleranz kann nicht endgültig sein. Denn warum sollte sich derjenige, der sicher ist, daß er recht hat, daß er das Gute kennt, daß er über eine wissenschaftliche Theorie des Verstehens und der Verwaltung von Gesellschaften verfügt, der demokratischen Konvention unterwerfen? Die Demokratie ist an die Ungewißheit gebunden. Sie hat unter anderen Funktionen diejenige, die Ersetzung der Führungskräfte zu ermöglichen, sobald man meint, sie irrten sich. Wo niemand vorbehaltlos eine Wahrheit und ein Gutes vertritt, das unanfechtbar wäre, bestimmt also die Mehrheitsmeinung die kollektive Verhaltenslinie. Daher besteht in der Demokratie die wesentliche Begabung des Politikers darin, zu überzeugen. Umgekehrt scheint es unvermeidlich, daß eine Macht, die bereits überzeugt ist, im Besitz des absoluten Wahren zu sein oder in Sachen Politik das einzige legitime Interesse zu vertreten, sich berechtigt und verpflichtet fühlt, sie anderen mit allen Mitteln aufzuzwingen, was auch die öffentliche Meinung darüber denken mag, oder besser, indem man sie überhaupt am Denken hindert. Die meisten Staaten, Städte oder anderen Behördenzentren in der Geschichte haben ganz spontan und ohne Gewissensbisse so gehandelt. Der Respekt vor dem Pluralismus, den Interessen und Werten ist sowohl innerhalb der Gesellschaftsgruppe wie in den Beziehungen zu ausländischen Gruppen eine Anomalie. Die Intoleranz und ihre Folge, die Gewalt, die als legitim angesehen wird, bilden die Norm, den häufigsten Fall. Warum soll ich, wenn ich von der Wahrheit meiner Lehre überzeugt bin, Informations- und Redefreiheit zugestehen, die in meinen Augen nur dazu dienen kann, Irrtümer zu verbreiten, und die richtige Anwendung eines gänzlich gerechten gesellschaftlichen und moralischen Systems zu behindern? Die katholische Kirche ist Jahrhunderte lang diesem Prinzip gefolgt und wurde übrigens in diesem Punkte gerade von den Sekten nachgeahmt, die sich am meisten gegen sie auflehnten. Und es wäre von ihr in ihrer Eigenschaft als Wahrer des »einzig wahren« Dogmas inkonsequent gewesen, anders zu handeln. Ebenso kann das verbale und periodische Bekenntnis der Kommunisten in Missionsländern, das heißt, der Kommunisten des Westens, zu den Grundfreiheiten und dem »Machtwechsel« nicht anders aufgefaßt werden als eine taktische, vorteilhafte Konzession, da der Kommunismus in den liberalen Demokratien in der Minderheit ist. Der politische Pluralismus hat seine Nachteile, wenn man an der Macht ist: befindet man sich aber in der Opposition, so hat er nur Vorteile. Weshalb soll man sie nicht ausnützen? Doch das Recht auf Opposition und das Recht des Einzelnen, Kampfinstrumente gegen die Macht, dürfen in einer sozialistischen Gesellschaft nicht beibehalten werden, denn niemand darf gegen eine gerechte Macht kämpfen. Es sind dies also keine endgültigen Rechte. Würden die Kommunisten anders denken, sie wären nicht glaubhaft.

Die chinesischen Kommunisten und ihre europäischen Schüler berufen sich also zu recht auf die »revisionistische« Verurteilung Stalins durch Chruschtschow im Jahre 1956. Und die demokratischen Sozialisten sind auf dem Holzweg, wenn sie nicht verstehen, daß »Liberalisierung« und Selbstkritik der kommunistischen Parteien niemals etwas anderes sein können als das Hin und Her des Akkordeons: das Akkordeon kann bis zu einem gewissen Punkt in seiner ganzen Länge auseinandergezogen werden, doch nicht darüber hinaus, ohne daß es zerreißt. Und nachdem es auseinandergezogen wurde, muß es sich notwendig wieder zusammenziehen. Der überaus repräsentative und »historische« Generalsekretär der französischen Kommunistischen

Partei zur Zeit, als Josef Stalin an der Macht war, Maurice Thorez selbst, bringt das Wesen des Marxismus-Leninismus getreu zum Ausdruck, wenn er sagt: »Die dritte Ursache für die Fehler, die unsere Partei begangen hat, besteht darin, daß wir bis in diese letzte Zeit sehr eng an die Demokratie gebunden waren, daß es uns nicht gelingt, uns loszumachen, daß es uns nicht gelingt, den Zwang zu lockern, der auf unserer Partei lastet. Unsere Partei entwickelt sich in einem Land, das seit siebenundfünfzig Jahren von der Demokratie verseucht ist; diese Partei hat noch keine revolutionären Schlachten, keine ernsten Kämpfe geführt*.«

Wenn auch der Vergleich überraschen mag, so muß man sich doch, um den Leninismus-Stalinismus richtig zu verstehen, vor Augen halten, daß er (leider mit geringerer literarischer Qualität) von derselben Hypothese ausgeht wie die politische Philosophie Platons. In beiden Fällen wird vorausgesetzt, daß es ein Modell gibt, dessen Wahrheit ein für allemal bewiesen ist. Die Realität muß also schlicht und einfach die möglichst getreue *Kopie* dieses Modells werden. Die Politik besteht darin, allmählich die Gesellschaftsgruppe in ihrer Gesamtheit und jeden einzelnen für sich dahin zu bringen, sich im Handeln und Denken so vollständig wie möglich dem reinen Typ *anzupassen*. In beiden Lehren gibt es daher eine Minorität, deren Denken das Volk leitet, denn sie allein hat Zugang zum vollen theoretischen Verstehen des Modells: die Schule der Philosophen-Könige bei Platon; das Politbüro und das Zentralkomitee bei den kommunistischen Parteien. Darunter befinden sich, mit dem Auftrag, die Anweisungen der Spitze dem Rest der Bevölkerung zu erklären und auf ihn anzuwenden, weil sie deren allgemeinen Sinn verstehen, ohne jedoch immer in der Lage zu sein, deren letzte theoretische Prinzipien zu begreifen, die Kriegerklasse bei Platon und die Parteimitglieder im kommunistischen Universum. Schließlich gehorchen ihnen im einen System wie im anderen die Bauern und Arbeiter (Handwerker bei Platon) im Bereich ihrer besonderen Tätigkeit und sind beauftragt, die beiden vorangehenden Kategorien materiell zu unterhalten, verfügen jedoch nicht über die Einsichten, die es ihnen ermöglichten, diese Tätigkeit mit dem allgemeinen Plan in Verbindung zu setzen, von dem sie ein Ausschnitt ist, und weniger noch

---

* Rede von Maurice Thorez in: *Classe contre classe, la question française au IXe Congrès exécutif et au VIe Congrès de l'Internationale communiste*, Bureau d'éditions, Paris 1929. Thorez wurde offiziell erst im Januar 1936 Generalsekretär der KPF, doch er war zu jenem Datum seit mindestens zehn Jahren einer der bedeutendsten französischen Kommunistenführer und eins der getreuesten Echos Stalins.

mit den theoretischen Prinzipien, aus denen dieser Plan sich ableitet. In ihrem Falle, dem des größten Teils der Bevölkerung, ist der Zwang gegen sie also legitim. Er hat den Zweck, sie beständig von neuem ihrer eigentlichen Bestimmung zuzuführen, eine Bestimmung, welche die Führungsschicht in keiner Weise anzweifelt, denn sie leitet sich aus einem endgültig bewiesenen Theorem her. Die unaufhörliche Erziehung und Umerziehung ist also Teil der Regierungskunst, genauso wie die beständige Überwachung aller Staatsbürger: um ihres Wohles willen sieht Platon in den *Nomoi* explizit Geheimagenten vor, welche die Unterhaltungen bespitzeln, eine Anzeigepflicht der Bürger untereinander, schließlich die geheime »physische Liquidierung« derer, die sich nicht einfügen lassen.

Bei Platon wie unter Stalin und unter Mao ist die Kultur sorgfältig reglementiert: Musik, Theater, Tanz, Malerei, Gesang, Dichtung und Architektur, Gymnastik und Bekleidungsstil sind in der *Politeia* Gegenstand minuziöser und detaillierter Vorschriften und Verbote wie später im 20. Jahrhundert unter der Kontrolle und Leitung insbesondere von Schdanow in der UdSSR, der Frau Mao Tse-tungs in China und bei der Anwendung des höchsten theoretischen Archetyps: im Denken der Philosophen-Könige Josef Stalin und Mao Tse-tung*.

Angesichts dieser Geisteshaltung können weder die Demokratie, so wie sie im Westen verstanden wird, noch die matte und bescheidene »Liberalisierung« Virtualitäten des Systems sein. Sie stellen eher den Gegensatz, den Todfeind dar, ebenso wie die Diktatur den Gegensatz und Todfeind der Demokratie darstellt. Läßt man die Schüler wählen, zwischen der aristotelischen und der kopernikanischen Kosmologie entscheiden? Ein großer Hellenist, der auch ein großer Stalinist war, André Bonnard, brachte die Logik der totalitären Zensur auf folgende Formel: »Jede Gesellschaft, die bewußt kostbare Werte verkörpert und verteidigt, wird sich hüten, den ersten dahergelaufenen Schriftsteller das, was er sein Talent nennt, verwenden zu lassen, um sich an die

---

* Siehe zu diesem Vergleich von platonischem Totalitarismus und stalinistischem Totalitarismus meine *Histoire de la philosophie occidentale*, Band 1, *L'Antiquité*, Paris 1968, Neuauflage 1975. Siehe ebenfalls meinen Kommentar zur *Affaire Lyssenko* von Schores Medwedew in: *Les Idées de notre temps*. Paris 1972. Der Vergleich wird von André Glucksmann in: *La Cuisinière et le mangeur d'hommes, essai sur l'Etat, le marxisme et les camps de concentration*, Paris 1975, entwickelt. Er gilt für jede politische Macht, die sich mit Hilfe einer Metaphysik legitimiert, das heißt, für jede ideologische oder eigentlich religiöse Theokratie. Michel Gardner nennt die UdSSR in einem interessanten Artikel der *Etudes polémologiques* (Nr. 9, Juli 1973) »eine materialistische Theokratie auf dem Wege zur Verweltlichung«.

unumwundene Zerstörung dieser Werte zu machen. Folglich existiert die Zensur in der Sowjetunion in einer Weise, die für eine organisierte Gesellschaft natürlich ist*.« Auf dieses Argument berufen sich mehr oder weniger alle Gesellschaftstypen: was die totalitären Gesellschaften kennzeichnet, ist die tatsächliche und vollständige Anwendung des Zensursystems, das sich daraus ableitet.

Diese totalitäre Ideologie dient wie alle anderen der Rechtfertigung einer Herrschaftsform. Doch sie ist nicht einfach Lüge seitens der Herren, und ihre Anwendung bringt für jene, die von ihr betroffen sind, nicht nur Unannehmlichkeiten mit sich. Wenn die Herren nicht in einem hohen Maße aufrichtig wären, so würde das System sehr viel weniger unerbittlich in Praxis umgesetzt: der Zynismus ist toleranter als der Fanatismus und das Interesse umgänglicher als die Überzeugung. Brächte der Stalinismus für die Regierten nur Unannehmlichkeiten mit sich, so würde, vorausgesetzt, es wäre möglich, die Repression nicht ausreichen, um ihn fortzusetzen. Doch in den Augen seiner Urheber und seiner Verteidiger im Westen läßt sich der Stalinismus an einer Bilanz, an seinen Vorteilen und Nachteilen für den Nutznießer, beurteilen. Selbst wenn man ihnen anhand von Zahlen und Beispielen beweisen würde, daß die Zahl der Unannehmlichkeiten für die am wenigsten Begünstigten in den Niederlanden geringer ist als in der UdSSR und die Zahl der Vorteile für den Durchschnitt der Bürger höher, so würde diese realistische Berechnung sie keineswegs ins Wanken bringen, ebensowenig wie die Information über den mittelmäßigen Lebensstandard, die gefälschten Prozesse oder die Konzentrationslager. Wie Marcel Proust sagt, »die Tatsachen dringen nicht in das Universum vor, in dem unsere Überzeugungen leben; sie haben diese entstehen lassen, sie zerstören sie nicht«**. Die amerikanische Gesellschaft oder die niederländische Gesellschaft sind für sie keine *wahren* Gesellschaften. Übrigens sind die verheerenden Vergleiche dieses Empirismus der Grund, weshalb die stalinistischen Regierungen ihren Staatsangehörigen Auslandsreisen verbieten und diesen Vorteil nur unbestechlichen Militanten zukommen lassen, die mit offizieller Ideologie solide ausstaffiert sind. »Wir haben ein Interesse daran,« konnte man in der tschechischen Wochenzeitschrift für Kultur *Tvorba* lesen, »daß diejenigen, die in den Westen reisen, ihr sozialistisches Vaterland würdig repräsentieren und nicht

---

* André Bonnard: »Vers un humanisme nouveau: la liberté de l'écrivain soviétique« (!), in der »theoretischen« Zeitschrift der KPF, *La Pensée*, Mai–Juni 1948.
** *Du côté de chez Swann.*

politisch überwältigt werden, wenn sie den ersten Damenpullover in einem Warenhaus sehen*.« Hin und wieder muß man Bürger ausreisen lassen, wenn ihr Aufenthalt jenseits der Grenzen den Propagandazielen dient: Tänzer, Sportler, Wissenschaftler, deren leninistische Orthodoxie leider nicht immer der Begabung entspricht, so daß ihre Tourneen ein bedauerlicher und häufiger Anlaß für einen gewissen Prozentsatz an Überläufern werden. Doch der durchschnittliche Bürger soll keine andere Gesellschaft kennen als die sozialistische. Im Gegensatz zu den entwickelten kapitalistischen Gesellschaften haben die sozialistischen Gesellschaften keine Einwanderungsprobleme, sie haben nur Auswanderungsprobleme.

Man kann gut und gerne stundenlang dem Preis der Untergrundbahnkarte in Moskau, der sich seit zehn Jahren nicht geändert hat, den Mangel an Kartoffeln entgegensetzen, was tut's**? Wenn auch die regelmäßige Preiserhöhung der Transportmittel zweifellos schwer auf den kapitalistischen Ländern lastet, so werden sie dennoch nicht durch ihren greifbaren Reichtum an billigen Kartoffeln gerechtfertigt, da diese Länder ihrem Wesen nach verdorben sind. Die Stabilität des Untergrundbahntarifs in Moskau ist das normale Resultat des Sozialismus und der Kartoffelmangel ein flüchtiger Zwischenfall. Im Kapitalismus ist es umgekehrt: Was schlecht funktioniert, bringt das grundlegende Gesetz des Systems zum Ausdruck; was gut funktioniert, ist ein flüchtiger Zwischenfall. Es ist sinnlos, in Einzelheiten über die Geschichte zu diskutieren, über die russische Industrialisierung, die bereits vor 1917 beträchtliche Ausmaße angenommen hatte, die Masse der Bauern, denen es lange noch schlechter ging als zu Ende des 19. Jahrhunderts, die der Sklaverei ähnlichen Arbeitsbedingungen der Industriearbeiter, die Produktion, die sich hauptsächlich auf das orientierte, was dem Staate dient – Rüstungsindustrie, Luftfahrt, Raumflug – und nicht auf die Güter, die den Lebensstandard des Volkes heben könnten. Weist man auf die ersten und verzögerten Lebenszeichen der entstehenden Konsumgesellschaft in gewissen sozialistischen Ländern hin? Der Konsum, der im Westen niemals etwas anderes war als trügerisches

---

* *Tvorba*, 12. September 1972: »Die Tourismusexplosion«, zitiert von Christian Jelen in: *Les Normalisés*, Paris 1975.

** Ich würde dazu bemerken, daß der Preis der Autobuskarte in Rom sich innerhalb von zehn Jahren (1965–1975) auch nicht erhöht hat: 50 Lira, Einheitstarif, gleichgültig wie lang die Strecke ist (dies entspricht etwa 35 französischen Centimes, 15 amerikanischen Cents). Doch was sozialistische Leistung ist, ist unter dem kapitalistischen Regime nichts als Heuchelei, die mit begründetem Stillschweigen sanktioniert wird.

Lockmittel und zusätzlicher Entfremdungsfaktor für die Arbeiter, wird plötzlich im Osten befreiend. Wie wird die Geschirrspülmaschine, in Paris ein Unterdrückungsinstrument, in Moskau zum Äquivalent für sozialistische Lebensfreude und sozialistischen Erfolg? Welch eine Frage! Auf der einen Seite stehen die »Widersprüche des Kapitalismus«, welche die *unvermeidlichen* Mängel der liberalen Gesellschaften erzeugen, auf der anderen eine grundsätzlich »korrekte« Ausrichtung.

Gewiß doch, sie läßt unwesentliche Mängel, die man ja auch »anerkennt«, vorläufig weiterbestehen. »Kritiken« an der sozialistischen Lebensweise, die in der östlichen Presse veröffentlicht werden und auf die sich die Kommunisten im Westen häufig als Beweis dafür berufen, daß der Osten nicht totalitär ist, sind stets Kritiken, die auf die irrtümliche *Interpretation* oder die nachlässige und inkompetente *Anwendung* der Direktiven der Führungsspitze verweisen, niemals kritisieren sie diese selbst noch ihr System. »Irrtümer«, wenn sie öffentlich zugestanden werden, sind stets Irrtümer in der Ausführung, niemals Irrtümer der Leitung und noch weniger des Prinzips. Höchstens im geheimen Kreis der Oligarchie wird ein allgemeiner Orientierungsfehler, der möglicherweise die Beseitigung der Verantwortlichen nach sich zieht, als solcher anerkannt und bestraft – selbstverständlich ohne daß die Infragestellung so weit geht, daß sie sich auf das Prinzip des stalinistischen Sozialismus selbst erstreckt.

Aus diesem Grunde hat die berühmte Rede Nikita Chruschtschows gegen die stalinistische Gewaltherrschaft vor dem XX. Kongress der KPdSU im Jahre 1956 die Entstalinisierung nicht eingeleitet und konnte sie nicht einleiten. Denn offenkundig denunziert diese Rede die stalinistische Unterdrückung *einzig insofern und von dem Moment an, da sie die Hierarchie der Chefs und der kommunistischen Bürokratie selbst betrifft* und nicht etwa insofern, als sie sich auf das Volk erstreckt. Überdies wurde diese Rede Chruschtschows hinter verschlossenen Türen, allein für die Hierarchie gehalten, sie wurde niemals in der UdSSR publiziert, auch nicht spontan in der westlichen kommunistischen Presse, abgesehen von einigen Bröckchen, nachdem sie in der »bürgerlichen« Presse die Runde gemacht hatte. Das Verbrechen Stalins bestand in den Augen Chruschtschows darin, daß er den Pakt der herrschenden Oligarchie verraten hatte, daß er König unter Fürsten, Despot unter Despoten, Mörder unter Mördern und Folterknecht unter Folterknechten geworden war. Nicht etwa weil er das russische Volk versklavt hatte, das daraufhin weiter versklavt blieb, denn der Gulag mit

42

seinen Millionen in Lagern Internierten, die psychiatrischen Anstalten, Zensur und polizeiliche Überwachung haben wie in der Vergangenheit weiterbestanden. Sechs Monate nach seiner Rede schickte Chruschtschow, der »Entstalinisierer«, Panzer, die auf die Ungarn schießen sollten, die sich gegen den Stalinismus erhoben. Als uneingeschränkter Verteidiger des dialektischen Materialismus nötigte er der sowjetischen Wissenschaft von neuem die Theorie und Tyrannei Lyssenkos auf, dessen zerstörerischer Scharlatanismus nicht nur im Hinblick auf die Forschung, sondern auch auf die landwirtschaftliche Produktion dank Chruschtschow ein zweites Mal Karriere machte.

Man verstand ihn falsch: Die Rede Chruschtschows richtete sich gegen Stalin, nicht aber gegen den Stalinismus. Sie sollte dem Stalinismus die Fortdauer als Regierungssystem ermöglichen, jedoch ohne jene pathologischen Auswüchse, die, hätten sie fortbestanden, auf lange Sicht das Regime selbst zerstört hätten. Dadurch daß er die Chefs und die Kader der leitenden Bürokratie, abgesehen von immer umfangreicheren Teilen der aktiven Bevölkerung, auslöschte und terrorisierte, lenkte Stalin das Land einfach durch ein gigantisches Abblocken seines physischen Funktionierens dem Ruin entgegen. Es war also lebenswichtig, die Maschine, wenn ich hier diesen Ausdruck gebrauchen darf, wieder in Richtung auf einen gesunden Totalitarismus in Bewegung zu setzen. Dies war das »Tauwetter« und keineswegs eine Demokratisierung.

Und genauso wie nichts in der Geschichte der kommunistischen Regimes auf den geringsten Keim einer angeborenen Tendenz zur Liberalisierung schließen läßt, lassen die in pluralistischen Demokratien angesiedelten kommunistischen Parteien auch nur einen Moment durchblicken, sie hätten sich von den stalinistischen Methoden und Organisationsformen soweit und solange freigemacht, daß man von einer Metamorphose sprechen könnte. Es handelt sich in Wirklichkeit allein um geringfügige Wechsel der Amplitude, die in keiner Weise die Prinzipien des Systems modifizieren. Der periodische Irrtum der liberalen Sozialisten besteht darin, daß sie den Endpunkt einer Pendelbewegung für die Anfangsphase einer Entwicklung halten, die sich weiter fortsetzen werde. Die rückschwingende Bewegung des Pendels überrascht dann unangenehm die Verbündeten der Kommunisten, denen es nicht gelingt, für diese Umschwünge und plötzlichen Verhärtungen eine rationale Erklärung zu finden. Sicher gibt es, versetzt man sich in ihre Anschauungsweise, keine rationale Erklärung, doch aus der Sicht der Kommunisten gibt es eine. Wenn die Sozialisten sie nicht finden, so weil, wie stets in den Wissenschaften (ich richte mich an die Marxisten), die Hypothese, die sie zu verifizieren suchen, falsch ist. Sie versteifen sich darauf, in dem, was nur eine der klassischen Phasen der kommunistischen Taktik ist – jene, die sich Volksfront oder Vereinigung der Linken nennt –, die ersten Symptome für eine zukünftige Demokratisierung zu erblicken. Diese taktische Phase hat ein doppeltes Ziel: einen gnadenlosen Kampf mit einer »Rechten« aufzuschieben, die die KP momentan für zu stark hält, um sie durch einen heftigen Angriff zu vernichten; und vor allem die Bildung eines reformistischen oder sozialdemokratischen Blocks durch die Aufspaltung der gesellschaftlichen und bei der Wahl ausschlaggebenden Mitglieder, die in der Lage wären, ihn herzustellen, zu verhindern. Der eine Teil wird durch sein Bündnis mit den Kommunisten neutralisiert, der andere durch sein Bündnis mit Elementen, die konservativer sind als er.

Doch für die Kommunisten hängt die »Liberalisierung« nicht von ihrem guten Willen ab. Es ist keine Frage der geistigen Aufgeschlossenheit. Diese vorübergehenden und durch und durch verbalen Konzessionen, die ihre Bündnispartner in den Wahlen fordern, gehen nie so weit, daß sie die Methoden des Kommunismus in Frage stellen, dessen Sieg gleichzeitig die Verbündeten und die Wahlen aus dem Wege räumen würde, noch seine Praxis, dessen endgültiges Ziel der »demokratische Zentralismus« bleibt, das heißt, die bürokratische Macht, welche die irreversible Schaffung einer Gesellschaft sichert, die autoritär einzig von der Partei regiert wird.

Die Partei kann sich also, da sie sich in der Opposition befindet, selbst durch Machiavellismus nicht dermaßen in ihrer Richtung wandeln, daß sie zur Ausübung dieser zukünftigen Verantwortlichkeit unfähig würde. Sie muß innerhalb der liberalen Gesellschaft das Spiegelbild durch Antizipation, der verkleinerte Prototyp der zukünftigen Gesellschaft, die sie zu errichten sucht, sein und bleiben, und darüber hinaus muß sie sich ständig in einem durch und durch funktionsfähigen Zustand bereithalten, um wie der Motor in die Karosserie oder die Seele in den Körper sich in diese Gesellschaft einzufügen. Hörte sie auf, »Modell« für die Ordnung zu sein, die sie auf gesamtgesellschaftlicher Ebene zu schaffen sucht, so würde ihr zukünftiges Projekt unrealisierbar und ihr gegenwärtiges Handeln inkohärent.

Daher sind die »liberalen« Konzessionen der Kommunisten notwendig sehr begrenzt, damit sie nicht einer Ablehnung ihrer besonderen »Staatsräson« gleichkommen. Man kann aufhören, Kommunist zu sein, man kann jedoch kaum seine Weise, es zu sein, verändern. Von daher wird deutlich, weshalb die substantiellsten der kommunistischen »Konzessionen«, die dem demokratischen Geist gemacht wurden, für die Zukunft gelten, niemals für die Gegenwart. Es sind Versprechungen, niemals Handlungen. Sie versprechen, sind sie einmal mit den Sozialisten oder Christdemokraten an der Macht, die Freiheiten zu respektieren. Doch so manche Beweise für diese zukünftige Toleranz könnten sie bereits heute in der Opposition erbringen, praktische Demonstrationen, die für sie vollauf im Bereich des Möglichen liegen, und dennoch unterlassen sie es. So ist auch die kommunistische Presse die einzige, welche die republikanische Gesetzgebung zum Recht auf Gegendarstellung nicht zur Anwendung bringt und systematisch jene persönlich diskreditiert, die Meinungen vortragen, welche sich von ihren eigenen unterscheiden. Warum sollten sie, wenn ihnen zufolge die Kritik an den Kommunisten heute bedeutet, man habe »vor dem Geld kapituliert«, oder »man arbeite dem ausländischen Kapitalismus in die Hände«, warum sollten sie dann an dem Tag anders denken, da sie, sei es auch mit anderen, an die Macht gelangen? Und wird es nicht die Pflicht des Staates sein, dessen Leitung sie partiell übernehmen, die Käuflichkeit auszurotten und die ausländischen Agenten zu strafen? In dem polemischen Verfahren der Kommunisten in der pluralistischen Demokratie sind bereits die Rechtfertigungen für eine zukünftige Unterdrückung der Redefreiheit enthalten. Denn nach dieser Polemik weicht man nicht von den Kommunisten ab, wenn man reflektiert und nach bestem Wissen und Gewissen Stellung bezogen hat. Daraus geht hervor, daß, bringt man einen Kritiker des Kommunismus oder später einen Gegner der Macht, an der die Kommunisten partizipieren, zum Schweigen, dies nur die Bestrafung eines Dieners der kapitalistischen Monopole oder eines Agenten der amerikanischen oder chinesischen Propagandadienste sein kann. Juristisch gesehen, wäre dies keine Beeinträchtigung der Redefreiheit, sondern Strafverfolgung, die sich gegen Verschwörer richtet. Man wird mir antworten, daß die Verbündeten der Kommunisten, die mit ihnen zugleich an der Macht sind, darauf achten werden, daß jeder Mißbrauch der Gesetze verhindert wird. Doch wieder dieselbe Frage: Weshalb erzielen sie dieses schöne Resultat nicht schon heute? Wenn die demokratischen Sozialisten unfähig sind, in der Opposition die Kommunisten zum Verzicht auf gewisse Diskussions- und Aktionsmethoden zu bewegen, deren erste Zielscheibe sie häufig selbst sind, was wird ihnen dann, wenn sich die Wirkungskraft der kommunistischen Organisation durch die des Staates verstärkt, die Kraft dazu verleihen?

45

Wer nichts vom Funktionieren der kommunistischen Parteien versteht, versteht nichts von der modernen Politik.

Die Rechte und die »kalten Krieger« haben den Kommunismus mit den anderen Totalitarismen, dem Nazismus und dem Faschismus der Vorkriegszeit, in einen Topf geworfen, obwohl der einzige gemeinsame Punkt, der zwischen diesen drei Totalitarismen besteht, die Organisation mit ihren unerbittlichen Methoden ist, doch weder der Nazismus noch der Faschismus, die sich allzu sehr mit den Bedürfnissen der Nationen, aus denen sie hervorgegangen waren, identifizierten, wurden von der magischen und ansteckenden Ideologie getrieben, die den Kommunismus zu einer Weltmacht werden läßt. Die »kalten Krieger« gingen also zum Gegenangriff gegen den Kommunismus mit den selben Mitteln vor, mit denen sie den Nazismus angegriffen hätten, das heißt, militärisch, durch Geheimdienste, Gegenspionage, Propaganda, ohne sich zunächst klarzumachen, daß die Demokratien es auf diesem Gebiet mit einem Gegner zu tun haben, der stärker ist als sie, und weiter, daß dies nicht genügt, daß man darüber hinaus eine ideologische Antwort finden muß. Vorausgesetzt, es gibt eine: denn wenn man auch mit Aussicht auf Erfolg einen Glauben gegen einen anderen setzen kann, so scheitert man im allgemeinen, wenn man einem Glauben nur eine Lösung entgegenzusetzen hat; oder schlimmer noch, einen Komplex von Lösungen und Problemen, die es zu lösen gibt.

Die nichtkommunistische Linke hat ihrerseits das stalinistische Dogma abgelehnt und offen und ohne schlechtes Gewissen für die Sozialdemokratie optiert, wie in der Bundesrepublik und Nordeuropa, oder hat, in den Ländern, in denen die Mitglieder der kommunistischen Parteien das politische Leben bedingten, beständig zwischen Gleichschaltung und Bruch geschwankt. Doch meist wurden in diesen Ländern die einheitlichen Bestrebungen immerhin als die authentischsten und dem Entwicklungsgesetz der Linken angemessensten aufgefaßt. Daher proklamiert die nichtkommunistische Linke stets, wenn es um eine Verständigung mit den Kommunisten geht, daß die Sozialisten und Kommunisten im wesentlichen übereinstimmen und in Nebensachen geteilter Meinung sind, obwohl es genau umgekehrt ist. Bei jeder dieser Verständigungen verspüren die nichtkommunistischen Linken darüber hinaus das Bedürfnis zu glauben, daß die »Volksdemokratien«, die UdSSR und die KPen des Westens sich geändert haben, sich ändern, sich ändern werden. Regelmäßig sind sie enttäuscht, wenn sie von einem neuen totalitären Ereignis erfahren, das sich im Osten – in Budapest, in Prag, in Gdansk, im Gulag – oder bei ihnen, in den Reihen ihrer eigenen

46

kommunistischen Partner abgespielt hat. Und jedesmal vermeiden sie es, dieses Ereignis mit seinen Vorläufern in Verbindung zu bringen und die Vergangenheit, die es erhellen würde, zu rekapitulieren. Sie frisieren dieses vorgeblich neue Ereignis, das ihre Theorie stört, zu einem Unfall, und die Periode, die darauf folgt, zu einer Konvaleszens, einer Gewissensprüfung, welche die diesmal endgültige Heilung der kommunistischen Partei besiegele.

Ein neurotisches Verhalten – nicht als Metapher, sondern im technischen Sinn des Wortes – ist ein Verhalten, das, anstatt eine Erwiderung auf das Reale zu liefern, der illusorische und wirkungsvolle Ersatz dieser Erwiderung ist. Es verschleiert ein Scheitern der Anpassung ans Konkrete und die Unfähigkeit, es zu analysieren oder zu meistern.

Alle neurotischen Verhaltensweisen haben ein Gemeinsames: das Vergessen ihres vorhergegangenen Auftretens. Derjenige, der zu seinen Verabredungen immer zu spät kommt, der Geschäftsmann, der unwiderstehlich von denselben Fallen angezogen wird und periodisch dem Konkurs knapp entgeht, der mythomanische Hochstapler, ein netter und überzeugender Bursche, wie sein Düpierter, der gebührend gewarnt und nichtsdestoweniger ewig verfügbar ist, sie alle und noch viele andere sind der Überzeugung, daß ihnen ihr Mißgeschick zum ersten Mal zustößt, sie haben die Gewißheit, eine neue, einzigartige Situation zu durchleben, für die sie besondere Erklärungen finden, die sie für völlig neu halten: obwohl ihr Verhalten in den Augen anderer nur die verborgene Reproduktion einer unveränderlichen Stereotype ist, deren programmierten Ablauf der Zeuge an hundert Wiederholungen hat feststellen können. Ebenso sind alle Diskussionen zwischen der nichtkommunistischen Linken und Kommunisten im Westen, die im Jahre 1973 durch die Publikation von sowjetischen Protesttexten außerhalb der UdSSR – Maximow, Sacharow, Schores und Roy Medwedew, Sinjawski, Amalrik, schließlich Solschenizyn und sein *Gulag* – entfacht wurden, die konforme Kopie von Diskussionen, die mehr als zwanzig Jahre zuvor stattfanden, als die ersten Gerüchte über die Existenz von Konzentrationslagern in der Sowjetunion die europäische Linke erreichten. Damals kristallisierte sich der Streit unter den französischen Intellektuellen besonders zu einem Streit zwischen Sartre und Camus, in dem Camus recht hatte und Sartre die Oberhand behielt. Doch was in einem allgemeineren politischen Kontext festgehalten werden muß, ist die Tatsache, daß alles, was zu jenem Zeitpunkt geschah: die entsetzte Betroffenheit der Nichtkommunisten angesichts dieser Enthüllungen, ihr Versuch, in ihrer Verurteilung festzubleiben, doch zugleich einen Dialog einzuleiten und in diesem Punkt einen Kompromiß mit den Kommunisten zu finden, der wütende Starrsinn der kommunistischen Antwort, die ihnen vorwarf, sie spielten der Reaktion in die Hände und verrieten die Sache des Friedens (später war es die »Entspannung«), das schlechte Gewissen und der schmähliche Rückzug der Nichtkommunisten, dann, als Epilog, trotz einiger harmloser Nörgeleien ihre endgültige Kapitulation, die von Hoffnung auf die Zukunft erfüllt war; all das hat sich im Winter 1973–1974 in der »Affäre Solschenizyn« Wort für Wort, Geste für Geste, Argument für Argument wiederholt. Doch keiner der Akteure war sich dessen bewußt, daß er ein zwanzig Jahre zuvor geschriebenes altes Melodram wiederholte, und daß er selbst nur die Wiederholung jenes Librettos war, das im Westen seit den Moskauer Prozessen von 1937 gespielt wird.

Im Reich des Informationsmangels und des Vergessens wird keine Lektion jemals *behalten*. Jedesmal, wenn sich eine klassische Situation wiederholt, wird sie nicht wiedererkannt. Man käut dieselben Zitate, dieselben Namen, dieselben Überlegungen wieder und glaubt, sie entdeckt zu haben. Das historische Gedächtnis der Linken ist einem Federbett vergleichbar, das sich unter Schlägen deformiert, und ohne zu lernen, ihnen auszuweichen, ruhig und allmählich zu seiner ursprünglichen Form zurückkehrt, um sich der nächsten Tracht Prügel auszusetzen.

Wenn die nichtkommunistische Linke die Vergangenheit erinnert, untersucht und analysiert hätte, wie es für verantwortliche Politiker, die ihrer Aufgabe gewachsen, und Intellektuelle, die ihren Ansprüchen gewachsen sein wollen, Pflicht gewesen wäre, so wäre ihr die Identität der beiden Szenarios, all dieser Szenarios, nicht entgangen. Sie hätte dann nicht lange das Märchen von den »bedauerlichen Ausnahmen« und den »korrigierten Verirrungen« aufrechterhalten, noch sich der Schlußfolgerung entziehen können, daß diese verschiedenen Momente, setzt man sie in Verbindung, eine feste und klare historische Bahn formen. Doch die gesamte nichtkommunistische Linke der Welt hat niemals diesen Vergleich zwischen den verschiedenen Zeitmomenten gezogen, sie hat stets das Vergessen gewählt und die Einsicht gemieden.

Denn Einsicht hätte sie zum Verzicht auf die Hoffnung einer Konvergenz zwischen dem demokratischen Sozialismus und dem Kommunismus gezwungen. Sie hätte sie zu der Erkenntnis gezwungen, daß die kommunistischen Parteien einen Plan verfolgen und (wenn sie an der Macht sind) realisieren, dessen Ausführung die Demokratie kategorisch ausschließt. Dieser Plan ist vielleicht nicht einmal schlecht. Doch dies ist ein anderes Problem, ein anderes Kapitel. Aber in seiner Konzeption selbst wird er weder so aufgefaßt, daß er die Demokratie fortsetzt noch zu ihr führt. Und nicht etwa, um später zu ihr zurückzukehren, hat der Kommunismus sie dort zerstört, wo sie bereits existierte, wie in der Tschechoslowakei vor 1948.

Dort, wo er sie zerstört hat, geschah es, um sie zu zerstören. Dort, wo er sie nicht geschaffen hat, geschah es, weil es nicht seine Bestimmung ist, sie zu schaffen.

Der mißverstandene
Sozialismus

Der Irrtum der nichtkommunistischen Linken, wenn sie nicht eindeutig für die Sozialdemokratie optiert, liegt in ihrer Überzeugung, der Kommunismus sei eine Form des Sozialismus. Dem ist nicht so. Zwar ist es das Ziel des Kommunismus, den Kapitalismus zu zerstören, aber nicht etwa, den Sozialismus einzuführen, das heißt, die Wirtschaft in den Dienst des Menschen zu stellen. Sein Ziel ist es, die Wirtschaft und den Menschen in den Dienst der führenden »neuen Klasse«* zu stellen (die im übrigen allmählich nicht mehr so »neu« ist) – der Bürokratie. Die Herrschaft dieser Klasse gründet sich nicht mehr auf das Eigentum, sondern auf die Funktion. Sie unterwirft die Arbeiter sehr viel rigoroser als die kapitalistische Herrschaft und ermöglicht die »Ausbeutung« – das heißt, wenn man so will, die Erhöhung des Mehrwerts – direkter und gebieterischer.**. Sie impliziert und schafft das System eines gelenkten Syndikalismus, in dem sich die Arbeiter nicht verteidigen können außer durch Faulheit; ein Regierungssystem, in dem die Bürger kein einziges politisches Recht haben und beständig unter polizeilicher Überwachung stehen; ein kontrolliertes, zensiertes, gereinigtes Kultursystem, in dem die kastrierten Geister von sich aus auf alle Widerstandsanwandlungen verzichten.

Insbesondere im Hinblick auf die Kultur, die einen beständigen Reibungspunkt zwischen den beiden Linken darstellt, gab die stalinistische Ausrede stets vor, die kulturelle Unterdrückung ziele in Wirklichkeit nicht auf die Denkfreiheit ab, sondern auf verschleierte politische Manöver hinter dem Gebrauch, den man von ihr mache. In der Zeit, da die französische Kommunistische Partei ihren Mitgliedern und Freunden die öde und lachhafte Ästhetik, die sich »sozialistischer Realismus« nannte, aufzunötigen suchte, hatte sie eine Malerkalamität namens Fougeron, dessen lethargische Banalität selbst gewissen Militanten unmenschlich erschien, zur Koryphäe der Katastrophe in Frankreich erhoben. Einer von den Militanten, der sich bei einem bedeutenden

---

* Milovan Djilas, *Die neue Klasse*, 1957.
** Marc Paillet, *Marx contre Marx*, Paris 1971.

Führer beklagte, ging so weit, ihm zu sagen: »Ich werde verfolgt, weil ich die Malerei von Fougeron nicht leiden kann«. Dieser Führer, Laurent Casanova, antwortete ihm: »Dann haben Sie nichts verstanden, denn der Hintergrund der Frage ist, daß die Vorbehalte gegen Fougeron *so formuliert wurden, daß sie einen politischen Angriff gegen die Partei darstellen**.« Was den Teufelskreis aufdeckte, denn die Beförderung Fougerons war selbst aus rein politischen Motiven diktiert worden – Anwendung der »ästhetischen« Linie Moskaus –, es war überhaupt nicht die Rede davon, ihn allein auf dem Gebiet der Malerei zu beurteilen, das er ohne die Unterstützung der KP aus eigenen Kräften nie betreten hätte, ebenso wenig wie Lyssenko aus eigenen Kräften das der Biologie.

Der Totalitarismus politisiert alle Bereiche von vornherein, um dann bei jeder kulturellen Abweichung die politischen Implikationen zu denunzieren. Derselbe Sophismus wurde, übrigens mit recht beachtlichem Erfolg, angewandt, um der westlichen Linken die Unterstützung des Kampfes für Redefreiheit, den Sacharow oder Solschenizyn im Jahre 1973 führten, zu verbieten: Hinter diesem vorgeblichen Kampf für die Meinungsfreiheit verberge sich, so sagte die KP, ein *politisches* Manöver, das sich gegen die Entspannung richte.

Damit gestehen die Kommunisten offen ein, daß sie totalitär sind. Denn, um es noch einmal zu sagen, die Eigentümlichkeit des Totalitarismus besteht gerade in der Auffassung, daß keine einzige menschliche Äußerung autonome Existenz, eigene Bezugswerte außerhalb ihrer Beziehungen und Macht habe, daß sie sich also nur als Teilstück des politischen Autoritätssystems beurteilen läßt. Im Grunde verurteilt der Totalitarismus ein Werk nicht deshalb, weil es eine politische Intention »verbirgt«. Weil eben umgekehrt das Regime totalitär ist, hat in seinen Augen ein Werk stets eine politische Dimension oder genauer, *allein* eine politische Dimension für oder gegen dieses Regime, welches als ein Block aufgefaßt wird, dessen Elemente unzerlegbar sind.

Diese Tatsachen sind seit so langer Zeit derart bekannt, die Dokumentation über diesen Regierungstyp ist so umfangreich und so gesichert, daß die interessanteste Aufgabe weniger darin besteht, diesen Nachweis zu wiederholen, als zu verstehen, weshalb er so wenig Tragweite hatte.

Daß die kommunistischen Regimes dem Marxismus von Marx ebenso entgegengesetzt sind wie den Idealen eines demokratischen Sozialismus

* Zitiert von David Caute, *Communism and the French Intellectuals, 1914–1960*, 1964.

51

(oder vielmehr: *und folglich* den Idealen eines demokratischen Sozialismus), braucht in der Tat nicht mehr bewiesen zu werden. Erklärt werden muß, weshalb die Weigerung, diesen Beweis zur Kenntnis zu nehmen, derart verbreitet ist. Dies ist vielleicht der Hauptengpaß, der die politische und gesellschaftliche Rettung der heutigen Menschheit bremst und gefährdet. Solange die Sozialisten nicht begreifen, daß der furchtbarste Feind des Sozialismus der Kommunismus ist, weitaus furchtbarer sogar als der Kapitalismus, wird die Revolution, derer die heutige Welt aufs dringendste bedarf, unrealisierbar bleiben. Es ist möglich, vom Kapitalismus zum Sozialismus überzugehen, aber nicht vom Kommunismus zum Sozialismus. Daß Sozialisten und Kommunisten dieselben Beschwerden gegen den Kapitalismus vorbringen, bedeutet nicht, daß sie ihn deswegen durch dasselbe Regime ersetzen wollen. Der Kampf der zukünftigen bürokratischen herrschenden Klasse der Arbeiter-Bürger gegen die herrschende Klasse der gegenwärtigen Besitzenden kann sehr wohl vorübergehend mit der Kritik der Arbeiter-Bürger gegen dieselben Besitzer zusammenfallen, nichtsdestoweniger hat sie die Macht der Bürokraten und nicht etwa die der Arbeiter-Bürger zum Ziel. Nicht etwa den Marxisten muß man diesen elementaren historischen Mechanismus erläutern.

Deswegen auch ist der rituelle Einwand grundlos, nach dem sich die liberalen Sozialisten hüten müssen, mit ihren Angriffen gegen den Stalinismus in jene der Verteidiger des Kapitalismus einzustimmen. Die Repräsentanten des Kapitalismus greifen den Stalinismus vor allem an, weil er sie vernichten will; die Repräsentanten des Sozialismus müßten ohne falsche Scham ebenso handeln – und zwar aus demselben Grund: denn der Stalinismus will auch sie vernichten. Sich von der stalinistischen Propaganda in dieselbe Kategorie verweisen zu lassen wie das Kapital, wenn sie gegen die kommunistischen Methoden protestieren, obwohl sie aus einem anderen Grunde bedroht sind als das Kapital, jedoch im selben Grade, bedeutet für die Sozialisten eine Konzession ohne Gegenleistung. Darüber hinaus gibt es in den Reihen der Kapitalisten zahlreiche Demokraten, die den Stalinismus vom *selben* Gesichtspunkt her ablehnen wie die Sozialisten: aufgrund ihrer Bindung an die politische Demokratie und den Pluralismus. Ihre Existenz und Bedeutung unter dem Vorwand zu leugnen, nicht »der Rechten in die Hände« spielen zu wollen, heißt, dem Stalinismus in die Hände zu spielen, der immer versucht, die Frage nach der Demokratie auszuklammern, sich der Sozialisten zu bedienen, um den Kapitalismus zu vernichten, um dann auf ihre Kosten die Demokratie zu vernichten.

52

Daher ist es ein kaum entschuldbarer Irrtum, die Vorstellung zu hegen, es könne bis zu einem gewissen Punkt einen gemeinsamen Kampf der Sozialisten und Kommunisten geben, bis sich nach der Vernichtung des Kapitalismus die Wahl zwischen der demokratischen und der totalitären Strömung stelle. Wenn dieser Punkt erreicht ist, ist der Kommunismus stets der Stärkere, selbst wenn er bei Wahlen nur eine Minderheit darstellt, was übrigens immer der Fall war. Und wenn dies nicht mehr der Fall ist (in Italien zum Beispiel), werden die Kommunisten unbesiegbar. Wie würde sich eine Partei, die bereits handelt, als habe sie die einstimmige Mehrheit hinter sich, obwohl sie nur eine Stimmenminderheit auf sich vereint, wandeln, nachdem sie die relative Mehrheit erreicht hat? Und ist einmal der Kommunismus an der Macht, so ist es zu spät, um den Sozialismus zu retten, seine Sache ist unwiderruflich verloren: es ließ sich immer eine wirksame Opposition gegen den Kapitalismus organisieren, niemals aber gegen die Bürokratie. Es ist einfacher, ökonomische und soziale Ungleichheiten zu korrigieren, als sich von einem politischen Despotismus zu befreien.

Gestützt auf diese geschichtlichen Tatsachen, wäre man versucht, sich wieder einmal auf das Testament der Gründer des Sozialismus zu berufen, dem derart Gewalt angetan wurde, daß einer der bedeutendsten Wissenschaftler auf diesem Gebiet *Marx als Kritiker des Marxismus** zum Zeugen aufrufen konnte. In einem Kapitel, dessen Titel schon zeigt, daß sich der Gegenstand eher dem literarischen Genre der Grabrede zuordnen läßt als dem eines politischen Programms, da es sich *Marx und die Demokratie* nennt, geht Rubel sogar so weit, das Aufgeben des Begriffes Marxismus, der, wie er sagt, »unzweckmäßig« und sogar »schädlich« sei, vorzuschlagen. Denn dieser Begriff verbindet sich mit politischen Systemen, welche die schlimmsten Zerstörer der Ideen von Marx waren, oder ist jetzt einfach Synonym für Sozialismus im allgemeinen.

Andere ebenso qualifizierte Autoren können sehr viele Texte aufführen, die darlegen, daß Marx die Idee der Partei und erst recht der Einheitspartei für unvereinbar mit der proletarischen Revolution hielt, daß er in seiner Polemik insbesondere mit Bakunin diese bereits leninistische Partei von »Priestern einer Geheimwissenschaft«, deren Verhaltensregel auf die Formel hinausläuft, »wer nicht für uns ist, der ist gegen uns«, diese Partei, die nur anstrebt, »die Diktatur zu verewigen«

---

* *Marx critique du marxisme* ist der Titel des Buches von Maximilien Rubel, Paris 1974. M. Rubel besorgte auch die Herausgabe von Marx in der Bibliothèque de la Pléiade.

in ihrem »Kasernenkommunismus«, immer aufs heftigste verurteilte.*

Würden diese Formulierungen nicht von Marx stammen, man würde lautstark behaupten, sie vermittelten den »vulgären und besessenen Antikommunismus« der Feinde der Entspannung und der Union der Linken. Und im übrigen könnte man zu recht mit denselben Begriffen den Antikommunismus Lenins brandmarken, der, bevor er selbst völlig leninistisch wurde, im Jahre 1895 in seinem Nachruf auf Engels geschrieben hatte: »Marx und Engels wurden Sozialisten, nachdem sie Demokraten gewesen waren, und das demokratische Haßgefühl gegen politische Willkür war sehr stark bei ihnen. Dieser angeborene politische Sinn, der sich mit einem tiefen theoretischen Verständnis des Verhältnisses von politischer Willkür und ökonomischer Unterdrükkung verband, sowie ihre reife Erfahrung, hatten Marx und Engels im Hinblick auf den politischen Zusammenhang sehr empfindlich gemacht**.« Doch was nützen diese Zitate oder tausende andere zur Stützung dieses Nachweises? Abfassung, Konfrontation und Auslegung von Texten, die für die Erkenntnis unerläßlich sind – für jene wenigen, welche die Erkenntnis interessiert –, hatten niemals Einfluß auf das Handeln, auf Sekten oder auf Mächte. Vor und nach der Geschichte der Nachfolger von Marx hat die der Nachfolger von Aristoteles, Jesus, den Kirchenvätern oder Freud zur Genüge gezeigt, daß eine Tradition, je mehr sie den Fetischismus der Texte kultiviert, desto unfähiger wird, einen Konsensus über irgendeinen Text herzustellen, so klar auch das Denken des Begründers einem unvoreingenommenen Geiste zunächst erscheinen mag. Ich würde sagen: vor allem, wenn er klar ist. In diesen Traditionen ist die Anwendung von Gewalt, die vom einfachen pädagogischen Monopol bis hin zum Umerziehungslager und zur Hinrichtung geht, im allgemeinen für die kollektive Einsicht in die literarischen Quellen der Orthodoxie notwendig.

Wenn der Kontrast zwischen dem Denken von Marx und der Realität des Regimes und der Parteien, die sich auf ihn berufen, das Bewußtsein nur in akademische Unruhe versetzt und eher die Kontroverse über die Bücher anregt als die Berichtigung der Aktion, so rührt das daher, daß es einfacher ist, eine Philosophie nach einer Realität zu biegen als umgekehrt. Stalin zu entthronen, ist schwierig, ihn zu rechtfertigen, liegt in der Reichweite eines jeden flexiblen Bewußtseins, und gerade die

---

* Zitiert bei: Kostas Papaïoannou, *L'Idéologie froide, essai sur le dépérissement du marxisme*, Paris 1967, J.-J. Pauvert, Kapitel 1: »Marxisme et orthodoxie«.
** Zitiert bei: Kostas Papaïoannou, a.a.O.

54

Flexibilität ist durch eine glückliche Disposition von Mutter Natur im Bewußtsein verbreiteter als in den Tatsachen. Die Duldsamkeit dem Totalitarismus gegenüber wird also weder von der »ursprünglichen und echten Inspiration« des Marxismus noch von der Information über die lebendige Realität in den kommunistischen Ländern beeinträchtigt. Es ist mir durchaus verständlich, daß die Ideologen dieser Länder Nachdruck auf die Behauptung legen, daß sie das Stadium des Kommunismus im eigentlichen Sinne noch nicht erreicht haben, sondern erst, doch schon das des Sozialismus. Sagen wir also, daß sich die kommunistischen Länder begrifflich als konkrete politische Phänomene, als jene definieren lassen, in denen die ganze Macht in Händen einer Einheitspartei liegt, die sich selbst Kommunistische Partei nennt. Was nun den Sozialismus betrifft, so haben diese Länder absolut nichts damit zu tun. Die fixe Idee, die sich zwischen die westliche Linke und die kommunistischen Länder schiebt und die Rolle eines Farbfilters für ihre Wahrnehmung dieser Länder spielt, ist die Vorstellung, daß diese Gesellschaften eine erste Etappe in Richtung auf den Sozialismus darstellen. Sind erst einmal ihre Unreinheiten getilgt, so werden sie sozialistisch. Es ist, ich wiederhole es, sinnlos, diesem frommen Glauben sämtliche Bibliotheken entgegenzusetzen, in denen alle Fakten verzeichnet sind, die nachweisen, daß die kommunistischen Regimes zwar tatsächlich aus antikapitalistischen Revolutionen hervorgegangen sind, jedoch weder aus proletarischen noch sozialistischen. Es sind dies aus sich heraus kohärente Regimes, keine gescheiterten Vorläufigkeiten noch erste Schritte auf dem Wege zum Sozialismus. Wie der Autor einer der besten Studien über den bürokratischen Totalitarismus schreibt: »Die Bürokratie hält nicht die Versprechen des Sozialismus, aber sie hält ihre eigenen Versprechen*.«

Wie zwingend auch immer die Informationsmasse über die kommunistischen Länder sein mag, die verschämten Liebhaber des Totalitaris-

---

* Marc Paillet, *Marx contre Marx*. Paris 1971. Paillet hat das Phänomen im Innersten erfaßt, wenn er sagt: »Die grundsätzliche Enteignung der Kapitalisten kann durch die Verstaatlichung des Produktionsapparats stattfinden, ohne daß dies die Verwirklichung des Sozialismus zur Folge hat [. . .] Diese Enteignung zieht »eine neue Gesellschaftsorganisation« nach sich, »eine Wirtschaft, die auf der Ebene des Staates und des Unternehmens eine neue herrschende Klasse autorisiert, die auf eigentümliche Weise, das heißt, eben durch die institutionellen Apparate den Mehrwert abschöpft; dies ist der Grund für jene überraschende Erscheinung der herrschenden Bürokratie. Ihr Platz war bereits vorgesehen. Die sozialistische Revolution hat sie dort angesiedelt. Der Platz und sein Okkupant wurden als eines wahrgenommen. Daher die Überraschung.«

mus richten es jedenfalls stets so ein, daß sie es vermeiden können, ihr ins Gesicht zu sehen, und verschieben die Diskussion dadurch, daß sie sie in den Bereich des »Wesens« des Sozialismus verpflanzen. Das Wesen ist stets fügsamer als die Existenz. Oder sie sagen, daß die Theorie des Kommunismus als »Staatskapitalismus« oder der Bürokratie als »neue herrschende Klasse« eine alte These sei, die man bereits allerorten angetroffen habe. Was zutrifft, und gerade das ist sehr interessant. Daß die Erde rund ist, ist gleichfalls eine alte These, der man allerorts begegnet ist. Doch wenn eine Milliarde von Menschen fortführe zu navigieren, als sei sie flach, so wäre es von überaus großem Interesse, eine Erklärung für den Ursprung ihrer kosmologischen Überzeugung und ihres nautischen Verhaltens zu suchen.

Wie können die Doktrinäre, da es doch niemals ein Beispiel leninistischen Sozialismus gegeben hat, das anders war als totalität und bürokratisch, derart hochmütig jene behandeln, die darauf hinweisen, daß die Zukunftsprojekte, die einen Sozialismus der Freiheit betreffen, zwar äußerst lobenswert, jedoch Zukunftsprojekte und keine erprobte Methode sind? Das Allheilmittel des »Sozialismus mit menschlichem Antlitz« wurde stets entkräftet, bevor es überhaupt richtig entstehen konnte. (Es ist im übrigen erschütternd, daß die Annahme eines menschlichen Antlitzes, wahrhaft das geringste, was man von einem Regime erwarten kann, das den Menschen befreien will, am Ende als das Problem der Quadratur des Kreises des Sozialismus dasteht.) Muß man nicht, wenn man Marxist-Leninist, also »wissenschaftlicher« Sozialist ist, die Gründe für diese periodischen Fehlschläge suchen? Ist in den Wissenschaften das Gesetz nicht das durch alle Erfahrungen Verifizierte? Oder vermeinen die modernen Marxisten zu einer epistemogischen Revolution vorzuschreiten, noch einer mehr unter all jenen, deren Geheimnis sie besitzen, indem sie jenen neuen Begriff, jene innovatorische Definition des Gesetzes einführen: Das Gesetz wird von nun an das sein, was durch keinerlei Erfahrung verifiziert ist? Wäre es nicht »wissenschaftlicher«, in Erwägung zu ziehen, daß man sich in der Ausgangsthese geirrt hat, daß keine dem Kommunismus inhärente demokratische Berufung existiert oder mit anderen Worten, daß es keinerlei Affinität, sondern Inkompatibilität zwischen kommunistischen Regimes und dem gibt, was man ohne allzuviel schwarzen Humor unter Sozialismus versteht; oder genauer unter dem sozialistischen *Projekt*, denn wenn die kommunistischen Regimes sehr wohl greifbare Realitäten sind, so ist der Sozialismus bisher niemals etwas anderes gewesen als ein Projekt.

Gerade die Vermischung zwischen dem sozialistischen Projekt und der kommunistischen Realität ist es, die den Diskussionen über den politisch und geistig totalitären Charakter der kommunistischen Gesellschaften die Schärfe nimmt, aber auch jedem Versuch, ihre ökonomische Leistungsfähigkeit und das materielle Glück, das sie gewährleisten, zu veranschlagen. Das Hin und Her zwischen Fakten und Intentionen ist äußerst bequem für denjenigen, der es sowohl vermeiden will, die einen zur Kenntnis zu nehmen, wie die anderen zu präzisieren. Es ermöglicht, dem niederdrückenden Verdikt der vergangenen und gegenwärtigen Geschichte ebenso auszuweichen wie den intellektuellen Zwängen eines ernsthaften Programms für die Zukunft. Das Elend, die Inkohärenz, die Vergeudung, die Säuberungsaktionen, sind, der »progressiven« Interpretation zufolge, schlichtweg Fehler sozialistischer Ökonomien, denen man zugesteht, daß sie noch schlecht funktionieren.

Nun funktionieren aber die kommunistischen Gesellschaften ganz im Gegensatz dazu erstaunlich gut, zumindest aus der ausschlaggebenden Sicht der Oligarchien, welche sie leiten. Selten hat ein politisches System so adäquat dem entsprochen, was man von ihm erwartete. Die Priorität der Prioritäten besteht für die Bürokratie darin, ihre Macht zu wahren. Ist dies einmal eine feststehende Tatsache, so ist sie selbstverständlich einer Verbesserung des Lebensstandards gegenüber keineswegs feindlich eingestellt, wenn diese Verbesserung mit ihrer Autorität vereinbar ist. Im Falle eines Interessenkonflikts, das heißt, jedesmal wenn ein materieller Fortschritt zur Bedingung oder als mögliche Konsequenz eine größere Freiheit dieser oder jener Kategorie von Arbeitern hat, so entscheidet sich die Bürokratie für eine neuerliche Versicherung ihrer Macht auf Kosten des materiellen Fortschritts.

Sie würde es jedoch vorziehen, nicht wählen zu müssen, und es ist eine infame Verleumdung, ihr vorzuwerfen, sie halte ihre Untertanen *bewußt* unter dem mittleren kapitalistischen Wohlstandsniveau. Sie hat keinerlei feindliches Vorurteil dem Wohlstand gegenüber. Doch kann sie keine Lücke im autoritären und zentralisierten System der Leitung der Ökonomie zulassen, ohne die Basis ihrer politischen Herrschaft selbst zu erschüttern. Dieses System ist ökonomisch mittelmäßig, politisch jedoch unerläßlich. Doch warum sollte die Bürokratie, wenn es ihr möglich ist, die Mittelmäßigkeit des ökonomischen Systems zu mildern, ohne die politische Stabilität zu gefährden, nicht froh sein, es zu tun?

Aufgrund dieser Unterordnung der Ökonomie unter die Politik müssen die Regierenden in den kommunistischen Ländern nicht für ihre Irrtümer zahlen. In seinem Normalzustand ist ein demokratisches

System, wie bereits bemerkt, ein System, in dem die Regierungsfehler von den Regierenden gesühnt werden, während in einem kommunistischen System das Volk dafür büßen muß. Diese Bußen implizieren Säuberungsaktionen, die sicherlich fast immer die Ausschaltung einiger Mitglieder der Oligarchie nach sich ziehen, jedoch vor allem die niederen Kader und die Massen treffen. Mit anderen Worten, die Bestrafung ist umso härter, je geringfügiger oder unbedeutender die Teilnahme an den unheilvollen Beschlüssen ist. Einer der besten Chinakenner, Lucien Bianco, hat in einer Artikelserie*, die die philanthropischen Pariser Kreise erzürnt hat (erzürnt gegen den Autor, wie sich von selbst versteht), die »Unverantwortlichkeit« Mao Tsetungs zur Zeit des »Großen Sprungs nach vorn« von 1958 und während der »Kulturrevolution« einige Jahre später nachgewiesen. Offenkundig törichte, willkürliche Entscheidungen wurden in beiden Fällen mit einer souveränen Leichtigkeit gefaßt, desorganisierten die Produktion und stürzten Millionen von Menschen ins Elend. Gewiß, unleugbare »Unverantwortlichkeit«, wie man feststellen muß, dem chinesischen Volke gegenüber, doch nicht im Hinblick auf das reale Ziel dieser Operationen, das darin bestand, die herrschende politische Macht Maos an der Spitze der Bürokratie wiederherzustellen. In seiner erschreckenden Beschreibung des alltäglichen Lebens im totalitären Land zeigt Andrej Sacharow** präzise, wie Mittelmäßigkeit und Entwürdigung des Daseins der Massen Bedingungen herstellen, die für die Erhaltung der Polizeidiktatur günstig sind und folglich aus einer politischen Notwendigkeit resultieren. Eben dies, was also dem Volk als eine katastrophale Heimsuchung und den Inhabern mittlerer und niederer Rangstufen als eine unerklärliche Folge von Inkohärenzen erscheinen kann, bildet im Gegenteil, von der Spitze der Hierarchie aus betrachtet, den offenkundigen Beweis für die Wirksamkeit und die Logik des Systems und sein ausgezeichnetes Funktionieren.

Daß aber – von außen betrachtet – dieses System wiederum von zahlreichen Menschen schlicht als eine etwas energische Variante des Sozialismus betrachtet wird, stellt eins der verwirrendsten politischen und kulturellen Rätsel unserer Zeit dar.

---

* Lucien Bianco, »La Nouvelle Orthodoxie«, in: *Le Monde*, 21. und 22. Januar 1975.
** Andrej Sacharow, *Mon pays et le monde*, Paris 1975.

DIE FÜGSAMKEIT
GEGENÜBER DEM STALINISMUS
Erscheinungsformen und Folgen

Die Furcht vor
dem Antikommunismus

Im Juli 1975 veröffentlichte die sowjetische Nachrichtenagentur Tass ein Kommuniqué, das den französischen Innenminister, Michel Poniatowski, wegen seines »Antikommunismus und Antisowjetismus« angriff, die laut Tass auf seinem Wunsch beruhen, sich in den Vordergrund zu stellen, weil er nicht mit anderen Mitteln habe Karriere machen können. Ein persönlicher und beleidigender Angriff also und nicht allein ein politischer Einwand. Erste Bemerkung: Der Stilwechsel der »Entspannung« ist wieder einmal im Vergleich mit dem Kalten Krieg offenkundig wenig spürbar, wie alle »Wechsel« der Kommunisten. Zweite Bemerkung: Wenn der französische Minister im Verlauf des voraufgegangenen Jahres auch tatsächlich häufig gegen die französische Kommunistische Partei polemisiert hatte, so hatte er doch außer in seiner Vergangenheit niemals die Sowjetunion als Nation angegriffen. Und dies sollte man ihm nicht verübeln, denn es scheint, daß die stalinistische Vergangenheit abgelegt worden ist. Ihn des Antisowjetismus zu bezichtigen, wäre also falsch. Natürlich ist es unbestreitbar, daß die Bezeichnung der KPF als einer Partei mit »faschisierendem und totalitärem« Charakter stillschweigend einbezieht, die kommunistische Gesellschaft, auf die diese Partei zustrebt, im allgemeinen und die UdSSR im besonderen, hätten ebenfalls diesen Charakter. Doch dies heißt keineswegs, den Sowjetstaat als Gesprächspartner im Rahmen der internationalen Beziehungen formell in Frage zu stellen. War man sich nicht darüber einig, daß das Grundprinzip der Entspannung (die sowjetischen Führungskräfte haben oft genug daran erinnert) sich als eine Verbesserung der zwischenstaatlichen Beziehungen definiert, ohne Nachlassen »ideologischer Wachsamkeit« und, ganz im Gegenteil, mit einer Verdoppelung dieser Wachsamkeit angesichts der Ansteckungsgefahr, welche der Kontakt mit diesen Ungläubigen bildet? Warum sollte also das kapitalistische Lager einseitig in seiner eigenen Wachsamkeit nachlassen, während die Sowjets, die Hüter des »sozialistischen Lagers«, das Recht behielten, die ihre zu verstärken? Im übrigen erhalten die Führer der kommunistischen Länder, wenn sie über den Kapitalismus herziehen, auch keine Note von den westlichen Staatskanzleien, die sie des »besessenen Antikapitalismus« und des schmutzigen Karrierestrebens bezichtigt, das so weit geht, daß sie schamlos die totalitären Vorurteile gegen den Westen ausbeuten, um durch diese geschmacklose Provokation die bestürzende Mittelmäßigkeit ihrer persönlichen Karrieren zu kompensieren. Ein solches Vorgehen würde sofort ins Lächerliche gezogen und von der Mehrheit der Informationsorgane im Westen selbst als sektiererisch und dumm verurteilt werden. Man kann behaupten, daß sie sehr viel lebhaftere Proteste erheben würden, als sie aufgrund des Vorgehens der Tass-Agentur erhoben, die bekanntlich, um die Formulierung eines französischen Rundfunkkommentators aufzugreifen, »häufig« (liebenswürdiger Euphemismus) den offiziellen sowjetischen Gesichtspunkt zum Ausdruck bringt.

Der Vorfall beleuchtet die Verschiedenartigkeit der Aktionsmittel des Ostens und des Westens bei der Verteidigung ihrer jeweiligen politischen Systeme und im Dienste ihrer ganz natürlichen Bestrebung, ihnen auf Kosten des anderen zum Fortschritt zu verhelfen oder sie zumindest zu schützen. Denn man bedenke – und dies, ohne das geringste Werturteil über die immanenten Verdienste der beiden Systeme zu fällen und allein aus der Perspektive ihrer Interaktion betrachtet –, daß der Kommunismus nicht nur das Recht hat, im Westen von Parteien, Zeitungen, Gewerkschaften und freien Wählern repräsentiert zu werden, während das umgekehrt nicht der Fall ist; sondern auch, daß es im Westen einem Wortführer einer anderen Partei unmöglich ist, eine Kampagne gegen die lokale KP im Kontext des ausschließlich *internen* Kampfes der Parteien durchzuführen, ohne in »Antikommunismus zu verfallen«, was Antisowjetismus impliziert und also das internationale Gleichgewicht gefährdet! Man wird auch für den Fall, daß man sich für Logik und das Prinzip des Widerspruchs interessiert, bemerken, daß die Nabelschnur zwischen dem sowjetischen Staat und den nationalen KPs des Westens, auf die jede Anspielung verboten ist, wenn damit die Unabhängigkeit dieser nationalen KPs in Zweifel gezogen scheint, hingegen zu einer automatischen Klausel des internationalen Rechts wird, sobald sich die UdSSR über eine dieser Parteien geringschätzig behandelt fühlt. Die Einmischung seitens Moskaus in die inneren Angelegenheiten eines souveränen fremden Landes ist hier ebenso offenkundig, wie die Fügsamkeit überrascht, mit der dieses Land den Verweis hinnimmt. Wenn Antikommunismus gleich Antisowjetismus ist, so resultiert das Recht der Sowjetunion auf die Überwachung unserer internen Auseinandersetzungen in gewisser Weise aus unserem

Respekt vor der Demokratie selbst, und jene, die sich daran stoßen, stufen sich damit selbst als Gegner der Demokratie ein.

Zweifellos geschah es eben in diesem Geiste, daß man sich in offiziellen französischen Kreisen beeilte, wissen zu lassen, die Rüge des Ministers durch die KPdSU ändere nichts am Wohlwollen Moskaus Paris gegenüber. Der Beweis: der Finanzminister befand sich gerade wie gerufen in der sowjetischen Hauptstadt, um dort Handelsabkommen zu regeln, und die Russen hatten ihn nicht gebeten abzureisen. Die Entspannung wird doch nicht aufgehalten.

Poniatowski, wird man einwenden, ist ein konservativer Rechter, ein Reaktionär, er hat wirklich »Antikommunismus betrieben«. Er bekam also nur, was er verdiente.

Wie oft habe ich diese Argumentationsweise zu diesem oder jenem Politiker über diesen oder jenen Punkt schon aus dem Munde von Nichtkommunisten gehört. Sie ist eine von jenen Argumentationsweisen, die den Umfang und die Gründlichkeit der Rezeption des Stalinismus enthüllen.

Denn aus welchem Grunde wäre es, selbst wenn man ein konservativer Rechter ist, sträflich, Antikommunist zu sein? Betrachtet man es etwa als eine verächtliche und wenig elegante Handlung, wenn die Kommunisten die Parteien und Institutionen angreifen, deren Gegner sie per definitionem sein müssen? Stets enthüllen die Kommunisten eine »antikommunistische und antisowjetische Kampagne ohnegleichen« (da sie seit sechzig Jahren täglich eine aufdecken, fragt man sich, wie sie *alle* »ohnegleichen« sein können), die offenkundig von »unverbesserlichen Antikommunisten« (»unverbesserlich« bedeutet dabei: »der seine Sünden nicht bereut«, wir befinden uns offenbar in der Welt von Schuld und Sühne) »angezettelt« wird. Es wäre eine Schande für eine Demokratie, wenn die Kommunisten nicht das Recht hätten, sich am politischen Leben zu beteiligen. Doch wollen sie, weil sie dieses Recht haben, es den anderen vorenthalten? Verlangt man etwa von ihnen, sie sollten Lobreden auf ihre Gegner halten? Nötigt man Mitglieder der britischen Labour, sich aller Attacken gegen die Konservativen zu enthalten und umgekehrt? Geifert man über besessenen »Antichristdemokratismus«, über »mit allen Mitteln geführte Hetzkampagnen«, wenn die deutschen Sozialdemokraten oder die italienischen Kommunisten eine ganz normale Kampagne gegen ihre jeweiligen christdemokratischen Parteien durchführen, was nicht ohne einige Feindseligkeit abgehen kann und der Grund für ihr Vorhandensein als unterschiedliche politische Parteien ist?

Daraus läßt sich schließen, daß die Kommunisten bereits heute innerhalb pluralistischer Systeme, ohne abzuwarten, bis sie an der Macht sind, den Beweis für ihre Unfähigkeit erbringen, Politik in anderen Begriffen zu erfassen als in denen eines Monopols zu ihren Gunsten. Der Trick, mit dem sie dies erreichen, besteht in der Behauptung und schließlich im Glauben und teilweise Glaubenmachen, daß die Leute nicht etwa Antikommunisten würden, weil sie aufrichtige Vorbehalte gegen den Kommunismus haben, ernste Gründe, weshalb sie nicht unter einem kommunistischen Regime leben wollen, unglückliche Erfahrungen in ihren Beziehungen zu Kommunisten, sondern daß sie diese Vorbehalte fabrizierten, diese Gründe vortäuschten und diese Erfahrungen auf niedrige Weise durch *Antikommunismus* ausnützten, einen vorgefaßten Antikommunismus, der sich nicht aus der Beobachtung von Realitäten ableite. Die Wirkung wird zur Ursache. Der Antikommunismus ist für sie niemals ein *Resultat* der Geschichte und der Reflexion, er ist eine eigentümliche metaphysische Vorstellung, eine bösartige, jeder Wahrnehmung des Realen voraufgehende Disposition. Die Veröffentlichung des *Archipel Gulag* im Westen, beispielsweise, und die darauffolgenden Kommentare konnten nur aus einer von »Gegnern der Entspannung geschickt inszenierten« internationalen Verschwörung hervorgehen. Welche Tatsachen auch immer in diesem Buch enthüllt werden, die Pflicht der Leser wäre es, sie nicht zu berücksichtigen und sie nicht in Betracht zu ziehen, wollen sie nicht verraten, daß ihnen der Makel eines »eingefleischten« vorgefaßten Antikommunismus anhaftet. Nicht etwa, daß die von Solschenizyn aufgedeckten Tatsachen von sich aus bei den unvoreingenommenen Beobachtern ein strenges Urteil über den Kommunismus hervorrufen könnten, ganz im Gegenteil, die voraufgehende Verseuchung ihrer Seele durch den Antikommunismus machte sie für diese Gerüchte empfänglich, brachte sie dazu, ihnen Aufmerksamkeit zu schenken, und, was noch schwerer wiegt, sich zu ihrem Echo zu machen, was dem Handlangerdienst für das Komplott gleichkommt, das – welch ein seltsames Zusammentreffen, welch ein erdrückender Beweis – sich gerade in diesem Augenblick organisierte.

Schon unbeschreiblich für einen Innenminister, einen Konservativen, dem die KP gewiß gerne das Recht zugestehen würde, Reaktionär zu sein, wäre er nicht Antikommunist, dem sie kurz gesagt das Recht zugestehen würde, seine eigene Meinung zu haben, unter der Bedingung, daß er all das aus ihr ausklammert, was dem guten Ruf seiner Gegner schaden könnte; ist die Kritik am Kommunismus schon, wie ich sagte, für einen eingeschworenen Antikommunisten, der auch noch stolz darauf ist, unbeschreiblich, so ist sie es noch unvergleichlich mehr für all jene, die behaupten, sie wollten ihn im Prinzip nicht bekämpfen, für seine potentiellen oder aktuellen Verbündeten. Kommt sie von der Rechten, so ist jede Kritik am Kommunismus von vornherein diskreditiert, da sie notwendig aus einem blinden Vorurteil im Dienste von Klasseninteressen hervorgeht. Doch jede von der Linken heruntergestammelte Kritik ist gleicherweise unzulässig, da sie der Rechten »in die Hände spielt«, also letztlich verrät, daß diejenigen, die sie äußern, ein zwar versteckteres, doch um so heimtückischeres, um so giftigeres antikommunistisches Vorurteil hegen. Woraus letzten Endes hervorgeht, daß es keine objektive und ehrliche Kritik am Kommunismus geben kann.

Weil nämlich auch die Kommunisten selbst bei ihren Gesprächspartnern von der Linken annehmen, daß alle Kritik nicht etwa aus einer Analyse oder selbst einer einfachen Wahrnehmung der Tatsachen, die sich von der ihren unterscheidet, hervorgeht, sondern aus dem unterschwelligen Weiterwirken jener toxischen, mysteriösen und unheilvollen Substanz in ihrem psychischen System: dem Antikommunismus. Diese bösartige und giftige Substanz gleicht den »inhärenten Eigenschaften« oder »Entelechien« der Scholastiker, welche die Naturphänomene nicht durch Beziehungen zwischen Ursache und Wirkung, sondern durch den Körpern inhärente Eigenschaften erklärten. Ihnen zufolge fällt ein Stein nicht aufgrund seines Gewichtes oder der Erdanziehungskraft, die ihnen unbekannt war, sondern wegen einer dem Stein eigentümlichen Tendenz, nach unten zu streben, oder, um die Worte der Satire Molières aufzugreifen, der Mohn ist einschläfernd, »weil in ihm eine einschläfernde Kraft vorhanden ist, welche die Fähigkeit hat, Schlaf hervorzurufen«. Der »primäre« Antikommunismus, der jeder Erkenntnis vorausgeht, schwärzt die Seelen der »wahren Reaktionäre«, von denen man jetzt weiß, was man von ihnen zu halten hat. Doch ist er sehr, sehr viel schädlicher bei den Freunden und Verbündeten, deren ideologische Nähe die Weigerung, sich ganz und gar auszuschließen, um so ärgerlicher macht und die argwöhnische und mißtrauische Entrüstung der Kommunisten bis zu einer ständigen und heftigen Angst steigert.

Die Anhänger der nicht-kommunistischen Linken machen diese Erfahrung häufig zu ihrem Nachteil. So präsentierte zum Beispiel der Generalsekretär der KPF, George Marchais, nach der Unterzeichnung des berühmten gemeinsamen Regierungsprogramms, das das Bündnis zwischen Sozialisten und Kommunisten besiegelte, im Juni 1972 vor dem Zentralkomitee seiner Partei einen Bericht, in dem er die neuen Verbündeten als unheilbare Reformisten verdammte. Marchais sagte insbesondere: »Tatsächlich ist dieses Programm nicht sozialistisch; es konnte nur aufgestellt werden, weil die ideologische Konfrontation daraus vollkommen ausgeschaltet wurde; wir haben unseren Gesprächspartnern das Zugeständnis gemacht, daß es nötig sei, systematisch und ausschließlich unter dem Gesichtspunkt einer gemeinsamen Regierungsaktion zu handeln – einschließlich um die Divergenzpunkte zu regeln –; wir haben keinem Kompromiß zugestimmt, der unsere Prinzipien, die Linie unserer Kongresse, die Interessen der Arbeiter, unsere internationalen Pflichten beeinträchtigt; wir haben keineswegs die Absicht, unser Programm gegen das gemeinsame Programm auszutauschen; wir hüten die ständige Bestätigung der eigenen Positionen unserer Partei wie unseren Augapfel, ihre Unabhängigkeit in Äußerung und Aktion, die Verstärkung ihres Einflusses und ihrer Organisation.« Dieser Bericht, der lange Zeit geheimgehalten wurde, wurde drei Jahre später publik gemacht.* Der erste Sekretär der französischen Sozialistischen Partei, der schwer beleidigt war, reagierte mit einer Heftigkeit, die sich auf das schärfste von der Langmut unterschied, die er bisher gewöhnlich niemals aufgegeben hatte, wenn er Schläge von seinen Verbündeten einzustecken hatte.

Die »Doppelzüngigkeit«, welche die »vom Zentralkomitee der französischen Kommunistischen Partei übernommenen Zeilen«, enthüllten, »zwei Tage, nachdem wir gemeinsam den Champagner der Freundschaft auf dem Place Colonel Fabien getrunken hatten«, betrübte ihn zutiefst. Und François Mitterand wappnet sich mit bitterer Ironie, um »den ubuesken Charakter einer Strategie zu vermerken, die sich ganz und gar auf das Bündnis mit einem Partner ausrichtet, der für unfähig gehalten wird, aufzuhören, zu sein, was er ist, das heißt, verräterisch und rückfällig**«. Wer jedoch nicht versteht, weshalb dieser Partner *unausweichlich* so beurteilt werden muß, läßt einfach erkennen, daß er nicht im Serail der marxistischen Tradition aufwuchs, oder daß er in die alte Illusion, zurückfiel, eine KP könne das Wesen des Stalinismus ablegen, ohne ihren inneren Zusammenhalt und ihren äußeren Panzer zu zerstören. Die Kommunisten können gewisse

* Im Werk eines der ältesten Führer der KPF, Etienne Fajon, *L'union est un combat*, Paris 1975. Zweifellos handelt es sich um den Kampf zwischen den Verbündeten.
** In der Wochenzeitschrift der Sozialistischen Partei *Unité* vom 18. Juli 1975.

Erscheinungsformen des Stalinismus ablegen, das wohl – seine »Exzesse« –, aber nicht sein Wesen.

Daher rührt zum Beispiel die Ambiguität der Verurteilung der Intervention der Streitkräfte des Warschauer Paktes in der Tschechoslowakei durch die westlichen Kommunisten. Die KPF hat unbezweifelbar jene Intervention fast ebenso sehr mißbilligt wie die italienische KP, doch gleichzeitig untersagte sie jeder anderen politischen oder gewerkschaftlichen Organisation, ihr auf diesem Wege zu folgen! Die sowjetische Invasion war gewiß bedauerlich, sollte jedoch auf keinen Fall einen Vorwand für den Antisowjetismus liefern. Auf diese Weise veröffentlichte die *Humanité*, obwohl sie sich anfangs mit der Intervention nicht einverstanden erklärte, zwischen dem 23. August und dem 8. September 1968 nicht weniger als elf Artikel, um sie zu rechtfertigen. Sie weist die Linke zurecht: vor allem dürfe keiner glauben, er könne aus den – gewiß bedauerlichen – Ereignissen einen antikommunistischen und antisowjetischen Schluß ziehen!

Kurz und gut, wenn es sich um den Kommunismus handelt, gibt es keinerlei Beziehung zwischen Ursache und Wirkung mehr. Die politische Analyse muß es sich untersagen, Konsequenzen zum Prinzip zu erheben. Wenn das Wasser manchmal unrein ist, so beweist das niemals, daß die Quelle, aus der es rinnt, vergiftet sei.

Wollen die Verbündeten der Kommunisten, daß das Bündnis überdauert, so bemühen sie sich also oder geben vor, an dies superbe Probestück magischen Denkens zu glauben. Häufig leben sie im Zustand einer Experimentalneurose, denn sie müssen gleichzeitig die stalinistische Brutalität ertragen und von neuem verkünden, daß sie in keiner Weise den irreversiblen Gang der Liberalisierung des Kommunismus aufhalte. Die Angehörigen verschiedener linker Kreise, die das widersprüchliche Denksystem akzeptieren, in das der stalinistische Terrorismus sie einschließen konnte, werden von der Furcht verfolgt, sie würden des Antikommunismus bezichtigt, wobei dieser Antikommunismus als eine sündhafte Seelenverfassung gilt. Zum Beispiel bot Mario Soares, der Führer der portugiesischen Sozialistischen Partei, die den Wahlen zufolge die Hauptpartei des Landes ist und dennoch seit einem Jahr von den sehr minderheitlichen Kommunisten unaufhörlich geprellt und politisch für nichtig erklärt wird, in einer vom Fernsehen übertragenen Konfrontation dem Generalsekretär der portugiesischen KP, Alvaro Cunhal, die Stirn. Doch waren die ersten Worte des Sozialistenführers, der indes der am wenigsten einfältige und der zäheste der Herde ist, die Erklärung: »Wir praktizieren keinen Antikommunismus.« Es ist

67

interessant zu sehen, daß es das Opfer aller Aggressionen und Täuschungsmanöver ist, welches das Bedürfnis verspürt, sich zu rechtfertigen, während deren großmütiger und vorübergehend ungeheuer nachsichtiger Urheber gar nicht daran denkt, sich durch ein »wir praktizieren keinen Antisozialismus« zu decken. Zunächst einmal bestünde die Gefahr, daß dies Gelächter hervorriefe, doch vor allem meinen weder er *noch seine Gegner*, er habe Rechenschaft zu geben. Hingegen ergreifen alle Sozialisten und Reformisten der Welt die Vorsichtsmaßnahme, jede gewagte Meinung folgender absurder Unterscheidung anzupassen: »Wir kritisieren manchmal die Kommunisten, aber wir sind keine Antikommunisten.«

Absurd, denn man ist eben in dem Maße anti-etwas, wie man es kritisiert, weder mehr noch weniger. Wenn man gegen die Konzentrationslager in der Sowjetunion und gegen die Beseitigung der Freiheiten ist, so ist man im Verhältnis zu dieser Nicht-Übereinstimmung Antikommunist. Im selben Moment kann man insofern prokommunistisch sein, als man die kommunistische Unterstützung irgendeines Arbeitskampfes billigt. Wenn die Kommunisten eine Kampagne machen, damit die eingewanderten Arbeiter dieselben Rechte haben wie die zur Nation gehörigen, bin ich Prokommunist. Wenn sie die gesamten Informationsmittel verstaatlichen wollen, werde ich Antikommunist. Ich bin im Augenblick des Paktes zwischen Stalin und Hitler Antikommunist und Prokommunist, wenn die KPF im Jahre 1941 beginnt, am Widerstand gegen die Naziokkupation teilzunehmen. Ich werde wieder Antikommunist, wenn die KP beginnt, die Résistance zu unterwandern, indem sie Richtlinien für die Zeit nach dem Krieg aufstellt. Auf dieselbe Weise waren die Kommunisten und zahlreiche Sozialisten im Hinblick auf die Innenpolitik Antigaullisten und im Hinblick auf die Außenpolitik mehr oder weniger offene Progaullisten. Weiter konnte man gleichzeitig ein Feind der Politik der amerikanischen Demokratischen Partei in Vietnam während der Jahre 1964–1968 sein und aus diesem Grunde entschieden anti-Johnson, während man, was die Innenpolitik betrifft, angesichts der Reformarbeit, die im Verlauf derselben Periode vom Weißen Haus geleistet wurde, pro-Johnson sein konnte. Der Kapitalismus hat negative und positive Aspekte. Man kann also gleichzeitig anti- und prokapitalistisch sein wie die Sozialdemokraten und auch wieder nicht bis in alle Ewigkeit und immer in denselben Proportionen. Ein pluralistisches System impliziert alle Nuancen der Billigung und der Mißbilligung in den Beziehungen zwischen den verschiedenen Gruppierungen, aus denen dieses System sich zusammensetzt. Es ist keineswegs eine Schande, wenn man sagt: Ich bin Gegner der Arbeiterbewegung aus diesem Grunde und Anhänger der Arbeiterbewegung aus jenem; Gegner der Christdemokraten aus diesem Grunde und Anhänger der Christdemokraten aus jenem. Die Uneinigkeit führt unvermeidlich zu einer gewissen Dosis von »anti«, die übrigens nach Ermessen revidierbar und widerrufbar ist angesichts möglicher Wandlungen. Es ist kaum einzusehen, wie es möglich ist, daß man einen oder mehrere Aspekte des Programms und des Aktionstyps einer Partei verwerfen kann, ohne daß man bis zu einem gewissen Punkt gegen diese Partei und also »anti« ist. Doch in bezug auf die Kommunisten ist das nichts Besonderes, und täglich liest und hört man Sätze, die, auf eine andere Realität angewendet, schockieren würden, Sätze, deren logischer Inhalt etwa folgender ist: Ich mißbillige vier Zehntel oder sechs Zehntel oder neun Zehntel dessen, was die Kommunisten tun, aber ich bin *in keinem Grade* Antikommunist.

Diese Inkohärenz rührt daher, daß die Kommunisten eine unbedingte Anhängerschaft verlangen, ebenso wie sie in Bausch und Bogen verurteilen oder billigen und niemals die positiven Elemente der Politik anderer Parteien als der ihren oder derer, die mit ihrer eine Einheit bilden, anerkennen. Das doppelte Postulat, auf dem ihr Plädoyer beruht, lautet: Wer die Partei angreift, greift das Ganze an (man kann in keinem Punkte von der KP abweichen, ohne Antikommunist zu *sein*); wer die KP angreift, greift die Linke an, *jede* mögliche Linke, und schließt sich dem Lager der Reaktionäre an. Der Gipfel ist, daß diese plumpen Einschüchterungsmethoden wirken. Sie erzeugen bei der Linken der gesamten Welt eine Furchtsamkeit, die zur unterwürfigsten Selbstzensur anregt und bei den Kommunisten zu einer Art Recht auf die Verbreitung von Lügen, ein Recht auf Beleidigung und Verleumdung zum Schaden aller Arten vollkommen respektabler Demokraten führt. Weder die Vergeltungsmaßnahmen noch selbst die Antworten kommen auch nur entfernt an jene heran, die in einem ähnlichen Falle jede beliebige andere politische Gruppierung auf sich gezogen hätte.

Liest man von neuem das Pressedossier von Solschenizyn, Sacharow, Medwedew und anderen sowjetischen Oppositionellen, oder auch das der Folgen der Invasion in die Tschechoslowakei im Jahre 1968, so wie das Dossier der Kommentare zum Vorgehen der Kommunisten in Portugal seit der Beseitigung der früheren Diktatur, so reibt man sich die Augen angesichts des unverwüstlichen Versöhnungsgeistes der Zeitungen und der Politiker der nicht-kommunistischen Linken. Sie machen alle Konzessionen, die sie ohne vollkommene Selbstverleugnung machen können, und sie dienen als Deckmäntelchen, um die Wirkung von Enthüllungen oder Aufrufen, die dem Ansehen der kommunistischen Länder oder Parteien zum Schaden gereichen könnten, abzumildern. Was noch bedauerlicher ist, sie nehmen, indem sie auf Bestellung oder durch Auslassung lügen und jene, die ihnen nicht folgen, verleumden, selbst stalinistische Verhaltensweisen an. Häufig wäre es für sie schwierig, in ihrer Parteilichkeit weiterzugehen, ohne offen ihrem Treueeid gegenüber den Grundfreiheiten und dem Postulat der letztendlichen und unausweichlichen Versöhnung von Sozialismus und Demokratie, die ihre einzige Entschuldigung ist, abzuschwören. Ein Schritt weiter in der intellektuellen Taubheit, und es wäre schlichtweg der Anschluß an den Stalinismus, also der Selbstmord des liberalen Sozialismus. Und dennoch wissen die Kommunisten ihnen keinerlei Dank dafür, daß sie mit ihrem Entgegenkommen wahrhaft erst am äußersten Rande des Abgrundes einhalten. Die Ablehnung, sich in ihn hineinzustürzen, ist das einzige, was die Kommunisten, die das Vorangegangene und den bereits zurückgelegten Kreuzweg vergessen, an den liberalen Sozialisten wahrnehmen. Gerade nach den Momenten also, in denen die liberalen Sozialisten mit sich selbst und der Geschichte am wenigsten aufrichtig umgingen, lassen sie sich am heftigsten geißeln. Diese Geißelung setzt übrigens nur selten ihrer einzigartigen Unterwürfigkeit ein Ende. Der Grund dafür ist sicher die Peinlichkeit und das Empfinden einer doppelten Schuld: jener nämlich, die Wahrheit teilweise verfälscht oder entschärft zu haben, und jener, nichtsdestoweniger ebensosehr – was sage ich? – mehr noch dem entehrenden Vorwurf des Antikommunismus ausgesetzt zu sein. Sich aufzulehnen, wäre das öffentliche Eingeständnis ihres Irrtums hinsichtlich der Kommunisten. Zu schweigen, ist dessen Verschärfung. Könnte man für die Schüler von Marx eine auf grausamere Weise raffinierte Marter der »Entfremdung« erfinden?

In diesen Polemiken beschimpfen die Kommunisten alle späten Diener am sozialistischen oder reformistischen Ideal sehr viel heftiger noch als die fortgeschrittenen Verteidiger des liberalen Kapitalismus. Ihre Dialektik ist immer dieselbe: Gewiß doch haben, so sagen sie, Verletzungen der sozialistischen Legalität in der Vergangenheit in der Sowjetunion stattgefunden. Doch diese Vergangenheit ist abgelaufen, diese Verletzungen wurden verurteilt. Die vorgeblichen Übergriffe auf die Menschenrechte, auf die man sich gegenwärtig beruft, existieren nicht – weder der Gulag noch die Ermordung von Andersdenkenden in den psychiatrischen Kliniken. Es sind dies Mythen, und derjenige, der sie propagiert, wird ipso facto zum »offiziellen Wortführer des Antikommunismus«. Er läßt sich zu einem »plumpen Manöver«, zu einer »heftigen Aggression« herab und nimmt an einer »abgekarteten Operation« teil. Er beschränkt sich darauf, »Wort für Wort die Schlagworte zu wiederholen, die Franz Josef Strauß in Bonn oder München brüllt, um den Revanchegeist wiederzuerwecken«. Sie verschaffen Solschenizyn oder Sacharow »eine Zuhörerschaft, die sie in der Sowjetunion nicht haben«. Sicher, und mit Grund! Eine weniger stupide Beweihräucherung hätte vielleicht dieses Bumerang-Argument vermeiden können. Sie wollen die internationale Spannung aufrechterhalten und den Kalten Krieg wieder anzetteln. Macht man den französischen kommunistischen Intellektuellen den Vorwurf, sie hätten die russischen Intellektuellen im Stich gelassen, so gehört dies also zur »antikommunistischen Kampagne«, die sich in Frankreich »gegen die Union der Linken richtet«.

Sagen wir vielmehr, zur Kampagne der Union der Linken, welche die Union der Linken gegen sich selbst richtet. Die hier in Anführungszeichen gesetzten Formulierungen, alles Auszüge aus der *Humanité*, dem offiziellen Organ der KPF, zielen in der Tat auf *alle Zeitungen und Politiker ab, die Parteigänger oder Schöpfer der Union zwischen Sozialisten und Kommunisten sind.* Es wird deutlich, daß die finstere Blütenlese stalinistischer Invektiven gegen die »Sozialverräter« unwandelbar ist.

Warum sollte sie sich auch ändern? Sie wirkt. Ihre Überzeugungskraft ist unbeeinträchtigt. Jedes Funkeln der alten Waffensammlung reicht aus, daß die Wortführer der nicht-kommunistischen Linken sich an ihrem Speichel verschlucken. Es verstand sich bald in der unabhängigen linken Presse von selbst, daß Solschenizyn ein »Rechter« ist und ein Anhänger der religiösen Werte des übelsten slawischen Obskurantismus. Die Waffe der Reaktion – denn das Verhalten der »Linken« war offenkundig reaktionär – besteht in derartigen Fällen darin, unmerklich eine Debatte um ein lästiges Zeugnis vom Gebiet der *Fakten* auf dasjenige der *Meinungen* hinübergleiten zu lassen. Die »Unmöglichkeit«, alles, was Solschenizyn vorbringt, zu »verifizieren«, regte dazu an, seine Beschreibung des repressiven russischen Systems als ein Zeugnis aufzufassen, das »zumindest ebenso sehr den Geisteszustand seines Autors und des Milieus, das ihn umgibt, betrifft, wie die sowjetische Gesellschaft selbst in ihrer Gesamtheit«. *Zumindest ebenso sehr!* Und warum nicht *mehr?* In dieser Stichprobe aus einer der linken Zeitungen, die, scheren sie einmal zur Seite aus, von der kommunistischen Presse häufig gebrandmarkt werden, schlägt sich nieder, wie pariert wird, nämlich indem ein Dossier, das auf der historischen Methode, auf Quellenkritik und nichts anderem beruht, subjektiviert wird. Man kommentiert ein Faktenverzeichnis, dessen Richtigkeit wir verifizieren müssen, als handele es sich um die völlig halluzinatorische Projektion einer persönlichen Form von Sensibilität, der wir auf einer reinen Gefühlsebene verhaftet sein müßten oder nicht. Gewiß ist der Erzähler des *Gulag* »möglicherweise« aufrichtig, wird eingeräumt, doch die »Werte« Solschenizyns schwächen sein Zeugnis. Im übrigen wird Solschenizyn, ist er einmal im Westen, nur noch schreiben, was seinen neuen kapitalistischen Herren gefällt. Und wenn das, was er schreibt, ihnen nicht paßt, prophezeit ein Universitätsprofessor, so wird er schweigen müssen »wie so viele andere, die am Schreiben gehindert werden«. Es ist traurig für ihn, aber es ist nun einmal so. Macht ihn im übrigen nicht die Art, wie die Rechte ihn gebraucht, verdächtig? Einer der weiter oben zitierten Sätze ruft einen anderen Satz in Erinnerung, der zwanzig Jahre zuvor von Jean-Paul Sartre geschrieben wurde und der ein »ebenso« enthält, das ebenso bemerkenswert ist. Sartre erwiderte Camus: »Ich finde wie Sie diese Lager unzulässig: doch *ebenso* unzulässig den Gebrauch, den die bürgerliche Presse täglich davon macht«*.

* »Réponse à Albert Camus«, in: *Situations IV*; Hervorhebung von J.-F. Revel
Die Substanz dieses Gedankenganges findet sich sogar in der großen liberalen britischen Zeitung *Guardian* (15. Juli 1975), in der ein Korrespondent aus den Vereinigten Staaten schreibt: »Solschenizyn glaubt, daß alle internationalen Beziehungen auf der Basis einer intensiven persönlichen Moral – seiner eigenen – gestaltet werden müßten, und glaubt fest, daß der Kommunismus zutiefst böse sei und daß sogar das entfernteste Anzeichen von Wärme, das ihm und seinen Protagonisten entgegengebracht wird, moralisch falsch ist. Diese Art Gerede ist den mehr Neandertalerbrüdern und -schwestern dieser Gesellschaft äußerst gut eingegangen, und über Nacht wurde dieser Mann, wie man wohl behaupten kann, durch den *Book of the Month Club* (der dafür sorgte, daß Millionen ungelesener Exemplare des Gulag von Scarsdale bis Sausalito auf den Kaffeetischen herumliegen) und eine jener massiven Medienkampagnen, die in diesem Land so populär sind, zum Liebling der Banausen.« Diese Passage schematisiert die Dialektik der Fügsamkeit gegenüber dem Stalinismus: 1 – Die sowjetischen Lager werden zu einer Ausgeburt der Subjektivität Solschenizyns, ein »Glaube«; 2 – Er will die internationalen Beziehungen seinen persönlichen Marotten anpassen, die Entspannung sabotieren; 3 – Dieser »Glaube« erfüllt die borniert und reaktionäre Rechte mit Wohlbehagen, ist also gegenstandslos, unheilvoll und falsch; 4 – Solschenizyn hat mit dieser Art von Geschrei Geld gemacht, indem er den Amerikanern (natürlich, ihnen!) Millionen von Exemplaren angedreht hat, die, wie der *Guardian* behauptet, *keiner gelesen hat*. (Warum sich dann aber Sorgen machen?) Die (sekundäre) Frage nach der historischen Realität des Gulag ist völlig eskamotiert.

72

Die Furcht, die Sünde des Antikommunismus zu begehen, macht die Forderungen der liberalen Linken innerhalb des Bündnisses allmählich so bescheiden, daß sie sich immer noch vormacht zu glauben, einen »fruchtbaren« Dialog mit den Kommunisten zu führen, während sie in Wirklichkeit darauf beschränkt ist, sich mit Hilfe einer präventiven Selbstzensur vor seinen Schlägen zu bewahren. Während die Kommunisten niemals Antikommunismus und Antisowjetismus auseinanderhalten, untersagen sich ihre Partner jede Anspielung auf eine eventuelle Übereinkunft innerhalb der kommunistischen Internationale und noch mehr auf die Finanzbeziehungen zwischen den westlichen KPs und Moskau. Zum Beispiel konnten ausländische Journalisten und sogar gewisse Persönlichkeiten der portugiesischen SP sich ihrer Überraschung über die frappierende und rasche Zunahme des Personenbestandes der Botschaft der UdSSR in Lissabon zwischen April und Dezember 1974, sowie anderer diplomatischer, touristischer und kultureller Dienste dieser Nation nicht enthalten. Man beschuldigte beständig den extrem überwachten Frank Carlucci, den Botschafter der Vereinigten Staaten, der kaum sein Büro verlassen konnte, der Einmischung. Doch niemand verspürte das Bedürfnis zu erklären, weshalb Portugal plötzlich mehrere Dutzend sowjetischer Vizekonsuln und Attachés brauchte, die alle erstaunlich gut portugiesisch sprachen.

Dieselben Beobachter gingen mit ihrer feindlichen Gesinnung soweit, daß sie auf den Kontrast zwischen der sehr schwachen Volks- und Militärbasis der KPP und den offenkundig üppigen Geldressourcen, die sie in ihre Propagandaaktionen seit dem 25. April 1974 einfließen ließ, verwiesen. Wenn man bedenkt, daß die KPP kaum einige Tausend eingeschriebener Mitglieder zählt, setzt eine solche Verschwendung jährliche Beitragszahlungen von mindestens – sagen wir – 100 000 Franc pro Militanten oder mehr voraus, was bedeuten würde, die Basis würde in der Mehrheit von den Direktoren der großen multinationalen Firmen gebildet. Gewisse italienische und englische Zeitungen haben gewagt zu schreiben, die KPP habe zwischen dem April 1974 und dem April 1975 durch geheime, wenn auch bekannte Kanäle etwa 50 Millionen Dollar von der UdSSR erhalten. Doch diese Verleumdung wurde selbstverständlich prompt dementiert, und keine Zeitung der unabhängigen unparteilichen sozialistischen Linken hat auch nur die geringste Untersuchung zu diesem Thema veranstaltet. Eine dieser Zeitungen ging im Jahre 1975 sogar so weit, schlichtweg *im Text einer Rede von Henry Kissinger* eine Anspielung (für die der Chefredakteur die Verantwortung hätte von sich weisen können, die er jedoch seiner

Pflicht zufolge nicht hätte streichen dürfen) auf die sowjetischen Subventionen, welche die portugiesische Kommunistische Partei erhielt, auszulassen.

Angenommen, eine linke Zeitung hätte es gewagt, sich in aller Klarheit auf die von den westlichen Parteien bezogene Finanzhilfe Moskaus zu berufen, so würde sie aus diesem Grunde nicht mehr als linke Zeitung betrachtet werden. Unmerklich gelangt man auf diese Weise zur gereinigten Information. Sonst kann man sich die aufsehenerregenden Prügel vorstellen, die der Schuldige von den Kommunisten bezogen hätte, zu der das betrübte Stirnrunzeln seiner unabhängigen Kollegen hinzukäme, die schockiert wären über einen derartigen Mangel an Geschmack und die unpassende Ausgrabung derart aus der Mode gekommener Kinkerlitzchen aus dem »antikommunistischen Arsenal«. Doch die Presse des Sozialismus mit menschlichem Gesicht war in jenem Frühjahr 1975 vollauf damit beschäftigt, sich täglich den Kopf dafür waschen zu lassen, daß sie ohne große Überzeugung – und erfolglos, wie sich von selbst versteht – das Erscheinungsrecht einer portugiesischen Tageszeitung mit sozialistischer Tendenz, *Repùblica*, unterstützt hat. Völlig erschüttert darüber, daß sie sich dadurch unfreiwillig »einer Diffamierungskampagne gegen die portugiesische Kommunistische Partei« angeschlossen hatte, bedurfte die Linke einer gewissen Atempause, um ihre blauen Flecke zu pflegen und Absolution zu erlangen.

Paradoxerweise kommt den Kommunisten, die sich stets beschweren, sie seien Opfer eines systematisch ungünstigen Vorurteils, auf diese Weise im Gegenteil eine wahrhaft privilegierte Behandlung durch die unabhängige Presse zugute, die von deren Zeitungen und Anführern hinnimmt, was sie niemals bei einer anderen Zeitung und von einer anderen politischen Partei dulden würde. Zahlreiche Unabhängige der Linken in Frankreich sind innerlich »Finnlandisierte«. Sie sind es durch die Übertreibung des Lobes, wenn sich die Gelegenheit dazu bietet, sowie durch den Dämpfer, welcher den Kritiken aufgesetzt wird. Die »Finnlandisierung« im buchstäblichen Sinne ist, um daran zu erinnern, ein Wort, das aufgrund der Situation Finnlands seit dem Zweiten Weltkrieg gebildet wurde, einer Situation, die (nach der Amputation) in territorialer Unabhängigkeit besteht, einer Unabhängigkeit jedoch, die durch die Fügsamkeit der Sowjetunion gegenüber auf diplomatischem und sogar innenpolitischem Gebiet (der Information zum Beispiel) geprägt wird. Im weiteren Sinne bezeichnet Finnlandisierung alle Formen von Fügsamkeit und Selbstzensur zugunsten des Stalinismus (angefangen bei der Lüge, die in der Behauptung besteht, Finnland sei nicht finnlandisiert).

Wenn also der erste Sekretär der französischen Sozialistischen Partei sich im April 1975 nach Moskau begibt und erklärt, er werde das Thema Tschechoslowakei nicht aufgreifen, weil »dies ein Thema ist, das in Prag und nicht in Moskau aufgegriffen werden muß«, so läuft dies schlicht darauf hinaus, die Invasion sei vom Überfallenen und nicht vom Eindringling beschlossen worden, die fortgesetzte Okkupation vom Okkupierten und nicht vom Okkupanten. Er deutet uns durch diesen simplen kleinen Satz in aller Klarheit an, wer der moralische Verlierer im Bündnis zwischen Kommunisten und Sozialisten ist, wer gezwungen ist, sein Denken zu verbergen, damit das Bündnis überlebt. Ein um so bedauerlicherer Verzicht, als er die Endzwecke der Politik betrifft und in keinem Falle zurückgezahlt wird: Denn das Schweigen François Mitterands hinderte den sowjetischen Führer, Boris Ponomarjow, der mit der Koordination mit den anderen KPs beauftragt war, nicht daran, »die unheilvolle Rolle der Sozialistischen Internationale« zu verdammen, in der die französische SP neben den belgischen, deutschen, niederländischen, schwedischen und anderen Sozialisten sitzt, die sich alle insbesondere dessen schuldig gemacht hätten, die portugiesischen Sozialisten unterstützt zu haben, die ökonomische Einheit Westeuropas zu wollen und Israel nicht vorbehaltlos zu verurteilen. Kurz, es sind die gesamten europäischen Positionen Westeuropas, die Ponomarjow, der sich tatkräftig in die inneren europäischen Angelegenheiten einmischt, ausschlachtete, während Mitterand im Namen des Prinzips der Nichteinmischung zur Tschechoslowakei schwieg.

Die nichtkommunistische Linke hatte im übrigen die Ereignisse von 1968 in der Tschechoslowakei nicht kommen sehen. Der *Nouvel Observateur* Nr. 158 vom 22. November 1967 veröffentlichte unter dem Titel »Die Begegnung in Prag« einen Artikel von Claude Estier, der von einem Besuch berichtet, den François Mitterand und er selbst Novotny abgestattet hatten. Der Artikel begann mit folgenden Worten: »Antonin Novotny leitet seit zehn Jahren die Geschicke seines Landes. Umgeben von einer neuen Generation von dynamischen und aufgeschlossenen Verantwortlichen, hat er dessen politische Entwicklung ermöglicht und es ökonomisch verwandelt.« Drei Monate später waren dieser »aufgeschlossene« Mann und seine Mannschaft von ihrer eigenen Partei als die verabscheuenswürdigsten Verkörperungen des stalinistischen Immobilismus und Obskurantismus verstoßen.

Über den Gemeinsamen Markt Westeuropas verbreiten sich die

Sowjets regelmäßig in scharfen Kommentaren und erteilen den Sozialisten Verweise, die diese, ihnen zufolge, für die Entspannung vor allem dann gefährliche Organisation begünstigen, wenn die ökonomische Integration zur politischen Integration führen muß. Doch man stelle sich die beleidigte Erstarrung der sowjetischen Führenden und der westlichen kommunistischen Presse vor, hätte François Mitterand seinen Aufenthalt in Moskau dazu genützt, in aller Form eine Verurteilung des Comecon im Namen der Sozialistischen Internationale publik zu machen. Man hätte ihn gebieterisch und rasch aufgefordert, sich doch mit dem befassen zu wollen, was ihn anginge. Indessen ist die ökonomische Integration Osteuropas unter der Führung der UdSSR innerhalb des Comecon sehr viel weiter gediehen als die des Westens, vor allem seit dem »Gipfel« vom Sommer 1975 in Budapest, wo insbesondere als Mitglieder die Mongolei und Kuba eingeführt wurden (während Finnland durch Moskau jedes Abkommen mit dem Gemeinsamen Markt untersagt wurde). Was die politische Supranationalität im Osten betrifft, so ist sie bereits seit langer Zeit eine praktische Realität.

Im übrigen greift die moralische Finnlandisierung nicht allein die Sozialisten an. Hielt es nicht auch der republikanische Präsident der Vereinigten Staaten von Amerika zu Beginn des Juli 1975 für inopportun, Solschenizyn, der durch Washington reiste, zu empfangen, aus Furcht, er könnte damit die Russen verärgern. Kissinger riet persönlich Ford davon ab, den Schriftsteller zu treffen, eine Begegnung, die ihm zufolge möglicherweise die Entspannung gefährdet hätte. Nun haben aber die Sowjets, wie in diesem Zusammenhang die *New York Times* zu Recht bemerkte, unaufhörlich und hartnäckig selbst auf der Tatsache insistiert, daß die Entspannung als eine Technik der Verringerung von Kriegsmöglichkeiten und als ökonomische Kooperation ihrerseits keinerlei Nachlassen in der ideologischen Wachsamkeit impliziere. Warum verhielt es sich im umgekehrten Sinne nicht ebenso?

Die Autoritäten der Länder des Ostens empfangen in ganzen Delegationen westliche Kommunisten, die beständig das System der freien Marktwirtschaft als Hölle beschreiben: Kein Regierender im Westen nennt als Bedingung zur Fortsetzung der Entspannung, daß diese Besucher abgewiesen werden. Eine solche Forderung würde als eine unzulässige Einmischung in die inneren Angelegenheiten der Sowjetunion betrachtet werden. Doch umgekehrt würde es seitens eines westlichen Staatschefs als ein Akt des »Kalten Krieges« gelten, Solschenizyn zu empfangen. Im Westen ist man derart an diese Fügsamkeit gewöhnt, daß fast keiner mehr diese Disparität bemerkt.

76

Die kommunistische Presse, die plötzlich die liberalen Thesen aufgriff, hatte nach einer Unterredung zwischen dem französischen Außenminister und seinem spanischen Amtskollegen überaus recht, wenn sie betonte, daß »ein von der Organisation *Amnesty International* veröffentlichter Bericht gerade recht kam, um daran zu erinnern, daß Herr Jobert mit dem Repräsentanten eines faschistischen Staates verhandeln wird. In diesem Bericht verurteilt *Amnesty International*›die Brutalitäten und Diskriminierungen, unter denen in den spanischen Gefängnissen die Gegner der Regierung des Generals Franco zu leiden haben‹. Sie nimmt ebenfalls Bezug auf Zeugenaussagen, denen zufolge ›die Folterpraxis in den Polizeikommissariaten allgemein verbreitet, regelmäßig und virtuell uneingeschränkt ist«*. Aber wenn die sowjetischen Dissidenten auf das Vorhandensein gleicher Mißhandlungen in den russischen Gefängnissen hinweisen, so kann man in denselben Spalten in derselben Woche lesen: »Unter dem Vorwand, daß ihnen die innere Ordnung der UdSSR nicht gefällt, widersetzen sie sich nicht allein der Entspannung, sondern sie rufen auch noch die reaktionären Kräfte des Westens zu Hilfe; unter dem Vorwand, eine ›Demokratisierung‹ (seltsame Anführungszeichen!) der Gesellschaft, in der sie leben, zu erlangen, rufen sie dazu auf, den Kalten Krieg wieder zu entfachen. Unsinnige Aufrufe! Aufrufe, die absolut im Widerspruch zur friedlichen Koexistenz stehen, deren *eines Hauptprinzip die Nichteinmischung in die inneren Angelegenheiten anderer Länder ist.*«**

Bei der Linken und den fortschrittlichen Liberalen der ganzen Welt hat die Furcht, die Sünde des Antikommunismus zu begehen und als »Reaktionär« behandelt zu werden, selbst entgegen jeder Wahrscheinlichkeit, selbst wenn die stalinistischen Verhaltensweisen, denen entgegengearbeitet werden sollte, selber reaktionär, konterrevolutionär und antisozialistisch sind, die Gewohnheit geschaffen, die Fakten und Ideen, die für die Kommunisten nachteilig sein könnten, abzumildern oder schweigend zu übergehen. Dieser heilige Schrecken führt dazu, daß der Kommunismus den Vorteil eines Sonderstatus genießt, demzufolge man so diskret sein muß, nicht die ganze Wahrheit über die Geschichte des Kommunismus in den westlichen Ländern sowie über das gegenwärtige Leben in den kommunistischen Ländern zu enthüllen. Infolgedessen wird die Aufgabe, jene Wahrheit zu sagen, großenteils denen überlassen, die dem Vorwurf des Antikommunismus gleichgültig gegenüberste-

---

* *Humanité*, 27. August 1973.
** *Humanité*, 23. August 1973. Hervorhebung von J.-F. Revel.

hen, das heißt, der konservativen Rechten. Dies verstärkt die Unverwundbarkeit der Kommunisten, da es ihnen ermöglicht, den Spieß umzukehren mit dem Hinweis darauf, daß das Lager, von der die »Pseudoenthüllungen« kommen, genüge, um deren verleumderischen Charakter offenkundig zu machen. Wenn zufällig die Aufklärung von der Linken selbst kommt, so ist es von daher für sie um so einfacher zu schreien, jener Vereinzelte, der sich in dies Abenteuer gestürzt hat, habe sich »dem Lager der Reaktion angeschlossen«. Der Unglückliche wird um so leichter mattgesetzt, als seine progressiven Mitbrüder und die vom Sozialismus mit menschlichem Gesicht ihn im allgemeinen mit der gewandtesten und tugendhaftesten Feigheit im Stich lassen. Hat er nicht »trotzdem«, »alles in allem« der Rechten in die Hände gespielt?

Auf diese Weise wird das Problem der Objektivität der historischen Erkenntnis und der Zeugenaussage dadurch gelöst, daß es nicht einmal gestellt wird, denn 1) wenn die Information von der Rechten kommt, so ist sie tendenziös, und es ist überflüssig, die Mühe auf sich zu nehmen, sie nachzuprüfen; 2) wenn sie von den Linken kommt, so ähnelt sie dermaßen dem, was gewöhnlich von der Rechten kommt, daß man es nur schade finden kann um denjenigen, der dies unangenehme Geschäft, sie zu verbreiten, auf sich genommen hat – möglicherweise übrigens, um eine persönliche »Rechnung zu begleichen«.

Auf diese Weise können die Kommunisten völlig ungestraft die widerspenstigen Sozialisten, die sie stören, mundtot machen und dabei fest darauf rechnen, daß man den Delinquenten aus den Reihen der Linken nur sehr lasch zu Hilfe kommen wird, wenn man nicht gar mit großem Vergnügen an der Lynchaktion teilnimmt.

Ein Schriftsteller der Linken, Olivier Todd, der vor allem durch seine zahlreichen Reportagen in der Presse, im französischen Fernsehen und in der BBC über Süd- und Nordvietnam seit Beginn der sechziger Jahre bekannt wurde, äußerte im Jahre 1974 die Ansicht, Nordvietnam werde zweifellos eins der stalinistischsten Regimes schaffen, das »den Kommunismus im Hinblick auf das, was an ihm am obskurantistischsten ist, repräsentieren wird«. Dieser Journalist, der sich häufig und lange in Hanoi aufgehalten hat und Anschauungen und Leidensweg des Landes mit großer Anteilnahme der internationalen Meinung dargelegt hatte, wird seit dem Moment, da seine Artikel innerhalb der gebilligten kommunistischen Version nicht mehr verwendbar sind, nicht einmal mehr einer Diskussion über den Hintergrund für würdig erachtet. Darüber hinaus ist ihm anzulasten, daß er, nachdem er mehrere Wochen persönlich in den Maquis des Vietcong zugebracht hat, feststellte, daß die provisorische Revolutionsregierung des Südens nur aus der nordvietnamesischen Armee hervorgegangen ist, und daß es unbestreitbar die Kommunisten sind, die dank dieser bequemen Verdoppelung das Pariser Abkommen verletzt haben, indem sie beständig die Waffenstillstandslinie überschritten. Im übrigen waren es die Panzerdivisionen Nordvietnams, die schließlich im Jahre 1975 den Fall Saigons herbeiführten, und nicht der Aufstand der dortigen Bevölkerung, wie die offiziellen Fabeldichter es gern hätten.

Die Kompetenz dieses Journalisten in Sachen Vietnam, seine Kenntnis des Gebietes, seine einzigartigen Kontakte mit den Maquisards in der Waffenstillstandszone, schließlich seine politische Bildung sind Legitimationen, die hätten genügen müssen, um eine wirkliche Debatte über Indochina innerhalb der Linken zu motivieren. Die Realität zu kennen – dieses Risiko auf sich zu nehmen! –, selbst wenn sich herausstellen sollte, daß sie mit der offiziellen Version Hanois nicht übereinstimmt, würde nicht zwangsläufig die Verurteilung des Handelns Nordvietnams und der provisorischen Revolutionsregierung des Südens bedeuten, da ein revolutionärer Unabhängigkeitskrieg, der so lang und so hart war wie der indochinesische, legitime Tricks rechtfertigt. Doch die Neigung, die Realität kennenzulernen, hatte an dem, was folgte, wenig Anteil.

Trotz ihrer wunderbaren Fortschritte bei der Respektierung der anderen, in der Toleranz und der Begierde nach Objektivität, trotz ihrer mirakulösen Himmelfahrt in die rosigen Gefilde der Denkfreiheit, deren täglich ermutigendere Anzeichen ihre Verbündeten seit sechzig Jahren mit Freudenschauern begrüßen, wußten die Kommunisten, sich in ihrer unvergänglichen Redlichkeit als sich selbst gleich zu erweisen. Sie wandten ihr unfehlbares Rezept an: niemals Fakten noch Ideen diskutieren, auf die Person spucken.

Also verzichtete die kommunistische Presse darauf, den Ketzer zu verbrennen und präzisierte im übrigen mit Noblesse, daß es »niemals angenehm« sei, »den Verfall eines Menschen festzustellen«*. Hatte doch dies Biest, »mehr Nixon als Nixon selbst«, »die vergangenen Verbrechen des Imperialismus gerechtfertigt« und eine Verhaltensweise angenommen, die mit der jenes Nazis identisch ist, der dreißig Jahre zuvor die Exekution französischer Kommunisten der Résistance in Châteaubriant überwachte. Dieser nuancierten Kritik, die dem Beruf alle Ehre machte, kam der Multiplikationseffekt durch die Union der Linken zugute.

* *Humanité*, 15. März 1974.

Der Angegriffene kann sich nicht verteidigen, weder, selbstverständlich, in der kommunistischen Presse selbst, welche die lächerliche »formale« Vorschrift des bürgerlichen Gesetzes hinsichtlich des Rechtes auf Gegendarstellung nicht anwendet, noch auch in der linken nichtkommunistischen Presse, die, vom stalinistischen Wüten in Angst und Schrecken versetzt, nur daran denkt, sich so klein wie möglich zu machen und den Zwischenfall unter einem einhelligen konstruktiven Schweigen zu begraben.

Dies ist nur einer jener Fälle, in denen die nichtkommunistische Linke auf die Äußerung eigener Meinung und Information über eine Frage verzichtet, die von den nationalen Zielen der Union der Linken unabhängig ist, und in denen die Kommunisten ihren Verbündeten ihre Zensur aufzwingen, wollen diese das Bündnis nicht brechen, ohne daß das Umgekehrte jemals vorgekommen ist. Einige werden den Spieß umkehren und behaupten, daß die Meinung und die Information, die Gegenstand des Verstoßes sind, fragwürdig seien. Das ist ihre Ansicht.

Angenommen, dies sei wahr, was ändert es? Die Redefreiheit ist keine Fabrik für unbezweifelbare Thesen, ganz im Gegenteil. Doch der Totalitarismus beginnt dort, wo sie, ob sie nun zweifelhaft sind oder nicht, eben nicht mehr diskutiert werden, in der Erwartung, daß sie nicht einmal mehr erwähnt werden.

Man kann einräumen, daß der Kommentar zur Gegenwart, vor allem einer so tragischen Gegenwart, unausweichlich von Leidenschaften angeheizt wird. Doch handelt es sich in dem zitierten Beispiel weniger um Leidenschaften, die ihrer Natur nach divergent sind, als um einen einseitigen Terrorismus und die Unterwerfung unter diesen Terrorismus. Stalinismus, das sind nicht allein die Konzentrationslager, die Moskauer Prozesse und die psychiatrischen Kliniken; es ist auch ein Komplex alltäglicher Praktiken in den politischen, persönlichen und intellektuellen Beziehungen, es ist schließlich die Passivität, mit der sich die nichtstalinistische Linke von diesen Praktiken so weit unterjochen läßt, daß sie, ohne zu reagieren, von der KP erduldet, was sie sich von keiner anderen politischen und kulturellen Gruppe hätte gefallen lassen.

Darüber hinaus wird nicht allein die Gegenwart durch das Zusammenwirken von Fanatismus und Servilität der Information entzogen, das gleiche gilt für die Geschichte.

So erschien im Jahre 1975 eine Biographie über Maurice Thorez, den bis heute repräsentativsten Führer der französischen KP; die KP nannte sich übrigens selbst im Laufe der 50er Jahre »die Partei von Maurice

Thorez«*. Der Autor ist ein Berufshistoriker, ein Universitätsprofessor; er war zu Beginn der sechziger Jahre Generalsekretär der Kommunistischen Jugend und bis 1968 Mitglied der KP; sein Buch ist eine für die Sorbonne verfaßte Dissertation; Thorez ist seit elf Jahren tot, und im übrigen behandelt ein großer Teil dieses umfangreichen Werkes die Periode vor dem Ersten Weltkrieg. Ich füge hinzu, daß es sich nicht allein um eine wissenschaftlich höchst ernsthafte Arbeit handelt, die zahlreiche unveröffentlichte Fakten enthüllt und zugleich die Kommunistische Internationale im Rahmen des politischen Europas während sechzig Jahren deutet, sondern darüber hinaus um ein talentiertes literarisches Werk.

Hier die »Rezension« der *Humanité* vom 21. Mai 1975: »UM SICH ZUR SCHAU ZU STELLEN. Es gibt Leute, die nichts sind und die, damit man von ihnen redet, anfangen, über jemanden – gleichgültig was – zu schreiben, der sich in der Geschichte einen Namen gemacht hat. Auf diese Weise hat sich ein obskurer Agrégé, der vorzeiten kurz der Union der kommunistischen Studenten angehörte, beschlossen, eine Arbeit über ›das geheime und öffentliche Leben‹ von Maurice Thorez vorzulegen. Eine Laus versucht, in die Mähne eines Löwen zu klettern. Um sich zur Schau zu stellen.«

Jeder, der beruflich mit Verlag und Journalismus zu tun hat, wird zunächst die überlegene Raffinesse bewundern, mit der in diesem musterhaften Stück dafür Sorge getragen wird, daß alle Verweise auf den Autor, den Herausgeber und den exakten Titel des Buches vermieden werden: keine Publizität, nicht einmal indirekt! Man wird nebenbei bemerkt haben, daß der Beweggrund von Robrieux derselbe ist wie derjenige, der Poniatowski von Tass zugeschrieben wurde: aus der Unbekanntheit herauszugelangen und sich bemerkbar zu machen. Einziges Mittel für sie: der Antikommunismus. Man wird sich ebenfalls darüber wundern, daß die freiwillig Stalinisierten weiterhin glauben und sagen, die heutigen Kommunisten hätten aufgrund ihrer intellektuellen Gewissenhaftigkeit, ihrer Toleranz und der Bemühung um Objektivität nichts mehr gemeinsam mit denen von gestern und vorgestern. Ganz im Gegenteil, mit derselben Fruchtbarkeit wie ihre Väter und Großväter produzieren sie täglich Artikel und Erklärungen, deren Kern unwandelbar bleibt und die den menschlichen Geist ebenso in Ehren halten wie der Zeitungsartikel, den ich gerade zitiert habe. Schließlich begannen die feinen zoologischen Variationen des vortrefflichen Anonymus

* Philippe Robrieux, *Thorez, vie publique et vie privée*, Paris 1975.

81

offenkundig beruhigend zu tönen, als man vernahm, daß diese miserablen Zeilen die Reaktionen der nichtkommunistischen Linken in Alarmzustand versetzt hatten. Wenn die KP die Stirn runzelte, so mußte man das Aufsehen, das dieses strafbare Buch erregte, wenn zwar nicht ersticken – das wäre schwierig –, so doch zumindest abschwächen. Eine große Zeitung bestellte in aller Eile den substantiellen Artikel mit »Beginn auf der ersten Seite«, den sie von einem ihrer Star-Mitarbeiter erwartete, ab und hielt einen weniger renommierten Logographen dazu an, ein laues Füllsel zu fabrizieren, das sie in einem unbestimmten Bereich der Innenseiten zwischen den Wettervorhersagen und den Lehren aus der Verfassungsreform in Ruanda unterbrachte.

Im allgemeinen bestand der Gegenschlag, stets derselbe, darin, das Ergebnis einer Untersuchung deren Wert vor allem auf der Erforschung und dem Vergleich der Quellen und Zeugnisse, auf dem Beitrag zur Kenntnis der Fakten beruht, so zu kommentieren, als sei es ein subjektives Glaubensbekenntnis. Insbesondere wies der Autor auf unwiderlegliche Weise die totale Unterordnung der KPF unter Stalin nach. Der Gegenschlag bestand gleichfalls darin, hier und dort einzuschieben, daß diese Biographie von Thorez »Wasser auf die Mühlen der Rechten sei«. Nun kann das aber zweierlei heißen: Entweder stehen die aufgedeckten Fakten tatsächlich im Gegensatz zu dem, was die Partei vorgibt, und in diesem Fall hat die Rechte recht, dagegen läßt sich nichts machen; oder sie hat unrecht, und die Partei hat recht, und in diesem Fall muß sie es nachweisen. Alles in allem haben die Schleier, die seit sechzig Jahren nacheinander zerrissen und die Realitäten der UdSSR und des internationalen Kommunismus enthüllten, ein Gesamtbild erscheinen lassen, das häufiger über die schlimmsten »Verleumdungen« der Rechten hinausging, als daß es sie lächerlich gemacht und die Illusionen der Linken bestätigt hätte. Dies könnte die letzteren zu etwas mehr Bescheidenheit oder Vorsicht anregen. Doch das Gültigkeitskriterium ist, um es noch einmal zu sagen, nicht die historische Wahrheit, es ist der üble Gebrauch, den der Antikommunismus möglicherweise von dieser Wahrheit macht.

Dieselbe dogmatische Sicherheit und optimistische Unvorsichtigkeit, mit der die Linke früher die UdSSR behandelt hat, entwickelt sie heute China gegenüber. Die wenigen Bücher, die sich von dem unwandelbar triumphierenden Porträt abheben, das eine üppige literarische Blüte vom zeitgenössischen China zeichnet, werden schweigend übergangen, mit Verachtung verdammt oder als »Begleichung einer persönlichen Rechnung« diskreditiert, selbst wenn es um Zeugnisse aus erster Hand geht, die von Chinesen bezogen wurden oder von Sinologen, die ein wenig über die stereotypen offiziellen Umkreise hinausgelangt sind*. Sicher gehört es zu unserer Pflicht, den Versuch zu machen, ohne Vorurteil die Erfolge oder Mißerfolge zu erwägen, die das kommunistische China bei seiner Art, die wirtschaftlichen Probleme des größten Landes der Dritten Welt anzugehen, gezeitigt hat. Doch sollten wir dabei nicht, wie die meisten der rasch euphorisierten Besucher, aus dem Auge verlieren, daß es uns von seinen Verwirklichungen nur ganz genau das sehen läßt, was es uns entsprechend der Vorstellung, die wir daraus beziehen sollen, wissen lassen will. Kein seriöser Statistiker, kein Wirtschaftler, dem sein Ruf etwas gilt, würde die Verantwortung auf sich nehmen, eine Wirtschaftsbilanz für Australien, Brasilien oder Kanada zu ziehen, wenn es ihm untersagt wäre, in diesen Ländern etwas anderes zu sehen als das, was die öffentlichen Vertreter zur Besichtigung freigegeben haben, und wenn es ihnen unmöglich wäre, deren Aktivität aus anderen Quellen als den Regierungsstatistiken abzuschätzen. Vergessen wir nicht, daß konsakrierte westliche Wirtschaftler noch um 1950–1955 beständig schrieben, die industrielle und landwirtschaftliche Produktion der UdSSR sei dabei, die der kapitalistischen Länder zu überholen, und Osteuropa werde bald zur Kornkammer und Werkstatt der westlichen Welt.

Der spätere Mißerfolg scheint die Beobachter, obwohl sie sich die Finger verbrannt haben, nicht etwa zu einer Verfeinerung ihrer Methoden geführt zu haben, als sie sie auf die chinesische Wirtschaft übertrugen. Auch nicht im Hinblick auf totalitäre Erfassung und Repression. Als Alexander Solschenizyn sich im Verlaufe eines Round-Table-Gespräches im französischen Fernsehen die Bemerkung gestattete, in zwanzig oder dreißig Jahren werde die Weltöffentlichkeit zweifellos im Rückblick von der Existenz eines chinesischen, dann indochinesischen Gulag erfahren, wurde er ironisch gefragt, ob er vorhabe, sich von nun an dem Auguren- und Kartenlesermetier zu widmen. Angesichts der Vergangenheit der anderen kommunistischen Staaten aber erscheint die Ironie zumindest überflüssig, denn es ist eher wahrscheinlich, daß dieselben Ursachen dieselben Wirkungen nach sich ziehen als die entgegengesetzten. Im übrigen erschien wenig später in der Zeitschrift *Population*, eine Autorität auf dem Gebiet der Demographie, eine Untersuchung, aus der hervorgeht, daß die chinesische

---

* Dies gilt für: Simon Leys, *Les Habits neufs du président Mao*, Paris 1971 und ders., *Ombres chinoises*, Paris 1975; Edward Behr, *Les Prisons de Mao*, Paris 1969; Jean Pasqualini und Rudolf Chelminski, *Prisoner of Mao*, New York 1973.

Bevölkerung ungefähr 150 Millionen Einwohner weniger zählt, als sie, auch nach sehr vorsichtig geschätzter Zuwachsziffer, haben müßte. Diese Differenz ist den Autoren zufolge völlig unerklärlich, selbst wenn man hypothetisch eine (kaum wahrscheinliche) apokalyptische Hungersnot zu Beginn der sechziger Jahre in Rechnung stellt, und selbst wenn man die Minimalschätzung der Verringerung der Geburtenrate und der Verlängerung der Lebensdauer seit zwanzig Jahren im kontinentalen China annimmt*. Dieses demographische »Loch« erinnert auf unangenehme Weise an jenes, das sich nach der Volkszählung vom Januar 1959 in der UdSSR herausstellte. Es zeigte sich damals, daß die Gesamtsumme der sowjetischen Bevölkerung (208 827 000) um etwa 20 Millionen Einwohner unter der von den westlichen Demographen *unter Berücksichtigung* der Todesfälle, die durch den Krieg und die unmittelbar vorhergehende Unterdrückung verursacht waren, errechneten Zahl lag**. Sollten die offiziellen kommunistischen Statistiken, die man plausibel findet, wenn sie optimistisch sind, unwahr werden, wenn sie pessimistisch sind?

Im übrigen sind keine vertraulichen Auskünfte nötig, um das Fortdauern der »schweren Verstöße gegen die sozialistische Legalität«, die angeblich ferne Erinnerungen an eine überwundene Vergangenheit der UdSSR sind, festzustellen: der Hauptverstoß, der Zentrum und Quelle aller anderen ist, besteht in der Usurpation der Macht, die den Sowjets gehörte, durch das Politbüro der KPdSU, die damit das sowjetische Volk seiner Souveränität beraubte. Nichts in der Verfassung der Sowjetunion besagt, daß das Land von der KP regiert werden muß, noch bevollmächtigt sie dazu***. Darüber hinaus ist offenkundig, daß die UdSSR und China die Hauptcharakteristika totalitärer Regimes und des täglichen Lebens in totalitären Ländern aufweisen, das heißt eine offizielle Einheitspartei; keine freien Wahlen; Information, Presse, Literatur, Musik, Künste und Unterricht unterliegen der Zensur und ideologischer Kontrolle****; die Unmöglichkeit, daß die Staatsbürger sich

---

* Paul Paillat und Alfred Sauvy, »La Population de la Chine, évolution et perspectives«, in: *Population*, Mai–Juni 1975.

** Robert Conquest, *The Great Terror*, London 1968.

*** Siehe insbesondere: *Memorandum du mouvement démocratique soviétique au Soviet suprême d'U.R.S.S.,* »Samizdat«, erschienen in der UdSSR im Dezember 1970 und im Westen in der Zeitschrift *Droits de l'homme en U.R.S.S.,* N. 4, Brüssel 1972.

**** Zum Thema der kulturellen Enthauptung Chinas, die noch kühler vorausgeplant und vollzogen wurde als die Rußlands, siehe das Kapitel 6 des Hauptwerkes von Simon Leys, *Ombres chinoises,* »Vie culturelle«.

ins Ausland begeben und sogar ohne Erlaubnis im Inneren des Landes reisen; De-facto-Zuweisung des Wohnsitzes und Zwangsanweisung des Arbeitsplatzes; die Unmöglichkeit für Ausländer, das Land frei zu bereisen; Überwachung der Staatsangehörigen durch eine politische Staatspolizei; die Opposition gegen die Regierung, das heißt, gegen die KP ist eine strafbare Handlung oder ein Verbrechen; oder weiter, eine Formulierung von erschreckender Unbestimmtheit, die »Verbreitung von Nachrichten, die geeignet sind, dem Land«, dem Sozialismus »zu schaden«, wie zum Beispiel die Nachrichten über die Versorgungsschwierigkeiten in bestimmten Gebieten oder über Arbeiterrevolten; Unterordnung unter die Parteijustiz; Konzentrationssystem*. Es sind dies nur die offenkundigsten, die elementarsten Gegebenheiten der totalitären Organisation souveräner kommunistischer Länder, Bedingungen, die in den Vasallenländern häufig verschärft sind. Selbst die wohlwollendsten Verbündeten des Kommunismus bestreiten nicht diese Grundzüge der kommunistischen Zivilisation. Doch sind die Konzessionen der westlichen Kommunisten zu diesem Kapitel, obwohl man sie unablässig von ihnen erwartet, sie unermüdlich und stets verfrüht ankündigt, nicht vorhanden, reine Formsache. Mehr noch, diese mageren Konzessionen und falschen Kontributionen dienen als Vorwände, um die liberalen Sozialisten in Lateinamerika und vor allem in Europa noch weiter einzuschüchtern und zu terrorisieren.

Ich wähle ein wenig zufällig aus der Menge der Beispiele eine Pressekonferenz des Generalsekretärs der KPF, die genau am 29. August 1973 stattfand. Es ist dies ein klassisches Beispiel und eine seltene Leistung in der Kunst, sich selbst zu widerlegen. In eben dem Moment, da der Generalsekretär der KPF erklärt, die Anklagen der sowjetischen Opponenten seien seit dem XX. Kongress der KPdSU im Jahre 1956 gegenstandslos, verhält er sich ganz genauso wie die Kommunisten vor diesem XX. Kongreß. Denn was tat man anderes zur Zeit des Stalinismus, als genauso wie Marchais in jener Pressekonferenz die Existenz von Konzentrationslagern, von psychiatrischen Strafanstalten und dem ganzen totalitären Arsenal zu leugnen? Wie hätte man sich nicht auch in jener Zeit gegen die Verletzungen der sozialistischen Legalität gewandt . . . wenn es sie gegeben hätte! Doch sie existierten eben nicht, außer in den »Propagandamachenschaften« der »übelsten

---

* Nach fünf Jahren Zuchthaus wurde Andrej Amalrik, der Autor von *Wird die Sowjetunion das Jahr 1984 erleben?*, aufgrund der doppelten, überaus totalitären Anklage der Verbreitung falscher Nachrichten und des Wohnens in Moskau ohne Genehmigung erneut verhaftet.

Reakionäre«! Und inwiefern repräsentiert der Vertreter des französischen Kommunismus irgendeinen Fortschritt, wenn er wie seine Vorläufer redet, daß heißt, die Fakten leugnet und diejenigen, die von ihnen berichten, um die Unterdrückten zu verteidigen, als skrupellose Saboteure, als Feinde des Friedens bezeichnet? Inwiefern ist er nicht stalinistisch? Welche aktuellen, überprüfbaren Konzessionen, die Überwindung kosteten, hat er den Demokraten gemacht?

Der Negation der Tatsachen folgt die Gleichschaltung der »Verbündeten«. Zwei Tage später wählte die *Humanité* für ihre Einheitsprügel den Hintern eines Journalisten, der jedoch Anhänger der Union der Linken ist:

»Im Verlaufe der von unserer Partei am Mittwoch abgehaltenen Pressekonferenz stellte, wie man im Zentralorgan der KPF lesen kann, der Vertreter der *Monde*, Thierry Pfister, die folgende Frage: Warum werden unter den Zeitungen, die Gegenstand der heftigsten Repliken der Kommunistischen Partei sind, *Le Monde* und *Le Nouvel Observateur*, welche die nichtkommunistische Linke unterstützen, ganz besonders aufs Korn genommen? Ganz einfach, antwortete ihm George Marchais, weil *Le Monde* und *Le Nouvel Observateur* Spalte für Spalte eine Karikatur der Politik der französischen Kommunistischen Partei bieten, welche ein wesentlicher Bestandteil der Union der Linken ist. Für die wütenden Gegner des gemeinsamen Programms und der Union der Linken liegt der Antikommunismus in der Natur der Dinge. Etwas anderes ist es, wenn es sich um *Le Monde* und *Le Nouvel Observateur* handelt, die vorgeben, links zu sein. Welches Lager sie wählen, ist ihre Sache. Aber sie sollen nicht vorgeben, der Linken zu helfen, wenn sie sich gleichzeitig in das Lager der Gegner ihrer Union begeben.«

Worauf *Le Monde* geantwortet hatte, daß das gemeinsame Programm der Linken noch nicht genügend klare, unzweideutige Garantien hinsichtlich der Zukunft der Grundfreiheiten in der zukünftigen französischen sozialistischen Gesellschaft biete. Die *Humanité* antwortete darauf wie gewöhnlich durch die Berufung auf zahlreiche Texte, in denen die KPF feierlich schwört, daß die sozialistische Gesellschaft von *morgen* »nach französischer Art« all diese Freiheiten in voller Blüte erleben wird. Doch in der Wartezeit, heute, fährt die KP fort, sich totalitär zu verhalten, wie das Folgende erweist:

»Keine achtundvierzig Stunden sind vergangen, und wir müssen leider bestätigen, daß es in *Le Monde* ein systematisches Bestreben gibt, Schläge gegen die KPF – und folglich gegen das gemeinsame Programm der Linken – zu versuchen, indem man ihre Politik verfälscht.«

Und der Schluß wird, wie man es gewohnt ist, vom Respekt vor der menschlichen Persönlichkeit gekennzeichnet: »Wer veranlaßt also Herrn Pfister zum *Lügen*«.* Es wird deutlich: Wenn sich die Partner der Kommunisten genau den Bedingungen anpassen, die ihnen gestellt werden, in der Hoffnung, nicht länger des Verrats beschuldigt zu werden, so läuft das für sie darauf hinaus, sich streng und vollauf nach den kommunistischen Thesen auszurichten. Einzig um diesen Preis hätten sie Frieden und würden wieder in Gnaden aufgenommen werden. Das Strategem der Kommunisten besteht darin, daß sie theoretisch und im allgemeinen ihren Gesprächspartnern ein Recht auf Kritik zuerkennen, ihnen jedoch dessen Gebrauch in der Praxis und in jedem einzelnen Falle streitig machen. Denn eben in dem besagten Fall handelt es sich niemals um eine loyale Kritik, sondern um ein undurchsichtiges Manöver, das unter der Hand von den Gegnern des Sozialismus gelenkt wird. Es ist dies ein altes stalinistisches Vorgehen. Um es noch einmal zu sagen, der Stalinismus läßt sich nicht ganz und gar auf seine übelsten Auswüchse: Internierung und Deportation, beschränken; er beginnt mit Heuchelei, Einschüchterung, Unehrlichkeit, welche die Verbündeten aus der Fassung bringen und – mit welch einem Erfolg! – darauf abzielen, ihre Verteidigung dadurch zu entschärfen, daß er auf ihnen die beständige Drohung der Exkommunikation lasten läßt und sie allmählich den Beschimpfungen, denen sie ausgesetzt werden, gegenüber unempfindlich macht.

Die französische Presse der Tage, die dem zitierten Artikel vorangingen, enthielt mehrere Beispiele für diesen »Herrschaftseffekt« der KP gegenüber den liberalen Sozialisten, *selbst wenn diese zahlreicher sind.* Denn es war immer schon, seit 1917, die Eigenart und die Funktion, die Kunst und die Verfahrensweise des Bolschewismus, *zu herrschen, selbst wenn er in der Minderheit ist,* also notwendigerweise durch wenig demokratische Methoden.

So veröffentlichte zum Beispiel am 23. August 1973 *Le Monde* einen Artikel über »Die Kommunistische Partei und die Intellektuellen«, der offenkundig über die Aktualität der Affären Sinjawski, Sacharow, Medwedew, Maximow und Solschenizyn aufgeklärt, jedoch trotzdem optimistisch war. Am 24. erwiderte *L'Humanité, Le Monde* zum Trotz, der Artikel »schließe sich der gegen die Union der Linken gerichteten antikommunistischen Kampagne an« und stelle eine »Verfälschung« der Wirklichkeit dar. Noch am selben Nachmittag veröffentlichte *Le*

---

* *Humanité*, 31. August 1973.

Monde umfangreiche Auszüge aus diesem Artikel, und Jacques Fauvet, sein Direktor, schloß nach einigen Vorbehalten: »Das Wichtige ist, daß der Dialog offen ist und bleibt.«

Was den Dialog betrifft, so brachte *L'Humanité* vom 25. den Titel: »*Le Monde* kneift und wird rückfällig.« Das Wort »rückfällig werden« schafft bereits allein ein ganz bestimtes Klima. Es ist bekanntlich dem Strafrecht entlehnt und bezeichnet das Verhalten von »jemand, der zu einer ehrenrührigen Leibesstrafe verurteilt wurde und ein zweites Verbrechen begangen hat« (Französisches Strafrecht, Art. 56). Jean Daniel erklärte seinerseits im *Nouvel Observateur* vom 27. in seinem Artikel, den er »Die Kommunisten und Wir« betitelte, nach maßvoller Kritik: »Wir ziehen den Ideenaustausch dem von Beleidigungen vor.« Schon am nächsten Tag war der Ideenfreund kurz abgefertigt. In einem Artikel der *Humanité* konnte man lesen, »was auch immer der *Nouvel Observateur* davon halten mag, der Antikommunismus ist, selbst im Gewande der Linken, rechts«, und »damit der Dialog eingeleitet werden kann, ist es immer noch nötig, daß *Le Nouvel Observateur* das Feld der Karikatur und der Lüge verläßt«.

Nachdem die KP diese Lawine von grobbeleidigenden Invektiven Bemerkungen eingetragen hatte, die in einem maßvollen, höflichen und versöhnlichen Tonfall gehalten waren, hängte sie sich bald darauf wieder das Mäntelchen des unitarischen Pilgers um und psalmodierte durch das sanfte Sprachrohr ihres Generalsekretärs: »Die französische Kommunistische Partei ist nicht allein bereit, sondern wünscht, die Diskussion mit all jenen einzuleiten (*sic*), die unser Land auf den Weg des Sozialismus führen wollen.«*

Durch ihre terroristische Aktion kehrt die KP die Situation um: Sie gewährt den »Antikommunisten« die Gunst einer Diskussion, obwohl sie es war, die von Anfang an das schlechte Führungszeugnis hatte. Es gelingt ihr geschickt, ein Kräfteverhältnis herzustellen, in dem es für sie zulässig ist, ihre Partner mit Vorwürfen zu überhäufen, für diese jedoch unzulässig, auch nur den geringsten Vorbehalt ihr gegenüber anzudeuten. Es wird deutlich, daß diese ganze Polemik von waschechter stalinistischer Machart mehr als ein Jahr vor dem Oktober 1974 liegt, dem Zeitpunkt, an dem die Politologen eine rätselhafte »Verhärtung« der Kommunisten ihren sozialistischen Verbündeten im Westen gegenüber signalisierten. Sancta simplicitas! Die Ewigkeit beginnt per definitionem nicht im Oktober 1974. Es gibt kein Beispiel dafür, daß die

---

* *Humanité*, 31. August 1973.

Kommunisten eine politische Aktion nach einem anderen Modell auffassen als nach der Erlangung des Machtmonopols. In der Opposition prägen sie im voraus ihre Verbündeten, indem sie sie von Zeit zu Zeit Lockerungsübungen machen lassen. Dies ist in gewisser Weise die Pädagogik der Union der Linken, mit anderen Worten, der kommunistischen Herrschaft.

An diese »Klausel der bevorzugten Partei« ist die KPF dermaßen gewöhnt, daß sie sich zum Beispiel auf das gemeinsame Programm beruft, um ihren Verbündeten als »Fälscher« und »Lügner« zu behandeln. Denn, so argumentiert sie, wie kann man behaupten, daß die Kommunisten, einmal an der Macht, überall die Grundfreiheiten abschaffen, obwohl George Marchais erklärt hat: »Sind die Kommunisten *morgen* an der Regierung, so *würde* Solschenizyn seine Bücher veröffentlichen *können.*«

Bestünde also unsere Pflicht darin, alle Tatsachen zugunsten von verbalen Engagements beiseite zu schieben, und sollte die KPF vielleicht die einzige politische Partei der Welt sein, deren Versprechen man als haltbar wie Granit betrachten müsse, will man nicht ein Sakrileg gegen die Linke begehen?

Doch diese eruptive Aggressivität, so ungerechtfertigt und possenhaft sie auch sein mag, war für den internationalen Kommunismus fruchtbar, denn – um einen Fall aus der jüngsten Vergangenheit zu nennen – sie diente den französischen Kommunisten insbesondere dazu, ihre sozialistischen Verbündeten soweit zu bringen, daß sie unbewußt (und leider manchmal bewußt) Komplizen der Verfolgung der portugiesischen Sozialisten nach dem 25. April 1974 wurden. Mario Soares ist der einzige Sozialist seit dem Tode Stalins, der sich bemüht hat, Marxist zu bleiben und in einer Periode der Errichtung einer neuen Herrschaftsform mit den Kommunisten zusammenzuarbeiten, ohne indessen die geringste auch nur verbale Konzession im Hinblick auf die demokratische Rechtschaffenheit zu machee. Es läßt sich kaum behaupten, daß die Erfahrung zugunsten des Bündnisses zwischen Demokratie und Marxismus spricht. Soares ging es mit einem Mut und einer Intelligenz ein, die im Widerspruch zum feigen Jesuitentum und zur dümmlichen Verschlagenheit jener stehen, welche, um ihr Ideal besser zu erreichen, damit beginnen, es zu verleugnen. Doch das Mildeste noch, was man der nichtkommunistischen Linken, die Sozialdemokraten nicht einbezogen, zugestehen kann, ist, daß sie Soares nur lau, zögernd, kurz und widerwillig unterstützt hat. Sehr viel geistreicher waren die geschickten Plädoyers und exzellenten Gründe, die sie mit einer dialektischen

Fruchtbarkeit und einem apologetischen Eifer, um den sie nie verlegen ist, unaufhörlich vorbrachte, um den zynischen und sorgfältigen Versuch der Errichtung des national-militaristischen Kommunismus in Portugal zu entschuldigen.

Zunächst wurden die ersten Symptome eines Komplotts gegen die Demokratie, die im September 1974 in Erscheinung traten, mit Verachtung geleugnet, als Halluzinationen, die befangenen Geistern oder durch die Aussicht auf einen fortgeschrittenen Sozialismus in Portugal bedrohten Interessen entsprangen. Sicher waren einige Vorsichtsmaßnahmen gegen die faschistischen Verschwörer nötig, um die Freiheit besser zu sichern. Als dann die kleinen Vorsichtsmaßnahmen überhand nahmen, als man sah, wie die Kommunisten und ihre Verbündeten innerhalb der Bewegung der Streitkräfte die Einheitsgewerkschaft aufnötigten und die Informationsorgane unterwanderten, fiel den internationalen Marxisten plötzlich ein, daß ein Land, »das fünfzig Jahre Diktatur erfahren hatte«, eine Erschütterung riskiere, wenn es zu plötzlich zur Demokratie überginge, daß es ganz natürlich wäre, wenn seine Hüter es einige Zeit lang an die Leine nähmen. Im übrigen hatten diejenigen gut reden, die nun gegen einige Schönheitsfehler im revolutionären Portugal wetterten, während sie niemals die Stimme gegen die Diktaturen Salazars und Caetanos noch gegen die Francos erhoben hatten. Die »heuchlerische« internationale Presse regte sich zur Zeit des Faschismus Salazars sehr viel weniger rasch auf!

Dieser Einwand ist aus zwei Gründen unzulässig. Der erste: Die internationale Presse und die öffentliche Meinung in den demokratischen Ländern hat mit Ausnahme ihrer äußersten Rechten stets die Diktatur Salazars und mehr noch die Francos verurteilt und verworfen. Sicher nehmen Regimes, wenn sie derart langlebig sind, nicht täglich den ersten Platz in den Nachrichten ein. Doch jedesmal, wenn die spanische oder portugiesische Diktatur die Aufmerksamkeit durch ihre periodischen Brutalitäten auf sich zog, gab es kaum eine Zeitschrift in Europa, angefangen mit der mittleren Rechten bis hin zur extremen Linken, die sie entschuldigte. Genaugenommen war die Angelegenheit derart selbstverständlich, daß es kaum Debatten darüber gab. Der Hintergrund der Frage ist sicher, weshalb Europa ein so fruchtbarer Boden für Diktaturen ist und weshalb sie so schwer auszurotten sind. Doch diese Frage betrifft im 20. Jahrhundert leider nicht allein Spanien und Portugal!

Der zweite Grund, der den genannten Einwand meiner Ansicht nach zunichte macht, besteht, wie ich zumindest hoffe, darin, daß die

Kriterien sich geändert haben. Wir beurteilen die Ereignisse in Portugal *in bezug auf einen Neubeginn,* auf ein proklamiertes Ideal der Errichtung oder Wiedererrichtung einer Demokratie. Doch gesagt wurde uns folgendes: »Ihr müßt die Ereignisse nicht im Verhältnis zu diesem Ideal, sondern im Verhältnis zu Salazar beurteilen.« Alles in allem ein glänzender Einfall: Da das portugiesische Volk an die Diktatur gewöhnt ist, muß man es schnellstens wieder hineinstürzen. Ich frage mich, ob eine solche Überlegung nicht einige Verachtung für die portugiesischen und spanischen Völker verrät. Nehmen wir an, daß die Franzosen nach der Befreiung von einer Diktatur in eine schlichtweg nur anders orientierte übergegangen wären, und nehmen wir an, daß die Briten oder die Schweizer uns folgenden Trost hätten zukommen lassen: »Nach dem Petainismus ist ein anderes autoritäres Regime für euch Franzosen gut genug. Ihr seid kaum befähigt, eine völlige Demokratie zu verlangen.« Hätten wir den Eifer unserer Nachbarn, sich mit unserem Geschick als minderwertiges Volk abzufinden, für ein Kompliment gehalten? Und ist es nicht seltsam, daß man diesem Argument, demzufolge ein Volk nicht »reif für die Demokratie« ist, da es sie noch nicht praktiziert hat, diesem altabgestandenen Sprüchlein aller Kolonisatoren und Usurpatoren, bei den Sozialisten wieder begegnet? Die Demokratie wird durch die Praxis der Demokratie erlernt, und nicht anders.

Ein anderer Gegenschlag war das Geschrei, daß der Streit zwischen Sozialisten und Kommunisten in Portugal zuinnerst verwerflich sei und sich die Erinnerung daran verbiete, denn er werde »von den Gegnern der Union der Linken in Frankreich ausgebeutet«. Nun hat man jedoch wieder einmal zwischen zwei Dingen zu wählen: Entweder gründet sich diese »Ausbeutung« auf reale Fakten – das Verhalten der KPP wirft einen düsteren Schatten auf jedes Bündnis mit den Kommunisten –, und in diesem Falle ist es keine »Ausbeutung«, sondern eine legitime historische Schlußfolgerung; oder aber sie gründet sich nicht auf reale Fakten, die Kommunisten versuchen nicht, sich auf die Armee zu stützen, um ein totalitäres Regime zu errichten, und in diesem Falle muß man es schnellstens nachweisen, denn unter dieser Hypothese ist der Streit gegenstandslos.

Ein Nachweis, der sich als besonders dornig erwiesen hat, als der national-militaristische Kommunismus – selbstverständlich immer im Interesse der Revolution – allen nichtkommunistischen politischen Parteien ein ihm eigenes Programm aufnötigte, das zwingend ist, *wie auch immer das Resultat der Wahlen aussehen möge,* was es ihm ermöglichte, sich später aufzuführen, als hätten diese Wahlen überhaupt nicht stattgefunden, und ohne deren Resultat zu berücksichtigen*.

Die marxistische sozialistische Linke, die sich immer beflissener in den Dienst der Public Relations der portugiesischen KP stellte, kam also auf die Idee, daß die wirkliche »revolutionäre Legitimität« der Armee gehöre, denn sie war es, und nicht die mittlerweile mehrheitlichen Parteien, welche die Diktatur gestürzt hatte. Hieran sieht man, bis zu welch einer Komplizenschaft der Wunsch führen kann, den Stalinisten nicht zu mißfallen. Denn schließlich ist es vollkommen sicher, daß kein Coup d'Etat jemals ohne Armee oder einen Teil der Armee gelingt. Doch was die Coups d'Etat der Rechten, wie die der griechischen Offiziere 1967 oder des Generals Pinochet in Chile im Jahre 1973 auszeichnet, ist die Tatsache, daß sie die Volkssouveränität abschaffen, während die Coups d'Etat der Linken zum Ziel haben, sie wiederherzustellen. Überdies muß man anmerken, daß die sozialistischen und liberalen Parteien, hätten sie einige Jahre vor 1974 versucht, die Diktatur zu stürzen, vernichtet worden wären ... von eben jener portugiesischen Armee, die zu diesem Zeitpunkt faschistisch war.

Im übrigen ging es in dieser Überfülle politischer Concetti niemals um die Regierungsfähigkeit der Militärs. Ihnen war es durch ihre glorreiche Inkompetenz gelungen, in der Kunst, die Wirtschaft eines Landes zu ruinieren, eine Virtuosität zu bezeugen, die nur noch in ihrer Geschwindigkeit ihresgleichen fand, und man fragte sich nicht, mit welchem Recht noch weshalb sie im Lande Regen und Sonnenschein machten, noch nach dem Preis, den das portugiesische Volk dafür zu zahlen hätte, um sich weiterhin solch talentierter Wohltäter zu erfreuen.

Bis dieser Satan von Soares, der einfach nicht zur Ruhe zu bringen war, und der, statt mit ins Horn der »Priorität der proletarischen Revolution und der Strukturen« vor der »formalen Demokratie«, die nur dem »Geld« nützt, zu blasen, der marxistischen Wissenschaft gegenüber widerborstig blieb, der verfluchte Atlantiker! und mit katastrophaler Taktlosigkeit obstinat mit dem veralteten Schreckge-

* Erinnern wir uns daran, daß bei diesen Wahlen für die Verfassunggebende Versammlung im April 1975 die Sozialisten von Soares 38 % der Stimmen erhalten hatten, die Sozialdemokraten der PPD 26 %, das heißt also 64 % für die liberalen Sozialisten, während die KP nur 13 % hatte und ihre Verbündeten nur 4 %. Die Christdemokratische Partei und die CDS (rechtes Zentrum) waren entweder verboten oder praktisch daran gehindert, Kandidaten aufzustellen. Dennoch erreichte die CDS den vierten Platz hinter der KP und vor der »KP Zwei«, die sich MPD nennt und mit 4 % der Stimmen dennoch in die Regierung aufgenommen wurde, was für die CDS nicht der Fall war.

spenst des totalitären Kommunismus und des Polizeistaats herumfuchtelte.

Nach der Entlassung der sozialistischen portugiesischen Minister, die eine zur Unfähigkeit genötigte legale Regierung verließen, hielt François Mitterand (in Coutras in der Gironde) erhobenen Tones, mit nachdrücklicher und lauter Stimme voll der Zornesklänge eine Kampfrede über die portugiesische Situation, wobei er mit anklagendem Finger auf das deutete, was er »die Olympischen Spiele der Heuchelei« nannte. Diese Heuchelei war, wie wir entdeckten, diejenige der Leute, die *gegen* den Mord an der sozialistischen Demokratie protestierten, der vom bezahlten Stalinismus im Namen der revolutionären Rechtmäßigkeit begangen wurde. Die Diatribe des französischen Sozialistenführers drehte sich um das angedeutete Thema: Er entlarvte »jene, die niemals ein Wort übrig hatten«, früher *gegen* Salazar, und heute *gegen* Franco.

Ein großer Teil der uralten Gegner Salazars und Francos, angefangen bei Mario Soares selbst oder auch bei Raul Rego, dem Exdirektor der von den Kommunisten konfiszierten Zeitschrift *República*, der sein Leben lang ein Widerständler gegen Salazar war, gehörten nun aber zu diesem Zeitpunkt zu denen, die das neue Polizeisystem, das man seit 1974 in Lissabon zu errichten sucht, mißbilligen. Man kann dem ersten Sekretär der französischen Sozialisten ebenfalls die spanischen Sozialisten vor Augen halten, die während des Bürgerkrieges ihr Leben gegen Franco aufs Spiel gesetzt hatten, die Treue ihren Prinzipien gegenüber mit dreißig Jahren Exil bezahlten und die nun die heftigsten Gegner des militärisch-stalinistischen Komplotts sind, vielleicht auch deshalb, weil sie während des Spanischen Bürgerkrieges die für das republikanische Lager unheilvolle Aktivität der Stalinisten selbst aus der Nähe gesehen haben.

Vorzugeben, man glaube, einzig die Rechte beunruhige sich über die Krise in Portugal, und einzig ein Gesichtspunkt der Rechten sei es, sich überhaupt darüber zu beunruhigen, heißt, der Diktatur den Weg ebnen. Genügt es, seit jener genialen Idee der »Diktatur des Proletariats« sich links zu nennen, um zum Diktator berechtigt zu sein? Ist es an den Sozialisten, dieser Dialektik auch noch Nahrung zu geben? Ich weiß wohl, daß Mitterand darauf in der *Unité* vom 25. Juli schrieb, daß es ihn überaus erzürnen würde, gefährdete man die Demokratie in Portugal. Sein Artikel entwickelte abschließend die These, der Revolutionsrat bringe Lenin mit Cavaignac durcheinander. Einmal abgesehen davon, daß Lenin mit Unterdrückungsmethoden niemals knickerig war – wer zum Teufel weiß noch, wer Cavaignac ist, vor allem außerhalb

Frankreichs? Hitler oder Mussolini wären unzweideutiger gewesen, hätten überdies Lenin gegenüber das nötige Gewicht gehabt: Doch man stelle sich die Reaktion der *Humanité* vor! Wie dem auch immer sein möge, die Wirkung des verspäteten Artikels war vernichtend. Er erwies sich als eine Art Leichenrede. Denn tags darauf eignete sich das Triumvirat Costa Gomes – Carvalho – Vasco Gonçalvez (wobei letzterer das kommunistische U-Boot des Trios war und einmal mehr von der KPP aufgezwungen wurde, obwohl das Volk seit vierzehn Tagen seinen Rücktritt forderte) widerrechtlich die gesamte Macht an und versetzte Lissabon in den Zustand stalinistischer Konterrevolution. Einige Wochen später sandte François Mitterand einen sehr entschlossenen Brief an den Generalsekretär der französischen kommunistischen Partei. Zum erstenmal hob er jetzt im August 1975 die kommunistische Verantwortlichkeit für die Verschlimmerung der portugiesischen Situation hervor und gab damit nachträglich den Kritiken recht, die er fünfzehn Monate lang als rechtsfreundlich zurückgewiesen hatte. Überdies war es ein bißchen spät. Man hätte mindestens sechs Monate zuvor den französischen und russischen Kommunisten anheimstellen müssen: »Entweder ihr hört auf, den demokratischen Prozeß in Portugal zu verfälschen, oder es gibt in Frankreich keine Union der Linken mehr.« Doch bis zum letzten Moment hatte Mitterand seine Spitzen der »Rechten, die Franco nicht verurteilte«, vorbehalten. Eben das war das Problem!

Ich weiß nicht, ob Mitterand, so wie er die Debatte verschoben hat, sich dessen bewußt ist, daß er sich unmerklich nach den Gegenangriffsverfahren reinster stalinistischer Prägung ausgerichtet hatte. Denn gibt es einen älteren stalinistischen Trick, als jedesmal, wenn die Kommunisten einen Gewaltstreich durchführen, die Aufmerksamkeit davon abzuwenden, indem man ein lautes Geschrei gegen die »Reaktionäre« anstimmt, die nur lauen Anteil an den Ereignissen nehmen, oder gegen die »Pseudoenthüllungen«, mit denen »eine Kampagne abgekartet wird«?

Selbst wenn der stalinistische militaristische »permanente Staatsstreich« ausschließlich von ehemaligen Nazis verurteilt worden wäre, so wäre der wichtigste Punkt, den es zu erhellen gälte, immer noch nicht etwa, wer gegen in einem Lande begangenen mutmaßlichen Mißbrauch protestiert, sondern *was sich dort abspielt*. Es wäre die Aufgabe eines verantwortlichen Politikers, sich zu informieren und eine Meinung *aufgrund solider Kenntnisse* und nicht etwa aufgrund der Meinungen anderer zu äußern.

94

Der Hintergrund war, daß die französischen Sozialisten während des ganzen Winters 1974 und der ersten Monate 1975 es sich nicht gestatten durften, ihre Meinung zu Portugal anders zu sagen als anläßlich flüchtiger vertraulicher Gespräche, die nicht laut werden durften und alsbald unter den donnernden Bannflüchen gegen die »Heuchler« begraben wurden, denn es geht um die Union der Linken in Frankreich. Im Gegensatz zum obligatorischen Trugbild, das allgemein im Umlauf ist, sind es nicht die Gegner der Union der Linken in Frankreich, die die dramatischen Ereignisse in Portugal aufblasen, es sind die nichtkommunistischen Partner dieser Union, die sie systematisch verkleinern und beschönigen, aus Furcht, sie könnten zum Augenblick der Wahrheit über ihre kommunistischen Partner gelangen, ein Augenblick, den sie hinauszögern werden, bis Portugal sich aufgelöst hat, dem sie aber nicht ausweichen können.

Denn die Unterstützung der Bewegung der Streitkräfte ist nicht einfach eine Privatinitiative seitens Alvaro Cunhals, des portugiesischen Kommunistenführers. Es ist ein Beschluß der Kommunistischen Internationale und also ein Punkt, in dem die französische KP nicht nachgeben kann. Eine Reuter-Depesche vom 4. Juli 1975 bestätigte dies von neuem, wenn es noch nötig gewesen wäre: »Moskau. – Boris Ponomarjow, stellvertretendes Mitglied des Politbüros der sowjetischen Kommunistischen Partei, hat den Kommunisten des Westens den Rat erteilt, trotz der Strategie der Front der Linken nicht auf ihre revolutionären Vorhaben zu verzichten. Die sowjetische Kommunistische Partei hat die Absicht, ihren Kampf gegen die Sozialdemokratie fortzusetzen, erklärte Ponomarjow im Verlaufe einer Zusammenkunft, die den vierzigsten Jahrestag des VII. Kongresses der Komintern zur Geltung bringen sollte. Insbesondere sagte er: ›Obwohl die sowjetische Kommunistische Partei jedesmal, wenn es nötig und möglich ist, gemeinsame Aktionen der Kommunisten und der Sozialdemokraten unterstützt, entwickelt sie eine konkrete und sorgfältig argumentierte Kritik der Ideologie und der Politik der Sozialdemokratie und wird sie weiter entwickeln.«

Dies hat Ponomarjow in einem Kommentar über das, was er »den Schaden, der durch die Aktion einiger führender Sozialdemokraten, *insbesondere im Verhältnis zu den Ereignissen in Portugal*«, nannte, gesagt.

Doch will Boris Ponomarjow zu diesem Zeitpunkt nicht, daß die Kommunisten mit den Militärs allein an der Macht bleiben, dies wäre zu offensichtlich. Eben deswegen hat sich die KPP bemüht, das Ausscheiden der Sozialisten und der Sozialdemokraten aus der Regierung zu verhindern und zugleich so zu handeln, daß die (aus den Wahlen hervorgegangene) Regierung keinerlei Macht hat. Die Konferenz der Kommunistischen Parteien Lateinamerikas und der Karibik, die etwa Mitte Juni 1975 in Havanna zusammentrat, gab, obwohl sie den anderen lateinamerikanischen Linksparteien anriet, im gegenseitigen Respekt zu »einer freimütigen und umfassenden Analyse zu gelangen«, ein Schlußdokument heraus, nach dessen Wortlaut alle Errungenschaften der »revolutionären Bewegung« »mit Waffengewalt verteidigt« werden müßten. Es wird deutlich, daß es sich hier um eine allgemeine Strategie handelt: Bürgschaft für die Sicherheit der demokratischen Parteien, Aneignung der Macht mit Gewalt, sobald es möglich ist.

Wir wollen vorläufig weder ein moralisches noch politisches Urteil über diese Strategie fällen. Ich persönlich meine, daß sie zu Regimes führt, die nicht nur antidemokratisch sind, sondern gerade vom Gesichtspunkt der ökonomischen und gesellschaftlichen Revolution, durch die man sie rechtfertigen will, ineffizient. Doch vielleicht ist das ein Irrtum meinerseits. Auf jeden Fall darf keiner den Irrtum begehen, durch freiwillige Blindheit zu ignorieren, daß die Strategie, die hier zur Debatte steht, sehr offenkundig die Anforderung der repräsentativen Demokratie mit sich bringt.

Auf diese Weise trägt die Fügsamkeit gegenüber dem Stalinismus, die für die Parteien und Informationsorgane der nichtkommunistischen Linken charakteristisch ist, zur systematischen Schwächung des Widerstandes gegen den Fortschritt des Stalinismus in der Welt bei. Ohne bereits Hypothesen über die *Ursachen* für diese Fügsamkeit vorzuschlagen (es gibt dafür rationale und andere irrationale, oder von einem Gesichtspunkt, den man nicht eingestehen kann, rationale), habe ich mich darauf beschränkt, einige Erscheinungsformen und einige Konsequenzen dessen zu beschreiben. Ich werde später auf rein hypothetischer Ebene versuchen, die Gründe dafür herauszuarbeiten. Doch die Erscheinungsformen und die Konsequenzen ihrerseits sind keine Hypothesen, es sind Tatsachen.

Die Fügsamkeit dem Stalinismus gegenüber führt dazu, daß den verschiedenen kommunistischen Parteien ein wahrhafter Ausnahmestatus gewährt wird, ganz im Gegensatz zu der Legende vom bedeutenden Handikap, das der allgegenwärtige vorgebliche Antikommunismus für sie darstelle. Dieser privilegierte Status veranlaßt die nichtkommunistischen Bürger dazu, in der politischen und intellektuellen Auseinandersetzung eine Brutalität und Unaufrichtigkeit zu dulden, die sie von keiner anderen politischen Gruppierung ertragen würden. Er veranlaßt sie ebenfalls dazu, alles, was die Kommunisten stören könnte, einer wohlwollenden Zensur zu unterziehen: zunächst, was die Methoden der westlichen KPs betrifft; dann, was die Kenntnis der kommunistischen Länder betrifft. Diese Kenntnis, die bereits aufgrund der totalitären Information, welche sie von der Quelle abschneidet, mit Vorsicht zu behandeln ist, wird bei ihrer Ankunft in der westlichen Presse noch einmal beschnitten und versüßt durch den Mißkredit und das Schuldgefühl, welche sich mit alledem verbinden, was für »Antikommunismus« gelten könnte. Man verliert also die wesentliche Frage – nämlich wie die kommunistischen Gesellschaften funktionieren – aus den Augen, um der Form, wie die westlichen KPs auf lästige Nachrichten, die aus diesen Gesellschaften kommen, reagieren, die Aufmerksamkeit zuzuwenden und sich vor allen Dingen dem anzupassen. Daraus resultiert eine Unausgewogenheit zwischen dem beständigen und unnachsichtigen Verweis auf die Scheußlichkeiten und Mängel der liberalen kapitalistischen Gesellschaften und der doppelten oder dreifachen Filterung, mit der die Information über die kommunistischen Länder verdünnt wird. In dieser dünnflüssigen Atmosphäre rückt der Stalinismus vor, ohne auf wirkungsvolle Opposition zu stoßen, das heißt, eine Opposition, der es gelingt, sich ins Blickfeld der Linken zu drängen, deren kritische Funktion der Stalinismus usurpiert und deren volkstümliche Bereiche er sich aneignet.

Der erweiterte Stalinismus oder
der Pidgin-Marxismus

Die Fügsamkeit gegenüber dem Stalinismus manifestiert sich nicht allein in Ländern, in denen die Existenz einer starken kommunistischen Partei die Linken veranlaßt, aus Respekt vor der Demokratie zu akzeptieren, daß diese Partei deren Regeln nicht respektiert. Sie manifestiert sich nicht allein in den Nachbarländern der kommunistischen Großmächte, in denen die Fügsamkeit das Gesicht der »Finnlandisierung« bzw. wie man sagen könnte, »Thailandisierung« oder »Birmanisierung« annimmt: formale Unabhängigkeit, territoriale Integrität (oder zumindest keine territoriale Annexion), jedoch diplomatische und militärische Unterordnung. Burma und sogar die Philippinen des Diktators Marcos haben im Jahre 1975 den Weg Pekings eingeschlagen, um sich thailandisieren zu lassen. Andere asiatische Mächte werden folgen oder können wie Indien dem Imperialismus des chinesischen Nachbarn nur dadurch Widerstand leisten, daß sie sich dem sowjetischen Imperialismus öffnen.

Das Gewicht stalinistischen Denkens im weitesten Sinne macht sich in Gesellschaften, die weder dem inneren noch dem äußeren Druck des Kommunismus unterworfen sind, mehr und mehr bemerkbar. Dieses Denken ist ein Mischmasch von marxistisch-leninistischen sowie gleichzeitig linksgerichteten und marcusischen Postulaten, die durch »Dritte-Welt-Postulate« ergänzt werden, denen zufolge alle Übel dieses Planeten allein von den Industrieländern kommen und gekommen sind.

Das erste dieser Postulate lautet, daß es keine Verbesserungsmöglichkeit des »Systems« gibt, ein vager Begriff, der, wie es scheint, sowohl den schwedischen Kapitalismus wie den brasilianischen, den Kapitalismus des ersten Viertels des 19. Jahrhunderts wie den des letzten Viertels des 20. umfaßt. Die Differenzen zwischen den Geschichtsperioden und den Weltregionen werden in der dem »System« eigenen und gleichförmigen Perversität außer Kraft gesetzt. Wenn das »System« den Arbeitern gegenüber hart ist, so beutet es sie aus; wenn es ihnen einen relativen Wohlstand bietet, so »bemächtigt« es sich ihrer. Woraus hervorgeht, daß jeder Reformismus lächerlich ist. Niemals gab es, niemals kann es eine wirkliche Verbesserung geben, zumindest nicht

98

eine Verbesserung, in der sich nicht eine neue Falle verbirgt. Man muß »das System vernichten«, sonst ist alles übrige vergeblich. Eine andere Formulierung dieses Postulats lautet: »Nichts ist möglich ohne eine Gesellschaftsveränderung.« Dieser Aphorismus gilt indessen nur für die kapitalistischen Gesellschaften. Trotz der überwältigenden Mängel der kommunistischen Gesellschaften ist nämlich keineswegs die Rede davon, daß der Ausgleich dieser Mängel in ihrem Falle ohne »eine Gesellschaftsveränderung«, das heißt, ohne die Abschaffung des wirtschaftlichen Systems selbst, unmöglich ist. Die Beziehung zwischen Ursache und Wirkung existiert anscheinend nur in den kapitalistischen Gesellschaften.

Das zweite Postulat lautet, daß die Zerstörung des »Systems« vorrangig ist, wobei das System selbstverständlich der Kapitalismus und er allein ist. Die Mission, es zu zerstören, geht vor den Grundfreiheiten, der Demokratie, dem Legalismus, den Wahlen, den Menschenrechten. Übrigens haben Marx und Lenin uns gelehrt, daß die Grundfreiheiten, solange »das Geld« herrscht, stets »formal« seien, und Marcuse fügte hinzu, daß die Toleranz, je größer, desto »repressiver« ist.

Das dritte Postulat lautet, daß der einzige *Imperialismus*, den es gibt, aus dem Kapitalismus hervorgeht. Daraus resultiert, daß der Imperialismus par excellence der amerikanische Imperialismus ist, der vielleicht noch durch einige neokapitalistische, pseudodemokratische Marionetten unterstützt wird. An fast allen Orten der Erde ist der »Imperialismus« schlichtweg das Synonym für die Vereinigten Staaten.

Das in diesen drei Postulaten kondensierte Credo konstituiert eine Art Pidgin-Marxismus*, der in zahlreichen Gebieten der Welt, in denen jedoch der offiziell organisierte Marxismus sehr in der Minderheit ist, herrscht. Dieses Credo, das manchmal nicht einmal mehr angefochten werden kann, muß intellektuell und politisch für alles herhalten; es übt einen beständigen Einfluß im Sinne einer Stalinisierung der ökonomischen und politischen Macht aus. Denn es trägt dazu bei, alle autoritären Machtformen in dem Moment zu rechtfertigen, da ihre Organisatoren sich auf ein verschwommen sozialistisches Programm berufen, selbst wenn sie sich in der Folge als reichlich unfähig erweisen, es zu verwirklichen, oder banaler, unfähig zu regieren. Doch selbst nach dem Bankrott, der im allgemeinen sowohl die Rudimente des ökonomischen

---

* Das *Pidgin* ist eine Mischung mehrerer Sprachen – Englisch, Chinesisch, Malaiisch, afrikanische Sprachen –, das als minimales Kommunikationsmittel benutzt wird, ähnlich wie die *Sabirs* (Mischungen von mediterranen Sprachen mit dem Arabischen).

Wohlstandes, die bereits existiert haben mögen, als auch die Freiheiten der Bürger – sagen wir eher Einwohner – in denselben Abgrund stürzt, plädiert der archaische, in marxistische Rhetorik gekleidete Caudillismus auf nichtschuldig, weil der Imperialismus da ist, um all sein Scheitern zu entschuldigen. Ob er versucht hat, sie zu provozieren oder nicht, ob er der Imperialismus der Vereinigten Staaten ist (dies ist bei weitem nicht immer der Fall) oder nicht, der »Imperialismus« dispensiert von jeder kritischen Analyse. Es kann einfach keine autochtonen Gründe für das Scheitern geben.

Die drei Postulate des Pidgin-Marxismus dienen auf diese Weise auch den Nationalismen, den Dämpfern des kritischen Geistes und Gehilfen der Nationalstaaten, deren primitivste Versionen sie mit Hilfe neuer Argumente rechtfertigen. Als die liberale Ideologie herrschte, beurteilte man ein Regime vor allem nach seiner Rechtmäßigkeit, nach den Bedingungen, unter denen die Macht übernommen und ausgeübt wurde. Mit der Ideologie der drei Postulate beurteilt man es vor allem nach seinem Antiimperialismus, der an der Intensität seines Nationalismus gemessen wird, und nach seinen sozialistischen Intentionen, deren Realisierung im übrigen bald darauf nahezu unmöglich verifiziert werden kann, da dort, wo diese Regimes florieren, die Information derart gewandt dem unheilvollen Einfluß des »Geldes« entzogen wird, daß man sie nie wieder sieht. Wie die einzige Version des Sozialismus, welche die zentralisierten autoritären Regimes kennen, die Verstaatlichung der Wirtschaft ist, so kehrt der erweiterte Stalinismus unter einem pseudorevolutionären Vorwand zum sozusagen pränatalen Stadium der Macht, zur ursprünglichen Ungeschiedenheit der Herrschaft über Personen und des Sachbesitzes zurück.

Alle Bestandteile der konfusen Ideologie des Pidgin-Marxismus tragen dazu bei, den Auftritt des Stalinismus im eigentlichen Sinne vorzubereiten: so zum Beispiel die Idee, daß »die Demokratie ein Luxus ist«, daß »die Informationsfreiheit nichts bringt«; oder weiter die Idee, daß der Kapitalismus der Armut der Dritten Welt nicht abhelfen kann ebensowenig wie dem Reichtum der entwickelten Welt, da er in der ersten das Elend, in der zweiten den entfremdenden Überkonsum und auf einem beständigen Krisenhintergrund überall die Ungerechtigkeit perpetuiert; die Idee schließlich, daß die Sozialdemokratie eine verächtliche Bastardlösung darstellt, die nicht »mit dem System bricht«. Alles trägt also in dieser Mentalität dazu bei, die Vorbedingungen für den Stalinismus, für den Staat vom stalinistischen Typ zu schaffen, eine Omnipotenz, die über den amorphen, stummen und bald von der Welt isolierten Massen schwebt, und die Gesellschaft zu errichten, die einzig zwei Ebenen kennt, die Bürokratie und die übrigen.

Die Aufnahmebereitschaft dem erweiterten Stalinismus gegenüber wird darüber hinaus durch Ideologien oder politische Aktionstypen verstärkt, die sich ihm in der Theorie widersetzen, ihn in der Praxis aber begünstigen. Eben in diesem Sinne funktioniert häufig die Linke, so feindlich sie den Stalinisten auch gesonnen und so sehr sie von ihnen verabscheut sein mag; und die rückständige ideologische Linke in der Art von Ivan Illich ganz genauso wie die Linke des »revolutionären Terrorismus« der Stadt- oder Landguerillas.

Die rückständige Ideologie, die vor allem in den wohlhabenden Ländern mit hochentwickelter Technologie verbreitet ist, zehrt wie jede Form der Rückständigkeit vom Vergessen des Vergangenen. Es ist beunruhigend zu sehen, daß zu einer Zeit, da einem immer größeren Teil der Jugend die Universitätsausbildung zugänglich wird, da die Studenten einen wachsenden Anteil an der Entscheidung politischer Ausrichtungen haben, die Unkenntnis der Geschichte, obgleich sie weniger zu entschuldigen ist denn je, dennoch einer so großen Zahl an Überzeugungen zugrunde liegt. Die glückliche Evokation eines »Gemeinschaftslebens« und eines Einklangs mit der Natur, welche wir angeblich durch die vereinten Frevel von Erziehung und Medizin zerstört hätten, widersteht kaum der historischen Information. Einklang mit der Natur in den noch sehr nahen Epochen, in denen die Lebenserwartung fünfundzwanzig Jahre betrug und in denen Hungersnöte und Epidemien periodisch ein Drittel, die Hälfte oder mehr noch der Bewohner eines Landstrichs töteten? »Gemeinschaftsleben« in einer Welt, in der das Recht des Stärkeren rücksichtslos herrschte und zugleich die gewissenlose Rivalität der Schwachen untereinander? Gemeinschaftsleben unter den Völkern in der griechischen Welt, wo die Kriege zwischen den Staaten – meist große Dörfer – den »gemeinschaftsliebenden« Ausgang zu haben pflegten, daß die siegreiche Armee die besiegte Bevölkerung samt Frauen, Greisen und Kindern mit dem Schwert hinmachte? Gemeinschaftsleben in der Gesellschaft in der europäischen Welt des 17. Jahrhunderts, in der Hunderttausende von Frauen unter dem Vorwand, sie seien Hexen, bei lebendigem Leibe verbrannt wurden? Gemeinschaftsleben bei der Arbeit in einer Zeit, da eine sechsköpfige Familie fünfzehn Stunden sich auf den Feldern abrackerte, um oft nicht einmal das zu ernten, was der schlechtestbezahlte Gastarbeiter heute als Äquivalent in einer Stunde verdient: sechs Kilo Brot? Gewiß sollte man die im 18. Jahrhundert geläufige pessimi-

101

stische Beschreibung der Vergangenheit nicht allzu buchstäblich nehmen, obwohl der Mißkredit, in den sie geraten ist, auf der Ideologie
beruht, auf die ich bereits hingewiesen habe, einer unter ihrem
honigsüßen und lobhudelnden Äußeren reaktionären und misanthropi-
schen Ideologie. Die vorindustrielle Vergangenheit war nicht völlig jene
Steinzeit, welche die Aufklärer dem Zeitalter entgegensetzten, das sie
für die zukünftige Menschheit vor sich zu sehen glaubten. Doch sie war
noch viel, viel weniger das Goldene Zeitalter der zeitgenössischen
Obskurantisten, diese a priori konstruierte oder ausgehend von den
wenigen positiven Fragmenten der entschwundenen Gesellschaften
gleich einem wohlkomponierten Bilde fabrizierte Vergangenheit.
Schließlich waren die Schriftsteller des 18. Jahrhunderts selbst noch der
Welt vor der industriellen Revolution und auch vor der beginnenden
agronomischen Revolution verhaftet, einer Welt, die überdies geistig
sehr viel leerer, monotoner und verstümmelnder war als die unsere, und
nur eine verschwindende Minderheit war davon ausgenommen. Sie
waren in sie hineingeboren, sie hatten sie noch weitgehend vor Augen;
und wenn sie mit solch einer Aversion von ihr sprachen, so spürten und
wußten sie vielleicht besser, wovon sie redeten als wir. Im übrigen
bestätigt die heutige seriöse Geschichte ihre Empfindungen eher, als
daß sie ihnen widerspräche. Die Werke von Georges Duby, Pierre
Goubert, Peter Laslett, Pierre Chaunu oder Emmanuel Le Roy Ladurie,
die sich insbesondere auf die soliden Grundlagen der wissenschaftlichen
Demographie stützen, haben die geschminkte Travestie der rückschritt-
lichen Idyllik lächerlich gemacht.

Doch sind damit die Leiden und die Entsetzlichkeiten der heutigen
Menschheit nicht aus der Welt geschafft. Wenigstens baut man sie nicht
zu Vorbildern auf, denen es zu folgen gälte – eben außerhalb des
Stalinismus, der anscheinend von vielen als »Gemeinschaftsleben«
betrachtet wird.

Die verzückte, unwissende und verschwommene Transfiguration der
Vergangenheit ist ein niederschmetternder Kontrast zur heutigen Zeit
und bekräftigt die Vorstellung, daß alles Elend der Menschen mit der
ersten Weltrevolution begann, mit der Revolution des 18. Jahrhunderts,
aus der die gegenwärtige Welt hervorgegangen ist: die wissenschaftliche
und industrielle Revolution, die Erziehungsrevolution, die politische
Demokratie und der Kapitalismus, kurz, das »System«. Die Produktion,
die Erfahrung der Freiheit, dies sind unsere wahren Geißeln, genau dies
sagte bereits vor hundertundfünfzig Jahren die extreme Rechte.

Daher die Gewohnheit einzuräumen, jeder beliebige Totalitarismus sei ein geringeres Übel, wenn er nur dem »System« ein Ende setze. Eine derartige Überzeugung entzieht sich der Argumentation, denn sie entfaltet sich nur in geistiger Konfusion und innerem Widerspruch, zum Beispiel dem Widerspruch, der zum einen das Loblied der Lebensweise der unterentwickelten Gesellschaften der Vergangenheit singt (denn das vorindustrielle Europa gehörte aufgrund zahlreicher Aspekte zu dieser Kategorie), und gleichzeitig als einen der Hauptmakel des »Systems« die gegenwärtige Unterentwicklung der Dritten Welt hervorhebt. Doch leider sind die geistige Konfusion und der innere Widerspruch Krücken der Überzeugung: Die Malaria fängt man sich in Sümpfen ein. Was nun die rückschrittliche Ideologie des Gemeinschaftslebens betrifft, so fügt sie schlichtweg der schwerfälligen Kavalkade der Propheten, derzufolge die beste Medizin zur Heilung der Krankheiten der Gesellschaften im Grunde der Kerkermeister ist, ihren Luftsprung hinzu.

Als Gegenstück zur utopischen Rückständigkeit trägt der »revolutionäre« Terrorismus zum Fortschritt des Stalinismus bei, denn auch er geht von der Hypothese aus, daß die gegenwärtigen Gesellschaften nicht verändert werden können. »Tod und Auferstehung«, dies wäre das einzige Gesetz für denjenigen, der die menschlichen Gesellschaften ändern will. Mit einem Wort, *der Fortschritt existiert nicht.* Die Opposition dem System gegenüber muß also absolut sein, ihr Ziel muß sein, sie zu zerstören.

Der Guerilla, dessen Ziel die Befreiung eines nationalen Territoriums ist, kommt von ganz anderen und völlig logischen Beweggründen her*. Ich spreche vom eigentlich politischen Terrorismus in den unabhängigen Ländern, ein Terrorismus, der in den Ländern der Dritten Welt, die von ökonomischer Unsicherheit und Caudillismus zermürbt sind, ebenso Verheerungen anrichtet wie in der sehr wohlhabenden und demokratischen Bundesrepublik Deutschland oder in Kanada, in Japan, den Vereinigten Staaten (mit den Black Panthers oder der *Symbionese*

---

* Dennoch muß man anmerken, daß die Länder der Dritten Welt, für die die nationalen Unabhängigkeitskriege oder der Widerstand gegen die imperialistische Invasion so häufig und zurecht heilige Kriege sind, wie jedes andere Land zum Imperialismus untereinander und ihren eigenen Minoritäten gegenüber fähig sind. Es ist überflüssig, an den Ethno-Genozid Westpakistans in seinem Zusammenstoß mit Ostpakistan (dem späteren Bangladesch) oder den Chinas im Zusammenstoß mit den Tibetanern zu erinnern. In der jüngeren Vergangenheit drohte das »sozialistische« Äthiopien, das Gipfeltreffen der OAU (Organisation für Afrikanische Einheit), das im Juli 1975 in Kampala abgehalten wurde, zu boykottieren, wenn die Befreiungsfront von Erithrea eingeladen würde! Selten nur wird man seinen eigenen Imperialismus gewahr . . .

Liberation Army), etc. Seine Ideologie lautet, daß es keinerlei Mittel gäbe, um die Gesellschaft zu verwandeln, außer einem gnadenlosen Kampf gegen all ihre Aspekte, all ihre Institutionen und all ihre Mitglieder mit allen Mitteln einschließlich dem zufälligen Töten durch Bomben, die an öffentlichen Orten gelegt werden, oder der Entführung unschuldiger Geiseln. Das Recht ist ein Köder, und von einer Aktion, die sich in den Gesellschaftsvertrag einfügt, ist nichts zu erhoffen.

Doch wenn Terroristen dieser Denkschule verhaftet sind, so rufen sie augenblicklich eben dieses Recht an, dessen vorgebliche Nichtigkeit ihnen als Vorwand für Gewaltanwendung diente. Sie schreien augenblicklich: »Wir wollen unsere Rechtsanwälte! Wir wollen als politische Gefangene behandelt werden! Wir fordern den Justizminister dazu auf, unseren Untersuchungsrichter abzusetzen! Wir fordern die Erlaubnis, in den Zeitungen zu schreiben und mit unseren Freunden zu kommunizieren! Wir klagen die schändlichen Polizeimethoden an, deren Opfer wir geworden sind! Wir appellieren hier, wir legen Berufung dort ein, und wir alarmieren ohne Schwierigkeiten auf den fünf Kontinenten die Meute der Bittsteller, die die diskriminierenden Schandtaten geißeln werden, welche den Verlauf einer Justiz hemmen, die allem überlegen bleiben müßte!«

Eines von beidem gilt: Entweder ist die westdeutsche Gesellschaft zum Beispiel so, wie der Terrorismus vor der Verhaftung behauptet, das heißt, daß sie von keinerlei Recht gelenkt wird und die Gewalt das *einzige* Mittel ist, sie zu verwandeln, und damit legitim wird; oder aber sie ist so, wie das Verteidigungssystem der Angeklagten annimmt, das heißt, daß sie vom Recht beherrscht wird: und damit wird die Rechtfertigung des Terrorismus nichtig, die Angeklagten sind nichts weiter als Mörder nach dem gemeinen Recht. Doch sollte man nicht vorgeben, man ginge wie durch Zauber von einer gesetzlosen Gesellschaft in dem Augenblick der Verhaftung in eine von Gesetzen beherrschte Gesellschaft über. Die Widerstandskämpfer, die von der Gestapo verhaftet wurden, wußten, woran sie sich zu halten hatten: Die Organisation, die sie verhaftete, blieb im Augenblick ihrer Gefangennahme dieselbe, gegen die sie vor ihrer Gefangennahme gekämpft hatten, und sie erwarteten weder unparteiische Richter noch Pressekonferenzen noch entgegenkommende Fernseh- und Radiosendungen.

Die Terroristen zwingen in der Tat die demokratischen Gesellschaften, die kaum die Mittel haben, sich gegen sie zu verteidigen, Ausnahmegesetze zu erlassen und sich allmählich in halbautoritäre Gesellschaften zu verwandeln. Dies spielte sich in Frankreich und

Italien ab. Es ist dies einer der Hauptgründe für die Beeinträchtigung der Grundfreiheiten. Auf diese Weise breitet sich allmählich eine Atmosphäre der Illegalität aus, welche die demokratischen Institutionen immer unanwendbarer, und zunächst die Konkurrenz, dann die Ablösung durch Faschismus und Stalinismus unausweichlich macht.

Der uruguayische Dichter Ricardo Paseyro wußte sehr wohl zu sagen, weshalb das Ergebnis dieses Terrorismus nicht die Errichtung eines neuen Staates sei, der sich auf einen neuen Typ eines gesellschaftlichen Konsensus stützt, das heißt, keine Revolution sei, sondern die Auflösung jeglichen möglichen Staates und jeglichen möglichen Konsensus. Er schrieb:*

»Man erweist Europa, Lateinamerika und insbesondere Uruguay einen schlechten Dienst, wenn man direkt oder indirekt den Kräften in die Hände spielt, die zum Bürgerkrieg, zur außergesetzlichen Gewalt, zur Zerstörung des Gesellschaftslebens drängen. Es geht in Uruguay, einem liberalen Lande par excellence, nicht um eine Rechte oder Linke nach der Art Frankreichs; es geht schlicht und einfach um das Bestehen oder die Vernichtung eines zivilisierten Staates. Was auch immer einige Europäer davon halten mögen – die um so mehr von den ›Guerilleros‹ angezogen sind, als sie zu Haus friedliche Bürger sind –, das Wiederaufleben der ›Guerilla‹ in Lateinamerika und in Uruguay verzögert nur den Lauf der Zivilisation. Letztlich vergißt man, daß die Nazis zu Anfang nur ein Haufen von bewaffnetem Gesindel waren, die sich ›Sozialisten‹ nannten; es wird verschwiegen, daß unter den Sympathisanten und Theoretikern der ›Tupamaros‹ und der anderen Terroristengruppen eine beachtliche Anzahl früherer Pronazis sind; es wird tunlichst nicht hervorgehoben, daß die Arbeiterklassen an diesen Bewegungen weder von nah noch von fern teilhaben.«

Darüberhinaus sind, ohne der selbst stalinistischen und rechtslastigen Obsession vom ewigen »vom Ausland gelenkten Komplott« zuzuneigen, zahlreiche Terroristengruppen (und nur die naiven Hilfskräfte des erweiterten Stalinismus können daran zweifeln) fast stets, wenn nicht von ausländischen Staaten ins Leben gerufen, so doch zumindest von ihnen in die Hand genommen. Die Stalinisten im weitesten Sinne gestehen das ein, jedoch nur unter der Bedingung, daß man die UdSSR, China und Kuba von der Liste dieser »Unterstützer«-Staaten streicht.

Nachdem der Terrorist Ilitch Ramirez Sanchez alias »Carlos« im Juli 1975 dem französischen Sicherheitsdienst entkommen war, nicht ohne

---

* *Le Monde*, 12. Februar 1971 (Tribune Libre).

seiner Ruhmesliste noch einige Leichen hinzugefügt zu haben, beeilten sich mehrere Zeitungen zu schreiben, daß er gewiß kein KGB-Agent sei ... denn er sei »wegen schlechter Führung« von der Moskauer Universität ausgeschlossen worden. Dies läßt geradezu annehmen, niemand habe jemals die umfangreiche Dokumentation über die klassischen Strategeme der Sonderdienste aller Länder noch auch die Romane von John Le Carré gelesen. Als bestünde nicht die elementarste Vorsichtsmaßnahme, will man einen Agenten in die Szene einschleusen, gerade im Vortäuschen, man setze ihn im Gegenteil vor die Tür! In dieser Affäre ist nichts gewiß, doch nach einigen Tagen der Untersuchung verlangte die französische Regierung die Rückberufung dreier kubanischer Diplomaten, Komplizen von »Carlos«. Nun arbeiten aber die kubanischen Geheimdienste niemals ohne die Wechselbürgschaft des KGB.* Haben die bewaffneten Gruppen, die alles darangesetzt

* Wie zu erwarten war, trug die *Humanité* (23. 7. 75) folgende Schlagzeile: »Havanna: Die Ausweisung dreier kubanischer Diplomaten aus Frankreich ist Teil einer Kampagne gegen die sozialistischen Länder und gegen die Entspannung.« André Thirion, der Autor von *Révolutionnaires sans révolution*, Paris 1971, schrieb mir damals zu dem Gegenstand, daß die »Ausschließung« von »Carlos« von der Moskauer Universität einem schlechten Scherz ähnele. Er fügte folgendes Zeugnis hinzu: »Als ich André Ferrat auf die Verwandtschaft zwischen der kommunistischen Aktion in Portugal und dem Sinowjewismus hinwies, erinnerte er mich daran, daß Sinowjew der Theoretiker der Stadtguerilla gewesen war. Es fällt sehr schwer anzunehmen, daß all diese reichlich mit Geld ausgestatteten kleinen Grüppchen, die in allen Gegenden Europas (und anderswo) Attentate und Entführungen verüben, nicht manipuliert sind. Diejenigen, die den Gedanken den Russen anlasten, haben möglicherweise recht. Ferrat war gegen 1934 einer der ständigen Vertreter der KPF bei der Komintern und Professor an der Schule der Komintern. Eines Tages kam eine Persönlichkeit im Generalsrang zu ihm mit der Bitte, er solle für die Schüler einer »Spezial«-Schule zwei Vorträge über die Kommunistische Internationale halten. Er wurde in einen Vorort geführt, wo er etwa fünfzehn französischsprachige Schüler, unter ihnen Tréard, antraf. Die Spezialschule bildete für illegale Arbeit aus, gab jedoch vor allem militärische Instruktionen für perfekte Terroristen. Man entließ sie mit dem Grad eines Bataillonsführers.« Thirion schloß: »An jenem Tag (dem Tag seines ›Ausschlusses‹) verließ ›Carlos‹ vielleicht die Universität nur, um eine Spezialschule zu besuchen.« Thirion wies mich gleicherweise auf die Unstimmigkeit der Legende hin, derzufolge die Kommunisten eine systematische Abneigung gegen Terrorismus und politischen Mord hätten. »Man vergißt die lange Kette von Putschs und terroristischen Aktionen, die seit 1918 von der Komintern oder besser von den Russen organisiert wurden: Das Attentat auf die Kathedrale von Sophia, die Versuche der Stadtguerilla in China, die Attentate in Tonking und Saigon, die Entführung des General Miller, die Ermordung Trotzkis, Eugen Frieds (des Anleiters von Thorez in den Jahren 1932 bis 1939), der 1941 in Brüssel ermordet wurde, etc.« André Ferrat, geboren 1902, trat 1921 in die französische Kommunistische Partei ein und wurde 1930 zum Vertreter der Partei bei der Exekutive der Internationale ernannt. Später überwarf er sich mit der KP, wurde ausgeschlossen und wandte sich den Sozialisten von Leon Blum (SFIO) zu.

haben, Italien seit 1970 in eine chaotische Unsicherheit zu stürzen, niemals die Denkungsart des Ostens aufgewiesen? Tatsächlich erwähnt man vorzugsweise die Denkungsart der Gruppen, die sich als faschistisch bezeichnen. Auch die chinesischen Kommunisten setzen die terroristische »Destabilisierung« ein: Es ist allgemein bekannt, daß China seit Jahren Gruppen von Guerilleros im Norden Thailands schult und versorgt, aber dennoch wenden sich die Thailänder gegen die USA.

Auf diese Weise setzt sich in den nicht-totalitären Ländern die Vorstellung fest, daß es im Grunde keine echte demokratische Rechtmäßigkeit gibt und daß letztlich die Niederlande von 1976 und Nazideutschland von 1938 ein und dasselbe seien und mit denselben Methoden bekämpft werden müßten. Da alles totalitär ist, ist der Stalinismus gerechtfertigt.

Daß es dem Stalinismus gelungen ist, im zeitgenössischen Denken die Beseitigung der Grundfreiheiten mit jener der sozialen Ungerechtigkeiten zu verbinden und so den Totalitarismus zu legitimieren, ist einer seiner großen intellektuellen Siege. Denn dieses Vorurteil schwächt überall den Widerstand gegen die Errichtung autoritärer Regimes und läßt sie überdies für fortschrittlich gelten, wenn sie sich bemühen, sich als solche anzukündigen. Die Demokratie ist ein System, in dem eine legale Einrichtung geschaffen wird, die es ermöglicht, daß die Regierung unter den normalen Bedingungen des politischen Lebens, ohne Bürgerkrieg und ohne Staatsstreich durch eine andere ersetzt werden kann, wenn die Mehrheit zu recht oder zu unrecht diesen Beschluß faßt. Dieses System kann also nur eine begrenzte Zahl oder keinen derjenigen, die an der Macht sind, korrumpieren. Von dem Augenblick an, da sie auf den Gedanken verfallen, daß ihr sozialistisches Bewußtsein es ihnen im Interesse der Revolution verbiete, jegliche Klausel zu akzeptieren, die ihre Ersetzbarkeit vorsieht, würde es sich logischerweise gleichfalls verbieten, daß irgendwelche Kritik ihnen gegenüber geäußert wird – insbesondere über ihre Realisierung des »Sozialismus« –, denn die Kritik ist Zeitverlust, wenn sie nicht in der Regierung durch einen Austausch in der Mannschaft zum Ausdruck kommt. Da der Parteienpluralismus für antisozialistisch erklärt wurde, wird es die freie Meinungsäußerung ebenfalls, denn ohne Verschiedenheit der Meinungen ist sie gegenstandslos. Und ist einmal die freie Meinungsäußerung nicht mehr vorhanden, wozu sollte dann noch die Freiheit zum Zusammenschluß und die Versammlungsfreiheit gut sein? Denn die Leute treffen sich im allgemeinen, um ihre Ansichten zum Ausdruck zu bringen. Also: überflüssig. Im übrigen lassen sich diese Leute, diese

Armen, »in Ermangelung einer Vorbereitung auf die Demokratie« mißbrauchen. Man darf sie nicht auf Gnade und Barmherzigkeit den vom »Geld« der großen »multinationalen« und »imperialistischen« Gesellschaften manipulierten Medien ausliefern, die wiederum durch die integre Unabhängigkeit der Medien ersetzt werden müssen, welche als Fortsetzung des Staates aufgefaßt werden, der selbst die Fortsetzung einer Einheitspartei oder einer Militärjunta ist.

Diese Überlegungen dienten der Beschlagnahme der peruanischen Zeitungen durch die Militärjunta von Lima im August 1974 als Rechtfertigung – eine Beschlagnahme, die natürlich durch die Regierung als »Rückgabe« dieser Zeitungen, die genau genommen verschiedenen Gewerkschaften gehörten, verbrämt wurde. Doch die fraglichen Gewerkschaften waren manipuliert, und die einzige Partei, die in Peru frei operieren konnte, war die kommunistische Partei, die aus ihrem Zusammenschluß mit der Junta eine Macht bezog, welche sie auch hier wieder vergeblich beim Volk zu erlangen versucht hätte: Bei den letzten regulären Wahlen im Jahre 1962 hatte die KP weniger als 100 000 Stimmen auf drei Millionen Wähler erhalten.

In Venezuela, dem einzigen lateinamerikanischen Land, in dem die Presse weder einer Staatszensur unterzogen wird, noch gefährlichen Repressalien seitens des Staates ausgesetzt ist, schlossen sich Journalisten zusammen, um ein Kommuniqué zu verfassen, das die Maßnahmen des peruanischen Militärs guthieß! Da man nicht annehmen kann, daß diese freien Journalisten alle selbstmörderische Tendenzen hatten, muß man offenbar einräumen, daß der erweiterte Stalinismus und der Stalinismus im eigentlichen Sinne unter ihnen herrschte – und dies, um das Maß voll zu machen, im letzten lateinamerikanischen Land, in dem die Presse frei war! Nachdem ich nicht sehr liebenswürdig die Maßnahmen der peruanischen Junta im *Express* kommentiert hatte, erhielt ich mehrere Briefe von Franzosen, die mir vorwarfen, ich stelle die »Freiheit« von Zeitungen, die im Besitze »kapitalistischer Feudalherren« seien, »Schaden anzurichten«, über die Weiterverfolgung eines so »fortschrittlichen« Experiments wie des peruanischen.

In Wirklichkeit waren die Militärs heftig über die Zeitungen verärgert und enteigneten sie nicht etwa, um sie in den Dienst des Volkes zu stellen und ihr Experiment vervollkommnen zu können, sondern vielmehr, weil das Scheitern dieses Experimentes für das Volk immer spürbarer wurde und es ihnen gegen den Strich ging, daß die Presse die Schwierigkeiten erwähnte, die ihrer Verwaltung zu verdanken waren. Dieses Bedürfnis nach Schweigen war für sie noch dringlicher, nachdem sie im August 1973 Aufstände unterdrückt hatten, die unbestreitbar von der Bevölkerung und der Bauernschaft ausgingen. Die Zahl der Leichen, die nun unter der Erde lagen, mußte im Interesse der Fortsetzung des Experimentes des peruanischen »sozialistischen« Modells geheim bleiben. Eineinhalb Jahre später wurden weitere Aufstände, die, welch merkwürdige Hartnäckigkeit, so geschmacklos waren, sich trotz nunmehr völligen Fehlens der Sklavenpresse des »Geldes« zu ereignen, mit ebenso blutiger anti-imperialistischer Unnachsichtigkeit niedergeworfen. Doch das Schandmal konnte diesmal nicht vor der Meinung der Weltöffentlichkeit verborgen werden, da sich die Aufstände in der Hauptstadt selbst zugetragen hatten. Aber es gab zahlreiche andere, die diskret der multinationalen Mißbilligung entzogen wurden. Man kann dem entgegenhalten, daß Pinochet weiter im Süden ganz genauso barbarisch verfährt, doch antworte ich darauf, daß sich niemand darüber im Unklaren ist und daß man uns nicht täglich die Ohren volltönt mit dem »Gesellschaftsmodell« und der »Ursprünglichkeit des revolutionären Experimentes« im Chile Pinochets.

In Peru umfaßt das revolutionäre Modell, der »Inka-Plan«, der im übrigen von einem jugoslawischen Theoretiker entworfen wurde, zu jenem Zeitpunkt im Jahre 1975 die vollständige Verstaatlichung der Wirtschaft, ein Auftakt zur Selbstverwaltung aller Unternehmen. Der Inka-Plan gehört zu dem, was man der mittlerweile entstandenen Mode zufolge die »Parameter der Revolution« nennt. Nationalismus und Verstaatlichung sind die beiden Parameter Perus. Doch nach sechs Jahren Revolution hat sich die Situation im Verhältnis zu 1969 verschlechtert. Die Abschaffung aller ausländischen Investitionen hat die Produktion erstickt, die Exporte sind abgesunken (in einer Wirtschaft, die fast ausschließlich von ihren Exporten abhängig ist), die Inflation bewegt sich irgendwo zwischen 30 und 40 %, doch vor allem ist die *Hälfte* der berufstätigen Bevölkerung arbeitslos. Schließlich konnte auch die Militäroligarchie der Versuchung von Bestechung und Unterschlagung nicht widerstehen: Eine Zuckermenge im Werte von einer Million Dollar war, wie man im Frühjahr 1975 erfuhr, illegal im Ausland verkauft worden. Dieser Skandal wurde (neben einigen anderen) um so wirksamer vertuscht, als die Presse nicht mehr dem kapitalistischen Gesetz des infamen Profits unterworfen war, sondern von »dem peruanischen Volk im Aufbruch« kontrolliert wurde. Ein Journalist erzählt: »Ich versuchte den General, dem das Informationsministerium übertragen ist, zu fragen, wie gegenwärtig diese ›echte Pressefreiheit‹ praktiziert wird. Ich fragte ihn, was geschehen würde, wenn die in

Kooperativen organisierten Bauern ›ihre‹ Zeitungen benutzen würden, um eine Erhöhung der Preise ihrer Produkte zu fordern, und ob sich die Regierung dem widersetzen würde? Der General antwortete mir nicht, doch auf seinem Gesicht erschien ein Ausdruck von Überraschung, als wäre diese Möglichkeit etwas Unfaßbares im gegenwärtigen Verlauf der Revolution. Nach einer langen Pause versuchte er, die Situation mit der folgenden Formel zu retten: ›Jeder muß an das Interesse aller denken.‹ Sicher. Aber wer nimmt es auf sich, solche Interessen zu definieren? Die Regierung selbstverständlich! ›Natürlich, wir sind für totale Partizipation, aber dies läßt sich nicht in einem Tag erreichen.«*

Angesichts des Zerfalls der Wirtschaft waren die Militärs genötigt, unter der Hand einzugestehen: »Die Revolution hat ihre Moral verloren; sie ist darauf hinausgelaufen, daß sie ihre eigenen Parameter gelähmt hat.« Was die peruanischen Militärs und ihr Caudillo, der General Velasco Alvarado (der seitdem von einem seiner Waffenbrüder gestürzt wurde, welcher sofort seine Absicht verkündete, er werde dieselbe Politik fortsetzen – als ob dies der Mühe wert gewesen wäre!), auf ihre Kosten lernten – vielmehr: sie lernten nichts, alles ging auf Kosten des Volkes –, ist die Tatsache, daß Regieren auch eine Technik voraussetzt. Es ist zwecklos, eine Mine zu verstaatlichen, wenn niemand sie mehr ausbeutet; das Land unter die Bauern zu verteilen, wenn man unfähig ist, die Landwirtschaft so zu reorganisieren, daß dieselben Bauern weder die Werkzeuge noch die Sämereien noch die Düngemittel vorfanden, um sie aufzuziehen, noch das Geld, das so vertrauenswürdig war, daß sie ihre Produkte dagegen eintauschen konnten, noch Fertigwaren, die sie sich mit dieser unsicheren Währung verschaffen konnten, und die Folge ist, daß sie die Masse des städtischen Subproletariats verstärken. Als Opfer des Slogans, demzufolge alles von dem Moment ganz allein läuft, da man enteignet und verstaatlicht, wollten die peruanischen Offiziere ganz einfach verhindern, daß bekannt wurde, daß man in Peru seit ihrer Revolution noch elender lebt als zuvor.

Auch Frau Indira Gandhi kam im Jahre 1975 zur langen Liste der Staatschefs hinzu, die meinen, nur dann regieren zu können, wenn niemand sich darüber informieren kann, wie sie es tun. Nach der Ausrufung des Notstands war ihr erster Schritt, die politischen Opponenten ins Gefängnis zu stecken und die indische und ausländische Presse der Zensur zu unterziehen. Die neuen Zensoren machten sogar

* Hans Heigert, in: *Resumen*, 1. Juni 1975. *Resumen* erscheint in Venezuela, nicht in Peru.

klar, daß nicht alleine die Artikel der dortigen Auslandskorrespondenten fremdländischer Zeitungen gelegentlich zensiert würden, sondern daß in dem Moment, in dem ein Indien gegenüber unfreundlicher Artikel erscheine, der Korrespondent, selbst wenn ein anderer zeichne als er, nichtsdestoweniger zur Verantwortung gezogen und gestraft würde. Der Korrespondent der *Washington Post* wurde vier Tage nach dem Inkrafttreten des Notstandes wegen einer Reportage, aus der hervorging, daß die indische Armee möglicherweise nicht vollständig hinter Frau Gandhi stünde, des Landes verwiesen.

Ich verstehe vollauf, daß für Indien oder für Peru das vordringlichste Problem nicht etwa das der Pressefreiheit noch das des guten Funktionierens eines Parlaments in westlicher Manier ist. Zweihundertfünfzig Millionen Inder von sechshundert Millionen vegetieren an der Grenze des physischen Überlebens dahin und fallen häufig unter diese Grenze zurück. Diesen Hunderten von Millionen Dörflern, die fast alle Analphabeten sind, ist die Existenz der *Times of India* völlig unbekannt, und die meisten von ihnen haben noch nie in ihrem Leben eine Zeitung gesehen.

Ich möchte darauf hinweisen, daß dieses Argument umkehrbar ist: Wenn die große Masse der Inder nicht von der Presse erreicht wird, so kann man nicht die Behauptung aufrechterhalten, die Presse habe einen subversiven Einfluß auf die große Masse der Inder. Es gibt also keinen ernsthaften Grund, sie zu unterdrücken. Wenn sie, wie die Zeitschrift *República* in Portugal, ein Luxus für Intellektuelle ist, warum soll man ihr dann eine derartige Bedeutung beimessen? Frau Gandhi kündigte ein Programm tiefgreifender Agrarreformen an, ein Programm des Kampfes gegen Korruption und Verschwendung. Doch inwiefern hinderte die Presse sie, seit den nahezu zehn Jahren, die sie mit absoluter Mehrheit im Parlament Premierministerin ist, zur Ausführung dieses Programmes zu schreiten? Inwiefern hindert die *ausländische* Presse sie daran, das Heilmittel anzuwenden, da diese Presse eben gerade regelmäßig diese Korruption, diese gesellschaftliche Ungerechtigkeit, diese Ausbeutung des armen Indiens durch das reiche Indien brandmarkt? Und gestehen wir sogar ein, daß die ausländische Presse hin und wieder Frau Gandhi wegen ihrer Atombombe oder ihrer brutalen Annexion Sikkims kritisiert oder wegen der Kredite, die von ihrem unantastbaren Sohn für den Entwurf und die Fabrikation eines nationalen Automobils verschwendet wurden – der *Maruti,* »Tochter des Windgottes«, die tatsächlich eben das blieb, was ihr Name andeutet, da sie niemals auch nur das unterste Stadium der Metallverarbeitung für ihre Materialisation erreichte –, wenn wir sogar die Existenz dieser unfreundlichen Äußerungen eingestehen, was könnte dennoch die Premierministerin von solchen Nadelstichen, solch geringfügigen Hindernissen für die rechte Realisierung ihres sozialistischen Programms zu befürchten haben? Es ist mir völlig entgangen, daß die Dörfler von Bihar oder die Fischer von Kerala sich gegenseitig die *Washington Post* aus den Händen reißen, oder daß die menschlichen Wracks, die auf den Trottoirs von Kalkutta »logieren«, aufsässige Seminare abhalten, um die Leitartikel der *Stampa* zu kommentieren.

Tatsächlich ist der Angriff gegen die Opponenten und gegen die nationale und ausländische* Presse *in keiner Weise die Folge* der ökonomischen und sozialen Notlage Indiens, des Bedürfnisses des Landes, endlich besser regiert zu werden, und läßt *keinerlei Befähigung, dafür zu sorgen,* kenntlich werden. Er steht ganz einfach in keinerlei Zusammenhang mit dem Problem Indiens. Dafür steht die Unterdrückung in sehr engem Zusammenhang mit dem Problem von Frau Gandhi, mit ihrer persönlichen Eitelkeit und mit dem kurz zuvor vom Obersten Gerichtshof Indiens ergangenen Urteil gegen sie wegen Wahlbetruges. Da Frau Gandhi ihren Abgeordnetensitz verloren hatte, hätte sie nach der Verfassung ihres Landes ihren Posten als Premierministerin aufgeben müssen. Diese Umstände sind es, die von einem Tag auf den anderen ihren Geist mit der dringenden Notwendigkeit des Kampfes gegen Mißstände und Elend in Indien so eindrücklich erfüllten, daß sie mit entschlossener Kühnheit nicht eine Stunde zögerte, alle verfassungsmäßigen Garantien außer Kraft zu setzen.

Es war bestürzend, wie selbst seriöse Professoren für politische Wissenschaft die These unterstützten oder nahelegten, daß eine ursächliche Beziehung zwischen der Notwendigkeit, in Indien Reformen durchzuführen, und dem Übergang zur Diktatur bestünde. Die Gedankenverbindung zwischen den beiden Phänomenen ist um so angenehmer, als es, ist die Diktatur einmal eingerichtet, sehr schwierig werden kann, als nicht offiziell Geladener, das heißt, als zukünftiger Fürsprecher des Regimes, zugelassen zu werden, um an Ort und Stelle zu sehen, wie es letztlich um die angekündigten Reformen bestellt ist. In der Erwartung ihres überwältigenden Erfolges wurde ein Staat stalinistischer Prägung eingerichtet, ein erweiterter Stalinismus, der reif dafür ist,

---

* Die Auslandskorrespondenten, die sich weigerten, die Aufforderung zu unterzeichnen, sich den Richtlinien der indischen Zensur anzupassen, wurden ausgewiesen, und die Büros ihrer Zeitungen wurden geschlossen.

zur Klientel des Stalinismus im eigentlichen Sinne zu gehören. Läßt sich beispielsweise erklären, welche Beziehung zum Elend Indiens die folgende Maßnahme hat: Als das indische Parlament etwa einen Monat nach der Ausrufung des Ausnahmezustandes zum erstenmal wieder zusammentrat, wurde den indischen und ausländischen Journalisten die Instruktion erteilt, sie könnten so wörtlich, so ausführlich, so vollständig wie sie wollten die Reden der Minister in ihren Artikeln wiedergeben, dürften jedoch nicht mit einem Wort die Erwiderungen erwähnen, die darauf gegeben würden! Gewiß werden die verhungerten und analphabetischen Massen von Uttar Pradesch und Maharaschtra eine immense Erleichterung verspürt und eine augenblickliche Verbesserung ihrer Lebensbedingung erfahren haben, als sie sich so den Schändlichkeiten der Formaldemokratie enthoben wußten und in den Genuß der höchsten Wohltaten der Volksdemokratie kommen sollten*.

Die wirklichen Hindernisse vor der Durchführung von Reformen sind neben der unermeßlichen Größe des Landes seine administrative und technologische Rückständigkeit, die von der unermeßlichen Trägheit unterstützt und perpetuiert wird, welche auf den religiösen und sprachlichen Spaltungen beruht und auf dem Kastensystem, das sehr viel schwerer auf dem täglichen Leben lastet, als der Nationalstolz eingestehen möchte. Es sind weiter die Inkompetenz und Korruption der Bürokratie. Ich sehe nicht, wie die fehlende Kritik in der Presse diese Mängel verringern kann, im Gegenteil. Wenn die Beseitigung der »formalen« Demokratie derart anregende Bedingungen für die wirtschaftliche Entwicklung schafft, so müßte die gegenwärtige Welt nur so strotzen von steinreichen Ländern.

In Wirklichkeit hat Frau Gandhi den Notstand verordnet, um einem indischen Watergate zu entgehen. Wir unterschätzen allzu sehr persönliche Eitelkeit und Egoismus der Staatschefs. Wir glauben, die moderne Politik schließe die psychologischen Triebkräfte aus, deren Bedeutung wir in der Geschichte der Vergangenheit durchaus zugestehen. Doch der persönliche Stolz spielt heute eine ebenso große Rolle, vor allem wenn wir zulassen, daß »monarchistische Situationen« mit Politstars wie Frau Gandhi wieder zustandekommen.

Am 1. Dezember 1973 hielt ich mich während des offiziellen Besuchs von Leonid Breschnew bei Frau Gandhi in Neu Delhi auf. Gegen Ende

---

* Frau Gandhi hat sich ebenfalls geweigert, eine Delegation der Sozialistischen Internationale nach Indien einreisen zu lassen, was weder Franco noch Salazar ein Jahrzehnt zuvor gewagt hatten.

des Besuches des sowjetischen Führungschefs erklärte einer der indischen Oppositionsführer plötzlich, es sei unzulässig, daß Herr Breschnew zu keinem Vertreter der Opposition Kontakt aufgenommen habe, um seine Eindrücke von Indien durch eine Unterhaltung mit zumindest einer Person, die außerhalb der Regierungskreise steht, zu vervollständigen.

Der Generalsekretär der KPdSU, der sehr überrascht war, empfing diesen Oppositionspolitiker tatsächlich in letzter Minute auf dem Flughafen von Neu Delhi, kurz bevor er nach Moskau zurückflog. Im Verlaufe dieser Unterredung stellte Breschnew seinem Gesprächspartner eine Menge Fragen, um sich erklären zu lassen, was genau eine Opposition ist, die Rede- und Handlungsfreiheit hat. Dann beendete der russische Führungschef das Gespräch mit einem Satz, dessen Humor, Zynismus oder vielleicht monumentale Gewissenlosigkeit ihn zugleich lächerlich und bestürzend machten: »Bei uns«, so sagte er, »gibt es keine Oppositionsparteien, weil wir glauben, daß eine Opposition *die herzlichen Beziehungen, die die Regierung mit dem Volk verbinden, stören* könnten.«*

Es hat also den Anschein, daß die indische Premierministerin eineinhalb Jahre nach dieser Lektion in hoher politischer Moral ihrerseits beschlossen hat, die zärtlichen Gefühlsbindungen, die sie mit ihrem Volke vereinen, enger zu gestalten, indem sie die Opposition abschaffte. Die UdSSR und die beiden indischen Kommunistischen Parteien, die moskautreu sind und von dort Unterstützung erhalten, billigten ihr Vorgehen. Diese Tatsache beweist, daß Frau Gandhi schlichtweg ihre Innenpolitik mit ihrer Außenpolitik in Einklang gebracht hat. Denn jene Außenpolitik besteht seit mehreren Jahren darin, immer mehr im Kielwasser der UdSSR zu schwimmen, um einen Ausgleich zum einen gegen den amerikanischen, zum anderen den chinesischen Einfluß in Asien zu schaffen. Welch einen Zuwachs stellt Indien für die Weltstrategie der UdSSR dar!

Der Stalinismus ist in der Wahl seiner Klientel nicht immer so delikat: In dem Moment, da sie Diktatoren sind, kommen sie ihm gelegen. Die UdSSR ist sogar soweit gegangen, daß sie ihre große Freundschaft und ihre Hochachtung für den tragikomischen und blutigen Despoten von

---

* »Mr Limaye told Mr Brezhnev that he was welcoming him on behalf of the Opposition. But Mr Brezhnev asked him why there should be an Opposition at all. In the Soviet Union, the Central Committee of the Communist Party discussed various issues and implemented them. An Opposition prevented the creation of an emotional bond between the people and the Government.« *The Indian Express*, 1. 12. 1973.

Uganda, den General (dann Generalfeldmarschall) Idi Amin Dada zum Ausdruck brachte. Sie lieferte ihm Waffen. Als Vorbehalte gegen die Kandidatur des dementen Metzgers von Kampala für die Präsidentschaft der Organisation für Afrikanische Einheit von anderen afrikanischen Staatschefs laut wurden, protestierte die UdSSR gegen diese Verleumdungskampagne und behauptete, sie sei das Ergebnis »imperialistischer Machenschaften«. Nach diesem exemplarischen Akt sowjetischer Nichteinmischung erhielt Amin die begehrte Präsidentschaft. Es gibt einen außenpolitischen Grund für diese Unterstützung: die russische Rivalität mit China in Afrika, die durch die amerikanische Indifferenz und sogar Abwesenheit noch verstärkt wird. Besonders die chinesische Durchdringung Tansanias veranlaßt Moskau, sich mit einem Gegengewicht im sehr nahen Uganda zu wappnen. Im selben Augenblick, da Angola soweit ist, daß es die Unabhängigkeit erlangt, lösen sie einen Bürgerkrieg aus oder stacheln dazu an, indem sie ihre dortige Organisation, die Befreiungsbewegung Angolas, die zuvor sorgfältig bewaffnet wurde, handeln lassen, ebenso wie die Nigerianer am Ende der sechziger Jahre sorgfältig bewaffnet worden waren, als sie die Biafraner ausrotteten. Ich behaupte keineswegs, daß dies nicht das alte Spiel der Großmächte aller Zeiten gewesen sei. Ich sage nur, wenn die Westmächte, Amerika, der CIA so vorgegangen wären, so hätten das Protestgeschrei und der Demonstrationsrummel überhaupt nicht mehr aufgehört. Wenn es ein Verbrechen und ein Irrtum seitens der Amerikaner ist, Diem in Saigon und Park in Seoul zu unterstützen – womit ich übereinstimme –, wieso ist es dann keines seitens des Stalinismus, wenn er in jeder Hinsicht ähnliche Diktatoren unterstützt?

Weil es nämlich in der stalinistischen Logik einen innenpolitischen Grund für diese Unterstützung gibt. Dieser Grund ist es, der ihr die Nachsicht einer »linken« Anschauung einträgt, welche von den Vorurteilen des erweiterten Stalinismus bedingt ist.

Für die UdSSR und China ist es leichter, sich mit autoritären Staaten zu verständigen als mit Demokratien, weil sie von gleichartiger Struktur sind. Wenn sie nicht kommunistisch sind, so werden sie es eines Tages mit sehr viel größerer Gewißheit als jede beliebige Demokratie. Gegebenenfalls wird das durch einen simplen »Sozialismus der Dritten Welt« erreicht. Man muß ihnen also helfen, sich zu »totalitarisieren«, zu isolieren, zu bewaffnen, ökonomisch unabhängig zu werden, das heißt, von der UdSSR ökonomisch und militärisch abhängig zu werden.

Und die Stalinisten im weitesten Sinne kommen ihrerseits derartigen Regimes mit Nachsicht oder ohne Härte entgegen, da sie im Innersten von der Unvereinbarkeit von Sozialismus und Demokratie überzeugt sind. Weil sie später immer weniger wissen können und immer weniger wissen wollen, was sich hinter den so errichteten autoritären Bollwerken abspielt, zugleich aber die Fehler und Mißerfolge der demokratischen Gesellschaften außerordentlich gut kennen und auf das Genaueste darstellen, wahren sie ihren Gewissensfrieden. Auf die Weise entstehen mit dem Segen der Sozialisten kreuz und quer durcheinander mal klassische kommunistische Regimes, die in Verbindung zur Internationale stehen, mal verschwommen linksgerichtete Militärdiktaturen wie in Peru oder Äthiopien, die völlig freie Hand haben, so blutrünstige Großtaten zu vollbringen wie General Pinochet in Chile, jedoch darüber hinaus mit der Gloriole, daß sie in den Rang der Schöpfer eines revolutionären »Modells« aufgerückt sind. Pinochet tötet, kerkert ein und unterdrückt. Sie haben schlichtweg den veralteten »liberalen Humanismus« überwunden.

Der erweiterte Stalinismus ist unvergleichlich viel verbreiteter und einflußreicher auf Weltebene als die Fügsamkeit derer dem Stalinismus gegenüber, die man seit 1917 traditionellerweise *Sympathisanten* nennt. Diese nicht eingeschriebenen Stalinisten, die jedoch um so eifernder sind – gegen Ende der zwanziger Jahre ergriffen sie zum Beispiel fast alle die Partei Stalins gegen Trotzki mit geringerem Zögern als manch eingeschriebene Kommunisten –, bildeten indessen immer eine Minderheit: gewiß dienstbare und geschickte Propagandisten, aber dennoch eine Minderheit. Und mit Grund: Man kann nicht jährlich mehr als einige Tausend unparteiischer Zeugen verschleppen. Nun war die große Spezialität der Sympathisanten stets der unentgeltliche politische Tourismus gewesen, auf den dann die Beschreibung des ideologischen Luftschlosses folgte. In dem Buch, das David Caute ihnen widmete, trägt ein Kapitel den Titel *Führungen (Conducted Tours).** Sie sind es,

---

* David Caute, *The Fellow-Travellers*, New York 1973. Die Führungen tragen mehr und mehr zur Belehrung des menschlichen Geistes bei, wie eine köstliche Passage bei Simon Leys (*Ombres chinoises*, S. 13) beschreibt, in der er erzählt, wie ein Journalist einen exzellenten Reisebericht über China schreiben konnte, ohne jemals dort gewesen zu sein. Er hatte einfach die bereits vorhandenen Bücher verwandt. Wäre er hingereist, so wäre er genau dieselbe Reiseroute gefahren wie deren Autoren, hätte dieselben Fabriken besichtigt, an denselben Festessen teilgenommen, dieselben Reden in jener artifiziellen Landschaft gehört, die weder Westen noch China ist, die »das China zum Gebrauch ausländischer Besucher« ist. Bei seiner Rückkehr hätte der Journalist dieselbe Reportage geschrieben, wie diejenige, die er tatsächlich schrieb, möglicherweise weniger gut. Es ist ein Wunder, daß das Täuschungsmanöver hat entdeckt werden können.

welche die UdSSR der dreißiger Jahre als ein Schlemmer- und Freiheitsparadies beschrieben, wo jeder aß, wie er Hunger hatte, und wo die Beziehungen der Bürger zu den Machthabern frei von jeder Furcht waren und jenes lächelnde Vertrauen zum Ausdruck brachten, jene »Zuneigung« und Offenheit, die vierzig Jahre später von Breschnew gerühmt wurden. Sie sind es, die gegen 1950 verkündeten, die UdSSR werde bald in die kapitalistische Welt, die offenkundig unfähig sei zu produzieren, ihre Überschüsse an Lebensmitteln exportieren. (Fünfundzwanzig Jahre später muß die UdSSR immer noch fast jedes Jahr Millionen Tonnen Weizen aus den Vereinigten Staaten und Kanada einführen, um eine Hungersnot zu vermeiden.) Sie sind es, die seit 1956 die unvermeidliche weltweite Entstalinisierung beschreiben, und dabei übersehen, daß die Restalinisierung nach der kurzen und ziemlich zaghaften paternalistischen Periode, die Chruschtschow zu verdanken ist (es genügt, *Die Eiche und das Kalb* zu lesen, um deren Grenzen zu ermessen), unter der Leitung Breschnews, der im Inneren einfach einen Stalin minus Wahnsinn, einen Stalin im Frack spielt, ihren normalen Verlauf der Internierungen und Deportationen, die zum Wesen des Regimes unvermeidlich gehören, wieder aufnahm. Inzwischen hatten die Sympathisanten den Weg nach Kuba gefunden, wo sie gut und gern zehn Jahre brauchten, bis sie Wind davon bekamen, daß Castro vielleicht einige wirtschaftliche Schnitzer gemacht hatte, die nichts mit dem amerikanischen Block zu tun hatten, und einen Polizeistaat geschaffen hatte mit Umerziehungslagern, Propagandaberieselung im Fernsehen und Aufforderung zur Denunziation, und daß dieser Staat von sowjetischen Beratern beherrscht wurde. Sie regten sich ein wenig auf, als ein Schriftsteller, Herberto Padilla, 1971 eingekerkert wurde: Die Repression ist revolutionär, wenn sie sich gegen Bauern und Arbeiter richtet, sie wird in gewissen Fällen totalitär und untragbar, wenn sie einen Kollegen, einen Intellektuellen trifft, obwohl sie selbstverständlich zufällig und ohne Ursachen im System bleibt (eine sehr marxistische Interpretation!). Die Sympathisanten, die sich in regelmäßigen Schüben über China ergossen, berichteten bald davon in Büchern und Artikeln, welche die getreue Reproduktion jener waren, die ihre Vorgänger in den dreißiger Jahren über die UdSSR geschrieben hatten. Diese Gefährtenschaft umfaßt bekanntlich Nicht-Kommunisten, von denen viele Sympathisanten sind, jedoch nicht alle. Bürger vom besseren Schlag, bedeutende Universitätsprofessoren, auch wetterwendische Denker finden sich in dieser Kategorie, ohne daß sie verpflichtet sind, Marxisten-Leninisten zu sein, und der einzige ideologische Konvergenzpunkt der gesamten Gefährten ist die organisierte Reise mit positivem, konstruktivem Rechenschaftsbericht, denn die Furcht, nicht wieder eingeladen zu werden oder ein Visum verweigert zu bekommen, gehört zu den panischen menschlichen Ängsten. André Gide fiel vor dem Krieg dadurch auf, daß er sich mit Hellsicht und Mut weigerte, bei seiner Rückkehr aus der UdSSR die Gebrauchsdithyramben zu verfassen.

Die Weggefährten übernehmen also auch heute noch die Rolle von Propagandisten, die alles andere als nutzlos für die Aufrechterhaltung einer geduldigen Atmosphäre gegenüber den kleinen Lieblingssünden des Stalinismus-Maoismus ist und die Aufnahmebereitschaft für die offizielle Darstellung seiner chinesischen, sowjetischen, ja selbst albanischen Inszenierung wachhält.

Doch obwohl der erweiterte Stalinismus das Phänomen der Sympathisanten integriert, geht er weit darüber hinaus. Er ist sehr viel umfangreicher und beruft sich im übrigen nicht immer auf die Sowjetunion oder China.

Im Jahre 1974 verkündete in Madagaskar der Präsident Ratsiraka, er werde »das Land auf den Weg zum Sozialismus führen«; nach so vielen anderen, bei denen man häufig den Beginn des Weges als die Ankunft erlebte. Das Ägypten Nassers, das Algerien Boumediennes, das Libyen Gadhafis waren oder sind Länder, in denen ein totalitärer Staat oder ein autoritärer Staat auf der Grenze zum Totalitarismus im Namen des Sozialismus beginnt, die Wirtschaft auf dem Wege der dirigistischen Verstaatlichung und der bürokratischen Verwaltung zu kollektivieren. Der Staat wird also technisch stalinistisch, selbst wenn er in den Händen gläubiger Moslems und kategorischer Antimarxisten und Antisowjets oder -chinesen liegt, oder zumindest vom diplomatischen Gesichtspunkt her nicht »eingereiht« ist. Dennoch wird ihnen die Qualität »progressiver« Staatslenker zuerkannt. Übrigens sind Synthesen zwischen Überzeugungen für die Dialektiker niemals unmöglich. Ein algerischer Intellektueller erzählt zum Beispiel:*

»Eines Tages begegneten wir Roger Garaudy. Bei einem am 11. März 1965 in Algier im Ibn-Khaldun-Saal, der von Studenten überquoll, gehaltenen Vortrag, griff Garaudy nach einem mitreißenden Plädoyer für den Islam die berühmte Formel ›die Religion ist das Opium des Volkes‹ an.

›Dies ist ein Text von 1843: Als Marx die *Kritik der Hegelschen*

---

* In der Zeitschrift *Eléments* (1970).

Rechtsphilosophie schrieb, war er erst 25 Jahre alt; Marx war noch nicht marxistisch, er war nur Feuerbachianer, noch kein Dialektiker.‹

Und Garaudy schloß mit einem schönen Höhenflug:

›Wir wandern zum Sozialismus, den Koran in der einen Hand, das *Kapital* in der anderen.‹ Einige marxistische algerische Studenten, die von dem großen französischen marxistischen Denker intellektuelle Unterstützung erwarteten, waren starr vor Schrecken«.

Die vielversprechenden Anfänge werden lieber gefeiert, als daß die düsteren Folgezeiten beschrieben werden, und selten sieht man schwarz auf weiß, daß zum Beispiel »der burmesische Weg zum Sozialismus das Land langsam ins Elend getrieben hat«*.

Die nicht »ausgerichteten« sozialistischen Staaten haben trotz ihrer Etikette die Tendenz, sich rundweg der einen oder anderen kommunistischen Großmacht zuzuschlagen; der chinesischen Seite in Südostasien und einigen Ländern Afrikas, der sowjetischen Seite in fast allen anderen Fällen, wie sich zu diesem oder jenem Zeitpunkt am Ägypten Nassers, an Syrien, Somalia (wo die UdSSR Raketenbasen errichtet hat) oder in jüngster Zeit an Indien gezeigt hat.

Die UdSSR mit ihrer enormen Militärmacht leistet offen entweder den nationalistischen Bestrebungen von Ländern, die sie zu Satelliten machen will, Unterstützung oder der Partei, die sie an die Macht zu bringen wünscht, wenn bewaffnete Auseinandersetzungen verschiedene Gruppen innerhalb des Landes gegeneinanderstellen. Und diese Manöver werden mit sehr viel weniger Wachsamkeit im Westen selbst bekanntgemacht, wenn sie von der UdSSR unternommen werden als von der UdSSR, wenn deren Drahtzieher eine westliche Macht und in erster Linie Amerika ist. Nimmt man einmal an, die Übergriffe und das Verschulden seien gleichmäßig verteilt, so ist wiederum der Widerstand gegen diese Übergriffe nicht ausbalanciert, da es in den kommunistischen Ländern kein prowestliches Lager gibt, oder eines, das dem Westen gegenüber duldsam wäre oder zumindest eine gewisse Handlungsfreiheit hätte und über Masseninformations- oder Kommunikationsmittel verfügte, die dem amerikanischen Imperialismus dienen und ihn herunterspielen, so wie der sowjetische Imperialismus im Westen heruntergespielt und wie ihm gedient wird.

Zum Beispiel gab am 20. Juli 1975 im Laufe der Fernsehtagesschau des ersten französischen Kanals TF 1 der Sonderberichterstatter in Angola einen Überblick über die lokale Situation, indem er mit Kamera

---

* Cathérine Lamour, in: *Le Monde* vom 31. August 1975.

und Mikrofon in den Hallen des Flughafens von Luanda spazierenging, die von einer Menge angolesischer Portugiesen überfüllt waren, welche dort seit mehreren Tagen kampierten und auf einen Platz in einem Flugzeug nach Lissabon warteten. Doch handelte es sich dabei nur um die geringfügige erste Anzahl, die ihr Billett schon in der Tasche hatte. Tausende anderer standen seit Wochen auf den unsicheren Reservationslisten. Der Sonderberichterstatter des TF 1 erklärte das Verhalten dieser Portugiesen, indem er verkündete, sie seien zweifellos »durch die Propaganda der Reaktionäre« in Panik versetzt worden. Im Klartext heißt dies, das unabhängige Angola schicke sich nunmehr an, ein friedliches Land zu werden, in dem die alten Siedler arbeiten und in Wohlstand leben können. Der Kommentar jenes Beauftragten vom TF 1 lief darauf hinaus, daß der Bürgerkrieg, der in Angola wütet, die Tausende von Opfern, die bereits im Verlaufe der Linienkämpfe zwischen den verschiedenen Bewegungen, Fronten, Parteien und Stämmen Angolas gefallen sind, die sehr reale verheerende Unsicherheit im Lande als unbedeutend abgetan werden. Den Schätzungen afrikanischer Quellen zufolge, die im Verlaufe des Gipfeltreffens der Organisation für afrikanische Einheit, das zur selben Zeit in Kampala, Uganda, begann, hatten die Kämpfe zwischen den rivalisierenden Befreiungsbewegungen zu dem Zeitpunkt bereits mehr Opfer gefordert als der Befreiungskrieg gegen Portugal. Waffenstillstände und Feuereinstellungen traten hin und wieder ein, um sogleich wieder gebrochen zu werden. Darüberhinaus kann man ein Gegner des Kolonialismus sein, und ich bin es immer gewesen, und dennoch die Feststellung nicht von sich weisen, daß ein Land, das vom Kolonialstatus zur Unabhängigkeit übergeht, nicht dadurch von einer Minute zur nächsten – selbst ohne Bürgerkrieg – das irdische Paradies politischer Intelligenz und des Respekts vor dem Menschen wird. Insbesondere die Fremdenfeindlichkeit ist ein durchaus natürliches Gefühl, wenn man lange Zeit beherrscht war und gerade erst einen grausamen Befreiungskrieg hinter sich gebracht hat. Dies Gefühl ist folglich sehr verbreitet und macht es unwahrscheinlich und sehr selten, daß eine bedeutende Anzahl ehemaliger Siedler in dem neuen Land geduldet wird und sich dauerhaft darin einfügen kann. Auf die ironischen Fragen des Sonderberichterstatters der TF 1 an einen der portugiesischen Angsthasen in Angola, die so leichtgläubig der »Propaganda der Reaktionäre« auf den Leim gegangen waren, antwortete der Befragte seinerseits mit einer Frage: »Gibt es heute viele ehemalige Algerienfranzosen in Algerien?« Der derart in Verlegenheit gebrachte französische Journalist stotterte ohne Überzeugung: »Ah ja! ein paar sind immer noch da!« Dadurch informierte er seinen portugiesischen Gesprächspartner ebenso schlecht über Algerien wie seine französischen Zuhörer über Angola, denn er wich aus, um nicht über ein unbestreitbar historisches Phänomen, nämlich den massenhaften Exodus der Algerienfranzosen nach Frankreich nach den Abkommen von Evian im Jahre 1962 Rechenschaft ablegen zu müssen. Ich bin der Meinung, daß die Algerienfranzosen nach dem Zweiten Weltkrieg blind waren, daß sie hartnäckig und leider erfolgreich bis zum letzten von der französischen Regierung die Fortsetzung eines brutal unterdrückenden Kolonialismus verlangt hatten. Man kann behaupten, daß sie das algerische Volk zum Aufstand gezwungen haben und damit also im voraus jeden möglichen französisch-algerischen Zusammenschluß verhindert haben. Haben wir Verständnis für sie: Die Hellsicht ist eher Sache vereinzelter Individuen als bedrohter Gesellschaftsgruppen; daher auch deren geringer Einfluß auf die kollektiven Verhaltensweisen, außer in jenen seltenen Zivilisationen, in denen die Information über die Dürftigkeit hinausgeht und teilweise über die Lüge triumphiert. Brechen wir auch nicht den Stab über die Algerier, weil sie nach 1962 nicht die Abkommen von Evian eingehalten haben: Die Klauseln dieser Abkommen, die entweder die Garantien, welche die Franzosen, die zu bleiben wünschten, oder ihre Straffreiheit betrafen, waren ökonomisch und psychologisch nicht anwendbar.

Zumindest war dies ein historischer Präzedenzfall, der hätte bedacht werden müssen, bevor man sich daran wagte, den zukünftigen portugiesischen Repatriierten aus Angola die Leviten zu lesen.

Ebensowenig läßt sich die angolesische Krise in zutreffender Weise einzig auf einen Zusammenstoß zwischen »reaktionären« Kolonialisten und Angolesen zurückführen, die sich darum bemühen, ihr Land in eine tolerante und harmonische Unabhängigkeit zu führen. Die Rivalitäten, welche die verschiedenen Befreiungsbewegungen untereinander zu Gegnern gemacht hatten, waren in offenen Krieg ausgeartet. Ein Versöhnungsversuch, den wenig zuvor der Präsident von Kenia unternommen hatte, hatte zu einem Kompromiß zwischen den politischen Gruppierungen geführt, doch der Kompromiß war nicht dauerhaft, und der Kampf hatte von neuem begonnen. Die bestbewaffnete dieser Gruppen, die MPLA, wurde ständig von der Sowjetunion unterstützt. Und Radio Moskau beschuldigte in der Woche vom 14. bis zum 20. Juli, in der die Kämpfe überaus mörderisch waren, die andere Hauptgruppe, die FNLA, durch die Vermittlung des benachbarten Zaire Waffen von China zu erhalten. Kurz, man befand sich in einem hübsch abgeschlossenen Feld imperialistischer Konkurrenten, die mit Nachdruck die lokalen Leidenschaften schürten. Sie versorgten ihre Agenten und Mannschaften an Ort und Stelle, indem sie den Preis festsetzten, ebenso wie übrigens gleichzeitig in Mozambique, wobei in beiden Fällen die Parteigänger der Sowjetunion mehrere Längen Vorsprung hatten. Doch für die französischen Fernsehzuschauer waren die einzigen großen bösen Wölfe in der ganzen Angelegenheit diejenigen, die Heimweh nach dem Kolonialismus hatten, und vor allem die möglicherweise vom CIA unterstützten kapitalistischen Ölgesellschaften, welche nach der reichen Enklave Cabinda schielten. Dies war vielleicht nicht falsch, jedoch war es nicht die einzige Komponente der Situation.

Der Stalinismus wird also unter dem aufmerksamen und wohlwollenden Blick jener, die er zerstören will, verstärkt durch die Aktion politischer Parteien oder Anhängergruppen, die von der Sowjetunion oder China unterstützt werden, oder von Regierungen, die dem Stalinismus verwandt sind, ohne durch eine explizite Beziehung mit ihm verbunden zu sein, oder auch, in den wenigen funktionierenden Demokratien, durch eine »Alles oder Nichts«-Ideologie, ein Bild des Kapitalismus als absolutes Böses, welches alle Erfordernisse, die nicht die Beseitigung des »Systems«, der Wurzel allen Übels, als zweitrangig darstellt.

Der erweiterte Stalinismus profitiert von einer Atmosphäre der Reaktion gegen den Kalten Krieg und die McCarthy-Ära. Man qualifiziert rasch diejenigen als vom Verfolgungswahn besessen ab, die allzu häufig den Kommunismus und die kommunistischen Großmächte sich in die Innenpolitik der Länder einmischen sehen, selbst wenn diese Einmischung nicht geleugnet werden kann. Daraus resultiert eine Ungleichheit der Bezichtigung oder einfach der Beschreibung der Imperialismen. Wenn man erfährt, daß amerikanische Dienststellen oder Gewerkschaften nach dem Krieg europäische Gewerkschaften subventionierten, oder daß die amerikanischen Firmen Exxon oder Mobil insgeheim Geld in italienische Parteien gesteckt haben, oder daß die CIA eine südamerikanische Regierung »destabilisiert« hat, so werden diese Fakten, die im übrigen immer dank *amerikanischer* Untersuchungskommissionen bekannt werden, täglich und ausführlich veröffentlicht. Hingegen gilt es als taktlos, verweist man auf die sowjetischen Fonds, die in die westlichen KPs einfließen, die »Destabilisierungen« durch sowjetische Dienste im Ausland, die ebenfalls glänzend arbeiten, oder die umfangreichen Mittel, die sie zum Beispiel in Portugal einsetzten, um mit Hilfe ihrer Mitarbeiter unter der

Bewegung der Streitkräfte die Einführung einer demokratischen Regierung zu verhindern. Man braucht sich nicht zu wundern, daß die Kommunisten all diese Operationen leugnen, verschleiern oder verharmlosen: Es ist ihr Spiel, und wäre ich Kommunist, so würde ich dies Spiel mitspielen. Doch daß die nicht-kommunistische Linke, daß die um »Entspannung« bemühten Liberalen desgleichen tun – darin liegt das Phänomen des erweiterten Stalinismus. Die französischen Kommunisten zum Beispiel haben sich niemals geniert, den portugiesischen Sozialistenchef Mario Soares heftig anzugreifen und ihm häufig vorzuwerfen, er komplottiere mit den »Reaktionären«. Doch die französischen Sozialisten selbst haben niemals, sogar wenn sie Soares (mit welch einer Verspätung und Verlegenheit!) ihrer »Freundschaft« und ihres »Vertrauens« versicherten und manchmal so weit gingen, etwas davon zu stammeln, daß »die portugiesischen Sozialisten in ihrem Kampfe nicht irren« – was wahrhaftig ein Gefrierpunkt des Enthusiasmus ist –, diese französischen Sozialisten haben niemals gewagt, vor dem August 1975 direkt die portugiesische Kommunistische Partei in Frage zu stellen, sich gegen das militärisch-stalinistische Komplott und die systematische Unterwanderung des Aufbaus einer portugiesischen Demokratie zu wenden. Im Gegenteil, die französischen Sozialisten wandten sich gegen jene, die sich gegen die Kommunisten wandten, und warfen ihnen vor, sie würden »Krokodilstränen vergießen« über die Freiheitsrechte in Portugal. Das unsymmetrische Verhältnis zwischen der unermüdlichen kommunistischen Aggressivität gegen Soares in Frankreich und der nicht minder unermüdlichen Versöhnlichkeit der französischen SP, die heftig ableugnet, daß es eine Verschwörung gäbe und sich weigert, das Problem zu sehen, bis es unlösbar geworden ist, ist offenkundig. Wenn im übrigen die mit den Sozialisten in Frankreich verbündeten Kommunisten einstimmig hinter der MFA stehen, so sind die mit den Kommunisten verbündeten Sozialisten weit davon entfernt, alle auch nur halbherzig einmütig sich hinter Soares zu stellen. So schrieb denn ein Mitglied der SP, das an der Universität VIII, Paris, lehrt, in einem von *Le Monde* veröffentlichten und am nächsten Tag (23. 7. 75) von *L'Humanité* wiederholten Leserbrief: »An diesem Tag kann keiner voraussehen, welche Wendung die Ereignisse in Portugal nehmen werden. Es genügt jedoch, sich das Fernsehen anzuschauen, um in jenen ›sozialistischen Massen‹, die ihren Klassenhaß herausschreien, die Groß-, Mittel- und Kleinbürger Petrograds wiederzuentdecken . . .

Schlimmer noch: Die von Mario Soares organisierten Demonstrationen ähneln in jedem Punkt – ich beziehe mich wieder auf die vom französischen Fernsehen unterbreiteten Dokumente – denen, die die Rechte in Chile gegen die sozialistische Regierung Allendes organisierte . . .

Kerenski hatte Uniformen. Soares hat keine. Dies unterscheidet sie; und sonst: kein Programm, eine ›Politik‹ klotziger Dummheiten, ein Wahlsystem, das sowohl Arbeiter wie Handlanger des Salazarregimes von der Partei akzeptieren läßt.«

Das Zentralorgan der KPF tut also dem Denken seines Korrespondenten keinerlei Gewalt an, wenn es den Titel setzt: »Soares spielt die Karte der Reaktion aus.« An diesem Beispiel läßt sich wieder einmal feststellen, daß das Verhältnis zwischen Stalinisten und Sozialisten in der Union nicht gleich ist. Wenngleich sich eine bedeutende Fraktion der Sozialisten den Kommunisten anschließt, um Soares mit den klassischen stalinistischen Anklagen und Verquickungen zu überschütten, so distanziert sich hingegen kein Kommunist von den Thesen seiner Partei, um Cunhal Vorwürfe zu machen und Soares zu verteidigen. Es ist dies ein schöner Fall von erweitertem Stalinismus.

Der erweiterte Stalinismus manifestiert sich ebenfalls, wie wir gesehen haben, in Form von nationalistischen und autoritären Regimes, die häufig Militärregimes sind und sich sozialistisch nennen. In einem der politischen Werke, die für das Verständnis unserer Zeit wesentlich sind, *Vom guten Wilden zum guten Revolutionär**, beschreibt der venezolanische Schriftsteller, Carlos Rangel, wie Lateinamerika durch eine Mischung von Nationalismus, Unfähigkeit zur Selbstverwaltung, dem Gefühl kulturellen Scheiterns, Linksbestrebungen und »Caudillismus« die Bedingungen für eine ausgeglichene Zivilgesellschaft bereits immer im Keim erstickte, um in gewaltsame und chaotische Gesellschaften zurückzufallen, in denen es außerhalb der reinen Phraseologie ziemlich schwierig ist, diejenigen, die von der Linken kommen, von den Rechten zu unterscheiden. Die Verbreitung des Pidgin-Marxismus in Lateinamerika hat den »veralteten Liberalismus«, die in etwa ehrenwerten repräsentativen Regierungen nach westlichem Muster, die Informationsfreiheit und den Pluralismus in den Rang der verächtlichen Ideologien verwiesen. Venezuela ist, wie ich bereits sagte, die einzige liberale Republik, die in Lateinamerika überdauert hat, doch gerade dieser unbezweifelbare Erfolg gilt in den Augen der Nachbarn und der »Progressiven« Venezuelas nicht etwa als ein erwägenswertes »Modell«, zumal es sich, welch Gipfel der Schande, seit 1973 um eine

---

* *Du bon sauvage au bon révolutionnaire,* Paris 1976

Sozialdemokratie handelt. Sie funktioniert nicht allzu schlecht, aber die Regierung dort hat den Nachteil, daß sie zu Reformen schreiten kann, ohne auf einen Bürgerkrieg rekurrieren zu müssen. Diese Lösung ist derart unmodisch, daß man zum Beispiel in einer bereits zitierten Reportage über Peru den folgenden, wie eine banale und selbstverständliche Wahrheit geschriebenen Satz lesen kann: »Seit 1969 hat das Revolutionsregime der peruanischen Generäle dieses Land ohne Verfassung noch Parlament regiert, und die Tatsache, daß sie sich als linke Kraft präsentierten, hat ihnen die Sympathie und Unterstützung *aller lateinamerikanischen Intellektuellen* gewonnen.«* Genau am 3. Oktober 1968 übernahm die von General Velasco Alvarado geführte Junta die Macht und wurde Ende August 1975 von General Morales Bermudez gestürzt.

Der tragische Sturz und die Ermordung Salvador Allendes in Chile wurden ausschließlich der Intervention des CIA und auch der Furchtsamkeit von Allende selbst zugeschrieben, der, wie man sagt, den Mut hätte haben müssen, vollständig den »revolutionären Weg« zu beschreiten, das heißt, die Demokratie abzuschaffen. Diese falsche Analyse dient seitdem zur Rechtfertigung der Gewalt und des Autoritarismus als einzige sozialistische Lösungen.

Schließlich (und dies ist das dritte Gesicht der Fügsamkeit gegenüber dem Stalinismus) sind auch die ältesten liberalen demokratischen Gesellschaften Westeuropas und Nordamerikas von jener Überzeugung befallen, es gäbe im Rahmen und Respekt des gesellschaftlichen Konsensus weder eine mögliche Veränderung (obwohl sie unaufhörlich stattfindet) noch Verbesserung des »Systems«. Bis hin nach Großbritannien mit der »Tribune«-Gruppe der Labour Party und den marxistischen Flügeln gewisser Gewerkschaften, bis hin zu den Niederlanden und den Vereinigten Staaten besteht trotz des Fehlens jeglicher bedeutender kommunistischer Parteien die Theorie der wichtigsten Gruppen darin, daß die voraufgehende Zerstörung des »Systems« der Schlüssel für jede Verbesserung sei. In diesen Ländern bildet der Pidgin-Marxismus den Bodensatz der Saucen der meisten Schriften und Gedanken der Wirtschafts- und Soziologiestudenten. Nach dieser wohlangepaßten Lektion ist die Demokratie nur eine besonders raffinierte Form der Unterdrückung, ja sogar ein verschleierter Totalitarismus. Unter diesen Bedingungen begegnet der echte Totalitarismus einem immer durchdringbareren Mittel für seinen Einfluß.

* *Resumen,* 1. Juni 1975.

Würde es ausreichen, die Demokratie abzuschaffen, um »Revolution zu machen«, so würde die Welt bereits seit prähistorischen Zeiten in unverwüstlichem Sozialismus schwimmen. Oder wenn man sogar »Revolution machen« könnte, ohne auf der Stelle die Demokratie herzustellen oder zu verstärken, so hätte es nirgends je eine »verratene Revolution« gegeben. Die Demokratie und die Grundfreiheiten sind kein gelegentlicher Luxus, den man zu einer Revolution hinzufügt, um sie zu verschönern, wenn man sie für robust genug hält, daß sie diese zusätzliche Verschönerung tragen kann. Sie sind das Hirn der Revolutionen und wachsen mit ihnen, ebenso wie sich das Hirn mit dem Organismus, den es steuert, entwickelt. Die Freiheit in einer Gesellschaft ist einfach der Gebrauch, den jeder Bürger von seiner Intelligenz zu machen berechtigt ist. Und die Demokratie ist die Anwendung dieser Intelligenz aller zusammen und eines jeden zur Leitung der Gesellschaft. Es sind also keine wildwuchernden, trennbaren, hinzufügbaren Kräfte, sondern im Gegenteil regulative Prinzipien, die einer Zivilisation, welche sich erneuert, lebt und überlebt, inhärent sind. Zweifellos gibt es Revolutionen in Gesellschaften, die noch nicht darauf vorbereitet sind, mehr als eine schwache Dosierung von Demokratie und Freiheit zu ertragen oder vielmehr *anzuwenden.* Doch in eben dem Maße sind diese Revolutionen keine, sie sind wie Kranke, die nur über wenige klare Minuten täglich verfügen, sie bleiben rudimentär, embryonal und verkrüppelt. Sehr schnell werden sie zum Gegenteil dessen, was ihre Initiatoren gewollt haben. Der voraufgehende Obskurantismus, gegen den man sich aufgelehnt hatte, wie könnte der ein Trumpf und eine Anleitung zum Aufbau dessen, was folgen soll, sein? Freiheit und Demokratie sind keine ausreichenden Bedingungen für die Umwandlung und das gute Funktionieren von Gesellschaften, aber sie sind Voraussetzungen dafür. Im übrigen gibt es keine Bedingung, die für ein revolutionäres Gelingen ausreichte: Nur die Kombination notwendiger Bedingungen ist ausreichend.

Gewiß werden Armut, Elend, Hunger, Krankheit, Ungleichheiten nicht allein kraft Wahlen und Pressefreiheit ausgerottet. Der indische Bauer sieht, wie bereits oft genug gesagt, sein Schicksal keineswegs durch die Einrichtung der Zensur in Neu Delhi, die ihm unbekannt ist, erschwert. Doch die französischen Bauern im 18. Jahrhundert wußten ebenfalls nichts vom Kampf der Enzyklopädisten für die Freiheit der Kultur. Ob die Bücher der »Philosophen« erscheinen durften oder nicht, berührte ihr alltägliches Dasein nicht. Scheinbar zumindest. Denn in Wirklichkeit schwächte der Kampf der Philosophie die Macht jener, welche die Bauern unterdrückten. Und die Befreiung der Geister war, selbst wenn nicht alle in der Lage waren, unmittelbar davon zu profitieren, entscheidend für die Schaffung historischer Bedingungen, die insbesondere die Befreiung der Bauernklasse einschloß. Wäre es zu jener Zeit hellsichtig und »revolutionär« gewesen zu behaupten: In einem Land, in dem die Mehrzahl der Bevölkerung nicht lesen kann, brauchen wir keine Pressefreiheit? Als müßten nicht die Abschaffung des Analphabetentums und die Volksbildung gerade zu einem großen Teil aus der Pressefreiheit hervorgehen. Seltsame Überlegung: Es existiert eine Lücke, behalten wir sie bei!

Das Eigentümliche am Stalinismus im engen Sinne ist seine Darstellung reaktionärer Theorien – und leider nicht nur der Theorien, sondern auch der Handlungen – als revolutionär, und es fertigzubringen, jene für reaktionär gelten zu lassen, welche die Theorien und Handlungen nicht gutheißen.

Das Eigentümliche am Stalinismus im weiten Sinne ist das Akzeptieren dieser Sinnverkehrung und die Bereitwilligkeit, sich zu Propagandisten und wohlwollenden Handlangern der kommunistischen Gegenrevolution zu machen. Diese Gegenrevolution besteht insbesondere in der Diskreditierung und Zerstörung der sozialdemokratischen und Zentrumsparteien, um zu bewirken, daß sich die Konflikte in der Welt mehren, bei denen die einzige Wahl, die bleibt, jene zwischen extremer Rechter und stalinistischem Totalitarismus ist.

Die Exkommunikation der
Sozialdemokratie

In London, erzählt Georg Christoph Lichtenberg in seinen *Aphorismen*, trafen sich im Jahre 1775 zwei Sträflingskolonnen, die eine kam vom New Prison, die andere von Bridewell. Sie machten einen Wettlauf, denn jede hatte gewettet, sie würde als erste in Newgate ankommen. Die zweite Kolonne gewann die Wette.

Ebenso machen heutzutage die beiden Hauptkolonnen des Sozialismus einen Wettlauf, um festzustellen, welche von beiden das Vergnügen hat, als erste im Gefängnis, will sagen, einer autoritären oder totalitären Gesellschaft anzulangen. Diese kann entweder vom stalinistischen kommunistischen Typ sein, oder vom extrem rechten, vom franquistischen oder chilenischen der Ära nach Allende, als Reaktion gegen den Zerfall der ökonomischen Produktion und der letzten Überreste eines politischen Konsensus.

Die Kommunisten haben, wie es die leninistische Lehre vom demokratischen Zentralismus (die sich genauer *bürokratischer Zentralismus* nennen müßte) will, gegen diesen Gesellschaftstyp, dessen repressiven Charakter sie leugnen, nichts einzuwenden. Ob man eine Gesellschaft als totalitär bezeichnen kann, hängt für sie nicht von deren Struktur und Funktionieren ab, sondern von der Antwort auf die Frage: »Wer übt die absolute Macht aus?« Wenn es einer ihrer Gegner ist, so ist die Gesellschaft totalitär, selbst wenn sie in beiden Fällen auf dieselbe Weise regiert wird. Und die Sozialisten?

Um ein für allemal Verwechslungen durch ein zweideutiges Vokabular zu vermeiden: Ich gebrauche den Ausdruck Kommunisten (und schließe dabei den der »Sozialisten«, den sie gern selbst auf sich anwenden, aus), um Länder zu bezeichnen, die von einer kommunistischen Partei regiert werden, die sämtliche Gewalten innehat: die ökonomische, die politische, die legislative, die jurisdiktive, die gewerkschaftliche, die polizeiliche, die militärische, die regierende und die Informationsgewalt.

Denn man kann heutzutage die Reihe der Gewalten im Staat nicht mehr auf die zwar richtige, doch zu summarische der drei Gewalten von Montesquieu beschränken. Seitdem haben Exekutive, Legislative und

Judikative die Tendenz, sich in verschiedene Gewalten zu differenzieren, die eine technische, darauf politische Autonomie gewinnen und dann vom Totalitarismus erneut zu einer einzigen Gewalt verschmolzen werden können, einer Gewalt, die daher sehr viel erdrückender ist als in den Diktaturen des alten Modells.

Die »neun Gewalten« sind selbst durch das mehr oder weniger große Gewicht einer von ihnen, nämlich der militärischen, beeinträchtigt. Mit anderen Worten, die neun Gewalten sind (samt dem Militär selbst, je nach dem, ob es mehr oder weniger autonom oder einer anderen unterworfen ist) ihrerseits im Inneren in zivile und militärische Gewalt aufgeteilt, wobei die mehr oder weniger zivile Natur einer politischen, jurisdiktiven, kulturellen, polizeilichen etc. Gewalt selbst vom mehr oder weniger großen Gewicht der Armee in einer Gesellschaft abhängig ist. Die Vereinigung der neun Gewalten ist die Eigentümlichkeit des kommunistischen Regimes.

Die Bezeichnung Sozialisten behalte ich den Vertretern der antikapitalistischen Strömung vor, die Sozialismus und politische Demokratie miteinander versöhnen wollen, das heißt, Antistalinisten sind. Wie ich bereits im ersten Teil dieses Buches und in einem früheren Buch* behauptet habe, war der Kommunismus niemals anders als stalinistisch, wenn man bedenkt, daß dieses Adjektiv die Form der Machtausübung bezeichnet, und nicht allein die – je nach den Bedürfnissen und Umständen veränderliche – Intensität, mit der sie ausgeübt wird. Stalinismus ist nichts anderes als Leninismus, da der fromme Mythos von ēinem von Stalin verratenen Lenin einer Untersuchung der politischen Laufbahn Lenins nicht standhält**. Wie es achtundfünfzig Jahre später die portugiesischen Kommunisten versuchten, indem sie sich auf die Militärmacht stützten, griff auch Lenin auf die Diktatur zurück, als sich das Wahlergebnis für die bolschewistische Partei als äußerst ungünstig erwiesen hatte. Die russische »Diktatur des Proletariats« wurde in einem Land errichtet, in dem die arbeitende Bevölkerung höchstens 5 % Proletarier zählte, und sie hat also, um sich erhalten zu können, unausweichlich in zehn Jahren die Versklavung, Deportation oder Vernichtung jener nach sich gezogen, welche die immense Mehrheit dieser arbeitenden Bevölkerung bildeten, der Bauern.

Wenn man das Studium der Dialektik zu würdigen weiß, wird man mit

---

* *Weder Marx noch Jesus.* Siehe auch: *Les Idées de notre temps,* 1972, passim.
** Siehe zum Thema Lenin die bereits zitierte entscheidende Studie von Maximilian Rubel, *Marx critique du marxisme,* Paris 1974, insbesondere das sehr bedeutsame *Nachwort.*

Genuß die Millionen von Worten lesen, welche die Linke der Welt seitdem geschrieben hat, um im Namen des Sozialismus die Wiedereinführung der Sklaverei in die Sowjetunion, die von den Zaren 1861 abgeschafft worden war, zu erklären und zu rechtfertigen. Der Zwangszuweisung des Wohnortes in Kollektivfarmen geht manchmal, wie heute in Tansania, die Zwangsumsiedlung ganzer Dörfer voraus, die völlig nach den Marotten der Planer auseinandergerissen, an anderen Orten wieder neu gebildet, mit anderen Dörfern zu neuen gesellschaftlichen Einheiten vermischt werden. Diese Methoden stammen via Stalin und Mao direkt von Lenin. Ich möchte nicht so weit gehen, kategorisch zu behaupten, der Totalitarismus sei bereits im Marxismus von Marx enthalten*. Rubel bestreitet das ebenso wie Papaioannou anhand von zahlreichen beweiskräftigen Texten. Doch die Schriften von Marx über den Staat sind zu verstreut, widersprüchlich und utopisch, als daß man aus ihnen eine klare Theorie beziehen könnte**.

Die marxistischen Strömungen nach Marx gingen nichtsdestoweniger in die Richtung des Totalitarismus, und wenn man an dem von Marx selbst behaupteten historischen Determinismus festhält, so kann also seine Verantwortung dafür nicht ganz geleugnet werden. Auf theoretischer Ebene ist Lenin sehr unbestimmt***, seine Praxis dagegen ist klar.

Was aber verlangen die liberalen Sozialisten oder anarchistischen Marxisten, die Vertreter einer Versöhnung zwischen Sozialismus und politischer Demokratie, wenn sie sich vom Totalitarismus lossagen, und worauf berufen sie sich? In der Tat gibt es sehr wohl ein ökonomisch-politisches System, in dem Sozialismus, Freiheit und *Selbstverwaltung*

* Es ist dies die These von André Glucksmann, *La Cuisinière et le mangeur d'hommes*, Paris 1975, worauf ich um so nachdrücklicher verweise, als der Autor einen überaus feindlichen Artikel gegen *Weder Marx noch Jesus* geschrieben hatte, in dem ich dieselbe These darlegte. Ein Mensch, der, nachdem er nachgedacht hat, seine Ansicht ändert, ist etwas so Seltenes, daß man vielleicht einen Sonderpreis zur Belohnung einer solchen Entwicklung des Urteils infolge der Aufnahme neuer Argumente oder Fakten schaffen sollte. Tatsächlich ist die abschließende Diagnose und der höchste Vorwurf A. Glucksmanns, daß die UdSSR die letzte Bastion des Kapitalismus sei.
** Pierre Nora faßt diesen Widerspruch in einem Satz zusammen, wenn er »die doppelte Vorstellung« hervorhebt, »die Marx im Hinblick auf die Commune in *Der Bürgerkrieg in Frankreich* entwickelt, wo er bald erklärt, daß die Diktatur des Proletariats zur Zerstörung des Staates führe, bald daß die Verstärkung der staatlichen Zentralisierung eben die Bedingung für die Revolution sei« (Pierre Nora, *Einführung* in Karl Marx, *Die Klassenkämpfe in Frankreich* und *Der 18. Brumaire des Louis Bonaparte*, Neuauflage Paris 1964, hrsg. v. J.-J. Pauvert).
*** Siehe K. Papaïoannou, »Marx et l'Etat moderne«, in: *Le Contrat social,* Nr. 4, Bd. IV; und »Le Dépérissement de l'Etat«, a.a.O. Nr. 5, Bd. V.

ziemlich gut miteinander in Einklang gebracht sind, ein System, dessen ökonomische Erfolge ebenso wie die Realisierungen auf dem Gebiet sozialer Gerechtigkeit durchaus auf der Hand liegen; darüberhinaus ein System, das zufällig den Vorzug hat, zu existieren: die Sozialdemokratie. Doch – welch ein Paradox – gerade von diesem System, das zumindest einen ersten nennenswerten Schritt auf dem Wege zum Sozialismus »mit menschlichem Gesicht« darstellt, wollen die anarchistischen Marxisten nichts wissen, sie verurteilen es mit Vehemenz, halten es für einen wahrhaftigen Verrat des echten Sozialismus und weisen es mit tiefer Verachtung von sich.

Tatsächlich bedeutet die Sozialdemokratie vom Gesichtspunkt des orthodoxen Marxismus aus »Klassenkollaboration«. Ihre Aufgabe ist es, den Kapitalismus nicht abzuschaffen, sondern seine Früchte gerechter zu verteilen; nicht »das System zu zerstören«, sondern zu humanisieren, zu größerer Gleichheit zu führen. Ein »Kapitalismus mit menschlichem Gesicht« demobilisiert die Arbeiterklasse, hält sie in ihrer Situation als ausgebeutete Klasse. Die Antriebskraft der Geschichte ist und bleibt notwendig der Klassenkampf, und dieser Kampf darf nicht durch den Mangel an Kämpfern aufgrund der fortschreitenden Egalisierung der Einkünfte und Chancen, oder aufgrund des *Wohlfahrtsstaats* zu Ende gehen, sondern muß ganz im Gegenteil mit dem Sieg einer der beiden Klassen und dem Verschwinden der anderen enden, mit der Eliminierung der besitzenden Klasse, der Enteignung des Bürgertums, der Eroberung des Staatsapparates durch das Proletariat.

Für besonders gefährlich und antisozialistisch werden aus dieser Perspektive folglich alle Lösungen durch Mitbestimmung, wie man in Westdeutschland sagt, oder »industrielle Demokratie«, wie man sie in Großbritannien und Schweden nennt, gehalten. Denn gemäß diesen Formeln sitzen die Direktion und die Delegierten des Personals und sogar in einigen Fällen Gewerkschaftsdelegierte, die dem Unternehmen nicht angehören, gemeinsam im Verwaltungsrat oder auch in einer anderen noch mächtigeren Organisation, dem Aufsichtsrat. Die Ausübung der industriellen Demokratie schließt für die Delegierten des Personals und der Gewerkschaften das Recht auf Zugang zu vertraulichen Auskünften über das Unternehmen ein, die für sie unerläßlich sind, damit ihr Sitz in dem einen oder anderen Rat sinnvoll ist. Bekanntlich besteht das einzige Ergebnis der Anwesenheit von Mitgliedern eines »Betriebsrates« wie in Frankreich in einem Verwaltungsrat hauptsächlich darin, daß sich die Geschäftsführer und Generaldirektoren hüten, dort delikate Themen anzuschneiden. Bereits die meisten Geschäftsführer selbst, welche die Aktionäre repräsentieren, verstehen nicht allzu viel vom Rechenschaftsbericht, den die Direktion ausgeklügelt hat, und sind nicht informiert genug, um lästige Fragen stellen zu können. Um so eher befinden sich die Vertreter der Gewerkschaften und des Personals in der Situation der Unterlegenen, wenn sie nicht über Auskünfte verfügen, die so zuverlässig sind, daß sie es ihnen ermöglichen, sachgerecht zu kontrollieren und wirkungsvoll Forderungen zu stellen. Dieser ganze Themenbereich der Verbreitung von Unternehmensgeheimnissen war im übrigen in Großbritannien anläßlich der Vorbereitung eines neuen Gesetzes über die industrielle Demokratie Gegenstand langer Diskussionen, da diese Verbreitung zu Industriespionagezwecken ausgenutzt werden kann.

Die Hauptidee der Mitbestimmung führt zu einer Wirtschaftsform, in der die Direktion weniger den Aktionären (die immer schneller wechseln) und mehr den Angestellten Erklärungen schuldig ist und sie nach ihrer Billigung der Projekte zu fragen hat. Am Ende dieses Weges gelangt man in der Praxis zur Verwaltung der Wirtschaft durch die Gewerkschaften.

Eine nahezu direkte Verwaltung der Wirtschaft durch die Gewerkschaften, jedoch in der Tat ohne Abschaffung des Kapitalismus oder zumindest ohne Abschaffung des *Prinzips* des Kapitalismus: denn es ist undenkbar, daß sich nach mehreren Jahren der Mitbestimmung die Praxis des Kapitalismus nicht tiefgreifend gewandelt hat. Die private Investition besteht weiter, ebenso das Gesetz der Rentabilität, der Staat greift so wenig als möglich ein, um die defizitären Unternehmen wieder flottzumachen. Doch wenn man bedenkt, daß die Kontrolle über die Wirtschaft die Kontrolle über die Investitionen – die Entscheidung zu investieren und die Auswahl – bedeutet, so wird die Mitbestimmung unausweichlich die Lohnabhängigen immer stärker an der realen ökonomischen Macht beteiligen, insbesondere da sie auch für die Kreditanstalten in Kraft treten soll.

Nichtsdestoweniger wird diese sozialdemokratische Schule von den Marxisten unter dem Vorwand exkommuniziert, sie verlängere nur die Tage des berühmtesten und beständigsten Moribunden der Geschichte, des Kapitalismus. Sozialdemokrat zu sein, bedeutet, das zu sein, was die marxistischen Sozialisten gemäß ihrer konsekrierten Phraseologie, den »loyalen Verwalter des Großkapitals« oder »der Bourgeoisie« nennen. Die Etikette Sozialdemokrat ist also ein Schandmal, eine äußerste Unehre, eine schmähliche Bezichtigung, mit der jeder marxistische Sozialist auf einem Kongreß geschickt den der Infamie bezichtigten

Gegner zu brandmarken weiß, den er auszuschalten wünscht, indem er ihn in den Karren der »Rechten« stößt. Stets bleibt er der »Strategie des Bruches mit dem Kapitalismus« verhaftet. Eine Strategie auf sehr lange Sicht allerdings. Denn im Augenblick begnügt sich der marxistische Sozialist aus »Realismus« damit, einige im allgemeinen banale Reformen vorzuschlagen, die weitaus eher geeignet sind, die Produktion zu entkräften als den Kapitalismus, und im Vergleich mit der seit langem angewandten Gesetzgebung in den sozialdemokratischen Ländern höchst bläßlich sind.

Nicht allein vom Gesichtspunkt der langfristigen Strategie aus wird die Mitbestimmung als antimarxistisch beurteilt, auch vom Gesichtspunkt der alltäglichen Taktik, denn Mitbestimmung impliziert Mitverantwortlichkeit. Ist man nun aber der Betriebsleitung assoziiert, so wird es schwierig, mit einem Schlag eine Lohnerhöhung von 30 oder 40 % zu fordern, wie es zum Beispiel während des ganzen Jahres 1974 die britischen Gewerkschaften taten, ohne Rücksicht auf die besondere Situation dieses oder jenes Unternehmens, noch auf die allgemeine wirtschaftliche Lage. Allein die Tatsache, über die Probleme auf dem Laufenden zu sein, ist bereits eine Bremse für Haltungen folgenden Stils: »Ich will gar nicht wissen, wie sie zurechtkommen; wenn das Unternehmen Pleite macht, soll man es doch verstaatlichen!« Ein rein fordernder Syndikalismus kümmert sich kaum darum, ob er zu den Entscheidungen und also möglichen Irrtümern der industriellen, kommerziellen, technologischen Ausrichtung des Unternehmens seinen Teil beiträgt. Schließlich und vor allem will ein zugleich fordernder und politisierter Syndikalismus nicht mit den Direktoren und »dem« Kapital jene sozialdemokratischen Verträge von bestimmter Laufzeit abschließen, während derer die Beschäftigten sich für die erzielten Löhne, Vorteile und Sicherheiten, die von beiden Vertragspartnern vorgesehenen, dem anerkannten Lebenshaltungsindex angepaßten Anhebungen verpflichten, von den Arbeitgebern vor dem festgesetzten Termin für neue Verhandlungen nichts weiter zu fordern, und von daher auch nicht auf den Streik zurückzugreifen, solange die Direktion die Vereinbarung respektiert. Die Aufgabe eines marxistischen Syndikalismus besteht nicht etwa darin, dem Kapital die Sicherheit einer ruhigen und regelmäßigen Produktionsperiode zu verschaffen, sie besteht darin, dessen Schwierigkeiten auszunutzen, es jedesmal, wenn es machbar ist, aus dem Gleichgewicht zu bringen, besonders durch Streik, der unvorhersehbar bleiben muß, selbst wenn die Verpflichtung zur Vorwarnung seinen Überraschungseffekt etwas eindämmt. Die Übereinkommen mit der Arbeitgeberschaft sind keine wahren Verträge, sondern Pausen. Der Kampf muß sobald als möglich wieder aufgenommen werden, und im übrigen ist es für einen konsequenten Gewerkschaftsführer wichtig hervorzuheben, daß man keine, daß man niemals Genugtuung erhalten hat und daß »sich die Direktion weigert zu verhandeln«.

Einem sozialdemokratischen Syndikalismus ist nicht entgangen, daß der Beitrag zur Stabilisierung der Inflationsrate einer Aufrechterhaltung der Kaufkraft gleichkommt, die Senkung jener sogar einer Anhebung, und daß der Kampf um die Kaufkraft darüber hinaus für die Wirtschaft im allgemeinen heilsamer ist als die nominale Lohnerhöhung, auf die die Preiserhöhung folgt. Ein politisierter Syndikalismus muß dagegen logischerweise die Erhöhung vorziehen, welche bei dieser Gelegenheit auch gleich die kritische Situation der kapitalistischen Ökonomie verschärft. Es ist weniger sein Ziel, die Lebensbedingungen der Arbeiter zu verbessern, als den Kapitalismus am Funktionieren zu hindern, um sich des Staates zu bemächtigen und einen kompromißlosen Sozialismus zur Anwendung zu bringen.

Diese Art der Überlegung frappiert durch ihre Abstraktheit und ihre Gleichgültigkeit den hier und jetzt beobachtbaren Realitäten gegenüber. Sie erklärt sich durch eine Anschauung des Kapitalismus als »Wesen«. Wenn es ein absolutes Böses gibt, welches das Großkapital mit der Herrschaft der »Monopole« ist, so sind dieses Böse und diese Herrschaft in Rio, Paris, London, Johannesburg, Kalkutta und in Stockholm dieselben. Sie ruhen auf einer Grundlage der Solidarität und Komplementarität. Nur unwesentliche Nuancen trennen in dieser Interpretation das Geschick des niederländischen Bürgers von dem des philippinischen Einwohners unter Marcos oder des spanischen unter Franco, wobei die Unterwerfung des Niederländers unter das Großkapital einfach durch die Heuchelei der Freiheitsrechte, einer egalitaristischen Verteilung des Volkseinkommens und einer demokratischen Organisation des Gesundheitswesens, des Wohnungsbaus und Erziehungswesens verschleiert wird.

In der scholastischen Logik wird zwischen der Substanz und ihren Akzidenzien unterschieden*. Die Substanz »Kapital« ist unwandelbar, wie auch immer die verschiedenen Akzidenzien aussehen mögen, durch

---

* Wobei die erste Bedeutung dieses Wortes hier das ist, »was mit der Substanz geschieht«, die *Ereignisse* ihrer Geschichte, die sich außerhalb von ihr abgespielt hat, *Äußerlichkeiten* im Verhältnis zu ihrem profunden Wesen, und nicht die unvorhergesehene und unangenehme, umgekehrte Bedeutung, die heute vorherrscht.

die es sich manifestiert. Umgekehrt ist dort, wo das Privateigentum an Produktionsmitteln abgeschafft, das Grundübel ausgerottet wurde, die Substanz aus sich heraus gut, selbst wenn die Akzidenzien enttäuschend oder ganz einfach katastrophal sind.

Wenn also die Sozialdemokratie als reaktionär exkommuniziert ist, wenn zum anderen die liberalen Sozialisten (liberal im Sinne von »die Freiheitsrechte respektierend«, nicht im Sinne des ökonomischen Liberalismus, wie sich von selbst versteht) den stalinistischen Bürokratismus theoretisch ablehnen, was bleibt dann noch? Welch ein eigener Weg eröffnet sich ihnen? Einige von ihnen versuchten, ihn in dem zu finden, was man Selbstverwaltung nennt. Doch die Selbstverwaltung existiert nur an zwei Orten: in Jugoslawien, wo sie sich als Irreführung und Mythos erwiesen hat, und in respektablen und interessanten theoretischen Projekten, die jedoch zu verworren und widersprüchlich sind, als daß man sie zu den politischen und ökonomischen Voten zählen könnte, die eine Regierung hic et nunc anwenden kann. Wenn eine sozialistische Regierung morgen früh von der Wählerschaft freie Hand bekäme und man ihr sagte: »Also dann fangt mal an mit der Selbstverwaltung«, so wüßte sie nicht zu definieren, was das ist, womit sie anfangen soll.

Albert Meister, Soziologe an der Ecole pratique des hautes études in Paris, hat mit ebensoviel Sympathie wie Scharfblick den jugoslawischen Sozialismus der Selbstverwaltung untersucht*. Er stellt fest, daß die auf dem Papier beschlossene Selbstverwaltung nicht etwa der Herrschaft der Oligarchien ein Ende gesetzt, sondern auch noch die Effizienz und die Wachstumsdynamik reduziert hat. Während Arbeiterberatungen im Unternehmen immer formaler und schließlich ungebräuchlich wurden, wuchs außerhalb des Unternehmens die Bedeutung aller möglichen Vermittler, Agenten und Berater, die von der Kommission dafür entlohnt werden, daß sie entweder Rohstoffe auftreiben, Absatzmärkte finden oder den Betrieb reorganisieren und die Verwaltung wieder in Ordnung bringen. Meister schließt, daß »zwanzig Jahre Selbstverwaltung aus Jugoslawien einen Friedhof für unangewandte Regeln gemacht haben«.

Ich möchte meinerseits zwei Beobachtungen hinzufügen. Die Selbstverwaltung konnte nicht die Hunderttausende von Arbeitern in

---

* Albert Meister, *Où va l'autogestion yougoslave?*, Paris 1971; und: »Autogestion: les équivoques du cas yougoslave«, in: *Le Monde*, 1. und 2. Juli 1974.

Jugoslawien halten, die vor allem seit 1965 ausgewandert sind und sich in der Schweiz, in Frankreich, in Westdeutschland oder in Großbritannien freiwillig den Härten der kapitalistischen Lohnarbeit aussetzten. Weiter bleibt die politische Macht trotz einer Freizügigkeit, die gewisse individuelle Freiheiten (eben die Freiheit auszuwandern, zum Beispiel) toleriert, im wesentlichen eine autokratische Polizeimacht. Gefängnisstrafe auf mangelnde Linientreue ist in Jugoslawien immer noch üblich. Doch ist man Marxist, so muß man erkennen, daß nach dem historischen Materialismus ein politischer Überbau, der so wenig einem ökonomischen Unterbau entspricht, welcher angeblich in Selbstverwaltung funktioniert, eine Unmöglichkeit ist. Also wird entweder die Wirtschaft nicht wirklich durch Selbstverwaltung geführt, was wahrscheinlich der Fall ist, oder die politische Macht kommt direkt vom lieben Gott. Dasselbe möchte ich zu den angeblich in ländlicher Selbstverwaltung arbeitenden Wirtschaftsformen, etwa den kollektiven Landgütern in Algerien, anmerken.

Die Zwiespältigkeit der Selbstverwaltung findet sich faktisch in den Projekten wieder, die von einigen Sozialisten in den entwickelten kapitalistischen Ländern ausgearbeitet wurden. De facto läßt sich feststellen, daß die Selbstverwaltung de jure keineswegs das Abwürgen von Arbeiterinitiativen durch eine technisch-bürokratische Minderheit, ihre Manipulation durch die Einheitsgewerkschaft verhindert. Eine verstaatlichte und geplante Produktion macht die Herrschaft der Vertreter von Staat und Partei unausweichlich. Überdies hängen die ökonomischen und technischen Realitäten im Produktionsapparat im allgemeinen, wie in jedem einzelnen Unternehmen, insbesondere von Haushaltsentscheidungen ab, welche der Kontrolle der Arbeiterräte entzogen sind.

Unausweichlich muß diese grundsätzliche Antinomie die Projekte belasten. Ist jedes selbstverwaltete Unternehmen tatsächlich unabhängig, so führt man in den Sozialismus wieder die Marktwirtschaft und die freie Konkurrenz ein. Was macht man nun mit der Planung, die für jeden Sozialisten wesentlich ist? Die Antwort lautet, daß es sich um eine »flexible« Planung handeln wird, was auf dasselbe hinausläuft, als sagte man, es handle sich um ein leicht trockenes Wasser. Denn die Flexibilität eines Planes steht in umgekehrtem Sinn zu seinem planerischen Vermögen. Der Begriff der Flexibilität, der bereits in der kapitalistischen Planung gebraucht wurde, bedeutet, daß die Unternehmen sich zu nichts verpflichten und den Plan nur so ausführen, wie es ihnen zupaß kommt und der Konjunktur entspricht. Was wird also aus Selbstverwaltungsunternehmen, die in Konkurs gehen? Werden sie mit Staatsgeldern wieder flottgemacht? Das heißt, appelliert man an die Solidarität der Mitbürger, die wohl oder übel einem fiskalischen Opfer zugunsten ihrer ungeschickten oder vom Glück benachteiligten Kameraden zustimmen sollen? Wer wird in solchem Fall die Entscheidung treffen? Ist es der Staat, was der Anfang vom Ende des Selbstverwaltungssozialismus wäre und im kapitalistischen System (und in dem Maße sogar noch darüber hinaus, als die Arbeitslosigkeit total abgeschafft ist) dazu führte, daß man dem Staat das Recht zugesteht, einige Produktionszweige mitsamt ihren Arbeitern übers Ohr zu hauen, um andere in ihrer Unfähigkeit fortbestehen zu lassen? Oder aber stimmt man in jedem sich selbst verwaltenden Unternehmen im ganzen Lande ab, wie der Geist dieses Sozialismus will, damit jeder Arbeiter die Geldentnahme, die nur zu seinem Schaden durchgeführt werden kann, gutheißt? Und wenn der Antrag abgelehnt wird? Dies ist möglich und sogar, sobald es nicht nur Fabrikarbeiter sind, wahrscheinlich, denn dieser Sektor der Arbeitnehmerschaft wird in dem Maße geringer, als die Gesellschaft mehr und mehr zu einer nachindustriellen wird, das heißt, als die tertiären Dienststellen sich mehren, ohne daß jedoch die Landwirte verschwinden. Würde man den Weinbauern Südfrankreichs und Süditaliens Selbstverwaltung zubilligen und würde es also von ihnen allein abhängen, die Überproduktion einer unverkäuflichen und untrinkbaren Ware fortzusetzen? Könnten ihnen im umgekehrten Fall die anderen französischen und italienischen Arbeiter die notwendigen Subventionen zur Fortsetzung ihrer keineswegs lukrativen Tätigkeit vorenthalten und würde man ihnen das Recht dazu geben, obgleich die Rentabilität kein sozialistisches Kriterium ist? Alles läuft auf die Frage hinaus, ob die Arbeiter die Besitzer und Verwalter oder nur die Verwalter der Unternehmen sind.

Der ersten Hypothese zufolge wohnte man einer Revolution gleich jener nach 1789 bei, die durch die Verteilung der Ländereien an die Bauern den parzellierten Kleinbesitz geschaffen hat. Doch dann gelangt man wieder zu einem Mosaik von unabhängigen Produktionseinheiten, die nur im Schutze eines unerbittlichen Protektionismus wie desjenigen überleben können, der im 19. Jahrhundert nötig war, um den parzellierten landwirtschaftlichen Kleinbesitz am Leben zu erhalten. Es ist im übrigen kein Zufall, daß die Anhänger des Selbstverwaltungssozialismus zugleich die unerbittlichsten ökonomischen Nationalisten sind. Dies gilt für Anthony Wedgwood Benn, den spektakulären Staatssekretär für Industrie im Kabinett Wilson vom Februar 1974 bis zum Mai

1975 und Führer des linken Flügels der Labour Party. Er trat leidenschaftlich gegen die Ratifizierung der Zugehörigkeit Großbritanniens zum Gemeinsamen Markt durch Volksentscheid ein, indem er das Gespenst des »Endes der nationalen Unabhängigkeit« mit einer Virtuosität demagogischen Gezeters und schluchzender Anklage heraufbeschwor, die der alten gaullistischen Schule würdig war.

Dies gilt ebenso für die französische Sozialistische Partei, die gleichzeitig die Selbstverwaltung und die Ablehnung eines »Europa der Monopole«, Sklave des Großkapitals, durch Frankreich anempfiehlt. Einer von ihnen, Michel Rocard, behauptete sogar bei einem Kolloquium sozialistischer Ökonomen*, die Errichtung eines Prototyps einer sozialistischen Gesellschaft erfordere, daß sich Frankreich in einer nahezu vollständigen ökonomischen Autarkie und politischen Zurückgezogenheit isoliere. Im übrigen kann man feststellen, daß gerade jene Sozialisten, die sich als die anarchistischsten und antibürokratischsten verstehen, zugleich diejenigen sind, die durch ihre dogmatische Feindseligkeit gegenüber der europäischen Integration den Plänen kommunistischer Außenpolitik am besten dienen**. Dies ist nicht der einzige Fall, in dem die Ultralinken der sozialistischen Parteien, die in der Theorie die heftigsten Gegner des Stalinismus sind, sich in der Praxis und im konkreten Fall (Portugal ist ein weiterer) den Stalinisten anschließen, deren Methoden in den inneren Tendenzkämpfen sie zu allem Überfluß auch noch gern kopieren***. Wem würden nach der zweiten Hypothese – jener, bei der die Arbeiter zwar die Verwalter, nicht aber die Eigentümer ihrer Unternehmen sind – diese Unternehmen gehören? Nicht dem per definitionem abgeschafften Kapital. Bleibt also nur der Staat, was uns wieder zum bürokratischen Zentralismus mit all seinen allgemein bekannten politischen Konsequenzen zurückführt, gar nicht zu reden von den ökonomischen Konsequenzen, die ebenfalls bekannt sind.

* In Suresnes, 5.–7. Juni 1975.
** Rocard erhielt übrigens im Verlaufe dieses Kolloquiums einen Rüffel vom ersten Sekretär der SP, François Mitterand, der ihn an die »internationalistische Berufung« des Sozialismus erinnerte.
*** Die Art, in der zum Beispiel einem »gemäßigten« (das heißt, sozialdemokratischen) Minister der Labour Party, Reginald Prentice, im Juli 1975 von seiner Partei für die kommenden Wahlen das Mandat entzogen wurde, illustriert die Anwendung einer rein stalinistischen Aktionstechnik. Das Labour-Komitee seines Wahlkreises wurde systematisch mit »reinen Sozialisten« aufgefüllt, die häufig woanders herkamen, eine Mehrheit bildeten und im Verlaufe einer Sitzung, in der Prentice kaum zu Wort kam, gegen ihn stimmten. Diese »Mehrheit« des Komitees entsprach sowohl im Wahlkreis als auch im Land einer Tendenz, der weniger als 10 % der Wählerschaft folgte.

Keine der Spekulationen über Selbstverwaltung entgeht der Absurdität, daß sie nämlich die Verstärkung des Autoritarismus und des Staatszentralismus vorsieht, um trotz der zahlreichen Klassenfeinde, die ihn zu verhindern suchen, den Übergang zum Sozialismus zu gewährleisten, und gleichzeitig die Dezentralisierung, welche die Entscheidungsgewalt den Arbeiter- und Bauernräten zurückgeben soll. Dieser Widerspruch taucht in den Rechenschaftsberichten der Kolloquien, Versammlungen und Sitzungen der französischen SP auf*. Er geht ebenfalls aus den Essays des linken Flügels der Arbeiterbewegung hervor, zum Beispiel dem Buch von Stuart Holland, *The Socialist Challenge*, über das Peter Jenkins sehr zu recht schreibt: »Die ganze Argumentation des Buches richtet sich gegen die Sozialdemokratie [. . .] Mr. Holland zählt auf die Arbeiterkontrolle als zweites Allheilmittel (das erste ist die Verstaatlichung der Wirtschaft). An keinem Punkt versucht er, ernsthaft das Gebäude seiner sozialistischen Planwirtschaft mit der Wahrung einer offenen demokratischen Gesellschaft zu versöhnen.«**

Die Theoretiker werden protestieren, daß ich maßlos vereinfache, daß es Etappen geben wird: Der »Übergang zum Sozialismus« werde nicht mit einem Schlag das kapitalistische Eigentum abschaffen. Doch seit ich die Kolloquien über den »Übergang« zum Sozialismus sich mehren sehe, »eine Strategie, die einen demokratischen Übergang zum Sozialismus möglich macht« (Holland), möchte ich gern wissen, was sich *nach* dem Übergang tut. Man wird mir antworten, es sei zu früh, darüber zu entscheiden, und während man wartet, wird man, um sich zu beschäftigen, einmal mehr die Krise des Kapitalismus analysieren. Der Sozialismus ist auf dem Wege, in beständiger Erneuerung, er ist unerläßlich, um die Welt aus ihrer Stagnation zu befreien. Doch bietet er nichts anderes als den Übergang zu sich selbst.

Und zwar weil die marxistischen Sozialisten es nicht wagen, den Denkweg, den sie eingeschlagen haben, zu Ende zu gehen, noch explizit die Schlußfolgerung der Überlegung zu formulieren, deren Prämissen sie unablässig psalmodieren.

Denn wenn die marxistischen Sozialisten zum einen die Sozialdemokratie, den Ruhealtar der Klassenkollaboration, ablehnen; wenn sie zum anderen sehr allgemein erkennen, daß die Selbstverwaltung nicht funktioniert, daß sie bisher noch nichts weiter ist als eine prinzipielle

---

* Insbesondere 12.–13. Oktober 1974 und 21.–22. Juni 1975.
** *The Guardian,* 25. Juli 1975.

Konzeption, der jeder praktische Wert fehlt, und sie also dem bürokratischen Sozialismus nicht als konkrete Alternative entgegengesetzt werden kann, so bleibt als einziger Weg, der dem Sozialismus wirklich offensteht, die Verstaatlichung, das heißt, der Rückfall in den bürokratischen Zentralismus mit dem Stalinismus als zwangsläufigem politischem Überbau.

Zu glauben, daß heute für eine Linkskoalition, die möglicherweise auf der Stelle Regierungsverantwortung zu übernehmen hat, eine reale Wahl zwischen dem auf der Verstaatlichung der Wirtschaft basierenden bürokratischen Zentralismus und einer anderen Version des Sozialismus bestünde, die *nicht* die Sozialdemokratie ist, hieße, die Zukunft der Welt heuchlerischen Schicksalsdeutern zu überlassen. Gewiß ist das sozialistische Denken aufnahmefähig für Tausende von Bereicherungen. Doch es handelt sich hier nicht allein um Denken, es handelt sich um Aktion. Man regiert nicht mit Kolloquien. Und sofern es sich um Aktion, um Macht handelt, können dem Kapitalismus in diesem Stadium seiner Geschichte nur zwei erprobte Systeme entgegengesetzt werden, die innerhalb der Grenzen und mit den Fehlern alles Bestehenden funktionieren: die Sozialdemokratie und der Kommunismus. Das heißt meiner Ansicht nach, auf der einen Seite die einzige solide Ausgangsbasis für den Sozialismus; auf der anderen Seite die stalinistische Konterrevolution. Zwischen diesen beiden Systemen spielt sich der wirkliche Kampf ab. Für jene, die der Kapitalismus, so wie er ist, unzufrieden läßt, bedeutet dies: Wählen sie nicht das eine, so wählen sie damit in der Praxis das andere. Und vorzugeben, weder das eine noch das andere zu wählen, indem man zugleich seine strengste Kritik der sozialdemokratischen »Klassenkollaboration« vorbehält, heißt in der Praxis, den Stalinismus zu wählen. Um so mehr als der Stalinismus, um Fuß zu fassen, Methoden von einer derart wirksamen Brutalität anwendet, daß ihnen gegenüber Neutralität einer Abdankung gleichkommt.

DER SELBSTMORD DER SOZIALISTEN

oder die indirekte Rechtfertigung
der totalitären Lösungen

Die Übertreibungen der ökonomischen Kritik des Kapitalismus

Der Industriekapitalismus wurde seit seiner Entstehung für unheilbar erklärt. Kein anderes Wirtschaftssystem wurde während einer so langen Zeit so sehr kritisiert. Er wird es immer noch aufgrund zweier Hauptanklagepunkte. Der eine, ökonomische: Der Kapitalismus ist nicht lebensfähig, er ist in einer permanenten »Krise«, in ihm sitzen »Widersprüche«, die unüberwindbar sind, oder die immer nur durch vorübergehende Behelfsmaßnahmen überwunden werden. Der andere, moralische: Der Kapitalismus ist die Ausbeutung des Menschen durch den Menschen, das Gesetz des Profits und der Rentabilität, die Herrschaft des Geldes, die Fatalität der Ungerechtigkeit.

Der moderne Kapitalismus, der mit der industriellen Revolution und der wissenschaftlichen und technischen Innovation verbunden ist, der vom Unternehmer verkörpert und vom Unternehmen als eine neue, nach neuen Regeln organisierte und verwaltete Produktionseinheit materialisiert wird, dieser Kapitalismus datiert vom Ende des 18. Jahrhunderts. Seit der Mitte des folgenden Jahrhunderts diagnostizieren die Sozialisten einen Zustand fortgeschrittener Verwesung und sagen einen baldigen Zerfall unter greulichen Konvulsionen voraus. Die letzte Zuckung wird dadurch verursacht, daß der Kapitalismus nur überleben kann, wenn er unvereinbaren Erfordernissen Genüge tut – also nicht überleben kann. Zum Beispiel basiere er auf der wachsenden Verarmung seiner eigenen Arbeiter, was ihn seiner Käuferschaft und seiner Arbeitskraft zugleich beraube. Diese sogenannte These von der absoluten Verelendung, Hauptstück des marxistischen Denkens, wurde aufgrund ihrer doktrinären Bedeutung noch bis vor sehr kurzer Zeit entgegen jeglicher Evidenz von den Kommunisten vertreten. Im Jahre 1953 beschwor der Generalsekretär der französischen KP, Maurice Thorez, »die ökonomische Regression, das Durcheinander der öffentlichen Finanzen, Elend, Arbeitslosigkeit, zahlreiche Schwierigkeiten der Arbeiter in der Stadt und auf dem Lande*.« Nun war aber Westeuropa im Jahre 1953 gerade in die Periode der größten Wirtschaftsexpansion

* Zitiert nach Philippe Robrieux, *Maurice Thorez*, S. 431, Verweise im Text.

seiner Geschichte eingetreten; die öffentlichen Finanzen in Frankreich – dem Land, auf das Thorez sich bezieht – waren gerade vom Ministerium Antoine Pinays (zwar nach angreifbaren orthodoxen Haushaltsnormen und mit ebensolchem Klassensteuerwesen, jedoch nicht »durcheinander«) wieder in Ordnung gebracht worden; das »Elend«, das durch die Krise von 1929 und den Zweiten Weltkrieg heraufbeschworen war, ging angesichts der Zeichen des Wohlstandes zurück, auch die Arbeitslosigkeit ging zurück und verschwand sogar, denn zum erstenmal seit seinen Anfängen richtete sich der Industriekapitalismus gerade auf zwanzig Jahre Vollbeschäftigung ein, einer Vollbeschäftigung, die so zur Gewohnheit wurde, daß ihr Rückgang im Jahre 1973 infolge der Energiekrise die entwickelten Länder in Verwirrung stürzte, obwohl die Lage weit weniger ernst war als während der katastrophalen Perioden von Arbeitslosigkeit in der Vergangenheit.

Im Jahre 1955, als Frankreich eine der höchsten Zuwachsraten der Welt erreichte, verfeinerte Maurice Thorez seine Analyse noch, indem er »die Stagnation der nationalen Wirtschaft«, »die Flaute, die zahlreiche Industrien, zahlreiche Regionen ergriffen hat«, »die Verschärfung der relativen und absoluten Pauperisierung des Proletariats« schilderte. Da er nichtsdestoweniger im besagten Proletariat undeutlich gewisse neue Konsumgewohnheiten wahrnahm, die sehr wohl einige zusätzliche Ressourcen voraussetzen mußten, verfügte dieser Wortführer des wissenschaftlichen Sozialismus mit größter Ruhe: »Es sind nicht die Neueröffnungen von Tankstellen oder einige Tausend Mopeds mehr, die hier etwas ändern können*«.

Angesichts des steigenden Massenwohlstandes der fünfziger und sechziger Jahre wurde die Theorie von der absoluten Verelendung heimlich abgelegt. Oder zumindest beiseitegelegt: denn obwohl sie wortwörtlich nicht mehr haltbar ist, bildet sie doch immer noch den Hintergrund aller Verwünschungen gegen die »unheilbare Krise« des Kapitalismus. Denn auch wenn die Theorie von der absoluten Pauperisierung in den politischen Debatten nicht mehr offen auftaucht, so wird sie doch jedesmal implizit angewandt, wenn man sich auf die Fehler des Kapitalismus bezieht, und zwar keineswegs als Übel, gegen die man kämpfen kann, sondern als tödliche Krankheit, die unweigerlich zum fatalen Ausgang führt, das heißt, zum Stillstand aller Wirtschaftsfunktionen, was unweigerlich das absolute Elend hervorrufen müsse. Der Kapitalismus ist seinem Wesen nach nicht lebensfähig, da er entschieden

---

* A.a.O., S. 446. Verweise im Text.

144

nicht funktioniert. Es ist dies eine Tautologie, die jedoch die prinzipielle Ablehnung des Kapitalismus zum Ausdruck bringt. Als tückisches System macht er jeden arm, einschließlich der Kapitalisten.

Diese Bankrottfeststellung ist ein wenig widersprüchlich. Geht man die sozialistischen und kommunistischen Kommentare zur Wirtschaftskrise durch, die auf die Erhöhung des Ölpreises im Jahre 1973 und auf das Währungsdurcheinander folgten, so findet man in ihnen zwei schwer vereinbare Theoreme: das eine, daß das kapitalistische System selbst am Ende sei mit seinen Kunstgriffen und sich auflöse, wobei es Ausbeuter und Ausgebeutete gemeinsam in den Bankrott stürze; das andere, daß der Ursprung der Krise die Profiterhöhung sei, ihre Folge eine verdoppelte Härtesituation für die Arbeiter.

Diese zweite These impliziert, wie es scheint, nicht die rein ökonomische Disqualifizierung des Kapitalismus, denn wenn die Profite steigen, so deshalb, weil das System funktioniert. Sie ist nichts weiter als der Rückgriff auf die These von der relativen Verelendung, derzufolge das kapitalistische Wachstum, selbst wenn es den Lebensstandard der Arbeitnehmer geringfügig hebt, unweigerlich eine wachsende Spanne zwischen den Einkünften des Kapitals und denen der Arbeit nach sich zieht. Die beiden Argumente sind verschieden und schließen sich sogar gegenseitig aus: Zu sagen, der Kapitalismus sei als Produktionssystem am Ende, und zu sagen, es gäbe zu große Ungleichheiten in den kapitalistischen Gesellschaften, dies sind zwei verschiedene Behauptungen, die sich nicht aus demselben Prozeß rechtfertigen lassen und nicht zur selben Aktion führen. Der Ausgleich der Ungleichheiten ist ein praktisches Ziel, dessen Realisierung einige sozialdemokratische oder einfach nur demokratische Regierungen seit Beginn dieses Jahrhunderts, jedoch vor allem nach 1930 anscheinend nicht ganz vergeblich versucht haben. Man kann auf deren Unzulänglichkeit hinweisen und entschiedenere Eingriffe fordern*. Doch wenn man das tut, so setzt man voraus, daß es Kaufkraft aufzuteilen und Produkte zu kaufen gibt, das heißt, das System nicht todkrank ist. Dagegen ist diese Forderung sinnlos, wenn man mit der Behauptung beginnt, das System ruiniere und zerstöre sich selbst samt derer, die daraus profitieren. Doch verknüpfen sich die beiden Themen gemäß der allerschönsten Unlogik der Logik der Leidenschaften. Zum einen kündigen Sozialisten und Kommunisten periodisch das konstante Absinken der Kaufkraft und die regelmäßige

---

* Siehe dazu insbesondere Jean-Claude Colli, *L'Inégalité par l'argent*, Paris 1975, und Lionel Stoléru, *Vaincre la pauvreté dans les pays riches*, Paris 1974.

Verschlechterung der Lebensbedingungen der Arbeiter an – was diese, betrachtet man den Lebensstandard der Arbeiter zu Beginn der industriellen Revolution, heute bereits in einen Abgrund von Armut gestürzt haben müßte –, zum anderen verlangen sie zu Recht Lohn- und Sozialvorteile, was einer Wette auf die Fähigkeit des Systems, sie zu verschaffen, gleichkommt. Doch kaum sind diese Vorteile erlangt, leugnen sie kategorisch deren Wirklichkeit bis hin zur Möglichkeit, um das Prinzip wieder in Kraft zu setzen, der Kapitalismus sei unfähig, sich zu verbessern, die Ungleichheiten auszugleichen und sogar ganz einfach, die Wirtschaft in Gang zu halten. Die Literatur sozialistischer Ausrichtung ist überschwemmt von Büchern und Artikeln, die der Geschichte der Sozialversicherung, der Arbeitsgesetzgebung, der Demokratisierung des Unterrichts, der Hilfe für kinderreiche Familien gewidmet sind und in denen der Autor, nachdem er mit Präzision und Sachverstand die spürbaren Verbesserungen, ja sogar die beachtlichen Reformen, die seit ein, zwei Generationen oder kaum einigen Jahren oder Monaten eingeführt wurden, nachdem er die positiven Aspekte und die Unzulänglichkeiten aufgezählt hat, plötzlich schließt, dies sei im übrigen völlig illusorisch und nicht von Interesse, so lange man nicht die Wurzel des Übels ausgerottet, solange man nicht »den Kapitalismus abgeschafft« habe.

Ich präzisiere noch einmal, daß ich momentan die rein wirtschaftlichen Verurteilungen des Kapitalismus untersuche und noch nicht die moralischen. Ein System kann in der Tat unmoralisch sein und gut funktionieren; es kann moralisch sein und schlecht funktionieren; schließlich – und diese Formel wurde von der Mehrzahl der alten und modernen Gesellschaften am allgemeinsten und genauesten befolgt – kann ein System zugleich unmoralisch und ineffizient sein.

Zum anderen ist ein effizientes ökonomisches System kein System, das hundertprozentig korrekt funktioniert, sondern ein System, das alles in allem betrachtet und in seiner Gesamtheit über einen langen Zeitraum hinweg eine positive Bilanz präsentiert, die mehr Erfolge als Niederlagen und weniger Nachteile als Vorteile umfaßt. Und beläuft sich der Positivsaldo auch nur auf 51 gegen 49, stellt sich die Frage, wie man ihn erweitert, indem man durch ökonomische Analyse die Unzulänglichkeiten im Aufbau und Funktionieren diagnostiziert und sie durch politische Aktion beseitigt.

Doch die sozialistischen Kritiker des Kapitalismus stellen ein globales, historisches Scheitern dar, das ihnen zufolge immer schon den Voraussetzungen inhärent ist. Logischerweise schließen sie auf die

146

Unmöglichkeit, ihn neuzubeleben oder sogar zu korrigieren. Der Kapitalismus ist von »Leukämie« befallen*. Rezession, Inflation, Arbeitslosigkeit, Währungskakophonie sind für ihn keine *Probleme*, die man technisch zu lösen suchen kann, indem man sich bemüht, die menschlichen Leiden, die mit diesen Mißständen verbunden sind, weiter zu verringern; es sind die Anzeichen, welche die letzten Augenblicke ankündigen. Alles ist im übrigen Vorzeichen für den Tod und das Gegenteil ebenfalls: ob der Kurs für Rohstoffe steigt oder fällt, ob der Dollar zu stark oder zu schwach ist, der Kredit zu großzügig oder zu knapp, die Währungsparitäten festliegen oder floaten. Bis zum Jahre 1973, nach zwanzig Jahren der Expansion bei Vollbeschäftigung und einer gemäßigten Inflation, war die tödliche Krankheit des Kapitalismus – unausweichlich – das Wachstum. Seitdem ist es die Stagnation. Zuvor verfeuerte der Industriekapitalismus die Reserven des Planeten, indem er zugleich den Menschen im Konsum entfremdete; seitdem siecht er in der Flaute dahin, indem er zugleich die Dritte Welt aushungert. Ebenso sind im Westen von einer Periode zur anderen die sozialistischen Streitschriften unverändert geblieben, wobei die stets gleichbleibende Schärfe dazu dienen kann, alle Arten von Irrtümern zu geißeln oder den Irrtum in all seinen Formen. Die kommunistischen Doktrinäre in Moskau selbst wiederum erkannten in der Krise, die mit dem Ende des Jahres 1973 einsetzte, den vom Marxismus-Leninismus kultivierten Geistern vertraute Züge, Züge, die auf den seit dem vorangehenden Jahrhundert eingerichteten klassischen Karteikarten über die »Krise

* Der Ausdruck stammt von einem der Urheber des gemeinsamen Programms der vereinigten Linken in Frankreich, J.-P. Chevènement (*Le Quotidien de Paris*, 25. Oktober 1974). In diesem Artikel, welcher der Krise des Kapitalismus in Frankreich gewidmet war, kündigte Chevènement die unausweichliche Verschärfung der Inflation, des Handelsdefizits, der Auslandsverschuldung und der Arbeitslosigkeit an. Ein Jahr später waren die ersten beiden Übel in einem gewissen Maße behoben worden, die Inflation auf 10 % im Jahr abgesunken und die Außenhandelsbilanz wiederhergestellt. Nichtsdestoweniger redeten die sozialistischen Kommentatoren weiter von dem »globalen Bankrott« des Systems. Obgleich sie in einem der drei Fälle, der Verschärfung der Arbeitslosigkeit, richtig gesehen hatten, vermieden sie, hinzuzufügen, daß das Gesetz zur Garantie von Unterstützungen, das in der Zwischenzeit verabschiedet war und den Entlassenen aus ökonomischen Gründen ein Jahr lang 90 % ihres Lohnes zusichert, nicht gerade von den Geboten des »wilden Kapitalismus« eingegeben war. Man könnte einwenden, daß seine Anwendung, vor allem zu Beginn, nicht perfekt war, doch eine *Unvollkommenheit der Anwendung* ist kein *totales Versagen*. Wenn man sagt, daß in einem Krankenhaus nicht genug Penicillin sei, so ist dies nicht gleich der Beweis dafür, daß sich die Medizin im selben Stadium wie vor der Entdeckung des Penicillins befindet, ja sogar, daß das Penicillin nicht und nirgends existiert und *nicht existieren kann.*

des Kapitalismus« verzeichnet sind. Die Ära des Überflusses während der zwei vorhergehenden Jahrzehnte dagegen hatte ihren üblichen Analyseinstrumenten widerstanden. Im Jahre 1974, 1975 räumten die verantwortlichen Ideologen der Theorie vom baldigen Zerfall des Kapitalismus, der von seinen inneren Widersprüchen untergraben wird, wieder ihren Ehrenplatz ein, während Zeitungen und Fernsehen in der UdSSR die Richtigkeit dieser These und das unmittelbare Bevorstehen dieses endgültigen Zusammenbruchs an zahlreichen abstoßenden und pathetischen Bildern der Wunden des Westens illustrierten. Zur gleichen Zeit und gewiß gerade weil sie das letzte Stündchen ihres alten Feindes herannahen sahen, beeilten sich die russischen Führungskräfte, aus den letzten Lebenszuckungen des Sterbenden Nutzen zu ziehen. Zunächst kauften sie aus seiner versiegenden Fruchtbarkeit mit Hilfe von Krediten, die derart günstig waren, daß sie fast Subventionen gleichkamen, im Jahre 1972 und 1975 viele Millionen Tonnen Weizen, um der Lebensmittelknappheit in der UdSSR abzuhelfen. Dann schlossen sie überstürzt mit allen Arten kapitalistischer multinationaler Firmen langfristige Verträge (was wirklich uneigennützig und philantrophisch war, wußten sie doch von deren baldigem Hinscheiden), deren Bedingungen zufolge diese ausgelaugten Schlunzen ihre Technologie, ihre Geschicklichkeit, sogar ihr Kapital beitrugen und dagegen die Sicherheit vor jeglicher Enteignung, Konfiszierung, Verstaatlichung für immer garantiert erhielten.

Manchmal fragt man sich, was wohl aus dem Sozialismus würde, wenn der Kapitalismus nicht da wäre, um ihn zu unterstützen. Eine Unterstützung, die jedoch leider die senile Debilität ebensowenig entkräftet, als sie erlaubt, an der im wesentlichen robusten Gesundheit der sozialistischen Wirtschaft zu zweifeln. Man könnte geradewegs von Rührung ergriffen werden angesichts des Spektakels, wie der hinfällige Greis einem jungen blutvollen Burschen zu Hilfe eilt. Trotz all seiner Verbrechen weiß der unfähige Alte in Schönheit zu sterben.

Der aktivste Abschnitt sozialistischen Denkens seit einem Jahrhundert läßt sich als ein Beerdigungsunternehmen betrachten, das sich bis zur Erschöpfung damit beschäftigt, alle Details der Beerdigung des Kapitalismus auszutüfteln. Alles ist bereit für die bevorstehende Einlieferung der sterblichen Hülle. Ein Schwarm von Zeugen trägt in unablässigem Kommen und Gehen die Neuigkeiten aus dem Zimmer des Bettlägerigen, der sich ständig an der Schwelle des Todes befindet, bis hin zum öffentlichen Platz, auf dem der Leichenzug der Sozialisten nur noch auf das Zeichen wartet, um sich in Marsch zu setzen.

Die sowjetischen Experten sind geteilterer Meinung über die Krise des Kapitalismus als die westlichen Sozialisten. Es gibt die Vertreter der harten Linie, deren Gesichtspunkt in einem aufsehenerregenden Artikel von K. Zarodow (*Prawda*, 5. August 1975) zum Ausdruck gebracht wurde. Ihnen zufolge muß man die gegenwärtigen Schwierigkeiten des Kapitalismus nutzen, um ihm den Garaus zu machen. Und es gibt die Vorsichtigen. Sie sind der Ansicht, daß der Übergang zur revolutionären Offensive überall verfrüht ist. Derselbe Streit fand 1947–1948 statt. Die Harten hatten – gegen Eugen Varga – den Sieg davongetragen, was den Austritt der westlichen KPs aus den Koalitionsregierungen zufolge hatte und den Kalten Krieg einleitete.

Ob der Verfall nun nah bevorsteht oder nicht, für die sowjetischen ideologischen Chefs wie für die westlichen marxistischen Doktrinäre und sogar für zahlreiche Experten der sozialistischen, obwohl nicht marxistischen Richtung ist er unausweichlich, denn ihnen zufolge resultieren die Niederlagen und Fehler des kapitalistischen Systems nicht etwa aus historischen Irrtümern, rühren nicht von technischen Lösungen her, sondern gehen aus einem ihm eigentümlichen unheilbar pathogenen Prinzip in seiner innersten Substanz hervor. Dies sind Verdikt und Synthese.

Auf dem eigentlich technischen und historischen Gebiet nun verträgt dieses Verdikt kaum die Konfrontation mit dem Befund, die Synthese leitet sich in keiner Weise aus einer ausgewogenen Interpretation der bekannten Hauptphänomene ab.

Denn die entscheidende Frage in diesem Streit ist nicht allein, ob der Kapitalismus Fehler hat, sondern ob er mehr oder weniger Fehler hat als die anderen Wirtschaftssysteme, die bestehen oder bestanden haben, und ob die Fehler schwerer oder weniger schwer sind als die ihren.

Ich höre bereits die sozialistische Replik: Es geht nicht darum, platt, statisch untereinander die Abschnitte der Vergangenheit oder der Gegenwart zu vergleichen, die alle aus verschiedenen Gründen gleicherweise kritisierbar sind, sondern sich in eine »Dynamik der Zukunft« einzufügen. Der Sozialismus, das ist die Schaffung des Neuen, der Sozialismus, das ist die Zukunft.

Bravo! Hier meine Antwort: Wenn ihr die Absicht habt, den Kapitalismus anhand eines anderen, *noch nicht existenten* ökonomischen Systems zu beurteilen, gestehe ich euch zu, daß seine Unvollkommenheiten und seine Inkohärenzen unerträglich erscheinen mögen. Doch euer Vergleichspunkt trägt in diesem Fall einen spekulativen und experimentellen Charakter, der euch zu größerer intellektueller Vorsicht und Bescheidenheit, zu sehr viel weniger Dogmatismus und Intoleranz anregen sollte. Denn in der Praxis urteilt ihr stets mit einer solchen Dreistigkeit, als würdet ihr in voller Kenntnis der Sache zwei Realitäten untereinander vergleichen und nicht etwa eine Realität mit einem Projekt. Ihr sagt: Auf der einen Seite *gibt es* den Kapitalismus; auf der anderen *gibt es* den Sozialismus; vergleichen wir. Nun »gibt es« aber keinen Sozialismus; der Sozialismus ist kein Gegenwärtiges – außer für die Stalinisten –, er ist nicht einmal eine gewisse Zukunft, auch keine ungewisse Zukunft, urteilt man mit einiger Strenge.

Denn wenn ich schreibe: Ihr macht es euch zu leicht, wenn ihr das, was existiert, mit einem »noch nicht existenten« System vergleicht, so bin ich zu großzügig, das *noch* ist vielleicht überflüssig, denn dieses Adverb setzt voraus, daß das einzige Problem darin bestünde, ein bekanntes Ereignis *abzuwarten*, in gewisser Weise eine Ankunftszeit, von der uns einfach eine Verzögerung trennt. Doch ist das, womit wir zu tun haben, keine Zukunft, es ist eine Hypothese. Sicher wäre das Denken nicht lebendig ohne Spekulation über das Mögliche. Doch das Denken, selbst das spekulative, erstirbt, wenn es in einem solchen Maße unfähig wird, zwischen Hypothese und Ereignis zu unterscheiden, daß es sich in dem einen und dem anderen Falle in derselben Weise gestaltet. Die Satire hat häufig das alte Spielchen vom Gelehrten dargestellt, der alle Bücher seiner Zeit »im Namen des Meisterwerkes, das er noch nicht geschrieben hat«, verachtet. Leider erscheint, was literarisch veraltet ist, als politisch avantgardistisch, und was literarisch nur lächerlich ist, wird politisch verabscheuenswürdig, denn der unfähige Größenwahnsinnige ist für andere gefährlich.

Es ist in der Tat gefährlich, der öffentlichen Meinung zu versichern, man verfüge über ein »Modell«, das gut genug funktioniert, um die *vollständige Zerstörung* des herrschenden Wirtschaftssystems auf kurze oder lange Sicht herbeizuführen (doch die Nuance der »langen Sicht« ist nur eine rhetorische Figur, denn man kündigt uns zugleich einen »irreversiblen Prozeß« an). Wir wissen, daß die »Strategie des Bruches« mit dem Kapitalismus – also mit der Sozialdemokratie und dem Reformismus –, das heißt, die Ablehnung der »Klassenkollaboration«, ein grundsätzliches Erkennungszeichen unter Marxisten ist: den Kommunisten, den organisierten, mit den Kommunisten verbündeten Sozialisten, dem ständig einflußreicheren linken Flügel der sozialdemokratischen Parteien; schließlich den nichtorganisierten Sozialisten, diffuse allgegenwärtige Strömungen, welche das heutige Empfindungsvermögen der außerparlamentarischen Linken, die vom Pidgin-Marxismus gespeist wird, durchdringen. Es läßt sich »nichts machen« mit den »gegenwärtigen Strukturen«.

Gebt also nicht vor, würde ich den Sozialisten sagen, um meine Antwort abzuschließen, daß ihr von einer rationalen Kritik der kapitalistischen Ökonomie ausgeht, um ihr eine politische Aktion aufzupfropfen, die sich in einer unausweichlich nebligen Zukunft auf ihre Veränderung richtet, denn diese Vorsicht ist nicht euer Stil, und ihr verachtet diejenigen, welche sie üben. Es ist nämlich nicht das Recht auf Erforschung und Experiment, was ihr fordert, sondern das Recht auf den totalen chirurgischen Akt des eingefleischten Praktikers, der aus sicherem Wissen wie bei einer banalen, tausendmal geglückten Routineoperation mit einemmal alle Organe seines Patienten ersetzen könnte. Ihr entschuldigt im übrigen bis zum Erbrechen all eure chirurgischen Freunde, deren Patienten auf dem Operationstisch gestorben sind. Ihr behauptet Jahre um Jahre, daß der Eingriff perfekt gelaufen sei und der Kranke nur die Beseitigung ungünstiger Bedingungen und schädlicher Gegner abwarte, um das ganze Ausmaß seiner blühenden Gesundheit zur Schau zu stellen. Wenn nun aber zufällig der Verschiedene hartnäckig darauf sich versteifte, tot zu sein, so wäre das Verbrechen jenen letzteren zur Last zu legen; oh große Politiker! Erfinder einer neuen Regierungskunst, welche nach eurem eigenen Geständnis, um sich zu entfalten, auf kein Hindernis treffen, keinen Feind vor sich haben darf.

Wohl behauptet ihr laut, im Besitze des einzigen Heilmittels zu sein und die *einzig* mögliche Wahl darzustellen: »Der Sozialismus, die einzige Lösung für die Weltkrise.« Ihr redet also, als hättet ihr eine vollständig durchgebildete Gesellschaft, eine vollkommen erprobte Lösung mit einer ständig positiven Bilanz bei der Hand. Warum sprecht ihr nicht im Namen der Berechtigung eines Suchenden, eines Experimentators, der zwar von einem lebenswichtigen Bedürfnis nach Veränderung getrieben wird, ohne jedoch zu vergessen, daß er sich auf unerforschtes Gebiet wagt?

Das Ziel bleibt also die *völlige Abschaffung* des gegenwärtigen Systems, das *ihr* durch »die« sozialistische Gesellschaft ersetzen wollt, von der es, wie ihr selbst sagt, *kein einziges* zufriedenstellendes Exemplar gibt, über das ihr aber unablässig zu uns redet, als gäbe es Dutzende. Infolgedessen bleibt das Postulat, das zur Erwägung dieses Zieles führt, wiederum das des *totalen* wirtschaftlichen Scheiterns, welches in das Wesen des Kapitalismus eingeschrieben ist, im Gegensatz zum *totalen* Erfolg, der in die Nichtexistenz des Sozialismus eingeschrieben ist. Und eure Methode ist also schließlich doch nicht die Konfrontation zwischen Hypothese und Gegebenheit, ein legitimes schöpferisches Vorgehen, der erste Abschnitt des Handelns, sondern der Vergleich zwischen Bestehendem und Nichtbestehendem. Dieses Verfahren kann leider keinerlei Stützpunkt für eine ökonomische Einschätzung von Verdienst und Verschulden des Kapitalismus bieten. Ich bin also berechtigt, meine Ausgangsregel beizubehalten: Um den Kapitalismus zu beurteilen, muß man damit beginnen, daß man ihn mit dem vergleicht, was besteht oder bestanden hat. Wonach es zulässig ist, Änderungen zu planen und die möglichen Initiativen zu ergreifen, einzig unter der Bedingung, daß man zunächst die realen Erfahrungen und Verluste nicht allzu falsch eingeschätzt hat. Wie kann man über das entscheiden, was sein kann, wenn man das nicht versteht, was ist und was war? Ich sage es noch einmal: Die Mängel des Kapitalismus sind offenkundig, doch gilt es zu wissen, ob sie größer sind oder geringer als die anderer gegenwärtiger oder vergangener ökonomischer Systeme, ob sie sogar wirklich Eigentümlichkeiten des Kapitalismus und schließlich, ob sie tatsächlich unkorrigierbar sind.

Im Hinblick auf Produktion und Lebensstandard durchliefen die kapitalistischen Wirtschaftssysteme Fortschritte und Rückschläge, doch langfristig wird sowohl unter dem Gesichtspunkt des Bruttosozialproduktes wie des durchschnittlichen Prokopfeinkommens kein ernstzunehmender Wirtschaftler die Progression anzweifeln. Trotz zweier Wirtschaftskrisen (von denen die erste wahrhaft katastrophal war), trotz eines verheerenden Weltkrieges in Europa und Japan, trotz des Verlustes der Kolonialreiche wird geschätzt, daß sich der Lebensstandard zwischen 1925 und 1975 verdoppelt oder, je nach den Ländern, verdreifacht hat. Allein im Jahrzehnt 1960–1970 ist, um die Statistiken grob zu resümieren und eine plausible Größenordnung zu geben, die Kaufkraft um die Hälfte gestiegen. Ebenso blieb trotz der Rezession, die Anfang 1973 eingesetzt hat, der Lebensstandard weit über dem, was er zehn oder sogar fünf Jahre zuvor war, ein Zeitraum, der schließlich im Rahmen der historischen Zeit keine sehr lange Periode darstellt. Im Durchschnitt gab es also eine Progression. Natürlich kann es passieren, daß Produktion und Kaufkraft unter ein zuvor erreichtes Niveau fallen. Einige europäische Länder brauchten zwischen den beiden Weltkriegen manchmal mehrere Jahre, um ihr Niveau von 1914 und die Vereinigten Staaten, um ihres vor 1929 wieder zu erreichen. Wenn die Jahrhundertkurve auch im Zickzack verläuft, so ist sie doch stark steigend. Die Produktionskapazität des kapitalistischen Systems scheint auf jeden Fall im Vergleich zu den vorkapitalistischen oder halbkapitalistischen und vorindustriellen Systemen vor dem 18. Jahrhundert eklatant zu sein*. Wenn auch letztere hin und wieder Überschüsse produzierten (die jedoch nicht oder nur sehr geringfügig wieder investiert wurden), werden sie doch, langfristig betrachtet, durch ökonomische Stagnation charakterisiert, die wiederum (ebenfalls langfristig betrachtet) in der Stagnation der Bevölkerungszahl zum Ausdruck kam. Diese Zahl sank manchmal traurig ab, wenn die Produktion der Subsistenzmittel sank; dann erreichten die beiden Ziffern ein früheres Niveau, bis die – klimatischen oder anderen – Bedingungen wieder günstig wurden, ohne daß jedoch das Ansteigen jemals der Beginn eines wirklichen Wachstums wurde. Wirtschaftswachstum trat zu Beginn des 18. Jahrhunderts auf. Der industriellen Revolution ging im übrigen eine Revolution auf dem Gebiet der landwirtschaftlichen Produktion voraus, die zur Beseitigung der großen periodischen Hungersnöte führte und damit die demographische Expansion auslöste, welche die Arbeiter für die industrielle Revolution bereitstellte. »Eine Gesellschaft ohne Wachstum, die, rundgerechnet, von 1330 bis 1730 in den französischen Landgebieten lebte.«**

All diese Fakten sind inzwischen wohl bekannt, da uns die Arbeiten der »quantitativen Geschichte« ermöglichten, den fundamentalen Realitäten – den Subsistenzen und der Demographie – auf den Grund zu gehen. Zahlreiche Bücher, angefangen bei Marc Bloch über Poitrineau, Meuvret, Peter Laslett und Pierre Goubert, bis hin zu Le Roy Ladurie,

---

* Jean Baechler weist in seinem interessanten Essay, *Die Ursprünge des Kapitalismus* (»Archives européennes de sociologie«, 1968, Reprint »Collection Idées«, Paris 1971) nach, daß die Bedingungen für das kapitalistische System und seine ersten menschlichen Agenten in Europa seit dem 11. Jahrhundert auftraten. Ich spreche hier jedoch vom Kapitalismus, wie ihn unsere Zeitgenossen verstehen, das heißt, vom ökonomischen Typ, der aus dem Zusammentreffen von wissenschaftlicher Entwicklung und kapitalistischem System im 18. Jahrhundert entstand. Jean Gimpel hob zurecht in *Révolution industrielle du Moyen Age* (Paris 1975) den Aufschwung technologischer Neuerungen im Mittelalter hervor, der in vielerlei Hinsicht weitaus umfangreicher war als im 16. und 17. Jahrhundert. Dennoch eröffneten die Entstehung der Experimentalwissenschaft im 17. Jahrhundert, die allmähliche Entdeckung der »Naturgesetze«, das Ausgehen von nicht länger empirischer, sondern Grundlagenforschung für die technologischen – industriellen oder landwirtschaftlichen – Anwendungsbereiche Perspektiven, die sich keineswegs mehr mit jenen messen ließen, welche sogar der bewundernswürdigsten Geschicklichkeit in der vorwissenschaftlichen Periode zugänglich waren.
** Emmanuel Le Roy Ladurie, *Le Territoire de l'historien*, Paris 1973, S. 19.

geben all jenen, die sich den Geist von den Possen über das »Goldene Zeitalter« der ländlichen Gesellschaften vor der industriellen Revolution reinigen möchten, die Mittel dazu. Für den Gegenstand, der uns hier beschäftigt, reichen jedenfalls die wenigen Verweise vollauf, um an die Nichtigkeit des Lieblingsthemas des Vulgärmarxismus zu gemahnen, demzufolge es die Auswirkung des Kapitalismus war, »die Armut zu organisieren« und den größten Teil der Menschheit zu pauperisieren.

Die Sozialisten werden darauf antworten, daß sie natürlich nicht das weltweite Wachstum der Produktion bestreiten, sondern die Gleichheit der Aufteilung. Dennoch bestreiten sie implizit sehr wohl das Wachstum. Denn wenn sie sich bei jeder Gelegenheit auf die »beständige Verschlechterung« der Lebensbedingungen der Arbeiter beziehen, leugnen sie zugleich den Anstieg der Produktion. Ist es möglich, daß auch in der ungerechtesten Gesellschaft, auch wenn es niemals das geringste Steuerkorrektiv, die geringste soziale Übereignung gegeben hätte, irgendein Wachstum, vergleichbar demjenigen, welches seit zwei Jahrhunderten im Westen stattgefunden hat, nicht die geringste günstige Auswirkung auf den Lebensstandard auch der mißhandeltsten Proletarier gehabt hätte? Gibt man also vor, diese lebten in immer größerer Armut, so leugnet man damit den Produktionszuwachs. Man jubelt innerlich, denkt man an das Triumphgeheul, das jeden Tag ausgestoßen wird, wenn ein einziges kommunistisches Land in einem so kurzen Zeitabschnitt ein Wachstum der Volksprosperität in Betracht ziehen konnte, das demjenigen der westlichen Länder seit dem Zweiten Weltkrieg auf statistischer Ebene und vor allem der des Schauspiels, welches das alltägliche Leben bietet, nahekommt. Die Mißerfolge erweisen in den Augen der Marxisten, wie wir bereits wissen, niemals die dem kommunistischen System inhärente Unwirksamkeit, und die Erfolge zeugen niemals von einer dem kapitalistischen System inhärenten Effizienz. Letzterer bringt sein Wesen immer nur dann zum Ausdruck, wenn die Dinge anfangen, schlecht zu laufen. Es wird immer nur dann wieder wirklich es selbst, wenn die Produktion stagniert, die Arbeitslosigkeit die Toleranzschwelle überschreitet. Dreißig, fünfzig Jahre lang kann sich in den kapitalistischen Ländern der Durchschnitt der Produktion und der Kaufkraft verdoppelt, verdreifacht haben, die Vollbeschäftigung kann die meiste Zeit erreicht worden sein, nichtsdestoweniger kann der Kapitalismus ausschließlich anhand der drei oder vier Jahre der Großen Depression von 1930 und der offenen Krise vom Ende 1973 beurteilt werden. Und dies, obgleich die Kaufkraft »der Krise« im Jahre 1975 trotz der *Verlangsamung ihrer Progression* etwa um die Hälfte über der Kaufkraft »der Prosperität« von 1960 lag.

Wenn man nicht beschließt, alle Zahlen und Fakten außer acht zu lassen, kann man also in Betracht ziehen, daß der Kapitalismus zumindest das Problem der Produktion, angefangen beim Minimum an Lebensmitteln, was seit prähistorischen Zeiten beständig ein Ziel der Menschheit ist, gelöst hat.

Ein Ziel übrigens, das leider in der Dritten Welt unerreichbar ist. Doch der größte Teil der Dritten Welt hat eben niemals den Kapitalismus mit allem, was ihn im Westen begleitete – insbesondere wissenschaftliche und technische Entwicklung, allgemeiner Elementarunterricht – praktiziert. Die Dritte Welt wurde von außen von der kapitalistischen Invasion insbesondere in der Form des Kolonialismus heimgesucht, ohne daß sie ihn im allgemeinen für sich einsetzen wollte oder konnte. Doch es geht in diesem Buch nicht um eine Beurteilung der Verpflanzungsmöglichkeit des Kapitalismus noch um eine Präzisierung der politischen und kulturellen Bedingungen, die er hätte vorfinden müssen, um in einer Zivilisation, in der er nicht erfunden wurde und wo er sich in Verbindung mit einer anderen Ökonomie, Tradition und anderem Denken entwickelte, zu einem autonomen Leben zu gelangen. Dies ist eine andere Debatte, die erst dann sinnvoll werden kann, wenn diejenige, die uns hier beschäftigt, abgeschlossen ist.

Will man dem Kapitalismus seine Unfähigkeit vorwerfen, das Produktionsproblem in den unterentwickelten Regionen zu lösen, ein weit verbreiteter Vorwurf, so muß man mit dem Zugeständnis beginnen, daß er es in den kapitalistischen Ländern gelöst hat, das heißt, daß es entwickelte kapitalistische Länder gibt. Ohne das würde der Vorwurf absurd und widersprüchlich: Wie soll man anderen erklären und für sie anwenden, was man selbst nicht gefunden hat, und anderen helfen, wenn man selbst Hilfe braucht?

Der Vorwurf gegen den Imperialismus oder das kapitalistische Unvermögen in der Dritten Welt impliziert also den Freispruch des kapitalistischen Produktionssystems zumindest in seiner eigenen Entstehungs- und Entwicklungszone. Dies setzt als erwiesen voraus, daß der Kapitalismus im Vergleich zu den präkapitalistischen Systemen, die er ersetzt, und den nichtkapitalistischen Systemen, an die er grenzt, bei weitem der effizienteste, man wäre fast versucht zu sagen, der einzige effiziente Produzent ist.

Man müßte einen Stein in der Brust haben, wollte man der UdSSR übelnehmen, daß sie nicht den Hungernden der Erde zu Hilfe eilt, obgleich sie nicht einmal genug Nahrung für sich selbst produziert und ihre Konsumgüterindustrie den Westen nur mühsam imitiert und ihm mit einiger Verzögerung folgt.

Dies ist dermaßen wahr, daß selbst die Kommentatoren, welche die Fortschritte der Produktion und des Lebensstandards in den kommunistischen Ländern hervorheben, immer nur einen einzigen Vergleich ziehen: die Schaufenster einiger Geschäfte, welche diese oder jene Hauptstadt Osteuropas beleben, seien seit kurzer Zeit fast *ebenso gut* ausgestattet, wie die im Westen, die Leute auf den Straßen seien so chic angezogen, daß man wirklich glaubt, man sei in Rochefort oder Piombino. Wenn diese Luxusraserei weitergehe, werde die Zahl der Autos in Moskau in zehn Jahren, in fünf Jahren ebenso hoch sein wie in Gournay-en Bray! Statistiken, Zeugnisse und gelebte Erfahrung sind sich nichtsdestoweniger einig: Die Versorgung mit Lebensmitteln und allernotwendigsten Gegenständen bleibt in den kommunistischen Ländern unzureichend und chaotisch. Sicher hat sich die alltägliche Situation des Konsumenten im Verhältnis zu einer früheren größeren Armut verbessert, doch auch diese verbesserte Situation würde in den westlichen Ländern noch als unerträglich betrachtet werden*. Sogar die Komplimente, die sympathisierende (oder dankbare) Reisende zum Thema der Hebung des Lebensstandards im Osten veröffentlichen, haben, ohne es zu wissen, etwas leicht Herablassendes an sich, denn sie ranken sich um das Thema der »angenehmen Überraschung«, die man angesichts dessen verspürt, daß die Dinge ein sehr heiteres Aussehen

---

* Siehe zum Beispiel folgende Reportage über die Versorgung in Moskau noch im Jahre 1975: »Es gibt keinen Moskowiter, der spazierengeht, sich zu seiner Arbeit oder einfach zu seinen Freunden begibt, ohne ein Einkaufsnetz mitzunehmen. Weil man nämlich immer bereit sein muß, in einem Laden, an einem Stand auf dem Bürgersteig stehenzubleiben und das Kilo Äpfel oder Orangen zu kaufen, das die Zufälle der Verteilung einem auf den Weg gelegt haben. Die Einwohner haben im Laufe der Jahre ein vollkommenes Training. Wenn sich vor einem Schaufenster eine lange Schlange von zwei- oder dreihundert Leuten bildet, so kann das nur eines bedeuten: Etwas Ungewöhnliches ist eingetroffen (Bananen, eine äußerst seltene Frucht, Zitronen, im Winter unauffindbar, Salat, was einem Wunder gleichkommt). Häufig stellt sich der Sowjetbürger, sogar ohne zu wissen, was er entdecken wird, in die Schlange. Die Ernährung bleibt ein Problem in der UdSSR. Sicher, niemand verhungert. Doch niemand kann im voraus das geringste Menü planen oder den geringsten Wunsch für sein Mittag- oder Abendessen äußern. Produktion und Distribution sind vollkommen anarchisch; man ißt in der Sowjetunion nicht, was man möchte, man ißt, was man findet. Dies ist die Grundregel, die alle Hausfrauen kennen.« (Gérard Nirascou, *Le Figaro*, 9. August 1975.) Es ist dies fast das Bild Westeuropas im Krieg und unmittelbar danach. Die Kommunisten werden die Objektivität dieses Bildes unter dem Vorwand leugnen, es komme von einem bürgerlichen Journalisten. Ich brauche nicht zu sagen, daß dies offenkundig immer der Fall ist. Und daß diese zufällig herausgegriffene Beschreibung nur eine Stichprobe unter unzähligen ähnlichen Zeugenaussagen aus erster Hand ist.

haben. Zwischen den Zeilen: ein Pluspunkt im Verhältnis zu dem Desaster, auf das man sich vorbereitet hatte. Das großartige Herausstreichen der DDR zum Beispiel stellt eine freiwillige Bankrotterklärung dar: denn man vergißt, daß die reichste der kommunistischen Ökonomien eine vom Sozialismus zerstörte ehemalige kapitalistische Ökonomie im fortgeschrittensten Land des Kontinents – in dieser Beziehung der Tschechoslowakei vergleichbar – war, daß diese beiden Länder mit hohem Ausbildungsniveau Reservoirs für Technologie, Organisation und qualifizierte Arbeit waren. Um ihren Erfolg zu ermessen, muß man sie also wieder in den Kontext der reichen und industrialisierten kapitalistischen Länder stellen, nicht in den Zusammenhang der kommunistischen Länder, in denen die Überreste ihrer glänzenden Vergangenheit sich immer noch sehr gut machen. Sicher, diese beiden Nationen sind vom Krieg verwüstet worden, doch das gilt ebenfalls für Japan. Vor dem ersten Streich Prags im Jahre 1948 und der Machtübernahme durch die Kommunisten hatte die industrielle Expansion in der Tschechoslowakei schon einen so guten Anfang gemacht, daß die Skoda-Fabriken bereits begonnen hatten, Autos nach Lateinamerika zu exportieren.

Man muß auch, um unparteiisch zu sein, die 1940 hauptsächlich agrarischen Länder wie Rumänien und Spanien miteinander vergleichen. Rumänien, das noch sehr rückständig ist, hatte im Jahre 1975 den niedrigsten Lebensstandard im Osten (außer Albanien); Spanien ist ein modernes Industrieland geworden. Es ist traurig zu sagen, aber der Conducator Ceausescu und der verstorbene Caudillo Franco (die beiden Bezeichnungen sind synonym) erwiesen sich als gleich begabt für die Diktatur, nicht aber für die Verwaltung. Im übrigen ist es das wesentliche Ziel der seit 1970 von Breschnew geförderten Politik der Entspannung mit dem Westen, in gewisser Weise der kapitalistischen Welt die Erschließung der Sowjetunion zu verpachten, des vielleicht größten Energie- und Rohstoffreservoirs der Erde. Sicher ist die sowjetische Industrie stark: im Hinblick auf Rüstung, Weltraumforschung, Nukleares. Doch kann ein Land, um eine Unterscheidung von Annie Kriegel aufzugreifen, eine industrielle »Macht« sein, ohne eine industrielle »Gesellschaft« zu sein, das heißt, ohne eine unmittelbare Übertragung zwischen Industrieproduktion und gewöhnlichem Konsum herzustellen. Oder, es kann, wenn man so will, dem Ausdruck von Alberto Ronchey zufolge, »eine unterentwickelte Supermacht« sein.

Die Landwirtschaft in der UdSSR krankt noch mehr als die Industrie. Es ist beunruhigend, mitanzusehen, daß Rußland vor 1914 Weizen exportierte und heute periodisch dazu gezwungen ist, ihn einzuführen, um die Bedürfnisse seiner Bevölkerung zu befriedigen; daß die Produktivität der sowjetischen Landwirtschaft etwa ein Sechstel der Produktivität des Westens ausmacht, jedoch wiederum auf den kleinen privaten Landfleckchen, den »Dwor«, die von den Bauern nach ihrer Arbeit bestellt werden, dreimal so hoch ist wie auf den Kollektivfarmen. Die winzigen Dwor stellen fast ein Viertel der sowjetischen Agrarproduktion und sind vor allem die einzige Versorgungsquelle der Städte für frisches Gemüse, auf den Wegen eines Parallelmarktes, der in die Lücken des Netzes der staatlichen Läden eingreift. Die Anarchie der geplanten Distribution verschärft noch die Mängel der gelenkten Produktion.

Ich gebe zu, daß das System nicht nur Mängel hat. Ich habe es bereits gesagt: Ein System, das *nur* Fehler zu bieten hätte, könnte nicht überleben, auch trotz der großen Virtuosität gewisser Staatschefs, denen es manchmal gelingt, solche Systeme einige Zeit zu erhalten. Ebenso überflüssig ist aber der Einwand im Hinblick auf die kommunistischen Länder: »Wissen Sie, es gibt nicht nur Pannen, man muß auch die positiven Seiten hervorheben«. Alles, sogar der Nazismus, hat auch seine positiven Seiten. Wir vergleichen Systeme untereinander, die alle Qualitäten und Mängel haben. Es geht darum, die Bilanz eines jeden zu ziehen und zu wissen, *von welchem ausgehend* es am wahrscheinlichsten und am ehesten möglich ist, eine bessere Gesellschaft aufzubauen.

Aus dem gegenwärtigen Stand der Dokumentation scheint hervorzugehen, daß das kommunistische System auf der Ebene der ökonomischen Effizienz und Lebensfähigkeit zahlreichere, störendere und hartnäckigere Mängel aufweist als das kapitalistische System: zumindest, wenn es das Ziel einer Ökonomie ist, ökonomischen Zwecken zu dienen (was nicht bei allen der Fall ist), wenn man sie nach ihrer Fähigkeit beurteilt, ausreichend für die Bevölkerung zu produzieren und ihre Produkte so zu verteilen, daß trotz allem ein Teil von ihnen schließlich den Konsumenten erreicht. Keines dieser beiden Ideale wird irgendwo voll realisiert, doch die Ökonomie der kommunistischen Staaten ist davon ganz gewiß noch weiter entfernt, als die der kapitalistischen Länder.

Wenn über diesen Punkt keine Übereinstimmung herrschte, ließe sich die Diskussion nicht fortsetzen. Wenn es doch der Fall ist, so können neue ökonomische Einwände gegen den Kapitalismus formuliert werden. In diesem Stadium, in dem man wenigstens nicht länger mit dem Systemwahn oder der sturen Leugnung von Fakten zu tun hat, erscheinen die Hauptanklagepunkte solider. Alle leiten sich aus einem Zentralthema ab: Der Kapitalismus hatte, wie man anerkennen muß, die Fähigkeit, die Produktion auf wundersame Weise anzuregen, weil er alle Aktivität dem Profitstreben unterordnet; doch aus demselben Grunde sondert er finstere Gifte ab und setzt destruktive Kräfte frei, deren Quelle er in keiner Weise abriegeln kann, so daß er schließlich selbst zerstört, was er geschaffen hat. Zu diesen unheilvollen Folgen gehören die Inflation, die Arbeitslosigkeit, das Währungs-, Finanz- und Handelschaos, welches an die unausweichliche Anarchie einer Marktwirtschaft (die dem Profit und nicht den Bedürfnissen untergeordnet ist), die Vergeudung der natürlichen Ressourcen, die Unfähigkeit, die Dritte Welt aus der Unterentwicklung zu befreien, den Imperialismus gebunden ist.

Jean Baechler warnte in *Origines du capitalisme** bereits vor der Tendenz und dem Irrtum, dem Kapitalismus ökonomische Phänomene, menschliche Verhaltensweisen, gesellschaftliche Plagen oder politische Untaten zuzuschreiben, die in der Geschichte weit vor dem Auftauchen des Systems bezeugt sind. Baechler erinnert sich zum Beispiel daran, wie sehr man sich irrt, wenn man die Marktwirtschaft oder das Profitstreben als Eigentümlichkeiten des Kapitalismus behandelt. »Die mesopotamische, griechische, hellenistische, römische, abassidische, chinesische Gesellschaft, sie alle erfuhren ebenfalls beachtliche Entwicklungen des Marktes.« Sicher ist das Spiel von Angebot und Nachfrage, das die Marktwirtschaft konstituiert, niemals ganz frei. Jedes System ist in veränderlichen Proportionen eine Mischung aus Dirigismus und Freihandel. Das einzige Beispiel für totalen Dirigismus ist wahrscheinlich die Inka-Ökonomie, in der Angebot und Nachfrage keine Rolle spielten, da der Staat alle Produkte einsammelte und alle Einkünfte verteilte. Was nun die zeitgenössische kapitalistische Wirtschaft betrifft, so ist sie weitaus weniger eine reine »Markt«-Wirtschaft als viele vorindustrielle Ökonomien (zum Beispiel die der Mittelmeerwelt zwischen dem 8. und 9. Jahrhundert)**, da sie als Arbeitsmarkt und Markt der Produkte sehr reglementiert ist. Das Profitstreben ist auch nicht allein für den Kapitalismus charakteristisch. Natürlich verstehe ich hier Profitstreben nicht in dem allgemeinen Sinne menschlicher Gier, was banal wäre, sondern im Sinne einer Aktivität, deren klar formuliertes Ziel es ist, ein Kapital Zinsen abwerfen zu lassen und Gewinnmargen

---

* A.a.O. S. 60 f.
**Maurice Lombard, *L'Islam dans sa première grandeur*, Paris 1971.

zu erzielen. Seit dem 20. Jahrhundert vor unserer Zeit in Kappadozien*, seit dem 6. Jahrhundert in der neobabylonischen und haschemenitischen Epoche, und mehr noch im Mittelalter in der abassidischen Epoche gab es Importatoren und Exportatoren, Handelsnetze und Handelskammern, Banken und Unternehmer, die mit Bankgeldern arbeiteten. Dies ist im übrigen bereits Kapitalismus, wenn auch nicht in Verbindung mit der modernen technologischen industriellen Entwicklung, die in der Tat das wirklich neue Element seit dem 18. Jahrhundert unserer Zeit konstituiert.

Ebenso wie sich diese Historiker fragten, ob gewisse Typen der Initiative wirklich unserer Zeit eigentümlich sind, muß man untersuchen, ob die »Widersprüche« – Inflation, Arbeitslosigkeit – wirklich die »des Kapitalismus« und allein seine sind. Auch hier wieder zwei Fragen: Findet man sie vor ihm? Es ist schon einige Indifferenz gegenüber der Geschichte notwendig, um zu behaupten, daß die Inflation oder das Währungsdurcheinander Kennzeichen der »Weltkrise des Kapitalismus« von 1973 sind oder der, wenn man so sagen darf, noch weltweiteren, die vorausgingen oder folgen werden. Seit der Erfindung des Geldes gab es wenig- und hochgeschätztes, gab es starke Devisen, in denen sich der internationale Tauschhandel abwickelte, und Geldsorten (alle Reiseberichte von Marco Polo über Dürer und Montaigne bis zu Taine bezeugen es), derer man sich auf der Stelle sorgfältig zu entledigen hatte, da sie außerhalb der Grenzen der Autoritäten, welche sie ausgaben, ständig als zu schwach zurückgewiesen wurden. Dies ist auch heute noch üblich. In Bukarest, im Jahre 1963, lachte man mir ins Gesicht, als ich etwas ungarisches Geld, das ich übrig hatte, in rumänisches Geld umtauschen wollte. Die Staatsbank nahm nur kapitalistische Devisen an. Was nun die Inflation in Europa und im Mittelmeerraum betrifft, so gab es kaum eine schlimmere als die der ersten beiden Jahrhunderte des Römischen Reiches; Santo Mazzarino hat, insbesondere zwischen 1950 und 1960 die Kenntnisse über diese Zeit gesammelt und die dauernde ökonomische Währungs- und Finanzkrise analysiert**. Zu Beginn des zweiten Jahrtausends in eben jenem von Garelli untersuchten Kappadozien verliehen die Bankiers zu 33 % im Jahr, was auf einen gewissen Geldschwund hinweist. Die zweite Hälfte des 16. Jahrhunderts unserer Zeit bedeutete für Westeuropa eine Periode starker Inflation, welche die Kaufkraft jener, die über fixe

---

* J. Baechler bezieht sich hier auf P. Garelli, *Les Assyriens en Cappadoce*, Paris 1963.
**Santo Mazzarino, *Aspetti sociali del tardo Impero*; *L'Impero romano*; *La Fine de Mondo antico* (1. Bd. 1959).

Einkünfte verfügten, welche früher, in der Zeit der Preisstabilität, arglos festgelegt worden waren, spürbar beschnitt. In der zweiten Hälfte des 17. Jahrhunderts schwankte der Weizenkurs je nach den Jahren und den Ernten ums Einfache bis zum Zehnfachen und mehr. Wie es auch immer um die Undiszipliniertheit der Preise im Verlauf unserer konstanten unüberwindbaren Krise des Kapitalismus bestellt sein mag, selten sah man (außer in den Katastrophenzeiten, die auf die zwei Weltkriege folgten und zeitweilig einen fast totalen Stillstand der Wirtschaftsaktivität bewirkten) das übliche Steak oder das Dutzend Eier plötzlich den Preis des Sewruga-Kaviar übersteigen – ein Kaviar, der darüberhinaus eine oder sogar mehrere Jahreszeiten lang das einzige vorhandene Lebensmittel war.

Einige Spielarten der Inflation durch die Nachfrage dagegen brauchen sich nicht auf die offensichtlichen Preise auszuwirken, die festgelegt sind, sondern können sich auf andere Weise ermessen lassen: durch die Länge der Warteschlangen vor den Geschäften. Es ist dies der den kommunistischen Ländern eigene Inflationstyp. Wenn ein Produkt nicht existiert, kann dessen Preis per Definitionem nicht steigen, selbst wenn die Bevölkerung eine gewisse Kaufkraft hat: Es ist erzwungenes Sparen. Ist das Produkt einfach selten und dessen Preis festgelegt, so wird man Zeuge eines dreifachen Phänomens: Spezialgeschäfte, die den Privilegierten – Bürokraten, Besitzern starker Devisen – vorbehalten sind; Warteschlangen vor den für alle offenen Staatsläden; schließlich ein freier Markt, der entweder toleriert wird (wie der freie Markt, der von den Privatparzellen versorgt wird), oder parallel oder »schwarz« ist. Der freie Markt, der marginal (aber wesentlich) ist, und der Schwarzmarkt sind in allen kommunistischen Ländern vertreten und kennen Inflationsraten, welche den Druck der Nachfrage zum Ausdruck bringen, die stets höher ist als das Angebot. Alle seriösen Untersuchungen über die Wirtschaft der Sowjetunion und der Volksdemokratien urteilen den Propagandarefrain ab, demzufolge es keine sozialistische Inflation gibt. »Die Situation, die nun entsteht«, schreibt Pierre Kende*,

---

* »Socialisme et inflation«, in: *Contrepoint* Nr. 17, 1975. P. Kende bemerkt, daß »die Spanne zwischen den offiziellen Preisen und den Kolchosenpreisen unablässig größer wird. Im Jahre 1972 war das Niveau der freien Preise im Durchschnitt 60 % höher als das des Staatshandels«. Kende ist Forscher auf dem Gebiet der Wirtschaftswissenschaften im Centre national de la recherche scientifique und Doktor der Soziologie. Siehe dazu auch sein *Logique de l'économie centralisée*, Paris 1964. – Der Korrespondent der *New York Times* in Moskau, Hedrick Smith, wiederum bemerkt (7. Oktober 1974), daß sich der Sowjetbürger lustig macht über die offiziellen Behauptungen, denen zufolge es im kommunistischen System keine Inflation gibt. »Die sowjetische Presse hat in letzter Zeit

»ist um so klassischer für die kommunistische Wirtschaft, als sie aus vielen anderen Gründen als nur der Verschlechterung der Handelsbeziehungen plötzlich eintreten kann. Sie besteht im Übergewicht der verteilten Kaufkraft über den Globalwert der Güter, die von den Staatsläden und auf dem Parallelmarkt angeboten werden. Im wesentlichen kommt die Unausgewogenheit durch die Unzulänglichkeit des Angebotes zum Ausdruck, das heißt, durch lokale oder nationale Notlagen, welche die sozialistischen Planer ohne die geringsten Skrupel über Jahre, ja sogar jahrzehntelang hinaus prolongieren (UdSSR, China).«

Darüberhinaus ist keine seriöse statistische Verifizierung eines manipulierten und gereinigten offiziellen Index möglich, dessen hundertfach erwiesene Parteilichkeit von den sowjetischen Gewerkschaften aufgedeckt werden müßte. Und vor allem kann man, was unser Problem betrifft, keine Zunahme oder Abnahme des Lebensstandards ermessen, die schließlich das ist, was zählt, vergleicht man einmal eine Quantität nutzlosen Geldes im Umlauf mit den blockierten Preisen unauffindbarer Waren – oder Waren die nur durch zusätzliche unentgeltliche Arbeit und einen Verlust für die Wirtschaft zu erlangen sind, den man gleichfalls beziffern muß, nämlich die Milliarden unproduktiver Stunden, welche die Sowjetbürger jedes Jahr durch Schlangestehen vergeuden. Im übrigen müssen die Behörden manchmal gewaltige Erhöhungen der offiziellen Preise dekretieren, wie jene, die die blutigen polnischen Aufstände im Jahre 1970 hervorriefen, oder auch regelmäßig auf jenen typisch kapitalistischen Kniff zurückgreifen: Ein »neues« Produkt wird auf den Markt geworfen, das teurer als das alte und angeblich verbessert ist, in Wirklichkeit aber nur eben jenes alte Produkt unter einem neuen Namen ist. Diese, Kende zufolge »hinterhältigen Preiserhöhungen« sind in den kommunistischen Wirtschaften noch häufiger und zahlreicher als in den kapitalistischen, in denen, möchte ich hinzufügen, die Verbrauchervereine immer wachsamer werden und dank verschärfter

mit farbigen Details besonders einzuprägen versucht, und ein hoher Beamter stellte die Behauptung auf, der Warenpreisindex sei seit 1970 tatsächlich um 3 % zurückgegangen. Aber gewöhnliche Sowjetbürger verhöhnen oder belächeln die offiziellen Erklärungen und stöhnen über gestiegene Preise für alles von Lebensmitteln und Kleidungsstücken bis hin zu Autos, privatem Wohnungsbau, Unterhaltung oder Nachhilfeunterricht für ihre Kinder, um die Aufnahmeprüfung für die Universitäten zu bestehen.« Smith bemerkt ebenfalls, daß das grundlegende Phänomen, das in der kommunistischen Wirtschaft berücksichtigt werden muß, nicht das Preisniveau in den Staatsläden ist, sondern deren Versorgungsniveau, die Unterlegenheit des Angebots im Verhältnis zur Nachfrage und die versteckte Inflation, die auf dem Parallelmarkt daraus hervorgeht.

Gesetze diesem schweren Mißbrauch ständig wirkungsvoller auf die Spur kommen.

Man kann also die Inflation nicht als ausschließlich kapitalistischen Ursprungs betrachten. »Daß die Inflation auch in der sozialistischen Wirtschaft existiert«, schreibt Ota Sik in seinen *Argumenten für den Dritten Weg*, »scheint gewissen westlichen Anhängern der dirigierten Wirtschaft erstaunlich; und dennoch existiert sie.« Wenn man zum anderen ehrlicherweise zugestehen muß, daß die sozialistischen Wirtschaften im Verlaufe gewisser Perioden der Inflation bemerkenswerten Widerstand bieten, so muß man gerechterweise daran erinnern, daß auch die kapitalistischen Ökonomien neben ihren inflationären Schüben Perioden einer Quasi-Stabilität der Preise kennen, die manchmal mehrere Jahre hintereinander anhält.

Schließlich wäre es angemessen, daß man nicht weiterhin, wie es allgemein bizarrerweise unter dem Einfluß einer »Blockade« nicht der Preise, sondern der Geister geschieht, schweigend übergeht, daß auch die kommunistischen Länder *ihre Inflation exportieren*, um einen Vorwurf aufzugreifen, der sich klassischerweise und bis zum Überdruß gegen die USA richtet. Denn der berühmte »transatlantic grain drain« von 1972 und von neuem 1975 ermöglichte es den Russen, einen politischen Trumpf – den Entspannungswunsch Nixons, dann Fords – auszuspielen, um in Amerika zu Vorzugsbedingungen den Weizen zu kaufen, der ihnen fehlte, also die Preise in ihrem Lande zu stabilisieren, und gleichzeitig trotz des Mangels die Versorgung zu sichern, während der entsprechende Sturz des Angebots im Westen natürlich ein Strohfeuer der Preise auf alle Getreideprodukte, vom Brot in den Vereinigten Staaten bis zu den Teigwaren in Italien, auslöste. »Das bedeutet«, schrieb darauf Marshall Goldman, »daß die Vereinigten Staaten die Lagerungskosten für den Weizen tragen müssen, bis die Sowjetunion ihn braucht, und von einer Preiserhöhung in Mitleidenschaft gezogen werden, wenn die plötzlich durchgeführten russischen Käufe mit einem Schlag die Reserven erschöpft haben, die für unsere Bedürfnisse und die der restlichen Welt geschaffen wurden.«*

* *New York Times*, neugedruckt in IHT, 5. August 1975. Goldman ist Professor für Wirtschaftswissenschaft am Wellesley College und Mitglied des Zentrums für russische Forschung in Harvard. Milton zufolge waren die Weizenverkäufe im Jahre 1975 nicht inflationistisch, weil die Russen den Marktpreis bezahlten, während die von 1972 die amerikanischen Steuerzahler teuer zu stehen kamen, vor allem weil sie tatsächlich von ihnen subventioniert wurden, um die Differenz zwischen dem Preis, dem die Russen zugestimmt hatten und dem, der den Produzenten bezahlt wurde, auszugleichen. Es handelte sich genaugenommen um eine Art Hilfeleistung. (*Newsweek*, 25. August 1975.)

Mehr noch, die großherzigen Käufer, die verständlicherweise keinerlei Grund hatten, nicht große Pläne zu machen, da man ihnen gewissermaßen ein Geschenk machte, verkauften im Jahre 1972 mit Profit ihren Überschuß an Manna in die Dritte Welt weiter, die auf diese Weise das Vergnügen hatte, via Moskau zu Preisen, die von der Spekulation aufgebläht waren, Weizen zu erhalten, der vor dieser Operation zu einem großen Teil dazu bestimmt war, ihr in Form von unentgeltlicher Unterstützung zuzukommen!

Ich entschuldige keineswegs die kapitalistische Inflation, ich beschränke mich auf die Feststellung, daß man täglich Millionen Leser und Hörer glauben macht, die Inflation sei vom Kapitalismus in die Welt gesetzt worden. Ebenso wie die Arbeitslosigkeit oder die Zerstörung der natürlichen Umwelt. Und folglich macht man glauben, es bedürfe nur der »Abschaffung des Kapitalismus«, und sogleich hätte man eine ewige Preisstabilität, weltweite Vollbeschäftigung – bei konstanter Lohnerhöhung (genügte es nicht, den Profit abzuschaffen?) und das ökologische Paradies.

Nun gab es aber die Arbeitslosigkeit auch schon vor dem Kapitalismus, oder genauer, was es auf bald verschärfte, bald gemäßigte chronische Weise gab, war die relative Sterilität einer Ökonomie, die unfähig war, alle, die innerhalb ihres Bereiches geboren wurden, am Leben zu erhalten. Denn die Grundfrage ist die: Gelingt es einer Gesellschaft zunächst, ihre Bevölkerung in einer Krisenzeit physisch zu unterhalten oder nicht?

Ob mehr oder weniger gut, das ist eine andere Sache, in die Gerechtigkeit, Gleichheit und Menschlichkeit hineinspielen. Doch damit sie hineinspielen können, müssen die Menschen zunächst einmal am Leben sein, das heißt, eine den Bedürfnissen entsprechende Produktion ist nötig, damit das rein biologische Problem gelöst ist, und dies war und ist es immer noch nicht außerhalb der Zeit und des Entwicklungsbereiches des Industriekapitalismus. Daher ist der Begriff der Arbeitslosigkeit ein moderner Begriff, der sich aus dem der Beschäftigung ableitet, welcher wiederum an die Existenz eines Arbeitsmarktes gebunden ist. Damit die erzwungene Untätigkeit als *Beschäftigungsverlust* empfunden wird, müssen zunächst die Bedingungen zusammenkommen, unter denen Arbeitnehmer und Arbeitgeber, Arbeits- und Lohnverträge, Einstellung und Entlassung aufeinandertreffen: alles Konzeptionen, die der vorindustriellen Welt in hohem Maße fremd sind. Dennoch ist jede Situation, in der es mehr Hände zu beschäftigen gibt, als die Felder beschäftigen können, mehr Münder zu stopfen, als sie stopfen können, ob nun dauerhaft oder infolge ungewöhnlicher Schwierigkeiten, oder, was das Häufigste ist, durch beides zusammen, eine Situation der Arbeitslosigkeit. Allerdings war diese Arbeitslosigkeit nicht Gegenstand von Statistiken. Oder vielmehr doch: Die Statistik der Arbeitslosigkeit in den traditionellen Gesellschaften, so wie in den unterentwickelten ländlichen Gesellschaften von heute, ist die Statistik der Sterblichkeit. Die kleine Annonce unserer Stellengesuche war die Todesanzeige. Das Büro der Stellenvermittlung war der Friedhof. Die Arbeitslosen waren im Grab. Oder auch auf den großen Straßen: Bettler, Räuber, Vagabunden, Banden von Waisen oder ausgesetzten Kindern, jene zumindest, die die Kindersterblichkeit oder den häufig praktizierten Kindesmord überlebt hatten. Wenn in Südostasien die Bauern, die auf den Monsun warten, auf den Boden gestreckt langsam verhungern, so werden sie nicht als Arbeitslose aufgeführt; wenn sie fortgehen, und die Bevölkerung eines Elendsviertels in einem städtischen Ballungsgebiet vermehren, so werden sie zu Arbeitslosen, weil sie auf dem Arbeitsmarkt auftauchen. Doch handelt es sich hiermit um eine rein terminologische Unterscheidung. Eine Unterscheidung, die zum folgenden Paradox führt: Ein entlassener höherer Beamter in einem der großen Industrieländer »in der Krise«, der entschädigt wurde, möglicherweise Besitzer seiner Wohnung und eines zweiten Wohnsitzes ist, erscheint in den Statistiken als Arbeitsloser, weil er »seine Beschäftigung verloren« hat. Dagegen tauchen die Opfer der Dürreperiode von 1973 im Sahel darin nicht auf, obwohl sie sehr viel realer ihrer *Existenzmittel* beraubt waren; ebenfalls taucht darin nicht der junge Algerier, Türke oder Sizilianer vom Lande auf, der seit der Verlangsamung der industriellen Aktivität nicht mehr als Gastarbeiter nach Frankreich, Deutschland oder in die Vereinigten Staaten gehen kann, da die Immigration gestoppt ist.

In Wirklichkeit ist das Beschäftigungsproblem in den industriellen kapitalistischen Ökonomien auf jeden Fall seit der Mitte dieses Jahrhunderts nicht mehr das des Überlebens, ebensowenig wie die Schwierigkeit zu überleben für den größten Teil der nichtkapitalistischen Menschheit von der bereits entwickelten Problematik des »Beschäftigungsverlustes« herrührt. Von den meisten Menschen könnte man sagen, daß sie nicht reich genug sind, um Arbeitslose zu sein, mit anderen Worten, daß sie nicht Mitglieder einer Ökonomie sind, die ausreichend entwickelt, taxiert, rationalisiert ist, als daß der Begriff der Beschäftigung und seine Folge, der Begriff der Arbeitslosigkeit, klar erfaßt und durchlebt würden. Ebenso ist der Arbeitslose heute in den industriellen kapitalistischen Gesellschaften nicht mehr der Arbeitslose von einem Jahrhundert zuvor noch selbst der von 1930. Der Beschäftigungsverlust ist nicht mehr der Verlust sämtlicher Existenzmittel, der Möglichkeit, sich zu ernähren, gesundheitlich zu pflegen, zu wohnen, es ist nicht das Herausfallen aus jeglicher ökonomischen Sphäre. Die Arbeitslosigkeit hat sich von Grund auf gewandelt, und wenn sie auch heute noch eine Prüfung ist, so gefährdet sie nicht länger die biologische Existenz des Individuums und seiner Familie. Das ist noch nicht sehr lange so! Moralisch ist die Arbeitslosigkeit immer noch schmerzlich, aber ökonomisch betrachtet ist sie nicht mehr dasselbe Phänomen wie in den frühen und sogar jüngeren Phasen des Kapitalismus, und noch weniger dem Elend in den vorkapitalistischen Ökonomien vergleichbar. Damals war die Alternative Leben oder Tod. Der heutige Arbeitssuchende, der wählerisch geworden ist, bittet nicht um eine beliebige Arbeit, will nicht an jeden beliebigen Ort gehen, kann also nicht länger als schutzloser Proletarier definiert werden, der keine Bleibe hat, als Soldat der »Reservearmee« des Kapitals, der darauf angewiesen ist, jeden Morgen irgendeine Tätigkeit anzunehmen, um das physiologische Minimum seiner Muskelkraft zu erneuern, die vom Kapitalisten zu einem Spottpreis gekauft wird.

Das Beschäftigungsproblem hat sich vom Problem des Überlebens gelöst. Doch beschwören die Marxisten jedesmal, wenn sich die Entlassungen und Arbeitsgesuche mehren, weiterhin die Tausende oder Millionen Arbeitsloser herauf, als seien es immer noch lauter Einzelwesen, die, wenn die Sonne aufgeht, nicht wissen, wie sie im Laufe des Tages zu einem Stück Brot kommen.

Das Argument, demzufolge die Arbeitslosigkeit in den kommunistischen Ländern nicht existiert, muß in den Kontext von Organisation, Verteilung und Reglementierung der Beschäftigung in diesen Ländern gebracht werden. Der Gesamtheit der arbeitenden Bevölkerung wird dort in der Praxis der Wohnsitz zugewiesen, sie ist an eine Produktionseinheit, Fabrik oder Kolchose, gebunden, ohne endgültig oder vorübergehend wechseln zu können, denn jeder Ortswechsel, selbst innerhalb des Landes, bedarf einer Genehmigung. Aus diesem Grunde ist die Abwanderung vom Land in die Städte und die Umwandlung der Landarbeiter in Industriearbeiter eingedämmt oder verlangsamt, doch die Bauern sind dadurch gezwungen, auf einem sehr niedrigen Lebensstandard zu stagnieren. Der Prozentanteil der Bauern in der arbeitenden Bevölkerung der UdSSR ist höher als in den Industrieländern. Die politische und ideologische Überwachung und Unterdrückung führen

166

dazu, daß ständig mehrere Millionen, manchmal mehrere Zehnmillionen sowjetischer Bürger in Konzentrationslagern festgehalten werden, die in normalen Unternehmen hätten eingesetzt werden können und dadurch die arbeitende Bevölkerung vermindern. Die Gefangenen sind zu Zwangsarbeiten genötigt, welche außer durchs täglich Brot nicht entlohnt wird. Dies ist, um es nebenbei zu sagen, ein Mittel, die Inflation zu reduzieren, ohne die Arbeitslosigkeit zu erhöhen, über das die kapitalistischen Ökonomien nicht verfügen. Wenn man in ihnen die Möglichkeit hätte, zeitweilig ein Viertel oder ein Fünftel der arbeitenden Bevölkerung arbeiten zu lassen, ohne sie zu entlohnen, so wäre dies ein Wunderrezept, um sowohl die Inflation »durch die Preise« wie auch die Inflation »durch die Nachfrage« zu beseitigen. Sicher ist die Produktivität der Zuchthäusler sehr gering, doch gilt das für die Produktivität in allen Wirtschaftssektoren. Nicht allein für die Landwirtschaft, über die schon alles gesagt wurde, sondern auch für die Industrie.* Es ist zum Beispiel nicht selten, daß die Fabriken zehn oder zwölf Tage im Monat ausfallen, weil sie nicht die notwendigen Rohstoffe bekommen haben. In Wirklichkeit befindet sich die gesamte kommunistische Industrie und Distribution in einem chronischen Zustand partieller Arbeitslosigkeit, was gemeinsam mit der schwachen Produktivität den Lebensstandard des Volkes sehr viel niedriger hält als im Westen. Die meisten Löhne liegen unter den kapitalistischen Arbeitslosenunterstützungen. Aber vor allem hat man das Recht, das System der »künstlichen Vollbeschäftigung« (der Ausdruck stammt von Alberto Ronchey)** unter der Bedingung zu wählen, daß man dessen Konsequenzen akzeptiert: Ein kapitalistisches Unternehmen in Schwierigkeiten würde, wenn es könnte, Arbeitslose nicht entlassen, sondern auch, wenn es für eine bestimmte Arbeit nur einen einzigen Angestellten nötig hätte, zwei behalten und den Lohn eines einzigen zwischen ihnen aufteilen. Auf diese Weise gäbe es keinen Beschäftigungsverlust, sondern Arbeitslosenbeschäftigung. Leider impliziert eine Überzahl von Arbeitskräften für einen und denselben Produktionszweig unausweichlich eine verringerte Kaufkraft. Dies Phänomen ist jedoch im kapitalistischen System bei weitem nicht unbekannt. Es gibt zahlreiche Unternehmen, in denen ständig ein Teil des Personals entlassen werden könnte, ohne daß die Produktion darunter leiden würde. Doch

---

* P. Kende, *op. cit.*, schätzt, daß die Produktivität in der Bauwirtschaft der Tschechoslowakei sechsmal geringer ist als in Westeuropa, wo sie ungefähr halb so hoch ist wie in den Vereinigten Staaten.
** *Corriere della Sera*, Dezember 1974.

offenkundig kann der aktive und produktive Teil nicht in Form von Lohnerhöhungen, die im Verhältnis zu seiner Produktivität stehen, ermessen, was an den untätigen Teil ausgezahlt wird. Es ist dies eine Form von Solidarität, deren gesellschaftliche Notwendigkeit man verteidigen kann. Doch wenn sie verallgemeinert wird, so setzt sie voraus, daß die Bevölkerung sowohl die negativen Rückwirkungen dieses Systems auf den Lebensstandard, sowie die Einschränkungen der Freiheit der Wahl, ohne die das System der Arbeitslosenbeschäftigung die Produktion ersticken würde, akzeptiert. Mit anderen Worten, diese Formel kann nicht ohne eine militärische Organisation der Gesellschaft funktionieren, eine Organisation, in der dem Individuum Wohnort und Arbeit von der bürokratischen Autorität aufgenötigt werden.

Doch würden sich die Arbeiter in den kapitalistischen Ländern in die Lösung der maskierten Arbeitslosigkeit, das heißt, der Vollbeschäftigung bei Armut und Passivität, fügen? Der westliche Arbeiter heute verlangt zugleich die beständige Steigerung der Kaufkraft, die Sicherheit der Beschäftigung, die Freiheit der Wahl des Ortes und des Berufes, ganz zu schweigen von der Qualität der Arbeitsbedingungen und der Beteiligung an den Entscheidungen. Ich bezweifle, daß irgend eine sozialistische Wirtschaft gegenwärtig der Fähigkeit nahekommt, all diese Forderungen gleichzeitig zu erfüllen. Dagegen verfügen die kapitalistischen Wirtschaften über die Mittel, die diese Ideale weniger unerreichbar erscheinen lassen. Die rein ökonomischen und praktischen Hindernisse zumindest scheinen hier nicht mehr völlig unüberwindlich und sind sogar in einigen sozialdemokratischen Ländern teilweise überwunden.

Die künstliche Vollbeschäftigung ermöglicht die Sicherheit der Beschäftigung um den Preis der Mittelmäßigkeit des Lebensstandards. Kein Bauer Westeuropas, selbst in den armen oder verarmten Gebieten, würde die Härte der Existenzbedingungen noch vor allem die Abhängigkeit, die administrative Versklavung des Kolchosbauern ertragen, wie Andrej Amalrik sie zu unserer Verblüffung und unserem Entsetzen in *Unfreiwillige Reise nach Sibirien* beschreibt. Der Lebensstandard der Industriearbeiter liegt über dem der Bauern, jedoch unter dem der westlichen Arbeiter. Um jedoch diesen Standard zu heben, importieren die kommunistischen Autoritäten die Technologie und das organisatorische Wissen der kapitalistischen Unternehmen, indem sie ihnen sogenannte »schlüsselfertige« Fabriken abkaufen, häufig außerdem mit westlichen Arbeitern – während der ersten zwei oder drei Jahre –, die produktiver sind. Zum anderen scheint die Unsicherheit der kapitalisti-

168

schen Beschäftigung (eine allerdings ständig durch Gesetze, Gewerkschaften und die wachsende Sensibilisierung der öffentlichen Meinung
gemilderte Unsicherheit) nicht auszureichen, die Massen in den
kommunistischen Ländern vom Wunsch abzubringen, zu den unsicheren, aber höheren Löhnen im Westen auszuwandern. In der Tat muß die
kommunistische Welt einen beträchtlichen Anteil ihrer Finanz- und
Polizeiressourcen aufwenden, um Meter für Meter den befestigten
Limes zu überwachen, den sie aufgerichtet hat, nicht etwa wie ehemals
die Römer, um das Eindringen der Barbaren – der Untertanen
kapitalistischer Lohnarbeit (welche, wie es scheint durch Elend,
Entfremdung und den totalitären Rahmen zu verroht sind, um den
Wunsch zu verspüren, in den Osten auszuwandern) – auf ihr Gebiet zu
verhindern, sondern den heimlichen unerklärlichen und selbstmörderi-
schen Strom sozialistischer Lohnabhängiger in die barbarische Welt.
Selbstmörderisch ist im übrigen nicht etwa metaphorisch, denn die
Wachen des *Limes* haben das Recht, rundheraus zu exekutieren, sagen
wir vielmehr, die *Pflicht*, diese sozialistischen Lemminge, die von einem
diabolischen Tropismus besessen sind, auf der Stelle zu töten.
   Es gibt also sehr wohl eine sozialistische Arbeitslosigkeit, die nicht im
offiziellen Beschäftigungsverlust, auf den die Suche nach einer neuen
Beschäftigung folgt, zum Ausdruck kommt, sondern durch chronische
Unterbeschäftigung, die von der entsprechenden Beschneidung oder
Stagnation des Lebensstandards mit ihren unausweichlichen Folgeer-
scheinungen, Feierschichten und Schwarzarbeit begleitet werden. Im
polnischen Humor sind Witzgeschichten gängig, welche die vom System
hervorgebrachten Sitten illustrieren. Zum Beispiel: Ein Inspektor für
Produktivität bemerkt in einer Fabrik zwei Männer, die eine leere Lore
bis ans Ende eines Schienenstranges schieben, sie dann, nachdem sie
einige Minuten ausgeruht haben, wieder an den Ausgangspunkt
schieben, und so fort. Erbost über eine solche Vergeudung von Arbeit
fragt der Inspektor den Fabrikdirektor: »Sind solche skandalösen
Praktiken in Ihrer Fabrik üblich? – »Keineswegs! Keineswegs!«, stottert
der Direktor verwirrt. »Es ist ganz außergewöhnlich! Der Dritte ist
einfach krank und konnte heute nicht kommen.« Man kann im übrigen
der Ansicht sein, daß dieser Typ von unsichtbarer Arbeitslosigkeit für
den Einzelnen erträglicher ist als der selbst vorübergehende, durch
Entschädigungen und Erleichterungen gemilderte Beschäftigungsverlust. Man kann jedoch nicht behaupten, daß die Unausgewogenheit
zwischen der verfügbaren arbeitenden Bevölkerung und den wirklich
notwendigen Beschäftigungen, sowie die Unausgewogenheit zwischen

der Weltbevölkerung und den Weltressourcen nur aufgrund und innerhalb des kapitalistischen Systems existieren.

Es wäre ebenso naiv und unaufrichtig, wie zum Beispiel die Umweltverschmutzung allein dem kapitalistischen System anzulasten, wie es zur Zeit die Urheber des Gemeinsamen Regierungsprogramms der französischen Kommunistischen und Sozialistischen Partei tun: »Die Verunreinigung von Wasser und Luft, der Verfall der Natur und der Städte, die Überfüllung und der Lärm belasten mehr und mehr die Lebensbedingungen der Bevölkerung. Diese Phänomene sind keine an den technischen Fortschritt, die industrielle Entwicklung oder die Urbanisierung gebundenen Fatalitäten. *Das kapitalistische System trägt die Verantwortung dafür.*«* Nicht nur ist die Umweltverschmutzung in der Sowjetunion sehr ernst, nachgewiesen und wird im übrigen offen zugegeben und bekämpft, sondern wie sollen wir darüber hinaus die Vernichtung der Wälder während der letzten zwei Jahrtausende und die Verwandlung weiter Teile der Erdoberfläche in staubige und unfruchtbare Gebiete durch Hirten, denen der Kapitalismus ebenso fremd war wie die Forstökologie, erklären, wenn der Verfall der Umwelt seit dem Kapitalismus datiert? Ebenso sind zahlreiche Verfallserscheinungen des Bodens, die Erosion guter Erde durch Wasser häufig den primitiven landwirtschaftlichen Techniken anzulasten, die durch Unkenntnis der elementaren Vorsichtsmaßnahmen schädlicher waren als die moderne industrialisierte Landwirtschaft.

Wenn es sich auch nicht bestreiten läßt, daß Kapitalismus, Technologie und Konsum während ihrer Entwicklung gefährliche Arten der Verschmutzung und Verstümmelung der Umwelt geschaffen haben, so haben sie doch andere beseitigt oder zurückgehen lassen, und wenn es auch nur die mikrobische oder bakteriologische Verseuchung ist. Sie haben seit der Verschmutzung durch Industrie und der unbedachten Ausbeutung der natürlichen Reserven eine ökologische Wachsamkeit einer neuen Art erzeugt. Die Industriegesellschaft hat zumindest begonnen, in die Kollektivgewohnheiten um den Preis einer umfangreichen Erziehungsarbeit und auch durch die Produktion der notwendigen praktischen Mittel die Beseitigung vorindustrieller Verschmutzungen einzuführen: die von faulendem Abfall und Exkrementen an den Wohnorten, die Wasser und Luft verseuchten und Träger ansteckender Krankheiten wurden. Gunnar Myrdal** hat zum Beispiel auf die

* *Programme commun*, Paris 1972, S. 72 (Hervorhebung von J.-F. Revel).
** *Asian Drama, An Inquiry into the Poverty of Nations*, 1968. Gekürzte Fassung von Seth King, New York 1971.

pathogenen Folgen jener Gewohnheit der indischen Bauern, ihre Notdurft mitten auf dem Feld zu verrichten, aufmerksam gemacht: Während der Trockenzeit vermischen sich die zersetzten fäkalischen Stoffe mit dem vom Wind fortgetragenen Staub und mit der Luft, die eingeatmet wird. Es ist verständlich, weshalb Gandhi den Latrinen eine so große Bedeutung beimaß und sie in allen Dörfern, in die er kam, graben lassen wollte. An sich haben diese Bräuche nichts Barbarisches oder moralisch Tadelnswertes. Aber zwei Dinge sind gewiß: Erstens, sie haben negative ökonomische und hygienische Auswirkungen; zweitens, sie resultieren nicht aus der Pression der kapitalistischen »Monopole«.

Wenn man den Kapitalismus beschuldigt, er sei der einzige historische Urheber der Umweltverschmutzung, so begeht man einen doppelten Irrtum: Zunächst verkennt man, daß es mehrere Formen der Verschmutzung oder der Arbeitslosigkeit im Verhältnis zum sozialen Kontext wie zum ökonomischen und technologischen Niveau gibt; weiter berücksichtigt man nicht – und gerade die marxistischen Dialektiker dürften dies nicht vergessen –, daß das Positive immer auch das Negative hervorbringt. Der Produktionsanstieg dank des Industriekapitalismus hat rundgerechnet seit einem oder zwei Jahrhunderten, je nach den Gegenden, zunächst einmal sehr viel mehr Beschäftigung für eine stark angewachsene Bevölkerung geschaffen als irgendein anderes früheres oder zeitgenössisches ökonomisches System. Innerhalb dieser langen Periode treten Krisen ein, welche die Beschäftigung nicht absolut, sondern relativ absinken lassen. Was übrigens meistens absinkt, ist die *Zunahme* der Beschäftigtenzahl, die Kurve der *Schaffung* neuer Arbeitsplätze. Ein relatives Absinken also, das jedoch aufgrund der Einschätzung des Lebensstandards, der nun als minimal betrachtet und in Verbindung mit wachsenden Forderungen hinsichtlich der Beschäftigungsgarantie und den Garantien für den Fall des Beschäftigungsverlustes, nur sehr schwer ertragen wird. Diese unabweislichen Forderungen, sowohl was die materielle Sicherheit wie die persönliche Würde betrifft, stellen einen Fortschritt dar und *setzen* einen bereits stattgefundenen Fortschritt *voraus*, nämlich in erster Linie eine Wirtschaft, die kraftvoll genug ist, um auch vorstellbar zu machen, daß diese Forderungen erfüllt werden. Es ist nur natürlich, daß der Arbeitslose auf die »stattgefundenen Fortschritte« pfeift und daß die sozialen Berufsgruppen, deren Beschäftigung bedroht ist, nur diese Bedrohung sehen und keine vergleichenden Betrachtungen der Geschichte und der Soziologie anstellen. Doch diese Indifferenz darf für den Theoretiker und die politische Führungskraft nicht gelten.

Was fragt man sich also? Ob gewisse Übel wie die Inflation und die Arbeitslosigkeit – die Beispiele, die am häufigsten angeführt werden – dem Kapitalismus eigentümlich und mit ihm soweit organisch verbunden sind, daß sie seine Ablehnung rechtfertigen. Wenn man sich darauf beschränkte, uns zu sagen, daß der Kapitalismus reformiert und sogar in ein anderes System, das wir noch nicht kennen, verwandelt werden müsse, so würde ich diese These vorbehaltlos unterschreiben. Doch man sagt uns vielmehr: Die Sozialisten bestätigen, daß der Kapitalismus *nicht reformiert werden kann*, was die historisch unhaltbare These impliziert, daß er bis heute niemals und in keinem Grade reformiert wurde. Die Einleitung einer jeden Verbesserung bestünde also folglich in der Zerstörung des Systems samt seiner sozialdemokratischen Variante. Doch dieses Verdikt, das als einzig zugänglichen Ausweg den totalitären Zentralismus übrig ließe, wird durch das Studium des ökonomischen Befunds im eigentlichen Sinne in keiner Weise gerechtfertigt. Da es jedoch laufend gefällt wird, nicht allein von den Kommunisten, sondern auch von einer demokratischen Linken, welche geneigt ist, den Reformismus abzulehnen, obwohl sie zugleich vorgibt, den Stalinismus zurückzuweisen, eine noble Unschlüssigkeit, der jede praktische Tragfähigkeit fehlt, muß man folgern, daß die absolute Verurteilung des Kapitalismus weniger aus gewiß ernsthaften, jedoch nicht entscheidenden ökonomischen Einwänden hervorgeht, als aus einer Ablehnung moralischer Art.

Die Übertreibungen der moralischen Kritik
des Kapitalismus

Es scheint keineswegs erwiesen, daß der Kapitalismus von einem rein technischen Gesichtspunkt her aufgrund eines Fehlers in seiner Konstitution für das Wirtschaftsleben völlig ungeeignet sei. Der ökonomische Vorwurf entlehnt in Wirklichkeit seine Heftigkeit und Unnachgiebigkeit einer moralischen Quelle, welche einen unerbittlichen und unerschöpflichen Widerwillen hervorgebracht hat. Es ist die kapitalistische Zivilisation mit ihren politischen und kulturellen Komponenten, die die sozialistischen Ideologen und all jene verabscheuen, die zwar nicht ausdrücklich für die totalitäre Version des Sozialismus kämpfen, jedoch die Hauptpostulate für gesichert halten. Es sind in letzter Instanz Werte, die verurteilt werden, und nicht die praktischen Mißerfolge eines Produktionssystems. Der Beweis für diesen moralischen Ursprung besteht im übrigen in der Tatsache, daß die Verurteilung im Falle des Erfolges sehr viel heftiger ist als im Falle des Scheiterns des Systems: Die üppigen Jahre, die Konsumgesellschaft, die »Verbürgerlichung der Arbeiterklasse« sind Gegenstand desselben skeptischen Spottes und derselben degoutierten Ablehnung wie die Tiefpunkte, die Krisen, die Arbeitslosigkeit und die Inflation. Ob nun die Früchte reif und saftig sind oder trocken und rar, sie sind auf jeden Fall giftig.

Technische und moralische Argumente vermengen sich und sind im übrigen nicht voneinander zu trennen. Denn die moralischen Argumente müßten sich, um fundiert zu sein, vor allem derart kategorisch und drohend, wie sie sich gewöhnlich geben, auf unwiderlegliche technische Argumente stützen: Wenn zum Beispiel das technische Argument, dem zufolge das Industrieproletariat immer nur weiter verarmen kann, durch die Fakten bestätigt wird, wie Marx und Engels annahmen, so würde das moralische Argument von der »Ausbeutung des Menschen durch den Menschen« als Wesen des Kapitalismus seinerseits bestätigt. Der Bedenklichkeitsgrad der diagnostizierten technischen Störungen kann wiederum auch nicht seine Einwirkung auf die moralischen Entscheidungen verfehlen. Wenn Widersprüche und Unvollkommenheiten des Kapitalismus derart redhibitorisch sind, daß das System über kurz oder lang Schiffbruch erleiden muß, so ist es kriminell, setzt man es nicht außerstande, Schaden anzurichten. Wenn aber die ökonomische Analyse nicht in aller Strenge zur Behauptung berechtigt ist, die angeborene und endgültige Unfähigkeit der kapitalistischen Gesellschaft, der Mehrheit ihrer Mitglieder ein annehmbares und ehrbares Leben zu gestatten, so hieße es, eine ziemlich große Verantwortung auf sich zu nehmen, will man die Krankheit mit Hilfe eines Erschießungskommandos heilen. Doch meist ist es nicht das technische Argument, das das moralische stützt, sondern umgekehrt, es ist eine moralische Option, die eine technische Argumentation, welche auf ihrem eigenen Gebiet kaum überzeugend ist, ins Extrem treibt.

Indem sie behaupten, sie hätten bündig nachgewiesen, daß die ökonomischen Krisen, die Stagnationen, die Rezessionen, die Unterbeschäftigung, die Inflation oder die Vergeudung erst seit und wegen der Existenz des Kapitalismus existieren, verdammen ihn seine Zensoren wegen seiner tiefen Immoralität. Der Kapitalismus wird immer noch »aus allen Poren Blut und Dreck schwitzend«, wie Marx im *Kapital* schrieb, in Szene gesetzt. Er ist die Ausbeutung des Menschen durch den Menschen, die Aneignung der ökonomischen und politischen Macht durch eine Minderheit, die Unterordnung jeglicher menschlichen Aktivität unter den Profit, das Geld. Profit und Geld werden betrachtet und beschrieben als böses Genie, dessen Übelkeit selbst ohne ihr Wissen die menschliche Seele verheert. Der Kapitalismus bemächtigt sich des Kollektivwillens, um ihn zu pervertieren. Es ist dies ein Fall von Besessenheit, der aus der Dämonologie herrührt, also eher der Zuständigkeit eines Exorzisten als eines Wirtschaftlers angehört. Alles in allem ist der Kapitalismus rundweg ein Schandmal.

So kommentiert einer der Meister der gegenwärtigen historischen französischen Schule, Emmanuel Le Roy Ladurie, den Essay von Jean Baechler, auf den ich mich weiter oben bezogen habe, mit folgenden Worten:

»Ich denke zum Beispiel an den Essay von Jean Baechler über die *Ursprünge des kapitalistischen Systems* (Les Origines du Système capitaliste). (»Archives européennes de sociologie«, 1968, 2)*. Diese mittelalterlichen ›Ursprünge‹ werden von Baechler auch aufgefaßt wie ein Zufall, der auf eine Gegebenheit einwirkt; wie ein Unfall oder eine Unregelmäßigkeit, die im X.–XI. Jahrhundert in einer Gesellschaft auftrat, deren Technologie fruchtbar war, doch deren segmentäre Anarchie das Gewebe aufgelöst hatte. Eine solche ungewöhnliche

---

* In der Gallimard-Ausgabe wurde der Titel in: *Les Origines du capitalisme* umgewandelt.

Situation hatte also an jenem Ende des Hochmittelalters den kleinen Zellen, welche die herrschaftlichen Burgvogteien darstellten, ihre Chance gegeben; doch auch schon im Prinzip den Städten, den Kaufleuten, kurz, jenen ›außerplanmäßigen‹ Individuen, welche die Bürger waren. Der Zufall hätte also die Freilegung einer logischen Struktur, des Kapitalismus, begünstigt, der seit seinem Auftreten mit einer unüberwindbaren und krebsartigen Dynamik begabt war. Dieses Auftreten und diese Dynamik, die auf jeden Fall im Feld der Möglichkeiten enthalten waren, welche der Menschheit der letzten zwei Jahrtausende geboten wurden, mußten also, einmal entstanden, alles vor sich wegfegen; in zehn Jahrhunderten den ganzen Planeten überziehen und verseuchen; kurz, wenn man Jean Baechler glauben will, ohne ernsthaftes Hindernis wachsen und gedeihen wie der Katzenfisch, der die Wasserläufe kolonisiert*.«

Man wird in einigen Zeilen die Anhäufung von Vergleichen und Adjektiven bemerkt haben, welche das Entsetzen und den Abscheu des Kommentators zum Ausdruck bringen und sie dem Leser mitteilen sollen. Der Katzenfisch mit seinen langen Bartfäden fasziniert und stößt ab wie eine Art Wasservampir, der alle anderen Arten vernichtet und sich bis zu einem alptraumhaften Gewimmel vermehrt. Das Tier ist überdies auch noch kolonialistisch, was angesichts seiner Vetternschaft nur natürlich ist. Ich möchte hinzufügen, daß der Wels amerikanischen Ursprungs ist, was seinen Fall noch ernster macht. Doch um ehrlich zu sein, glaube ich nicht, daß dem Autor in dem zitierten Abschnitt dies Detail präsent war. Die Verbreitung des Kapitalismus ist »krebsartig«, das heißt, sie ist nicht nur nicht schöpferisch und bringt nichts Positives mit sich, sondern sie ist auch krankhaft und tödlich. Wie das des Katzenfisches weckt das Wuchern der Krebszelle Phantasien des Erstickens, der fressenden Verbreitung, die zu den archaischsten und angsterregendsten Phantasien gehören. Schließlich eine weitere Perle giftiger Infiltration und unterirdischer Invasion, deren Wühlarbeit heimtückisch die Gesundheit der Welt zerstört: die Verseuchung.

Diese Werturteile tauchen, wie ich präzisieren möchte, nirgends in Baechlers Essay auf, und ich würde sagen, lassen sich daraus auch nicht legitim ableiten. Weiter ist es unrichtig, daß der Kapitalismus »den *ganzen Planeten* verseucht« habe. Ich wäre fast versucht zu sagen: unglücklicherweise für ihn ist es nicht so. Wenn der Kapitalismus in

---

* *Le Territoire de l'historien*, Paris 1973, S. 185–186. Emmanuel Le Roy Ladurie ist Professor am Collège de France.

Afrika und Indien ebensogut funktioniert hätte wie in Japan, so wären diese Kontinente jetzt vielleicht in der Lage, ihre Bevölkerung am Leben zu erhalten. Diese Provokation wird mir folgende Replik einbringen: Japan ist nie kolonisiert worden. Sicher, aber Indien und Afrika sind niemals völlig zerstört worden wie Japan 1945. Und Äthiopien, der Jemen, Afghanistan waren niemals kolonisiert und zählen dennoch zu den ärmsten und rückständigsten Ländern der Welt. Die erbärmlichen Resultate der Entwicklungspolitik seit dem Zweiten Weltkrieg in den Gebieten, in denen jedoch auch »die Profitgier« keineswegs fehlt, zeigen, daß der Kapitalismus gar nicht so leicht Fuß faßt, wie man meint.

Seit dem Anfang hatten die sozialistischen Kritiken die Tendenz, ein geographisch noch sehr begrenztes System auf Weltdimensionen auszudehnen und es in einem solchen Maße als allgegenwärtig zu betrachten, daß, da nun einmal der Höhepunkt erreicht war, die Phase seines Rückganges und Zerfalls begonnen haben mußte.

In *Marx et les marxistes** beobachtet Kostas Papaïoannou:

»In der Epoche, in der Marx und Engels im *Manifest* den sozusagen dithyrambischen Nachruf auf das Bürgertum schrieben [. . .] befanden sich neun Zehntel der Weltbevölkerung noch außerhalb der ›kapitalistischen Produktionsweise‹ und der industriellen Revolution; England war die ›Weltmanufaktur‹ – das einzige Land, in dem der Kapitalismus tatsächlich die gesamte Wirtschaft und Bevölkerung erfaßte. In Deutschland und Frankreich bildeten dagegen die Bauern und vorkapitalistischen Kleinbürger die Mehrheit der Bevölkerung. Amerika war noch im Stadium der Urbarmachung: Im Jahre 1890 ging zum erstenmal die Industrieproduktion über die landwirtschaftliche Produktion hinaus, und erst im Jahre 1920 überstieg die Stadtbevölkerung die Landbevölkerung.«

Auf moralischer Ebene wie im ökonomischen Bereich läßt der Kapitalismus sicher zahlreiche Vorbehalte zu, doch können sie nur dann als Basis einer sinnvollen Kritik und einer fortschrittlichen Politik dienen, wenn die nachgewiesenen Mißstände wirklich für den Kapitalismus spezifisch und von seinem Wesen untrennbar sind. Nun läßt sich auch hier beständig beobachten, wie dem Kapitalismus Meriten negativer Art zugeschrieben werden, die ihm eigentlich nicht zukommen, als sei es seine Mission, die Sünden der Welt auf sich zu nehmen, samt der seiner Vorgänger und seiner Gegner. Von dem Augenblick an,

---

* Neue und erweiterte Auflage, Paris 1972, S. 233.

da der Inquisitor dem Kapitalismus zum Beispiel den Krieg zur Last legt, was durchaus üblich ist; oder den Völkermord oder die Versklavung relativ schwacher Gesellschaften durch stärkere, oder den Staatsstreich oder die Unterdrückung der Frau oder die sexuelle Unterdrückung oder den Mißbrauch politischer Macht oder auch den Rassismus oder sogar den Analphabetismus, so wird die Erwiderung schwierig, denn sie müßte sich zu einem ebenso müßigen wie pedantischen Resümee der Weltgeschichte herablassen, das so elementar wäre, daß es an eine Beleidigung grenzte.

Nehmen wir einmal die Kinderarbeit in der Industrie des 19. Jahrhunderts, die zu recht so viel Abscheu hervorgerufen hat. Ohne diese gerechtfertigte Empörung auch nur im mindesten dämpfen zu wollen, muß man nichtsdestoweniger daran erinnern, daß es *immer* Kinderarbeit gegeben hat; auf den Feldern, im Stall, im Laden, an der Werkbank, im Haus, am Backofen und in der Mühle. Wer immer das ländliche Frankreich vor 1939 kannte, wird sich daran erinnern, wie schwierig es in gewissen Jahreszeiten für die Lehrer war, dem republikanischen Gesetz über den Primärunterricht – der damals bis zu zwölf Jahren obligatorisch war – in einem Lande Respekt zu verschaffen, das doch entwickelt war und in dem die Schulbildung seit langer Zeit ein hervorragendes Ansehen genoß und eine gewisse praktische Tragweite hatte. In den unterentwickelten Gebieten ruft der Antagonismus zwischen Schule und der Ausnutzung kindlicher Arbeitskraft einen täglichen Kampf zwischen den Alphabetisatoren und den Familien hervor. Sogar in Israel stellen die Juden, die aus Gemeinschaften der Dritten Welt stammen, dieses Problem, inmitten einer indessen beschränkten Bevölkerung, die sich in sehr ausgeprägtem Maße ihrer kulturellen Ziele bewußt ist. Die Kinderarbeit im 19. Jahrhundert stellte in Wirklichkeit das Einfließen, die Übertragung einer uralten Praxis, die keineswegs als skandalös galt, in die Industrie dar. Wie die Länge des Arbeitstages war sie eher ein Erbe der Vergangenheit als eine Neuerung des Industriekapitalismus. Sicher machten die Lebensbedingungen des städtischen Industrieproletariats sowohl den langen Arbeitstag als auch die Kinderarbeit besonders verabscheuenswürdig und empörend. Doch eben deswegen machte man sehr früh auf sie aufmerksam und bekämpfte sie. In der zweiten Hälfte des 19. und der ersten des 20. Jahrhunderts mehrten sich die Gesetze, welche die Arbeitszeit beschränkten, obligatorische freie Tage, dann Ferien einführten und schließlich den Mißbrauch der Kinderarbeit völlig untersagten. Im Rahmen der historischen Zeit ist das keine sehr lange

Periode. Alles in allem war der Industriekapitalismus, nachdem er drei oder vier Jahrzehnte lang die Bedingungen für eine Ausnutzung der Kinder geschaffen hatte, die zweifellos unmenschlicher war als zuvor, auch das System, das sie abschaffte, ebenso wie er allmählich die Arbeitszeit von vierzehn oder zwölf Stunden auf acht, von sechs oder manchmal sieben Tagen in der Woche auf fünf, von zwölf Monaten im Jahr auf elf oder zehneinhalb, je nach dem Beruf, herabsetzte. Und dies bei einer gleichzeitigen Erhöhung der Kaufkraft.

Es versteht sich von selbst, daß diese Errungenschaften Früchte der Kämpfe der Arbeiterbewegung sind. Doch damit diese Kämpfe möglich waren und Früchte trugen, bedurfte es zweier Bedingungen. Einer technischen: daß nämlich der Anstieg der Produktivität gleichzeitig die Reduktion der Arbeitszeit, die Zunahme der Industrieproduktion und die Hebung des Lebensstandards ermöglichte; einer politischen: daß das kapitalistische System mit einem Staat vereinbar war, den man dazu zwingen konnte, die Kämpfe der Arbeiter zu tolerieren, dann anzuerkennen, und sich organisieren zu lassen, um ihnen schließlich die Feder des Gesetzgebers und die Waffe des Rechtes in die Hand zu geben. *Dies* wiederum war vielleicht, wie ich mir zu bemerken erlaube, vor dem Auftreten des Industriekapitalismus und der liberalen Gesellschaft nicht gerade verbreitet, und ist auch zur Zeit außerhalb ihrer kein häufiges Phänomen.

Das kapitalistische Produktionssystem hat an sich keinerlei soziale Bestimmung. Seine Bestimmung ist rein ökonomisch. Und eben das werfen ihm seine Gegner am meisten vor. Das Ziel, das er anstrebt, wenn man ihn einmal all dessen entkleidet, was ihm nicht wesentlich ist, ist nicht etwa die Verbesserung der Existenzbedingungen der Arbeiter. Aber es ist auch nicht die Verschlechterung dieser Bedingungen. Die marxistische Deutung in diesem Punkte ist falsch; oder zumindest (denn ich will nicht dogmatisch sein, wenn ich den Dogmatismus kritisiere) stützt sie sich auf ein Theorem, das als erwiesen betrachtet wird, obgleich es das nicht ist. Denn man hat tatsächlich nicht nachgewiesen, daß der Kapitalismus die im eigentlichen Sinne ökonomischen Aufgaben, zu deren Zweck er funktioniert, indem er immer weiter die arbeitende Bevölkerung »ausbeutet«, nicht realisieren kann. Dies ist eine Interpretation, die das Fundamentalgesetz des Systems im 19. Jahrhundert scheinbar zum Ausdruck bringen konnte, das jedoch im Laufe der Zeit immer weniger der Gesamtheit der neuen Fakten entsprach, denen man Rechnung tragen mußte und die meist eine praktische Widerlegung der Theorie von der absoluten Pauperisierung darstellten. Ziel des kapitalistischen Unternehmens sind die Produktion, der Profit und die Investition. Der Unternehmer hat also die Tendenz, den Forderungen nach Lohnerhöhungen Widerstand zu leisten. Doch nicht *allein*, indem man sich gegen die Lohnforderungen sperrt, realisiert man Profite. Andere sehr viel wirksamere Faktoren kommen hinzu – die wissenschaftliche Forschung und ihre technologischen Anwendungen, die Zunahme der Produktivität, die Rationalisierung der Verwaltung. Wenn es, um sich zu bereichern, genügt hätte, daß die Individuen und Gesellschaften ihre Arbeiter am Rande des Elends vegetieren lassen, so ist nicht einzusehen, weshalb diese Regel, *welche alle Besitzer von Produktionsmitteln zu allen Zeiten sorgfältig eingehalten haben*, erst seit dem 19. Jahrhundert einen derart erhöhten Aufschwung der Produktion ermöglichte, daß er mit dem durchschnittlichen Ergebnis der drei vorangehenden Jahrtausende nicht vergleichbar ist. Setzt man einmal das Element der »Ausbeutung des Menschen durch den Menschen« als konstant voraus, so müssen andere Ursachen mitgespielt haben. Wenn man behauptet, daß sich die Ausbeutung mit dem Kapitalismus verstärkt habe, so muß man untersuchen, ob diese Verschärfung dem Koeffizienten gleichkommt, um den sich die Produktion vermehrt hat, und die Erhöhung der durchschnittlichen Kaufkraft des Arbeiters erklären, die sich ungeachtet der gemutmaßten Verschlechterung feststellen ließ: und zwar im Verlaufe der zwei Jahrhunderte zwischen 1775 und 1975, verglichen mit jeder beliebigen Periode von zwei Jahrhunderten vor der industriellen Ära.

Marx hatte eine Verlängerung des Arbeitstages und eine verschärfte Ausbeutung der Arbeiter angekündigt, die ihm zufolge für die Nutznießer eines technisch immer rückständigeren Kapitalismus in ihrem brudermörderischen Endkampf, in dem sie sich gegenseitig als Konkurrenten ausschalten wollen, unerläßlich ist.

Doch haben sich ganz im Gegenteil die Reallöhne im Laufe der letzten hundert Jahre regelmäßig erhöht. Der Anstieg des durchschnittlichen Pro-Kopf-Einkommens in den Vereinigten Staaten seit 1870 war höher als 2 % im Jahr*. Wem ist das zu verdanken? Setzt man einmal die Arbeit und die Zahl an Arbeitsstunden als konstant voraus, so lautet die Antwort der klassischen Ökonomen, daß das Anwachsen des Bruttosozialproduktes nur von dem Anstieg des investierten Kapitals herrühren kann. Sie schätzen, daß das Bruttosozialprodukt jedesmal um 1 % im Jahr steigt, wenn das Kapital um 3 % zunimmt**. Zwischen 1909 und

---

* Daniel Bell, *Die nachindustrielle Gesellschaft*
** Dies nennt man die »Cobb-Douglas-Funktion«, siehe Bell, *op.cit.*, Kap. III.

1949 erhöhte sich das investierte Kapital auf dem Sektor der amerikanischen nicht-landwirtschaftlichen Privatwirtschaft um 31,5 % pro Arbeitsstunde. Das Bruttosozialprodukt pro Kopf muß also um etwa 10 % gestiegen sein: Es ist aber um 104,6 % gestiegen. Die neomarxistische Erklärung dieses Phänomens lautet im allgemeinen, daß diese enorme Differenz gewiß von der Produktivität herrühre, daß jedoch diese Verbesserung der Produktivität selbst im wesentlichen durch eine härtere Ausbeutung der Arbeit, insbesondere durch die immer »infernalischere« Beschleunigung der Leistung erzielt wurde. Doch das stimmt nicht. Die manuelle Leistungsfähigkeit ist hier nicht der wesentliche Faktor. Der Anteil des technologischen Fortschritts an dieser Verbesserung der Produktivität läßt sich genau ermessen, und wir wissen nun, daß eben dieser technologische Fortschritt bei weitem der Hauptgrund dafür ist*.

Die alles in allem noch junge und kurze Geschichte des Kapitalismus scheint die Behauptung zu rechtfertigen, daß kurzfristig betrachtet das Grundverhalten des *Unternehmers* jeden Moment in dieser Geschichte darin besteht, sich den Lohnforderungen zu widersetzen, daß jedoch langfristig gesehen dieses Verhalten nicht mehr als Grundzug der kapitalistischen *Ökonomie* erscheint, denn insgesamt gab es durch die Höhen und Tiefen hindurch eine beständige Erhöhung nicht allein der Nominallöhne, sondern auch der Kaufkraft, die zugleich in Form des Direktlohnes und aufgrund eines Zusatzes in verschiedenen indirekten Löhnen, der ständig gewachsen ist, ansteigt.

Im übrigen ist es, um ganz genau zu sein, falsch, daß der Unternehmer, auch nur kurzfristig betrachtet, sich ununterbrochen den direkten oder indirekten Lohnforderungen widersetzt. In einer Expansionsperiode ist er es, der ein höheres Angebot macht, um die qualifiziertesten Arbeitskräfte, die kompetentesten Angestellten und Mitarbeiter heranzuziehen, so daß sich der Staat häufig verpflichtet glaubt, Maßnahmen zu ergreifen, um die für inflationistisch gehaltene Verschwendungssucht gewisser Arbeitgeber zu bremsen. Man kann darauf antworten, daß der Kapitalist in solchen Konjunkturen nur seinen eigenen Interessen oder denen seiner Firma dient, und ich leugne es nicht. Daß man seine Angestellten höher bezahlt, als sie es verdienen, ist in der Tat, abgesehen von Irrtümern, durch kein Dokument in keiner gegenwärtigen oder vergangenen Gesellschaft seitens irgendeiner privaten oder

* Bell bezieht sich insbesondere auf die heute bereits klassische Studie von Robert M. Solow: »Technical Change and the Aggregate Production Function«, in: *Review of Economics and Statistics*, Bd. 39 (August 1957).

180

öffentlichen Körperschaft jemals belegt worden. Doch der Beweggrund des Kapitalisten oder seines Verwalters entkräftet keineswegs die Feststellung des allgemeinen Phänomens der Erhöhung der Kaufkraft und des Lebensstandards auf lange Sicht.

Wenn also der Kapitalismus, ein rein ökonomisches System, an sich auch keine soziale Bestimmung hat, so hat er scheints auch keine antisoziale. Es kann Systeme geben, die im wesentlichen im Hinblick auf soziale Zwecke konzipiert werden und die keine ökonomische oder sogar eine rundweg antiökonomische Bestimmung haben. Jedes System kann mit zwei Kriterien konfrontiert werden: Produktion und Gerechtigkeit. Es ist unmöglich, daß es vom einen wie vom anderen absieht. Die Gerechtigkeit so zu gestalten, daß sie mit der Produktion unvereinbar ist, oder die Produktion, daß sie mit der Gerechtigkeit unvereinbar ist, ist nur möglich, wenn man auf die Diktatur oder die Schlamperei oder alle beide gleichzeitig oder nacheinander rekurriert.

Das kapitalistische System ist vor allem auf die Produktion ausgerichtet. Da es ein ökonomisches System ist, kann man von ihm nichts anderes erwarten. Es kann spontan mehr oder weniger Ungerechtigkeit schaffen oder nicht, und wird dabei immer von ökonomischen Determinismen und Zielen angetrieben, die aus sich heraus vom moralischen Gesichtspunkt neutral sind. Doch sollte man nicht für gesichert halten, es funktioniere nur unter der *Bedingung*, daß es *stets mehr* Ungerechtigkeit schafft, eine These, die den Kern der marxistischen Geschichtsphilosophie bildete.

Es ist wichtig, daß man bei der moralischen wie bei der ökonomischen Kritik dieselbe Methode befolgt, will man nicht buchstäblich »ins Leere sprechen«. Denn wenn man den Kapitalismus im Leeren kritisiert, das heißt, von allen gegenwärtigen und vergangenen ökonomischen Systemen absieht, so wird man natürlich dazu geführt, seine Fehler derart hervorzuheben, daß ihre Abschwächung nicht mehr als ausreichendes Ziel erscheint und allein die Zerstörung des Ganzen mit den Leiden dieses oder jenes kranken Teiles fertig werden könne. Nun stellt sich von neuem die Frage: Durch welches System soll man ihn ersetzen, oder auf welches System soll man zurückgreifen?

Folgt man dem Buchstaben des Pidgin-Marxismus, der zwar konfus ist, sich aber durch unermüdliche Wiederholung einprägt, so besteht der Sündenfall des Kapitalismus in der Ausbeutung des Menschen durch den Menschen, und man kann sie nicht abschaffen, denn sie ist die Triebkraft, der Brennstoff des kapitalistischen ökonomischen Motors selbst. Auch hier werden wieder drei Punkte postuliert, die schon bei oberflächlichster Geschichtskenntnis ungeheuerliche Dummheiten sind. Zunächst, daß die Ausbeutung, das heißt, die Tatsache, daß dem Arbeiter weniger als der Wert seiner Arbeit ausgezahlt wird, vom Kapitalismus eingeführt oder zumindest verschärft worden sei. Dann, daß der kapitalistische Profit und die Expansion der Produktion seit zwei Jahrhunderten ausschließlich der Intensivierung der Ausbeutung zu verdanken sind, was also impliziert, daß der Fortschritt der Wissenschaft und der Produktivität daran keinen Anteil gehabt hätte. Schließlich, daß die einzig mögliche Form der Ausbeutung im Profit des kapitalistischen Unternehmens mündet, was den Schluß zuläßt, daß es in den kommunistischen Systemen keine ökonomische Ausbeutung des Menschen durch den Menchen gibt.

Die englische Arbeiterklasse, die Engels in der Mitte des 19. Jahrhunderts beschreibt, oder ihre französische Schwester, die etwas später von Zola in *L'Assommoir* und *Germinal* dargestellt wird, bildeten das aufs Scheußlichste ausgebeutete Proletariat aller Zeiten, und diese Ausbeutung ist angeblich der einzige Grund für die Bereicherung »der« Bourgeoisie (als gäbe es nur *eine einzige* Bourgeoisie!). Diese These setzt voraus, daß niemals zuvor in der ganzen Geschichte irgendeine menschliche Kategorie derart mißhandelt wurde wie das Stadtproletariat des 19. Jahrhunderts in Europa. Wenn jemand das glaubt, so erscheint der Versuch sinnlos, sein Urteil dadurch zu modifizieren, daß man ihm eine Elementardokumentation über die früheren Gesellschaften vorlegt, denn offenkundig hat er sich in die uneinnehmbare Festung innerster Überzeugung eingeschlossen.

Diese These setzt ebenfalls voraus, daß sich die Situation der Arbeiterklassen seit dem 19. Jahrhundert im Verhältnis zur Bereicherung »der« Bourgeoisie, welche beträchtlich war, verschlechtert habe. Wir müßten heute also eine Gesellschaft haben, in der die Schranken zwischen den Klassen, die Ungleichheiten und die Kluft zwischen ihnen seit einem Jahrhundert immer ausgeprägter, immer größer geworden sind, und in der die ärmsten Klassen ärmer sind als fünfzig Jahre zuvor. Dies ist die Theorie, die von den Kommunisten immer noch häufig vertreten wird, indem sie als Kennzeichen des Kapitalismus unserer Epoche »die Konfiszierung der Macht durch eine *Minorität* von *Hochprivilegierten*«*, die »Herrschaft durch eine *Handvoll* kapitalistischer Gesellschaften«, welche »die Ursache *aller* Übel sind, die uns

---

* Louisette Blanquard: »Les Mini-Réformes de François Giroud«, in: *L'Humanité*, 22. Juli 1974.

quälen«*, anführen. Es gibt im übrigen mehrere »Handvoll«, denn im selben Artikel findet sich auch der Verweis auf die »Handvoll *vaterlandsloser* – multinationaler – Finanzgruppen, die sich bei uns einen Platz an der Sonne der imperialistischen Konkurrenz eingerichtet haben«. Diese »Sonne der Konkurrenz«, diese überdies vaterlandslose Sonne ist weder sehr helle noch sehr orthodox. Ich wähnte uns, dem Dogma der stalinistischen Ökonomen zufolge, unter dem »monopolistischen Staatskapitalismus« zerschmettert. Was es damit auch immer auf sich haben möge, das Resultat ist dasselbe: »Für Millionen von Arbeitern bedeutet es das *Elend.*« Die Wörter, die ich in diesen Zitaten in Kursivdruck aufgeführt habe, verweisen alle auf die fatalistische Dialektik der absoluten Pauperisierung zugunsten einer immer eingeschränkteren Minderheit, zu der sich mit dem Bannfluch gegen die »Vaterlandslosen« (eine Vokabel, die früher ausschließlich der extremen Rechten vorbehalten war) eine chauvinistische und reaktionäre Note hinzugesellt, welche die tiefe Verbindung aufdeckt, die den Kommunismus auf sehr logische Weise mit dem Kult des Nationalstaates vereint.

Die italienischen liberalen Sozialisten oder »Neokommunisten«** sind in der privaten Unterhaltung differenzierter (und sorgfältig *off the record*) als diejenigen, welche die ideologischen Gamaschen der *Prawda* oder der *Humanité* tragen. Doch in der Propaganda, die sich an die Massen richtet, und im üblichen Verlauf der Phraseologie – welche das höchste Stadium der Ideologie darstellt – greifen sie auf die Fundamentalthese zurück, deren praktischer Schluß nur mit dem der Stalinisten identisch sein kann, nämlich daß es unmöglich sei, Lebensstandard und -qualität zu verbessern und die Ungleichheiten einzuebnen, solange »die Basis der Dinge« kapitalistisch bleibe.

Die Ungleichheiten in einer Gesellschaft lassen sich an irgendeinem Zeitmoment oder auch einer langen Periode ermessen. Es geht hier um zwei verschiedene Fragen. Die erste: Lassen sich Ungleichheiten aufgrund von Geld und Macht in der Gesellschaft feststellen? Die zweite: Stimmt es, daß vom System auf lange Sicht nur eine Minderheit profitiert? Im Falle des Kapitalismus lautet die Antwort auf die erste Frage: ja, auf die zweite: nein. Im Falle des Kommunismus lautet die Antwort auf beide Fragen: ja.

* Jack Dion: »La Question«, in: *L' Humanité,* 11. August 1975.
** Der Ausdruck stammt vom italienischen politischen Kommentator Arrigo Levi, dem Direktor der *Stampa* in Turin. In einem Leitartikel der *Newsweek* vom 14. Juli 1975 stellte er die Konsequenzen dessen dar, was ein »Neokommunismus« sein könnte.

Die kommunistischen Gesellschaften ähneln den präkapitalistischen, die insofern egalitär waren, als die allgemeine Mittelmäßigkeit des Lebensstandards zur Folge hatte, daß gleichsam die Gesamtheit der Bevölkerung nahezu auf dieselbe Weise lebte, oder vielmehr nahezu im selben Elend lebte. Die Privilegierten im Ancien Régime am Vorabend der Revolution von 1789 repräsentierten ungefähr ein Hundertstel der französischen Bevölkerung. Je größer die Privilegien sind und je weniger die Privilegierten, desto mehr Gleichheit herrscht in der Masse. Diese archaische Sozialstruktur ist dieselbe wie in den kommunistischen Ländern. Jede Gesellschaft kann wieder dahinkommen, und viele lassen sich diese Möglichkeit mittels eines allgemeinen Wirtschaftsruins nicht entgehen. Die kapitalistische Ökonomie dagegen hat die Gesellschaftsklassen, den Lebensstandard und die Lebensweisen vervielfältigt und verschiedenartiger gestaltet. Sie hat also die Ungleichheit gleichzeitig verschärft und abgemildert. Sie hat sie quer durch die Gesellschaft von oben bis unten unterteilt und gestaffelt und überall gegenwärtig und wahrnehmbar gemacht. Derart relativiert und differenziert ist die Ungleichheit durch Geld, Besitz, Macht, Vorteile, ungerechte Bevorzugung und Betrugsmöglichkeiten zwar weniger einschneidend, verschwommener, doch dafür um so irritierender. Eben deswegen, aufgrund der Bedürfnisse und Reibungen, welche die Staffelung und die Abstufung der Ungleichheit hervorrufen, kann der Kapitalismus nur unter der Bedingung überleben, daß er sie durch Chancenausgleich reduziert und rechtfertigt. Was nun ihre völlige Abschaffung betrifft, so hat dies Ziel im Augenblick und gewiß auf lange Sicht kaum einen einsehbaren Inhalt oder praktische Bedeutung. Bekanntlich ruft die Ungleichheit durch Meritokratie ebensoviel Protest und Rancune hervor wie die Ungleichheit durch die Plutokratie. Selbst in den sozialdemokratischen Ländern, in denen die Ungleichheiten am wirksamsten bekämpft wurden, entstand ein Konflikt zwischen der Gleichheit in der Verteilung der Früchte der Produktion und der Unterschiedlichkeit der Kompetenzen, welche das Funktionieren eben jener Produktion gewährleisten. Auf jeden Fall dürfte die Gerechtigkeit nicht in einer Rückkehr zu einer Gleichheit durch Armut unter der Kontrolle einer Diktatur bestehen. Die Zerrüttung der Voraussetzungen eines Problems bedeutet nicht dessen Lösung.

Im übrigen braucht es noch viel, bis alle kapitalistischen Gesellschaften sich von gewissen präkapitalistischen Bräuchen freigemacht haben. Ein Beispiel für das Fortbestehen solcher präkapitalistischen Züge ist die steuerliche Ungerechtigkeit, sei es in Form legaler Ungleichheiten, sei es in Form von geduldetem Betrug. In Ländern wie Frankreich und Italien sind diese derart schwer ausrottbaren Praktiken eher ein Ausdruck des Überdauerns und Akzeptierens des adligen und antiökonomischen Festhaltens an Privilegien, als des spät aufgetretenen und kaum assimilierten kapitalistischen Geistes. Die Länder, die am frühesten und am vollständigsten vom kapitalistischen Geist erobert wurden, sind auch diejenigen, in denen das Steuerwesen am gerechtesten ist und der Betrug am strengsten bekämpft wird. Die wahren kapitalistischen Gesellschaften sind es, die die Vermögenssteuern eingeführt haben, wogegen sich die Gesellschaften von Großgrundbesitzern und Geldraffern sträuben.

Häufig wird dem Kapitalismus irrtümlich angelastet, was nur eine fehlerhafte Anwendung ist. Wenn ein schlecht verwaltetes Unternehmen Bankrott macht, erblickt man darin eine Folge des Kapitalismus, obwohl es eine Folge der Negation des Kapitalismus ist. Verstehen wir uns richtig: Entweder besteht der Kapitalismus darin, Profit zu machen, oder darin, Bankrott zu machen. Er kann nicht die beiden Fehler zugleich haben. Wenn die Ablehnung der Steuern auf das Kapital und seinen Mehrwert das Wesen des Kapitalismus zum Ausdruck bringt, weshalb wurden diese Steuern dann in den Vereinigten Staaten geschaffen und nicht in Frankreich?

Ganz zweifellos erzeugt der Kapitalismus ihm eigentümliche Ungleichheiten, ebenso wie die anderen vergangenen oder gegenwärtigen ökonomischen Systeme, es ist aber auch möglich, daß er die Ungleichheiten weitergehend korrigiert. Diese Korrektur kann auf zweierlei Weise geschehen: zum einen durch die Hebung der Produktivität und des Lebensstandards; zum anderen unter dem Druck nicht-wirtschaftlicher Faktoren: politische Willensbildung, Gewerkschaftsaktion, eine Presse, der es freisteht, die öffentliche Meinung über die sozialen Ungleichheiten aufzuklären, etc. Diese Korrektur der Ungleichheiten kann sich im Laufe der Zeit vollziehen, wobei sich jedoch unaufhörlich neue herausbilden, aber gemäß neuen Differenzierungen. Und diese Korrektur im Laufe der Zeit wirkt wiederum auf zweierlei Weise: einmal, indem sie die Spanne zwischen den Gesellschaftsschichten immer stärker reduziert; dann, indem sie sie sozusagen in der Zeit nivelliert. Diese Gleichheit in der Zeit wäre eine Realität, könnte man nachweisen, daß zum Beispiel ein Industriearbeiter heute denselben Lebensstandard hat wie ein durchschnittlicher Kaufmann im Jahre 1910, oder eine heutige Sekretärin denselben wie ein Direktor in einem Ministerium jener Epoche.

Jean Fourastié hat zahlreiche Arbeiten der Entwicklung der Kaufkraft in den kapitalistischen Ländern gewidmet. Ich verweise auf die Details seiner Darstellung*. Sein Prinzip ist folgendes: Die einzige Methode, um die Hebung oder Senkung des Lebensstandards präzise zu errechnen, besteht darin, daß man fragt, wieviele nach dem Grundlohn, nach dem des ungelernten Arbeiters, nach dem, was man heute Facharbeiter nennt, bezahlte Arbeitsstunden nötig sind, um ein bestimmtes Nahrungsmittel oder Gut zu erwerben. Zum Beispiel war ein 2 CV Citroën im Jahre 1957 3456 Stundenlöhne wert und im Jahre 1967 2747. Im Jahre 1906 war das billigste französische Auto, ein zweisitziger Clément-Bayard, 10 000 Stundenlöhne eines ungelernten Arbeiters wert. In der Mitte der siebziger Jahre geht der Preis der bescheidensten Autos, deren Komfort, Geschwindigkeit, Leistungsfähigkeit und Zuverlässigkeit weitaus höher sind, von 1500 bis zu 2000 Stundenlöhnen. Hier, immer noch laut Fourastié, der Preis von zehn Metro-Karten in Stundenlöhnen eines ungelernten Arbeiters:

1900: 5 Stunden
1913: 4 Stunden, 20 Minuten
1925: 2 Stunden, 10 Minuten
1935: 2 Stunden, 15 Minuten
1939: 2 Stunden, 15 Minuten
1950: 1 Stunde, 30 Minuten
1960: 1 Stunde, 36 Minuten
1971: 1 Stunde, 40 Minuten

Trotz leichten Wiederanstiegs ist die Kurve im allgemeinen deutlich abfallend. Man kann den Lohn auch in Kilo Brot berechnen: Im Jahre 1850 verdiente der Grubenarbeiter das Äquivalent von 80 Kilo Brot im Monat; der Handlanger im Jahre 1938 verdiente 300 Kilo; der Renault-Facharbeiter im Jahre 1973 1600 Kilo. Natürlich ist außerdem die Arbeitszeit im Jahre 1973 sehr viel kürzer als die im Jahre 1850. Überdies muß man heute auch den in dieser Berechnung berücksichtigten direkten Stundenlohn um etwa 40 % indirekten Lohnes heraufsetzen. In den Bereichen, in denen der Produktivitätszuwachs den Selbstkostenpreis am weitesten gesenkt hat, wurde der größte Anstieg

* Wir beziehen uns vor allem auf *Économie et société*, Paris 1972, insbesondere auf den zweiten Teil: »Problèmes économiques et sociaux« (S. 217–262). Und auf *Quarante Mille Heures*, Paris 1966. Siehe vom selben Autor die Artikel »L'O.S. et le conseiller d'Etat« (*Le Figaro*, 3. April 1973) und »Inflations, salaires et prix« (*ibid.*, 11. und 12. Mai 1974).

der Kaufkraft verzeichnet: Ein Radioempfänger kostet im Jahre 1975 dreißigmal weniger Stundenlöhne eines ungelernten Arbeiters als im Jahre 1925. In der Tat rührt der kapitalistische Profit nicht allein von der Ausbeutung der Arbeit her, sondern vor allem von Investition, Forschung und Neuerung. *Gerade in den Ökonomien mit der schwächsten Produktivität wird die Arbeit am stärksten ausgebeutet.*

Da die Kaufkraft der am schlechtesten entlohnten Arbeiter in den Proportionen gestiegen ist, deren Beispiele wir soeben gesehen haben, hat also die Egalisierung in der Zeit tatsächlich stattgefunden. Fourastié hat errechnet, daß ein junger Facharbeiter, der heute anfängt, von jetzt bis zu seinem sechzigsten Lebensjahr eine Kaufkraft erwerben wird, die höher ist als diejenige, die ein Staatsrat, der im selben Augenblick in Pension geht, während seiner ganzen Laufbahn erworben hat. Er fügt (im Jahre 1973) hinzu:

»1953 verdiente ein Chefingenieur der P. T. T. (Nettoindex 500) fast genau 1 100 000 alte Franc im Jahr. Um diese Summe in heutige Franc zu übertragen, muß man sie in das Indexverhältnis der Lebenshaltungskosten 1973–1954 setzen. Auf diese Weise wird deutlich, daß 1 100 000 alte Franc im Jahre 1953 eine Kaufkraft hatten, die 24 000 Franc von 1973 entspricht. Also hat der Facharbeiter in den Stanzereien von Renault heute dieselbe Kaufkraft wie ein Chefingenieur der P. T. T. im Jahre 1953 (mit seinem Wohngeld für das Pariser Gebiet).

Wer sich auf die Lohnlisten und die Indices der Lebenshaltungskosten bezieht, könnte ein Verzeichnis der Lebensstandards aufstellen, denen heute der Facharbeiter der Stanzereien von Renault gleichkommt. Ich habe auf diese Weise zum Beispiel herausgefunden, daß er die Höhe der Kaufkraft des Chefs des Ministerialbüros von 1940 und [. . .] die des Professors am Collège de France von 1960 erreichte. Die Lebenshaltungskosten von heute betragen in der Tat fast genau das Vierfache von 1860; 6000 Franc von 1860 bedeuten also 24 000 Franc im April 1973.

Sechstausend Franc betrug das Gehalt von Jean-Baptiste Dumas, Ernest Renan, Marcelin Berthelot, Claude Bernard [. . .] Louis Pasteur wiederum, der 1822 geboren wurde, war damals noch nichts weiter als Studiendirektor an der Ecole normale.«

Man darf im übrigen nicht glauben, daß die »entfremdende« Heilung vom Elend, die gewöhnlich der »Massenkonsumgesellschaft« vorgeworfen wird, erst mit schändlichen Ausbeutungen jener Wirtschaften des »Wunders« nach dem Zweiten Weltkrieg begonnen hätte. Der gute alte infame Verräter vom Dienst, der »wilde« Kapitalismus des 19. Jahrhunderts, hat selbst nicht geglaubt, er könne seine Geschwindigkeit derart hochtreiben. Dies läßt sich verifizieren, wenn man untersucht, was die Basis des Lebensstandards bildet: die Ernährung und die Entwicklung des Lebensmittelkonsums in der Arbeiterklasse. Ein Ernährungshistoriker, John Burnett, hat gezeigt, daß sich die Nahrung der Arbeiterklasse in Großbritannien seit 1850 nach Qualität und Quantität verbessert hat. Die Verdienstspanne zwischen den Klassen war natürlich abgrundtief, aber absolut gesehen haben die Kaufkraft der Arbeiter und die Lebensbedingungen der Proletarier, für die bereits die Factory Acts und Trade Unions kämpften, Fortschritte gemacht. Das überrascht kaum angesichts der Periode starker Wirtschaftsexpansion, die sich von 1850 bis 1873 erstreckt. Das Erstaunlichste ist aber, daß diese Fortschritte in Ernährung, Kleidung und Wohnen im Verlaufe der folgenden Periode, von 1873 bis 1896, die eine Periode ernster Verlangsamung der Aktivität und der Krise war, sich kontinuierlich fortsetzten*.

Kurz, der Kapitalismus ist wirklich durch Ungerechtigkeiten belastet, doch sollte man nicht behaupten, er funktioniere zum ausschließlichen Vorteil einer »Handvoll von Privilegierten«, noch er widersetze sich dem Ausgleich der Ungleichheiten, der *gleichzeitig mit der Erhöhung der Produktion und der durchschnittlichen Kaufkraft angestrebt wird,* hartnäckiger als die anderen Systeme (in Wirklichkeit ist er weniger hartnäckig). Die Erweiterung der Egalität dadurch zu bewirken, daß

---

* John Burnett: *Plenty and Want, A Social History of Diet in England from 1815 to the Present Day*; London 1966, Nelson, S. 91–92. Burnett sagt insbesondere: »Die Industrialisierung war 1850 noch lange kein abgeschlossener Prozeß, doch die Ausdehnung der Revolution, die nun stattfand, schritt unter angemessenerer Überwachung hinsichtlich der Gesundheit und des Komforts des Arbeiters, seiner Frau und seiner Kinder voran. Factory Acts und Trade Unions fingen an, ihm neuen Schutz und einen neuen Status zu verleihen; Industriestädte waren nicht länger die unorganisierten Baracken von Slumbewohnern; vor allem gewährleistete eine dringende Nachfrage nach Arbeit Beschäftigung, einen steigenden Lebensstandard und – was für die Mehrheit der Lohnempfänger neu war – einen gewissen Einkommensüberschuß über die notwendigen Ausgaben hinaus [. . .] Ein weiterer sozial günstiger Umstand war die Tatsache, daß die Nahrungsmittelpreise weniger stiegen als die meisten anderen, was eine ausgeprägte Zunahme der Verwendung von Tee, Zucker und anderen ›Luxusgütern‹ zur Folge hatte. Der Bierkonsum erreicht mit vierunddreißig Gallonen pro Kopf im Jahre 1876 einen absoluten Höhepunkt, obwohl die Einlagen in Sparkassen und bei Friendly Societies, sowie Beitritte zu den Trade Unions nicht spürbar zunahmen [. . .] Einige der Reichen wurden noch reicher, doch das bedeutende Charakteristikum dieser Periode war die Tatsache, daß die arbeitenden Klassen entgegen den Prognosen von Karl Marx den großen Schritt aus jener Armut heraustaten, welche ein ganzes Jahrhundert lang ihr Los gewesen war. Diese Verbesserung wurde zwischen 1873 und 1896, einer Periode von ganz anderem Charakter, – von den Zeitgenossen als Große Depression bezeichnet –, aufrechterhalten.«

188

man einen Produktionsabfall herbeiführt, ist in der Tat sehr einfach. Doch wenn dieses weitverbreitete und eifrig beklatschte Verfahren auch die Uniformität durch den Mangel bewirkt, so ist noch lange nicht gesagt, daß damit der Ausbeutung ein Ende gesetzt ist. Denn der Profit des Unternehmers im Rahmen des Unternehmens ist nicht die einzige Form der Ausbeutung des Menschen durch den Menschen, der Gewinnung von Mehrwert, um in der marxistischen Phraseologie zu bleiben. Dieser wird vom Staat, von den Gewerkschaften und der Presse überwacht. Die ganze Geschichte der Arbeitsgesetzgebung zeigt, daß die Willkür der Direktion unaufhörlich zurückging. Doch verfügen die Arbeiter über keinerlei Mittel, um die totalitäre Ausbeutung zu bekämpfen. Diese ist sehr wohl eine andere Form der Ausbeutung des Menschen durch den Menschen, nämlich die eines Diktators, der einem ganzen Volk dadurch einen chronischen Nahrungsmittelmangel auferlegt, daß er mit Gewalt eine angebliche »Agrarreform« durchgeführt hat, die in bürokratischer Abstraktion unter Anwendung nicht verifizierter und unverifizierbarer Theorien beschlossen wurde, und dies gilt nicht allein für Stalin, sondern auch für Chruschtschow. Interpretieren wir einmal in aller marxistischer Strenge die folgenden Informationen: Wenn zum einen feststeht, daß ein Drittel der arbeitenden Bevölkerung in der Sowjetunion in der Landwirtschaft tätig ist und eine Nahrungsmittelmenge produziert, die weit unter den Bedürfnissen der etwa 242 000 000 Einwohner liegt, und zum anderen, daß die 4 % der arbeitenden Bevölkerung in Amerika, die in der Landwirtschaft beschäftigt sind, eine Nahrungsmittelmenge produzieren, die viel höher ist als die Bedürfnisse der etwa 210 000 000 Bürger, daß Überschüsse erzielt werden, die in die ganze Welt exportiert werden, so geht mit der ganzen sozialistischen Logik daraus klar hervor, daß von diesen beiden Gruppen von Landarbeitern die zweiten mit unvorstellbarer Grausamkeit ausgebeutet werden (man denke nur an das Tempo!), während die ersteren in hohem Maße von der Ausbeutung befreit sind. Um diese Theorie zu verifizieren, genügt es, wie ich annehme, einem jeden, persönlich und mit eigenen Augen die jeweiligen Lebensbedingungen und den Lebensstandard dieser Arbeiter zu beobachten, vorausgesetzt, es ist in einem dieser beiden fraglichen Länder gestattet. Und man erzähle uns nichts von den »ungleichen Ausgangssituationen«. Sie waren es in der Tat: Im Jahre 1900 war die amerikanische Landwirtschaft weniger leistungsfähig als die russische.

Wenn die Ausbeutung des Menschen durch den Menschen der *einzige* oder auch der *Haupt*grund für die kapitalistische Bereicherung ist, so ist die vorangehende Überlegung richtig, und die amerikanischen Arbeiter müssen elende Untermenschen sein, die für ein paar Cent achtzehn Stunden täglich schuften, während die blühenden, ausgeruhten und von der Entfremdung befreiten Kolchosbauern gewiß die Muße finden, um sich mehrere Stunden täglich, wie Marx in einem berühmten Text der *Pariser Manuskripte* wollte, der Malerei und der Literaturkritik zu widmen. Wenn zufällig die offenkundig am wenigsten ausgebeuteten Arbeiter wider alles Erwarten ein erbärmlicheres Bild bieten als die anderen, so würde das vielleicht erweisen, daß die kapitalistische Bereicherung auch, ja sogar hauptsächlich, von der Anwendung der Agronomie (der richtigen, nicht derjenigen Lyssenkos, die von Stalin und Chruschtschow Millionen von machtlosen und unfähigen Bauern aufgezwungen wurde), von der Organisation und dem Wachstum der Produktivität herrührt. Und was für die Landwirtschaft gilt, gilt zweifellos ebenfalls für die Industrie und die Dienstleistungen. (Was diese letzteren betrifft, bei denen eine Steigerung der Produktivität schwieriger und manchmal unmöglich ist, so haben die Sowjets indessen die multinationalen Firmen ITT und IBM sowie die PANAM zu Hilfe gerufen, um in den UdSSR ein Hotelnetz und ein elektronisches System für Flugzeug- und Hotelreservationen zu schaffen.)

Ich leugne, um es noch einmal zu wiederholen, keineswegs die kapitalistische Ausbeutung noch die Immoralität zahlreicher Züge der kapitalistischen Gesellschaften. Ich frage nur, warum man diesen Gesellschaften die Ausschließlichkeit der Ungerechtigkeit zuschreibt, während sie sich ebenso und sogar mehr noch in anderen früheren oder zeitgenössischen Gesellschaften feststellen läßt, die wiederum bei weitem nicht das Gegenstück, nämlich eine umfassende Erhöhung des Wohlstandes, bieten, auch wenn er ungleich verteilt wäre. Ich bin überzeugt, daß die ökonomischen Verhältnisse auf andere Grundlagen gestellt werden müssen, und im übrigen unterscheiden sie sich schon in hohem Maße von dem, was sie in der Epoche des ursprünglichen Kapitalismus waren. Doch ich fürchte, daß diese Wandlung nur zu einer von ökonomischer Regression begleiteten Gewaltherrschaft führt, wenn sie, statt im Kapitalismus selbst verankert zu werden, darin besteht, ihn von Grund auf zu zerstören, um ihn durch andere Systeme zu ersetzen, die bis heute keine weitere ihnen eigentümliche Disposition enthalten als den Staatssozialismus in der Wirtschaft und seine unvermeidliche Folgeerscheinung, den staatlichen Totalitarismus. Doch vielleicht sehnt sich die Menschheit schließlich doch danach, zur Armut unter der Diktatur zurückzufinden, vielleicht lenkt dieses Heimweh die politischen Programme, denen jetzt schon Erfolg verheißen ist, ja die sogar schon in hohem Maße von Erfolg gekrönt sind. Vielleicht zielt schließlich der Prozeß, der dem Kapitalismus gemacht werden soll, weniger auf die Ökonomie ab als auf die Politik und die Kultur, weniger auf die Unannehmlichkeiten als die Vorteile, weniger auf den Magen als auf den Kopf, denn dieser Prozeß richtet sich noch strenger als gegen die kapitalistische Gesellschaft gegen seinen aussätzigen und einschmeichelnden Doppelgänger, jenen falschen Bruder, jenen Judas, der zu höflich ist, um ehrlich zu sein: die liberale Gesellschaft.

Der Mythos vom Totalbankrott
des Liberalismus

Es stimmt, der Kapitalismus steckt mitten in der Krise, das läßt sich nicht leugnen. Sein Krankenschein war am Ende des Jahres 1975 schon schwarz umrandet. Die Verlangsamung der Aktivität seit 1973 verschärfte weiter die wirtschaftlichen Schwierigkeiten und die sozialen Ungerechtigkeiten. Die Bankrotterklärungen von Unternehmen, ob verstaatlicht, klein, mittel oder groß, häuften sich. Der Kampf gegen die Inflation, der in einigen Ländern wie Deutschland, Japan, den Vereinigten Staaten oder Frankreich halbwegs erfolgreich war, glich in anderen noch einem Auf-der-Stelle-Treten mitten im Sumpf. In Großbritannien bemühte sich die Labourregierung mit aller Kraft darum, daß der Gewerkschaftsdachverband im Sommer die jährliche Erhöhung des Wochenlohnes um 6 Pfund als Limit akzeptierte (was eine Maximalerhöhung von 312 Pfund im Jahr bedeutet, plus Zuschläge in der Mitte und am Ende des Jahres). Doch die Preise hatten von diesem übrigens gefährdeten Übereinkommen noch nichts gehört. Italien hatte während des Frühjahrs und des Sommers seinen Weltmeistertitel im Streik behalten und seinen Rekord sogar noch verbessert: Die Hälfte der öffentlichen Dienste auf jeden Fall, häufig genug auch die Gesamtheit und natürlich die Hotels und Restaurants während der Touristensaison waren auf eine Weise beständig gelähmt, an die man allgemein schon so gewöhnt war, daß die Auslandspresse diese Arbeitsniederlegungen nicht einmal mehr erwähnte. Als lebte man im Mittelalter, mußte man sich an Ort und Stelle begeben, um sie wahrzunehmen. In Kanada wiederholten sich die Poststreiks derartig, daß es als anormal erschien, wenn kein Streik stattfand, was aufgrund eines bizarren Zusammenkommens von Umständen geschehen konnte. Im Gegensatz zur vorgefaßten Meinung machte die Krise die »reformistischen« Gewerkschaften kampflustiger als die »revolutionären« Gewerkschaften: in Llanwern in Wales genügte im September 1975 die Errichtung eines neuen Hochofens, des größten und modernsten in Großbritannien, um einen Konflikt hervorzurufen, der rasch die gesamte Eisenindustrie in Wales und in England lähmte. Da die acht Männer des Trupps , der für diesen Hochofen eingesetzt werden sollte, ihn als gefährlich beurteilten, lehnten sie es ab, ihn in Gang zu setzen, wenn sie nicht eine Lohnerhöhung von mindestens 40 Pfund wöchentlich bekämen, was ihren Lohn auf 124 Pfund heraufgesetzt hätte, mehr als 1000 Dollar monatlich. Es war die Rede davon, daß sie entlassen werden sollten. Sofort wurden Solidaritätsstreiks in der gesamten Branche beschlossen, welche die British Steel Corporation in die Knie zu zwingen drohten, jene verstaatlichte Gesellschaft, die, obwohl sie seit langer Zeit auf jeden Gedanken an Profit und Rentabilität verzichtet hatte, sich auf die Weise genötigt sah, die Modernisierung ihrer Ausrüstung und die Steigerung jener berühmten britischen Produktivität, der niedrigsten des Westens, aufzugeben. Immer noch im September kündigte eine internationale Organisation an, daß die Gesamtheit der Industrieländer 20 Millionen Arbeitslose zählte und daß sich in den kommenden zwölf Monaten die Situation nur noch verschlechtern könne. Schließlich hatte die Krise jenen Teil der Menschheit, den man nun die »Vierte Welt« nennt, noch tiefer ins Elend gestürzt: die Einwohner jener unterentwik-kelten Länder, denen es an Rohstoffen und vor allem an Öl fehlt. Es gibt etwa 500 Millionen bis 1 Milliarde Randexistenzen, die nicht produzie-ren, nicht konsumieren, kaum überleben.

Seit dem Beginn der Regression schien also die Frage gerechtfertigt: »Kann sich der Kapitalismus diesmal aus der Situation herausziehen?«, ein Thema, das unweigerlich von Erhebungsinstituten und privaten oder kollektiven Unterhaltungsorganisationen mit den Doktoren der Epoche aufs Tapet gebracht wurde. Das Goldene Zeitalter des Kolloquiums war zugleich das der Ökonomen. Sie waren in der gesellschaftlichen Funktion, die innerhalb der rationalen Kulturen die Sehnsucht des Homo sapiens nach unentgeltlichen Behauptungen und nicht verifizier-baren Theorien, nach dunklen Terminologien und hoffnungslosen Debatten befriedigen soll, auf die Theologen und die Philosophen gefolgt. Eine Versammlung von Wirtschaftlern oder auch die Konfron-tation der von den berühmtesten Wirtschaftlern abgegebenen Erklärun-gen war den Kontroversen des 17. Jahrhunderts über Sünde, Gnade und Prädestination zum Verwechseln ähnlich. Jeder Wirtschaftler für sich war geschickt in seiner Beweisführung, kategorisch in seiner Schlußfol-gerung und überzeugend, was sein Rezept betraf. Doch insgesamt erwiesen sich die Thesen der Wirtschaftler als inkompatibel. Wie in der Metaphysik entstand der Zweifel, der beim Anhören des Monologs ausbleibt, beim Vergleich der Lehren. Denker, die in denselben Schulen ausgebildet, von denselben Autoren geschult, denselben Statistiken unterrichtet waren und dieselben mathematischen Methoden benutzten, wurden auf der einen Seite zu stalinistischen kommunistischen Wirtschaftlern, auf der anderen zu Monetaristen und Neoliberalen oder zu Sozialisten, die für die Selbstverwaltung plädieren. Das Publikum verübelte jedoch den Wirtschaftlern nicht, daß sie sich Tag für Tag als ebenso widersprüchlich in ihren Erklärungen und verworren in ihrer Esotherik, wie eigensinnig in ihren Anweisungen zeigten. Im Gegenteil: Ihre Popularität wuchs mit der Verwirrung ihrer Leser, ihre Autorität mit der Zahl ihrer Irrtümer, und je öfter ihre Voraussagen von den Ereignissen widerlegt wurden, desto häufiger drängte man sie, sie zu erneuern. Besteht nicht der Zauber der prälogischen Wissenschaften gerade in jener jovialen Unbesonnenheit der Bestrebung, die Übel zu heilen und Phänomene zu enträtseln, deren Ursache man erwiesenermaßen nicht kennt? Obwohl die Krise der Wirtschaftler weniger beklagt wurde als die Wirtschaftskrise, war sie doch nicht weniger beklagenswert.

Die eine wie die andere ließen vergessen, daß die Einschätzung eines Unglücks wie eines Glücksfalles von einem Kontext und seinen Präzedenzfällen abhängig ist. Die erschreckende Zahl von 20 Millionen Arbeitslosen hätte mit der Stärke einer arbeitenden Bevölkerung in den kapitalistischen Industrieländern* von etwa 300 Millionen konfrontiert werden müssen. Sicher sollte sie noch steigen. Doch die wesentliche Neuerung in den kapitalistischen Gesellschaften bestand im Verhältnis zu allen früheren ökonomischen Krisen darin, daß seither die Arbeitslosigkeit nicht mehr gänzliche Mittellosigkeit bedeutet. Diese Besserung entschuldigt zwar keineswegs den Kapitalismus – davon kann keine Rede sein –, ist jedoch kaum dazu geeignet, ihn weiter mit Vorwürfen zu überhäufen. Also wurde sie im allgemeinen schweigend übergangen. Ebenso wie die vor langer Zeit erworbene Garantie für jeden Arbeiter und seine Familie, daß es niemals an medizinischer Versorgung fehlen würde, so gering auch die Finanzmittel seien, vergessen, assimiliert, normal geworden ist.

Die Entwicklung des Kapitalismus wird ihn im übrigen während der Krämpfe, welche die Endphase seiner Agonie kennzeichnen, zweifellos dazu führen, daß er zwischen dem Recht auf Ressourcen und dem Recht auf Beschäftigung unterscheidet. Dies geschieht in der Praxis übrigens bereits in hohem Maße, denn in allen Industrieländern und mehr noch in den nachindustriellen Gesellschaften unterhalten zwei Personen drei

---

* Europa der Neun, Schweden, Finnland, Norwegen, Österreich, Schweiz, Spanien, Vereinigte Staaten, Kanada, Japan.

Untätige. Das Verhältnis zwischen produktiven Arbeitern und unproduktiven Personen, die also direkt oder indirekt den ersten zur Last fallen, kann sich nur noch verringern, da alle Forderungen auf die Verlängerung der Unterrichtszeit, die Verallgemeinerung einer beständigen Ausbildung und die Herabsetzung des Rentenalters hinauslaufen. Unter diesen Bedingungen ist schwer einzusehen, wie sich diese Forderungen mit der Ablehnung der Produktionssteigerung vereinbaren lassen, die gleichzeitig dem technischen Fortschritt, der Organisation und der ständig höheren Qualifikation der Arbeiter zu verdanken ist. Die Gewerkschaften hatten stets die Tendenz, sich technologischen Neuerungen zu widersetzen, welche eine Verringerung der unmittelbar nötigen Arbeitskraft auf Werkzeugniveau nach sich zogen, obwohl seit langem erwiesen ist, daß ein Produktivitätsanstieg, durch seinen Multiplikationseffekt rasch mehr Beschäftigung schafft als abschafft, da er Reichtum, also Aktivität erzeugt. Das Beispiel der unterentwickelten Länder und der kommunistischen Länder erweist zur Genüge, daß die Beschäftigung von zwanzig Personen für die Verrichtung der Arbeit einer einzigen ein Verarmungsfaktor ist. Dies bedeutet, daß ein einziger Lohn durch zwanzig geteilt wird, und nicht, daß zwanzig Beschäftigungen geschaffen werden, denn man kann nur teilen, was produziert wurde. In der Folge verringern sich die Ressourcen, und die Wirtschaft kann zwar die scheinbaren Beschäftigungen anwachsen lassen, doch erweist sie sich als immer unfähiger, die Bedürfnisse der Gesamtbevölkerung zu befriedigen. Nun nötigen aber Armut und Hunger eines Teils der Menschheit dazu, der Produktivität den Vorrang zu geben. Einem Bericht des Club of Rome* zufolge müßten nach der optimistischsten Hypothese, wenn die Weltbevölkerung im Jahre 2000 nicht 6 Milliarden 400 Millionen übersteigt, bis zu diesem Datum mindestens 1 Milliarde neuer Beschäftigungen geschaffen sein. Nach einer pessimistischen Hypothese wird noch vor 1990 die Milliarde *neuer* Beschäftigungssuchender erreicht sein. Auch die Internationale Organisation für Arbeit errechnet in einer 1974 veröffentlichten Studie, daß die Zahl der Beschäftigungssuchenden in fünfundzwanzig Jahren von einer Gesamtsumme von eineinhalb Milliarden auf zwei Milliarden sechshundert Millionen angestiegen sein wird. Die Erklärung der Arbeitslosigkeit und der Unterbeschäftigung scheint sich mir also nicht auf die »Krise des Kapitalismus«, auf die Anarchie des internationalen Währungssystems

---

* Mihajilo Mesarovic und Maurice Guernier; *Unemployment, a Creeping World Crisis,* Juni 1975.

und auf die Vervierfachung des Preises für Kohlenwasserstoffe zu beschränken. Was nun die Lösung betrifft, so dürfte sie nicht darin bestehen, daß fiktive Beschäftigungen geschaffen werden, sondern zunächst müßte das Weltbruttosozialprodukt angehoben werden. Was nützt es einer Gesellschaft, »allen ihren Bürgern Arbeit zu geben«, wie die sowjetische Gesellschaft vorgibt, wenn es ihr nicht gelingt, sie zu ernähren, wie in der UdSSR der Fall? Eine seltsame Gewissenlosigkeit, als einen Triumph des Sozialismus zu rühmen, daß man die Leute für ein Butterbrot zum Arbeiten zwingt.

Während des Sommers 1975 lag der durchschnittliche Lohn in Ungarn bei 2000 bis 2500 Forint im Monat, was etwa 90 Dollar entspricht oder einem Drittel des garantierten Mindestlohnes in Frankreich (SMIC), einem Viertel oder Fünftel der meisten Arbeitslosenunterstützungen, die in den kapitalistischen Ländern ausgezahlt werden, weniger als die Unterstützung, die in Frankreich bedürftigen Alten gegeben wird, und sehr viel weniger als die Einkommenshöhe, die in den Vereinigten Staaten als »Armutsgrenze« betrachtet wird und das Recht auf Unterstützung verleiht. Man wird darauf erwidern, daß in den sozialistischen Ländern viele Dienstleistungen gratis sind. Dies ist auch in den kapitalistischen Ländern der Fall, da man zum Direktlohn fast die Hälfte an indirektem Lohn hinzurechnen muß, der von den Unternehmen an verschiedene Sozialkassen und -organisationen ausgezahlt wird. Sogar im Spanien Francos bezahlten die Patienten seit langem keinen Pfennig mehr an die Apotheker. Was die sozialistischen Länder von den kapitalistischen unterscheidet, ist die Tatsache, daß z. B. die Medizin theoretisch gratis sein kann, es jedoch schwierig ist, sich behandeln zu lassen, steckt man dem Arzt nicht eine heimliche Gratifikation zu, wie im übrigen jedem kommunistischen Funktionär, der in der Lage ist, seinen Brüdern in Christo nützlich zu sein. Wie zu jeder bürokratischen Gesellschaft gehört zur kommunistischen unausweichlich die Herrschaft des Bakschisch. In Verbindung mit dem Schwarzmarkt macht sie ein Dasein erträglicher, das die offiziellen Leistungen nicht unterhalten könnten. Auf den ersten Blick müßten die bezahlten Ferientage, eine der kostbarsten Errungenschaften für die »Lebensqualität« und das persönliche Glück der Arbeiter, in der kommunistischen Wirtschaft, die das Gesetz des Profits hinter sich gelassen hat, geruhsamer sein als anderswo: Das stimmt nicht. Die Feriendauer in der UdSSR beträgt etwa zwanzig Tage im Jahr, und nur ein Viertel der Sowjetbürger verreisen bei dieser Gelegenheit: Kurz, das kommunistische Leben ist nach den Kriterien kapitalistischer Arbeiter von strenger Eintönigkeit.

Wenn die beiden Welten im Laufe jenes Sommers 1975 hätten tauschen können, wenn sich die Völker Osteuropas mit einem einzigen Schlag an die Stelle der Völker Westeuropas gesetzt hätten, und umgekehrt, so hätten die Arbeiter aus dem Westen – samt der Arbeitslosen – das Gefühl gehabt, eine finstere Misere würde sie an der Kehle packen, während der ruinierte, verurteilte Kapitalismus des Westens auf die Arbeiter aus den kommunistischen Ländern trotz seines erbärmlichen Zustandes immer noch den Eindruck von großem Luxus gemacht hätte. Die Polen sind sich im übrigen bewußt, daß sie vom Kapitalismus selbst in der Krise noch viel lernen und vor allem beziehen können. Um Konsumgüter zu importieren, verschulden sie sich tief beim Westen. Endes des Jahres 1975 betrug das Defizit ihrer Handelsbilanz etwa 3 Milliarden Dollar, dank dessen die Polen unter Gierek besser leben als unter Gomulka, trotz einer offiziellen Inflation von 6% und einer offiziösen von 15 %, das heißt, einer Inflation, die in einigen Fällen um vieles höher ist, als die der hauptsächlichen kapitalistischen Länder außer Großbritannien (doch samt Italien, dessen Inflationsrate zu jenem Zeitpunkt auf 12–13 % gesenkt werden konnte.)

Doch handelt es sich hier um industrialisierte kommunistische Länder. Als könnten noch primitivere Ökonomien das Geheimnis bergen, das die komplexe kapitalistische Ökonomie zu heilen vermag, das heißt, als könnten sie Probleme gelöst haben, die sich ihnen noch gar nicht gestellt haben, begab sich Lionel Stoleru, der Wirtschaftsberater des Präsidenten der französischen Republik, beauftragt, die »Wiederaufwertung der manuellen Arbeit« vorzubereiten, nach vielen anderen Politikern nach China, um sich dort über den Status der Arbeiter zu informieren. Er verfaßte darüber einen übrigens klugen und nuancierten Bericht*, dem man mit Erleichterung entnehmen kann, daß keine einzige chinesische Lösung auf Frankreich übertragbar ist, dessen niederschmetterndste Passagen jedoch merkwürdigerweise in dem lebhaften Ton und mit den lobenden Akzenten verfaßt sind, die gewöhnlich den Siegesmeldungen vorbehalten werden:

»Der chinesische Arbeiter hat eine Kaufkraft, die unvergleichlich viel niedriger ist als die des französischen Arbeiters, und arbeitet unter härteren Bedingungen, bei einer längeren Arbeitsdauer, einem freien Tag in der Woche, ohne bezahlte Ferien, unter viel schlechteren Wohnbedingungen (sehr häufig eine Familie in einem Zimmer). Darüberhinaus stagniert seine Kaufkraft seit fünfzehn Jahren, denn die

---

*L'Expansion, September 1975, N. 88.

meisten Löhne sind während dieser Zeit nicht gestiegen, und nur wenige Preise sind gesunken, während sich die Kaufkraft des westlichen Arbeiters im selben Zeitraum fast verdoppelt hat [...] Doch die wirkliche Lektion liegt nicht in den absoluten Vergleichen: sie liegt im relativen. Im Verhältnis zu anderen Mitgliedern der Gesellschaft ist der Rang des manuellen Arbeiters in China unvergleichlich viel höher als in Frankreich und den westlichen Demokratien. Dies gilt für das Lohnniveau, da ein erfahrener und qualifizierter Arbeiter ebensoviel oder mehr verdient als ein Arzt, ein Lehrer oder ein ziemlich hoher Beamter.« Es gibt keine elegantere Weise zu sagen, daß der Kapitalismus die Tendenz habe, den Lebensstandard der Arbeiter auf das Niveau des Beamten oder des Arztes zumindest der vorangehenden Generationen (siehe weiter oben »L'O.S. et le conseiller d'Etat«, den Artikel von Fourastié) anzuheben, während der Kommunismus dagegen erreicht, daß der Arzt und der Beamte ebenso wenig verdienen und ebenso schlecht leben wie der Arbeiter. Diese zweite Auffassung von Gesellschaftsreform hat gewiß den Vorzug, daß sie unvergleichlich viel leichter ins Werk zu setzen ist als die erste. Sicher, China ist ein unterentwickeltes Land, und jeder Vergleich mit Westeuropa wäre unfair und entbehrte der wissenschaftlichen Tragfähigkeit, doch wird man, laut Stoleru, der ein präziser und informierter Beobachter ist, bemerken, daß die chinesische Kaufkraft, sogar gemessen an den Kriterien und auf der Ebene der Unterentwicklung, stagniert, schlimmer noch, seit fünfzehn Jahren. Die »chinesische Lösung« des wirtschaftlichen Aufstiegs erscheint im Lichte dieser Realität also weniger wunderbar als nach der maoistischen Rhetorik. Sie ähnelt auf alarmierende Weise dem gigantischen »Fortschritt« der stalinistischen Ökonomie zwischen 1927 und 1932, welcher auf fast irreversible Weise die sowjetische Landwirtschaft zerstörte und darüberhinaus einige Millionen Landwirte. Bei dieser Gelegenheit möchte ich bemerken, daß die Leiden, welche die Arbeiter der kapitalistischen Welt während dieser selben Jahre erduldeten, so groß sie auch gewesen sein mögen, doch nicht an die Qualen heranreichten, die dem sowjetischen Volk absichtlich zugefügt wurden.

Auf jeden Fall geht aus dem etwas groben Überblick über einige Aspekte der Weltwirtschaft gegen Ende des Jahres 1975 hervor, daß die Ergebnisse des Kapitalismus trotz allem etwas weniger entsetzlich sind als die anderer Systeme, daß man sie jedoch innerhalb des Kapitalismus selbst gern als noch entsetzlicher hinstellt.

Wenn uns also der Kapitalismus stets krank erscheint, bald aufgrund eines Anstiegs der Aktivität, bald weil er die Bedürfnisse nicht befriedigt, bald weil er sie bis zur Vergeudung erfüllt, sie überschreitet oder sie sogar perfide anstachelt, wenn er stets »in Krise« erscheint, so vielleicht, weil er immer an eine kritische Gesellschaft gebunden war.

Zunächst einmal steckt er wirklich in der Krise. Weiter werden seine Krankheiten aufmerksam beschrieben. Welchem Wirtschaftssystem ging oder geht es ständig gut? Doch welches andere Wirtschaftssystem außer dem Kapitalismus wurde von sich selbst so scharf überwacht? Ob nun der Vergleich gefällt oder nicht, man muß sich in der Tat entschließen, festzustellen, daß die moderne Demokratie gleichzeitig mit dem Industriekapitalismus entstanden ist. (Ich sage »modern« im Gegensatz zu einigen antiken und mittelalterlichen Stadtstaaten, die juristisch und praktisch nur einen verschwindend kleinen Anteil ihrer Bevölkerung einschlossen.) Ich weiß nicht, welches der beiden Phänomene die Ursache für das andere war, doch diese Koinzidenz zwischen der Herausbildung der liberalen Gesellschaft, die sich auf die politische Demokratie stützt, oder deren wesentliche Komponente die politische Demokratie ist, und dem Aufschwung der kapitalistischen Wirtschaft, ist ein beunruhigendes historisches Faktum. Es ist ein charakteristisches Merkmal der liberalen Zivilisation, daß die Kritik zu einer Funktion wird, das heißt buchstäblich, daß diese Gesellschaft ohne Kritik anscheinend nicht funktionieren kann, während die anderen Gesellschaften anscheinend im Gegensatz dazu mit ihr nicht funktionieren können. Sie zerstören sie, um nicht selbst zerstört zu werden, machen sie nebensächlich, geheim oder unmöglich.

Der Hauptgegenstand der Kritik in der liberalen Gesellschaft ist die Organisation der Wirtschaft selbst. Die Wirtschaftswissenschaft konstituiert sich in dem Augenblick als gesonderte Disziplin, da der Kapitalismus und die Demokratie beginnen, Produktions- und Regierungssysteme zu werden, welche auf beiden Seiten des Atlantik vorherrschen. Gestehen wir zu, daß diese vorgebliche Wissenschaft nur eine ideologische Rechtfertigung der kapitalistischen Ausbeutung ist: Zumindest mußte sie existieren, damit die Heuchelei entlarvt wird, mußte es eine politische Ökonomie geben, damit es eine »Kritik der politischen Ökonomie« gibt, die Adam Smith und Ricardo geschrieben haben, damit Marx sie widerlegte. Ob sie nun ideologisch war oder nicht, die Wirtschaftstheorie verwandelte seit dem 18. Jahrhundert das Wirtschaftsleben, das bis dahin unbewußt hingenommen wurde, in einen Gegenstand der Beobachtung, der Analyse und der Diskussion. Die Vielzahl selbst und die rasche Abfolge der Interpretationen sind ein

Zeichen dafür, daß die Infragestellung des »Systems« seitdem zur Gewohnheit, vielleicht zur Notwendigkeit wurde. Diese Infragestellung erstreckt sich bis auf die Vorherrschaft des ökonomischen Faktums selbst, eine Feststellung, die mit der Romantik begonnen hatte und sich in den zeitgenössischen Forderungen fortsetzt, welche die »Lebensqualität« betreffen, das heißt, die Bewußtwerdung, um John Kenneth Galbraith zu zitieren, daß »das Kriterium des wirtschaftlichen Erfolges nicht unser Produktionsniveau ist, sondern das, was wir tun, um das Leben erträglich und angenehm zu machen«. Die Übernahme eines solchen Kriteriums setzt im übrigen voraus, daß die Produktion zunächst das gehobene Niveau erreicht hat, zu dem der Kapitalismus, und er allein, gelangt ist*.

Die Kritik des ökonomischen Gebietes ist in den vorindustriellen Gesellschaften – außer unter moralischem Gesichtspunkt – unbekannt, weil man noch nicht gelernt hat, es zu isolieren, noch es in seiner Gesellschaft zu erfassen, und in den kommunistischen Gesellschaften ist sie verboten, denn sein Prinzip anzugreifen, kommt der Unterhöhlung der Grundlagen der politischen Macht gleich.

Zu glauben, eine Gesellschaftsorganisation wandle sich völlig oder gar nicht, man habe nur die Wahl zwischen Immobilität und Revolution, heißt im übrigen, auf alle Gesellschaften ein Gesetz zu übertragen, das nur für totalitäre Kollektivitäten zutrifft. Allein in ihnen macht die wechselseitige Abhängigkeit der Teile die Modifikation eines einzelnen von ihnen gefährlich für die Stabilität des Gesamtgebäudes. Die leitende Klasse überschneidet sich in ihnen mit den Inhabern der politischen Autorität. Es gibt keine andere als die politische Macht, sowohl in der Wirtschaft, wie den Bräuchen, wie den Wissenschaften oder Künsten. Das Tridentiner Konzil hatte das ästhetische Schaffen mit kleinlicher Wachsamkeit reglementiert, und ging so weit, in Italien das Theater zu verbieten, ebenso wie es heutzutage in China mit Ausnahme der zwei oder drei von der Partei geschaffenen Opern der Fall ist. Dem Himmel sei Dank, daß die Kardinäle und Bischöfe des 16. Jahrhunderts bessere Kenner waren als die sowjetischen Führungskräfte und die gegenwärtigen Maoisten, was die Christenheit zumindest im Hinblick auf die bildenden Künste vor dem totalen künstlerischen Desaster bewahrte, mit dem später die kommunistische Welt geschlagen wurde.

*J. K. Galbraith, *A Contemporary Guide to Economics, Peace and Laughter*, Boston 1971, Vorwort. Wahrscheinlich ist es Galbraith, der die Formel »Lebensqualität« im Jahre 1963 eingeführt hat. Siehe Kap. I des zitierten Buches: »Wirtschaft und Lebensqualität«, die Neubearbeitung des Textes eines Vortrages, den er im Jahre 1963 gehalten hatte.

200

Im Gegensatz zu den totalitären Gesellschaften bilden die liberalen Gesellschaften eben keinen Block, dessen Teile derart starr zusammengeschweißt sind, daß das geringste Ausscheren an einem Punkt seitens eines einzigen Mitgliedes der Gruppe als eine Rebellion aufgefaßt wird, die sich gegen das Leben des Systems richtet. Was den Liberalismus charakterisiert, ist gerade die (gewiß nicht totale, sondern im Verhältnis zu dem, was ihm vorausging, relative) Autonomie der verschiedenen Tätigkeitsbereiche. Allein schon die Tatsache, daß die marxistische Theorie vom »ideologischen Überbau« in der Mitte des 19. Jahrhunderts erfunden wurde, ist in gewisser Weise der indirekte Beweis für diese Lockerung der Verknüpfung zwischen den Bereichen der Produktion und des Ausdrucks. Denn wenn man erklärt, die Literatur, die Malerei, die Philosophie brächten die Bestrebungen der herrschenden Klasse zum Ausdruck, indem sie die Herrschaft rechtfertigten und sich an sie richteten, wenn dies eine *These* wird, so konnte sie erst von dem Moment als notwendig erscheinen, da sie nicht mehr völlig zutraf. Für einen Künstler, der ein Zeitgenosse Ludwigs XIV. war, war diese Unterordnung offenkundig, und der Nachweis hätte ziemlich überflüssig, ja sogar komisch gewirkt.

Der Liberalismus hat zunächst die Bezeichnung der Regierungsweise eingeführt, die unter dem Namen politische Demokratie bekannt wurde, und von einer zwar nur annähernden, doch ziemlich häufig zufriedenstellenden Anwendung der Konzeption Montesquieus über die Gewaltenteilung begleitet wurde. Er hat weiter die Vielfalt, also die Auswahl eingeführt in Sachen Kultur, Philosophie, Moral, Religion, Erziehung, Information, Privatleben, Kunst und Geschmack – einschließlich des schlechten –, politischer Entscheidung, samt der, die darauf abzielt, die Gesellschaft, in der man sich befindet, zu zerstören (was eine ausgeprägte Neuerung in der Geschichte der Gesellschaftssysteme ist). Ich ziehe es vor, von kultureller, ideologischer oder politischer *Vielfalt* zu sprechen anstatt von *Freiheit*. Freiheit enthält metaphysische Anklänge, und es gibt jetzt schon genug Metaphysik in der Politik und Politik in der Metaphysik. Jeder beliebige potentielle Despot kennt die plumpe List, zu behaupten, niemand habe jemals genau definieren können, was Informationsfreiheit oder Gewerkschaftsfreiheit sei. Überlassen wir also diese unauslotbaren Mysterien der Scharfsicht der Stalinisten, und begnügen wir uns mit der Behauptung, daß ein jeder in der Praxis genau erkennt, was dies bedeutet, nämlich die *Wahl* zwischen mehreren Zeitungen, mehreren Fernseh- und Rundfunksendern und mehreren Arbeitervereinigungen. Diese

Wahl darf offenkundig nicht die Folge einer rein numerischen Vielfalt sein (die Sowjetbürger haben die Wahl zwischen *Iswestja* und *Prawda*), sondern einer Vielfalt des Inhalts, der Quellen und der Initiative. Daß der Kapitalismus die Gewerkschaftsbewegung hervorgebracht hat, verweist scheints darauf, daß sein Funktionieren selbst tatsächlich an den Liberalismus gebunden ist. Sagt man, die Gewerkschaftserrungenschaften seien kein Geschenk der Arbeitgeber, sondern Ergebnis der Arbeiterkämpfe, sie seien nicht durch das System, sondern gegen es realisiert worden, so ruft dies nur das stärkere Argument auf den Plan: Denn das Bemerkenswerte an der liberalen Gesellschaft ist die Eigenschaft, daß Aktionen, die sich *gegen* die herrschende Klasse und Macht richten, akzeptierte *Institutionen* hervorbringen, die diese Herrschaft schwächen und teilen. Dies kommt nicht häufig vor. Es ist natürlich wichtig, zu unterscheiden, was durch und was gegen das System erreicht wurde, ohne jedoch aus dem Auge zu verlieren, daß diese beiden Arten von Resultaten einschließlich solcher, die es wesentlich ändern, *im* System erzielt wurden. Diese Verfügbarkeit rührt im übrigen daher, daß der Terminus Liberalismus weniger einen Inhalt bezeichnet, der von der Gesellschaft schon bestimmt ist, sondern die Weise, ihn sich allein durch das Spiel der Klassen, Gruppen und Individuen bestimmen zu lassen. Alle anderen Zivilisationen stellen dem Individuum eine Wahrheit, eine Moral, ein Ziel anheim und zwingen sie ihm auf. Die liberale Zivilisation ist die einzige, die dem Individuum diese Verantwortung nicht abnimmt, und sie könnte es nicht, ohne sich selbst zu verleugnen, denn sie gründet sich auf das Prinzip der Vielfalt und der Wahl. Vielleicht ist das ein Mangel, doch ebenso muß man sehen, daß man ihn nur durch die Rückkehr zu Zivilisationen ausgleichen könnte, die auf einer Staatsreligion basieren wie das Ancien Régime oder auf einer Staatsphilosophie wie die UdSSR oder auf beidem zugleich wie China (wo sich Mao-Kult und dialektischer Materialismus vermischen). In dem Moment, da man als eines der Menschenrechte jenes äußerst seltene und spät erst tolerierte Phänomen: *die Koexistenz verschiedener Moralitäten** erachtet (und dies geschieht mehr und mehr in den heutigen liberalen Gesellschaften Westeuropas und Nordamerikas), kann man nicht gleichzeitig verlangen, daß die Gesellschaft einem die Wahl einer Moral abnimmt. Ungeachtet dessen speist diese Inkonsequenz täglich ganze rhetorische

---

* Gerade dies betont Marc Ullmann im Hinblick auf Amerika in »La Revolution silencieuse«, in: *Informations et documents*, Nr. 301, 1. Dezember 1970.

Ströme, und man hört dieselben Prediger beklagen, daß unsere Gesellschaft der Jugend keinerlei »Werte« mehr anzubieten hat, und sich entrüsten, wenn sie es tut, da das Anbieten eines Wertes offenkundig eine Zensur der anderen und eine Begrenzung der individuellen Initiative bedeutet. Wie kann man zugleich der Gesellschaft vorwerfen, sie gäbe uns keine Werte und sie anklagen, sie sei repressiv, da sie das Feld unserer sexuellen oder intellektuellen Erfahrungen einschränkt, und der Unterricht sogar nicht-direktiv sein muß, um nicht als verstümmelnder Mißbrauch eines Wissens, das Macht ist, zu wirken?

Seit Locke und Montesquieu dessen Theorie entwickelt haben, bestand der Ehrgeiz des Nationalstaates darin, der bürgerlichen Gesellschaft alle Autonomie zuzubilligen, die mit der kohärenten Leitung der öffentlichen Angelegenheiten vereinbar ist. Heutzutage wird dieses Bestreben von den wachsenden Pressionen durchkreuzt, welche Gruppen und Individuen auf den Staat ausüben, um sein Eingreifen, seinen Schutz und seine Hilfe bei allen Arten von Schwierigkeiten zu verlangen. Die Hoteliers der Wintersportgebiete verlangen vom Staat Entschädigungen, wenn der Schnee nicht früh genug gefallen ist, damit ihre Häuser vollbelegt werden; die Kleinhändler verlangen von ihm, sie vor dem Bankrott zu retten, die Arbeiter einer Fabrik, die in Konkurs geht, verlangen, daß er ihnen ihre Beschäftigung garantiert, indem er die Firma wieder flott macht (ohne sich jedoch in die Verwaltung einzumischen). Die Geiseln, die auf nationalem oder ausländischem Territorium von politischen Aufrührern oder Gangstern gefangengesetzt wurden, zählen darauf, daß der Staat sie zu jedwedem finanziellen oder diplomatischen Preis befreit, ebenso wie die Theatergruppen oder Musikvereine auf seine Subventionen rechnen. Dagegen duldet keine Gruppe, kein Individuum, daß der Liberalstaat ihre Aktivität reglementiert, vor allem, wenn sie ausnahmsweise nicht an ihn appellieren. Nun sind aber diese beiden Forderungen widersprüchlich, denn jede Aktion des Staates zugunsten eines Individuums oder einer Gruppe stellt einen Zwang für andere Individuen oder Gruppen dar. Wenn der Staat *zugunsten* der französischen Weinbauern eingreift und zum Beispiel die italienischen Weine besteuert, so greift er *gegen* die französischen Konsumenten italienischer Weine ein, indem er sie zwingt, mehr zu bezahlen oder französische Weine zu trinken. Genaugenommen ruft jeder Bürger in einer liberalen Gesellschaft, jede Bürgergruppe die Tyrannei des Staates einzig zu ihren Gunsten gegen alle anderen Bürger zu Hilfe. Unter diesen Bedingungen wird der

Liberalstaat unablässig und mit wachsender Aggressivität zugleich aufgefordert, einzugreifen und sich in nichts einzumischen. Das ist der Grund, weshalb die Ausübung einer Macht, die diesem Antagonismus ausgesetzt ist, derart zermürbend wirkt. Sie kann auf die Dauer, ohne sie zu zerbrechen, nur Personen übertragen werden, die mit einem unerschütterlichen Phlegma begnadet oder schon verrückt sind.

Dennoch ist es den liberalen Staaten vor allem seit 1960 gelungen, die Erfüllung dieser beiden entgegengesetzten Forderungen ziemlich weit voranzutreiben: die Erhöhung der Verantwortlichkeit der Gesellschaft jedem einzelnen Mitglied gegenüber, die Ausdehnung des Bereichs, in dem sich die Originalität von Individuen, Minoritäten und Untergruppen ohne Hindernis entfalten kann.

Doch die stalinistische oder dem Stalinismus dienende Polemik besteht darin, die liberalen Staaten als eigentlich totalitäre hinzustellen, obwohl es eher die parzellierten Gesellschaften sind, in denen sich die verschiedenen Teilstücke immer weniger in ein und dasselbe Muster einfügen lassen.

Diese totalitäre Darstellung der liberalen und demokratischen Regierungen stützt sich auf einige Überlegungen, deren Gemeinsames auf dem Hintergrund einer scheinbaren Verschiedenheit darin besteht, die Ausnahme als Regel, das Randphänomen als Zentralphänomen hinzustellen. Oder auch, nach einem Verfahren, was wir schon im Hinblick auf ökonomische Tatsachen am Werke sahen, werden Mittel der Unterdrückung als Erfindungen des Liberalismus, als Ausdruck seines Wesens hingestellt, die er ganz im Gegenteil häufig abgeschwächt hat, nachdem sie ihm überkommen waren.

Zum Beispiel legt Michel Foucault in *Surveiller et punir* (Überwachen und Bestrafen)* dar, daß die westliche Zivilisation seit Beginn des 19. Jahrhunderts auf alle Arten von »Einschließungen« zurückgegriffen habe: der Kinder in Schulen, der Kranken und Wahnsinnigen in Hospitäler, der Verurteilten in Gefängnisse. Auf diese Weise sehen sich die Gemeinschaft und jedes Einzelindividuum einer beständigen Überwachung ausgesetzt. Übrigens taucht für Michel Foucault das

---

*Paris 1975. Michel Foucault ist Professor am Collège de France. Ich verweise auf diese Tatsache, wie weiter oben bei dem Zitat von Le Roy Ladurie, nicht aus eitlem Vergnügen, Lehrstühle, Ämter und Titel der Autoren, die ich zitiere, aufzuführen, sondern um hervorzuheben, wie bezeichnend die Ansichten, die ich wiedergebe, sind, und daß sie eben nicht die Phantasien exzentrischer Provokateure sind, sondern das Denken hervorragender Repräsentanten des französischen intellektuellen Establishment von seiner offiziellsten Seite.

Individuum gerade in dem Moment und deswegen auf. Der Begriff der Individualität; das Bewußtsein der Individualität, welche zuvor unbekannt waren, sind die Produkte jener Zivilisation der Überwachung, die jeden Menschen in einen besonderen Fall verwandelt, den man beobachtet und katalogisiert. Foucault schildert damit genau eine Polizeigesellschaft, in der jeder, von der Spitze der Gesellschaft bis zu ihren geringsten Mitgliedern, vierundzwanzig Stunden am Tag unter der Kontrolle der Machthaber steht: Doch diese totalitäre Gesellschaft ist weder die UdSSR, noch China, noch Nazideutschland, noch die aus *1984* von Orwell, es ist das heutige Frankreich, die Niederlande, die Vereinigten Staaten.

Die beiden Hauptstücke der These Foucaults bestehen zum einen darin, daß die Situation des Schülers, des Geisteskranken und des Gefängnisinsassen als identisch betrachtet werden; zum anderen, daß implizit für nachgewiesen erachtet wird, daß sich diese drei Kategorien mit der Gesamtgesellschaft identifizieren lassen. Nun sind aber diese drei Arten von Eingeschlossenen nicht nur ziemlich heterogen, sondern auch weit davon entfernt, die Gesamtbevölkerung zu erfassen. Doch wenn darüber hinaus uns auch die Bedingungen des Strafgefangenen noch so barbarisch, das Leben in den Lyzeen und Kollegien des 19. Jahrhunderts noch so finster erscheinen mag, so kennzeichneten sie beide nichtsdestoweniger den Beginn eines Bedürfnisses nach Humanisierung: zum ersten des Strafrechtes, zum zweiten der Pädagogik. Die repressive Einschließung der Schüler, die sich im Laufe des 15. Jahrhunderts und keineswegs mit der liberalen Gesellschaft entwikkelte, tritt gerade im Gegenteil durch den heute üblichen Brauch des nicht »überwachten« Externats völlig in den Hintergrund.

Philippe Ariès, einer der Historiker, dessen Forschungen am meisten zur Kenntnis der vorliberalen Gesellschaften beigetragen haben, zeichnet diese Geschichte genau nach. Nachdem er daran erinnerte, daß die frühen mittelalterlichen Schulmeister sich keineswegs für das Betragen ihrer Schüler außerhalb der Unterrichtsstunden interessierten – eine Gleichgültigkeit, die heutzutage wieder aufgetreten ist –, schreibt er: »Die autoritäre und hierarchisierte Führung der Kollegien ermöglichte seit dem XV. Jahrhundert die Einrichtung und Entwicklung eines beständig strengeren Disziplinarsystems [. . .] Um dieses System zu definieren, kann man es nach seinen drei Hauptmerkmalen unterscheiden: die beständige Überwachung – die zum herrschenden Prinzip und zur Institution erhobene Denunziation –, die verbreitete Anwendung körperlicher Bestrafung [. . .] Die Bemühung, die Kindheit zu erniedrigen, um sie abzuheben und zu ducken, wurde im Verlauf des XVIII. Jahrhunderts abgemildert, und die Geschichte der schulischen Disziplin ermöglicht es, dem Wechsel des Kollektivbewußtseins in diesem Hinblick zu folgen [...] In Frankreich tat die öffentliche Meinung im Hinblick auf die scholastische Disziplin einen Widerwillen kund, der gegen 1763, als man die Verurteilung der Jesuiten benutzte, um das Schulsystem zu reorganisieren, zu deren Abschaffung führte*.« Erst im Augenblick , da sich die scholastische Knechtschaft schließlich lockerte, sieht der Autor von *Überwachen und Bestrafen* sie entstehen.

Ich verschließe mich keineswegs, wie ich betonen möchte, vielen zutreffenden Beobachtungen Michel Foucaults über die Zustände in Gefängnissen und Geistesanstalten. Ich beschränke mich hier auf den Versuch, zu erklären, wie der Philosoph zunächst durch eine Umkehrung der historischen Entwicklung, wie sie sich wirklich zugetragen hat, und dann durch eine Verallgemeinerung der für die Gesamtheit ausschnitthaften Bereiche dahin gelangt, das Bild einer totalitären Gesellschaft zu zeichnen, wo wir meinen, eine liberale Gesellschaft zu sehen – die selbstverständlich repressive Aspekte hat, doch dies ist eine andere Sache.

Denn was zählt, sind die herrschenden Züge einer Gesellschaft, zumindest wenn man sie in ihrer Gesamtheit definieren und charakterisieren will. Es gibt liberale Großzügigkeiten in totalitären Gesellschaften und faschistische Verhaltensweisen in liberalen Gesellschaften. Doch welchen Historiker würde man ernst nehmen, schriebe er, Großbritannien *ist* ein katholisches Land, weil es in Großbritannien Katholiken gibt? Oder schriebe er, es sei im 20. Jahrhundert in Frankreich verboten, die protestantische Religion zu praktizieren, indem er sich darauf beruft, daß in irgendeinem Dorf der Bretagne oder des Baskenlandes es keine Kirche gebe, und daß ein protestantisches Kind unter den Derbheiten seiner Schulkameraden zu leiden hatte?

Dennoch, gerade dieses intellektuelle Verfahren ist eine der geläufigen Prozeduren, durch welche die liberalen Gesellschaften in totalitäre umgewandelt werden. Man verzeihe mir, wenn ich mich hier auf eine Episode beziehe, in die ich selbst verwickelt war, doch die Tatsachen, die mir zustießen, sind nichtsdestoweniger beweiskräftig.

Im März 1975 erschien die französische Übersetzung des Buches *Bloodbath* von Noam Chomsky, in dem der berühmte Linguist noch

---

* Phillipe Ariès, *l'Enfant et la vie familiale sous l'Ancien Régime*, Paris 1960; Neuauflage 1973.

einmal die Verbrechen des amerikanischen Imperialismus vor allem in Vietnam aufdeckte. Jener französischen Übersetzung, *Bains de sang*, ging ein Vorwort des überaus talentierten Schriftstellers und Philosophen Jean-Pierre Faye voraus, ein Vorwort, das den Titel *Archipel Bloodbath* trug. Dieser Titel sollte offenkundig einen Vergleich mit dem *Archipel Gulag* herbeizitieren, den vor allem die Wochenzeitschrift sozialistischer Tendenz *Le Nouvel Observateur** zog, welche die Information hinzufügte, daß dieses Buch von Chomsky in den Vereinigten Staaten »der Zensur zum Opfer gefallen« sei. Auf diese Weise ist – wie man als Schlußfolgerung dieses Kommentares lesen konnte – die Symmetrie zwischen der UdSSR und den Vereinigten Staaten vollkommen hergestellt. Der *Archipel Bloodbath* stellt das genaue Gegenstück zum *Gulag*, dem Werk Solschenizyns, dar, das in der UdSSR verboten war *wie* jenes von Chomsky in den Vereinigten Staaten. Doch – und hierauf beruhte der Skandal – sprach man überall nur vom *Gulag* und keineswegs von den amerikanischen Verbrechen; von der Vertreibung Solschenizyns und keineswegs von der Repression, welche die Stimme Chomskys erstickt.

Da ich in derselben Woche eingeladen war, an einer Fernsehsendung über die Vereinigten Staaten teilzunehmen, in deren Verlauf man unter anderen Büchern *Bloodbath* besprechen würde, nahm ich diese Überlegung mit Interesse zur Kenntnis. Die Behauptung, derzufolge niemand jemals die amerikanischen Verbrechen in Vietnam aufgedeckt hätte, erschien mir als eine Übertreibung, die nicht annähernd die Realität wiedergab. Aber im Grunde war dies eine Frage der Einschätzung: Man würde sie niemals ausreichend verurteilen. Doch die Behauptung, daß *Bloodbath* in Amerika »zensiert« wurde, bedeutet, daß man sich auf kontrollierbares Gebiet begibt. Der Begriff Zensur bezeichnet etwas Präzises, die Tätigkeit einer offiziellen Organisation, die vor oder nach der Veröffentlichung die Befugnis hat, einen Text oder einen Film teilweise zu beschneiden oder ganz zu unterdrücken. Selbstverständlich gibt es geheime Zensuren, wie jene, die bis zum Tode des Präsidenten George Pompidou auf das französische Fernsehen ausgeübt wurde, doch damit sie nicht unwirksam ist, muß noch hinzukommen, daß sie es mit einem verstaatlichten Fernsehen zu tun hat. Wenn es keine, eingestandene oder nicht eingestandene, direkte Kontrolle gibt, kann man von Pressionen sprechen; es handelt sich dann nicht um eine Zensur im technischen Sinne des Begriffes.

* 29. März 1975.

Zwar ist die Idee für die meisten Europäer unangenehm, doch ist es eine Tatsache: Niemals gab es eine Zensur in den Vereinigten Staaten, nicht einmal während des Krieges, nicht einmal während die amerikanische Presse im Laufe des Jahres 1942 Militärnachrichten veröffentlichte, die für die Japaner nützlich waren, oder im Jahre 1971 geheime Staatsdokumente, die aus dem Verteidigungsministerium gestohlen wurden, die berühmten *Pentagon Papers.* In diesem letzten Falle gab es sogar weder Zensur noch Verhaftungen, sondern die Justiz wies die Klage der Regierung zurück und befreite damit die Zeitungsdirektoren von der Anklage.

Juristisch konnte also nicht die Rede davon sein, daß das Buch Chomskys in dem Sinne zensiert worden sei, wie es die Europäer verstehen, das heißt, in einem Sinne, der formal der amerikanischen Verfassung entgegengesetzt ist, die, wie ich bereits sagte, in diesem Punkte niemals verletzt wurde. Darüberhinaus war es unwahrscheinlich, daß die Regierung sich plötzlich zwei Jahre nach der Einstellung der Feindseligkeiten in Vietnam anschickte, einen Autor durch heimliche Machenschaften zum Schweigen zu bringen, der frei und ungestraft zahlreiche Bücher, Artikel und Anklagereden mitten im Krieg selbst verfaßt hat. Überdies ist Chomsky zu berühmt, als daß er nicht publizieren könnte, was er will und wann er will. Dies wäre nicht plausibel.

Ich telefonierte also mit einem Freund in den Vereinigten Staaten und bat ihn, sich nach den Fakten zu erkundigen.

Folgendes war passiert: Der Vertrag war mit einem Verlagshaus unterzeichnet worden, das sich kurz darauf genötigt sah, mit einem anderen zu fusionieren. Der neue literarische Direktor, der kurz nach der Übernahme eingestellt worden war, hatte beschlossen, den Vertrag mit Chomsky zu lösen, das Werk nicht mehr ausliefern zu lassen, und dies in der Tat aus politischen Gründen. Der neue Direktor war von der Rechten, und der Text Chomskys mißfiel ihm.

Doch diese Weigerung hat nichts mit einer Zensur zu tun. Wenn der Direktor des *Nouvel Observateur* zum Beispiel aus seiner Zeitschrift einen Artikel entfernt, welcher die Sozialistische Partei angreift, so übt er nicht etwa einen Akt der Zensur aus, sondern das Recht, über das er verfügt, keine Meinung zu verbreiten, die der seinen entgegengesetzt ist. Dieses Recht steht keineswegs im Gegensatz zur Freiheit der Meinungsäußerung in einem pluralistischen System, in dem jeder Bürger politische Artikel veröffentlichen kann. Ein kapitalistischer Verleger ist nicht der Staat, er hat nicht, wie der Sowjetstaat, das Monopol auf die

Herausgabe; die absolute Macht zu verhindern, daß Ideen, die den seinen entgegengesetzt sind, gleichgültig wo, gedruckt erscheinen; seinen Geboten steht keine Polizeilegion mit dem Auftrag zur Verfügung, diejenigen Mitbürger, die nicht seiner Meinung sind, zu verhaften und zu deportieren. Daß der störrische Verleger in der Chomsky-Affäre ein Reaktionär war, unterscheidet seine legalen und praktischen Verfügungsrechte keineswegs von denen, die der Direktor des *Nouvel Observateur* innehat. Ein demokratisches Land ist nicht etwa ein Land, in dem es keine Rechten gibt: Es ist ein Land, in dem niemand das Meinungs- und Machtmonopol hat. Die Handlungsweise eines Kinobesitzers, der sich weigert, einen Film aufzuführen, mit einer Situation zu verwechseln, in der der Staat das Monopol auf Filmproduktion besitzt, ist zumindest unverantwortlich. Im übrigen sind umfangreiche Auszüge aus *Bloodbath* im *New Review of Books* erschienen. Jedenfalls war ein Punkt klar: Die offiziellen Behörden hatten sich weder direkt noch indirekt in diese Geschichte eingemischt.

Genau das sagte ich im Verlaufe der Sendung (die am 4. April in Paris stattfand). Doch die Anhänger der totalen Vergleichbarkeit der sowjetischen Zensur und der amerikanischen »Zensur« wandelten ihre Meinung um keinen Deut. Gewiß sei es (wie sie in der darauffolgenden Woche erwiderten) dumm, die Existenz der »formalen« Freiheiten in den Vereinigten Staaten zu leugnen (da haben wir es wieder!). Doch muß man verstehen, und diese mißliche Angelegenheit hat es auf eklatante Weise erwiesen, daß die Regierung in einer derart perfektionierten Zensureinrichtung *es nicht einmal nötig hat,* direkt einzugreifen, um das Verbot von Büchern, die sie unterdrücken will, zu erreichen.

Diese Argumentation ist keineswegs ungewöhnlich. Sie ist sogar so banal, daß man sie als Zusammenfassung der offiziellen These des erweiterten Stalinismus betrachten kann, einer These, die allgemein von den Anhängern des Leninismus mit marxistischer Tendenz zumindest in Europa und Lateinamerika anerkannt wird. Wenn sie wahr ist, wie viele glauben, so geht daraus hervor, daß der Unterschied zwischen einer Gesellschaft, in der die Zensur von der Macht des »Geldes« ausgeübt wird, und einer Gesellschaft, in der sie von einer Staatspolizei ausgeübt wird, geringfügig ist. Diese letzte Gesellschaft wäre sogar ein wenig moralischer als die liberale kapitalistische Gesellschaft, da zwar beide totalitär sind, die kommunistische Gesellschaft jedoch zumindest nicht der Diktatur des »Profits« unterworfen ist. Wie eines Tages in einem Rundfunkkommentar einer der besten französischen Wirtschaftsjournalisten, ein Mann, den ich überaus schätze, und der keineswegs ein

Fanatiker ist, was seine Auffassung um so repräsentativer für eine durchschnittliche, normale und allgemeine Stimme macht, erklärte: »Unsere Gesellschaft hat der Jugend nichts anderes zu bieten als Arbeitslosigkeit, Inflation, die Herrschaft des Geldes, des Blutes auf den Titelseiten und des Sex im Kino.« *Nichts anderes,* Sie haben richtig gelesen. Ist nicht von daher jede Veränderung vorzuziehen, da sie keinesfalls unsere tragische und verworfene Situation verschlimmern kann?

Selbst wenn man nicht so geschmacklos sein will, auf den Fortbestand der »Herrschaft des Geldes« auf dem Wege der Korruption und des Schwarzmarktes in den kommunistischen Gesellschaften zu insistieren, so muß man doch anmerken, daß die Einwohner der totalitären Länder selbst sehr wohl wissen, daß es einen grundsätzlichen Unterschied zwischen der Überwachungs- und Repressionsmacht, der sie unterworfen sind, und dem »repressiven« System des wenngleich anrüchigen Liberalismus gibt. Sie verfügen über ein außerordentliches Geschick, ihr Los mit einer Überfülle an Details, die eine geschärfte Beobachtungsgabe und eine ständig wache Intelligenz erkennen läßt, zu beschreiben. Man liest hin und wieder in der sowjetischen Presse Darstellungen, wie das totalitäre Regime auf dem Alltagsleben lastet, die einem das Blut in den Adern gefrieren lassen. Doch diese Luzidität entfaltet ihren vollen Glanz ausschließlich im Zusammenhang mit fernliegenden Phänomenen, fremden Ländern und falschen Bruderparteien: »Für mich ist China eine riesige Kaserne, die beständig in Spannung und Furcht lebt«, schreibt David Karpil in der sowjetischen Wochenzeitschrift *Literaturnaja Gazeta.* »Die maoistische Lebensweise beruht auf Überwachung der Bürger. Mehrere Häuser bilden eine Zelle, deren Mitglieder gehalten sind, sich gegenseitig von ihren Gedanken und ihrem Handeln Rechenschaft abzulegen [. . .] Jede Woche berichtet das Familienoberhaupt dem Revolutionskomitee des Viertels von der ideologischen Situation in seiner Familie, was mehr oder weniger einem Denunziationssystem gleichkommt. Praktisch sind alle gehalten, so zu handeln, samt der Schüler, die am Ende der Woche Berichte über den Klassenkampf in ihren Familien und bei ihren Kameraden schreiben. Keiner hat das Recht auf ein persönliches Leben: All seine Handlungen werden streng überwacht. Alles was er im Hause tut [. . .], wohin er geht, wovon er spricht, was er bekommt, was er ißt, was er liest, was er im Radio hört, wird von seiner Umgebung augenblicklich registriert und dem Revolutionskomitee des Viertels zur Kenntnis gebracht!«*

* Zitiert nach *Le Monde* vom 10.–11. August 1975.

Es wäre nicht leicht, in der westlichen Presse viele derart schwarze Darstellungen des Funktionierens der maoistischen Polizeigesellschaft zu finden. Diejenigen, die in den westlichen Ländern die öffentliche Meinung prägen, haben übrigens die Neigung, die Repression der faschistischen Regimes strenger zu beurteilen als diejenige der stalinistischen Regimes. Die zweite darf die erste nicht entschuldigen. Doch die faschistische Repression sollte nicht weiter dazu dienen, die stalinistische Repression zu entschuldigen oder herabzumindern, was häufig der Fall ist, und worüber sich Solschenizyn, als er noch in der UdSSR lebte, beschwerte. Die ehemalige Diktatur der griechischen Offiziere, die Verbrechen des Generals Pinochet in Chile seit 1973, die franquistische Knebelung, die südafrikanische Apartheid dürfen nicht dazu dienen, den Schrecken der psychiatrischen Ermordung und der Hölle der Konzentrationslager bei den Kommunisten zu mildern, sowenig wie das Umgekehrte zulässig ist. Dennoch hört man häufig die Behauptung, daß es jetzt nicht an der Zeit sei, über die kommunistischen totalitären Methoden Klagen zu führen, während in Rio oder Santiago die Repression herrsche. Und die faschistischen Grausamkeiten führen sehr viel leichter zu Mobilisierungen, Petitionen und Demonstrationen als die kommunistischen Grausamkeiten. Der Totalitarismus sollte beunruhigen und gefährlich erscheinen, gleichgültig wo er herrscht, je mehr er Schule macht und sich in der Welt ausbreitet. Doch ganz im Gegensatz dazu hat es den Anschein, als verfüge das moralische Bewußtsein bei den westlichen Verteidigern der Demokratie nur über eine beschränkte Fähigkeit zur Empörung, die beim geringsten Alarm auf der faschistischen Front dem Stalinismus gegenüber nicht länger verfügbar ist, genauer gesagt, ihm gegenüber fast niemals verfügbar ist. Pinochet, Park und die blutigen Tyrannen Indonesiens sind zwar verabscheuenswürdig, doch zumindest hält man uns nicht ihre Regimes als »Gesellschaftsmodelle« vor, wie man es lange Zeit mit dem stalinistischen oder maoistischen Terrorismus tat und noch tut.

Diese Unterscheidung impliziert natürlich, daß die totalitäre kommunistische Repression durch ihre Ziele nicht von einer wesentlich bösartigen Natur ist wie die andere, und daß sie im übrigen auf dem Weg ist, sich zu lockern. Wir begegnen wieder dem Mythos von der grundsätzlichen Güte unter einem bedauerlichen Äußeren, also von der unvermeidlichen Liberalisierung des Kommunismus. Ein zählebiger Mythos – was dem Mythos eigen ist –, obwohl die Fakten dem stets widersprechen. Amnesty International, jene Organisation, die ihren Sitz in London hat und sich damit befaßt, Untersuchungen über die

Unterdrückung in der ganzen Welt anzustellen, führt in ihrem Jahresbericht 1975 folgende Länder auf, in denen die Verletzung der Menschenrechte »in besorgniserregender Weise fortgesetzt wird«: die UdSSR, Indonesien, der Iran, der Irak, Guatemala, Marokko, Spanien und Brasilien. Die Autoren des Berichtes heben die Lebensbedingungen in den sowjetischen Gefängnissen und Arbeitslagern hervor, *Bedingungen, deren Härte* sich im Verlaufe der letzten fünf Jahre noch verschärfte, insbesondere für die politischen Häftlinge. Sie präzisieren, daß »die Disziplin strenger und die Bestrafungen willkürlicher geworden sind, daß sich das Leben der Häftlinge durch chronische Unterernährung und Überarbeitung kennzeichnen läßt«.

Paradoxerweise hat es den Anschein, daß die faschistischen Regimes eher als die kommunistischen die Neigung haben, ihren Zugriff zu lockern, je älter sie werden. Trotz der entsetzlichen Todesurteile vom September 1975 muß man anerkennen, daß das franquistische Spanien seit zehn oder fünfzehn Jahren die Entwicklung des »freien Verkehrs von Gedanken und Personen«, auf die man in den kommunistischen Ländern seit ihren Versprechungen auf der Konferenz von Helsinki immer noch wartet, zugelassen hat. Die Diktatur der griechischen Offiziere, die häufig den Zensoren der sowjetischen Diktatur als ein Gegengewicht an Sünden »von unserer Seite« entgegengesetzt wurde und Absolution für die Sünde des Gulag im Laufe der Polemik gegen Solschenizyn in den Jahren 1972 und 1973 erteilte, löste sich im darauffolgenden Jahr auf. Sie hatte alles in allem sieben Jahre gedauert, was zwar sieben Jahre zuviel ist, doch wenig angesichts der Dauer der kommunistischen Variante totalitärer Systeme. Schon viele Faschismen verschwanden wieder im 20. Jahrhundert, doch bisher noch kein einziges kommunistisches Regime.

Sicher haben die demokratischen Kräfte aufgrund falsch verstandener Interessen, die vielleicht unausweichlich falsch verstanden wurden, in der Außenpolitik wiederholt den Fehler begangen, die autoritären Regimes in der Welt zu unterstützen. Dieser »äußere Faschismus«, um einen Ausdruck von Maurice Duverger aufzugreifen, rührt zweifellos von einer grundsätzlich imperialistischen Beschaffenheit des Staates her und scheint sich nur mit ihm und mit dem, was man »Außenpolitik« nennt, auflösen zu können. Nichtsdestoweniger wird die faschistische totalitäre Gefahr in der Innenpolitik von den bestehenden Demokratien nachdrücklich bekämpft, obwohl die demokratische Priorität nicht mehr mit demselben Nachdruck verteidigt wird, wenn es darum geht, gegen totalitäre Unternehmen zu kämpfen, die sich auf den Kommunismus berufen. Ihnen gegenüber konzediert man allzu leicht, daß der Liberalismus veraltet und die Demokratie schädlich oder überflüssig für den Verlauf von Revolutionen sei. Weshalb haben die Sozialisten immer noch nicht bemerkt, daß gerade ihr Fehlen der Grund für das Scheitern all ihrer Revolutionen ist?

Die Weigerung, die Ursachen des Scheiterns zu analysieren

Während der Wochen des offenkundigen Rückgangs des kommunistischen Einflusses auf die portugiesische Bewegung der Streitkräfte unterhielt ich mich mit einem französischen Sozialisten, der dem Ersten Sekretär seiner Partei sehr nahestand. Ebenso wie dieser erwartete er, bald die Sozialisten in Lissabon an der Regierung zu sehen und daß die Demokratisierung ihren Verlauf nähme. »Leider ist die Wirtschaft«, sagte ich zu ihm, »in einem derartigen Auflösungszustand, daß der Bankrott nach dem stalinistischen Komplott nun, wie ich fürchte, die Demokratie möglicherweise unterhöhlt.« – »Der Bankrott existierte bereits vor der Revolution«, erwiderte er, »für die Mehrheit der Portugiesen, die im Elend lebten.« – »Sicher«, sagte ich. »Ein Grund mehr, sie nicht noch tiefer hineinzustürzen. Gerade das hätten die revolutionären Militärs gewärtigen müssen.«

Einen Augenblick lang erstarrten die Züge meines Gesprächspartners vor Verblüffung. Doch dann gewährte er mir einen Blick in die Tiefen seines Denkens: Eine linke Regierung ist auf kurze Sicht nicht verpflichtet, besser zu funktionieren als eine rechte. Sie ist auf jeden Fall dieser rechten Regierung überlegen, weil sie eine *gute* Regierung ist und weil die andere eine *schlechte* Regierung ist. Der guten gehört die Zukunft, und wenn sich diese Zukunft nicht realisiert, so nicht, weil die Gegenwart es unmöglich macht, so nicht, weil man sich zu Beginn geirrt hat, sondern weil die Rechte den beginnenden Sozialismus im Keim erstickt.

General de Gaulle argumentierte nicht anders: Er hatte sein Land in die gute Richtung gelenkt, dies genügte. An den Ergebnissen herumzukritteln, wurde nahezu unanständig. Daß das Regimes Salazars und Caetanos abscheulich war, stand für mich außer Zweifel, denn ich verabscheute es zumindest insoweit, als seine einschläfernde Mittelmäßigkeit die Aufmerksamkeit auf sich zog. Doch inwiefern könnte die lobenswerte Absicht, den Gegenpart zu diesem Regime zu ergreifen, zu irgendeiner Unfehlbarkeit beitragen? Leider scheint der kritische Geist der Linken dort einzuhalten, wo ihre Macht beginnt. Sie ignoriert das Versagen, oder sie trägt vielmehr niemals die Verantwortung dafür.

Häufig wird sie durch einen Gegenangriff der Rechten besiegt, niemals durch ihre eigenen Fehler. Die Inkompetenz, die Lüge oder die Intrige sind in ihren Reihen unbekannt. Ihre Analysen sind stets korrekt, und wenn sie eine Politik verfolgt, die in einer Katastrophe endet, so kann man das ihr nicht ohne Böswilligkeit vorhalten. Die Erklärung des ärgerlichen Ereignisses findet sich nicht etwa in der Unrichtigkeit der Pläne oder in der Ungeschicklichkeit der Führenden.

Doch lassen wir die Verwirrung beiseite, die mein sozialistischer Freund zwischen zwei Realitäten anrichtete, welche übereinstimmen könnten, jedoch aus verschiedenen Ursachen hervorgehen: einer ungerechten Gesellschaft und einer Wirtschaft in Konkurs. Beunruhigender ist die hartnäckige Weigerung, die Folgen der eigenen Fehler zu berücksichtigen. Jeder irrt sich. Doch da alle Menschen das Recht auf Irrtum haben, scheint es gefährlich, die Macht gerade jenen von ihnen zu übertragen, die meinen, dieser Regel zu entgehen, und überzeugt sind, weder in der Konzeption noch in der Ausführung jemals einen ernsten Fehler begangen zu haben. Bei ihnen ist vor, während und nach ihren Ungeschicklichkeiten und dem, was sie den anderen antun, zur Gewohnheit geworden, daß sie die Einwände, die man ihnen entgegensetzt, und die Rechenschaft, die man ihnen abverlangt, ausschließlich den faschistischen und kapitalistischen Machenschaften zuschreiben.

Es wird also beständig schwieriger, von Herrschaftsformen des sozialen Fortschritts, die sich als demokratische Herrschaftsformen verstehen, zu sprechen und danach zu fragen, was sie lebensfähig machen könnte. Die Intoleranz ihrer Freunde gräbt ihnen ihr Grab und tüncht es nach dem Leichenbegängnis weiß. Sind diese Herrschaftsformen einmal entstanden, so ist es, bei Strafe als Rechter klassiert zu werden, verboten, den geringsten dunklen Fleck auf dem Bild zu erblicken. Wenn das Experiment eine tragische Wende nimmt, so ist es ein Sakrileg, zurückzublicken und zu versuchen, die Verkettung wiederherzustellen, die zur Katastrophe führte. Will man untersuchen, welche Methoden alles in allem nötig sind, um einem neuen Pinochet zu entgehen, so heißt dies, Pinochet zu billigen.

Auf diese Weise wird eine wirkliche Zensur eingeführt, deren Hauptwaffe darin besteht, bewußt jene, die die Schwächen eines Experimentes analysieren, mit jenen in einen Topf zu werfen, welche dessen Mißlingen wünschen; oder auch jene, welche die Gründe eines vergangenen Mißlingens verstehen wollen, mit jenen, denen es ein Vergnügen bedeutet.

Mehrere Jahre lang war es unmöglich, wollte man nicht zumindest zum Lager der »Faschisten« gezählt werden, die Fehler der internen Verwaltung Fidel Castros und das Abgleiten seines Regimes in einen beständig stärkeren Polizeiautoritarismus aufzuweisen. Erst 1970 zeichneten die Werke von Schriftstellern, die bis dahin entschlossene Anhänger des kubanischen Sozialismus waren, insbesondere K.-S. Karol und René Dumont, ein ernstes Bild von der Wirtschaft Castros und wiesen nach, daß die amerikanische Blockade nicht allein für deren Rückständigkeit verantwortlich ist.

Ebenso wurden im Verlaufe der ersten beiden Jahre der Volksrepublik Chile die Brüche in der Wirtschaft, die sozialen Spannungen und gewisse politische Widersprüche sehr schnell offenkundig, die einer minoritären Präsidentschaft im Lande inhärent waren und von den ausländischen Sympathisanten des Regimes häufig negiert wurden. Die Analysen, welche diese Informationen enthielten, wurden als schiere Verleumdungen behandelt, deren Ziel sei, Allende zu diskreditieren, ja die sogar vom Wunsch diktiert seien, ihm zu schaden. Hatten nicht die Politiker der Linken, die damals nach Santiago pilgerten, ihre Pflicht erfüllt, indem sie den Ernst der Widerstände hervorhoben, ja sogar übertrieben, die sich dem chilenischen Präsidenten entgegenstellten? Und wie lange muß man warten, wieviele Enttäuschungen muß man hinter sich bringen, damit die Entwicklung des peruanischen Systems nicht länger von den Rechtfertigungen durch Sympathisanten profitiert?

Der Mythos, den eine selbstmörderische Propaganda in einem solchen Falle verbreitet, lautet, daß kein abgelebtes oder entartetes Linksregime je von sich aus einen Fehler begangen habe. Einzig der Niedertracht fremder Elemente wird seine Auflösung oder sein Verfall zugeschrieben: dem ausländischen Imperialismus innerhalb des Landes selbst.

Doch die Behauptung, alle Ursachen der Destruktion seien äußerlich, ist zunächst einmal nicht realistisch und – was wohl nicht weiter präzisiert zu werden braucht – keineswegs marxistisch. Denn dies käme der Behauptung gleich, daß die Struktur, die Kultur und der ökonomische Zustand der Gesellschaft keinerlei Auswirkung auf die politischen Ereignisse hätten. Außerdem ist diese Überlegung deswegen unheilvoll, weil sie der Linken jede kritische Überprüfung ihrer Strategien erspart. Ist es für ein Regime vom Typ Allendes zum Beispiel nötig, die Maxime, die Produktion zu stützen, höher zu veranschlagen als die Beschleunigung der Sozialreformen? Darf man Lohnerhöhungen von 50 bis 60 % zugestehen, wenn man bereits eine Inflationsrate hat, die nahezu 100 %

im Jahr beträgt? Oder sollte man weiter rasch eine ehrgeizige und unerläßliche Agrarreform in Angriff nehmen, die jedoch kurzfristig betrachtet die Landwirtschaftsproduktion nur verringern kann, wenn man bereits Lebensmittel einführen muß? Darf man die Presse zensieren, wenn sie auf die Irrtümer des Regimes verweist, und im Falle ernster Schwierigkeiten die öffentlichen Grundfreiheiten aufheben oder vorläufig außer Kraft setzen? Und trägt die Zensur nicht dazu bei, daß diese Schwierigkeiten noch verschärft werden? Der ausschließliche Rückgriff auf Erklärungen durch die Feinde des Regimes, die von außen oder innen einen völlig gesunden Organismus meucheln, dispensiert davon, daß man sich solche Fragen stellt, und also auch von den Antworten.

Weiter darf ein Staatsmann, der dieser Bezeichnung würdig ist, sich nicht wundern, wenn er Feinde hat. Politik zu betreiben, bedeutet unausweichlich, Interessen anzugreifen. Folglich muß ein verantwortlicher Führer in die Kalkulation seines Handelns einbeziehen, daß es eine Reaktion seitens eben dieser Interessen geben wird. Ich habe bereits auf jene überraschenden empörten Äußerungen verwiesen: »Was soll ich denn tun? Meine Gegner haben mich absorviert! Diejenigen, die ich vernichten wollte, haben mich nicht unterstützt!« Auf diese Weise hätte sich das französische Oberkommando für seine Unfähigkeit im Jahre 1940 entschuldigen können, indem es sich auf die unbeschreibliche Feindseligkeit der deutschen Armee berufen hätte; und diejenigen, welche dieses Plädoyer ein wenig dürftig gefunden hätten, beschuldigen können, für die Vichy-Regierung Partei zu ergreifen.

Die portugiesische Situation 1974/1975 ist gewiß nicht dem neuen Regime anzulasten. Sie war ihm von Salazar und Caetano hinterlassen worden: dreißig bis vierzig Prozent Inflation, eins der ärmsten, am wenigsten industrialisierten Länder Europas, eine arbeitende Bevölkerung, die durch die Kolonialkriege und eine umfangreiche Emigration stark verringert war. Doch seit 1974 hat sich die Situation verschlechtert: Die emigrierten Arbeiter schicken ihre Ersparnisse nicht mehr nach Hause, die ausländischen Kapitale investieren nicht mehr, die Touristen im Sommer sind rar geworden. Dies ist nicht ausschließlich die Schuld des neuen Regimes, aber es ist eine Tatsache. Andere Irrtümer wiederum sind eindeutig der Inkompetenz des Militärs und der kommunistischen Sabotage anzulasten. Die Frage ist, ob die Führungskräfte Portugals versuchen werden, die Wirtschaft wiederherzustellen und eine Demokratie aufzubauen, oder ob sie Sündenböcke suchen und die Information zensieren werden, um sich gleichzeitig für die Krise zu entschuldigen und zu verbieten, daß darüber gesprochen wird.

Es genügt nicht, ein ungerechtes Regime zu stürzen, damit alles, was man tut, recht ist. Und es genügt nicht, von einer faschistischen Junta gestürzt worden zu sein, damit rückwirkend die Schuld an den Katastrophen, die man heraufbeschworen hat, samt dem Faschismus selbst, von einem genommen wird. Die Probleme, die sich gestern in Chile stellten, stellten sich darauf in Portugal und in Griechenland, in Spanien und in einem anderen Kontext in Italien und in Jugoslawien.

Bis zum heutigen Tage ist es allen sozialistischen Regimes, abgesehen von den sozialdemokratischen Regimes Nordeuropas, nicht gelungen, Sozialismus und hohen Lebensstandard zu vereinbaren. Mehr noch, sie wurden von Diktaturen gestürzt, oder sie wurden sogar selbst zu Diktaturen. Dies ist eine historische Feststellung. Soll man sie verschweigen oder in Erwägung ziehen?

Die Pflicht der Linken ist nicht nur gegen die faschistischen Diktatoren zu Felde zu ziehen: Ihre Pflicht ist es, sie daran zu hindern, die Macht zu ergreifen. Vierzig Jahre Demonstrationen und Aufmärsche gegen Franco in der ganzen Welt hätten sich erübrigt, wäre es nicht die erste Sorge der Kommunisten während des Bürgerkriegs in Spanien gewesen, die Sozialisten auszuschalten, um sich im republikanischen Lager das Monopol zu sichern, anstatt vor allem zu versuchen, eben dieses republikanische Lager zu retten, obgleich sie nicht damit rechneten und rechnen konnten, in ihm die Mehrheit zu erlangen. Die Niedertracht Pinochets kann rückblickend nur bewirken, daß die Politik Allendes zu einem Erfolg wird.

Am 25. April 1975 hatte das portugiesische Volk seine behelmten Mentoren widerlegt, die es »zu rückständig zum Wählen« fanden. Es hatte durch seinen Bürgersinn die selbstsüchtige These widerlegt, derzufolge ein Land, das »aus fünfzig Jahren Diktatur hervorgeht«, augenblicks zu ihr zurückkehren muß. Der Putsch vom 11. März ist allein deswegen inszeniert worden*, um es den Militärs zu ermöglichen, den Obersten Militärrat zu schaffen, und den Parteien jenen »Pakt« aufzunötigen, der von vornherein jeglichen Ausdruck des Volkswillens zunichte machte. Der Kommandant Jesuino, der Minister für »Soziale Kommunikation« – das heißt, für Propaganda –, teilte im übrigen mit, daß die Bewegung der Streitkräfte »einen Irrtum begangen [hatte], als sie nach dem 25. April 1975 die Bildung der politischen Parteien

---

* Die Kameras des »offiziellen und selbstverständlich einzigen« Fernsehsenders befanden sich etwa eine Stunde vor dem Beginn des Angriffs an Ort und Stelle vor der berühmten Kaserne, die von den »Putschisten« angegriffen wurde. Die Einzelheiten der Operationen wurden abends in der Tagesschau übertragen.

erlaubte«. Im selben Augenblick brandmarkte Alvaro Cunhal, der Generalsekretär der KPP, in einer in Evora gehaltenen Rede Soares mit dem Schandmal höchster Infamie: Er habe mit Spinola komplottiert! Um ihn zu retten, ließ General Costa Gomes, der Präsident der Republik, liebenswürdigerweise den Namen von Mario Soares der Liste jener aufständischen Personen hinzufügen, die Spinola am 11. März, dem offiziellen Roman über den gescheiterten »Staatsstreich« zufolge, der zur festgesetzten Zeit 48 Stunden vor den Wahlen veröffentlicht wurde, hätte verhaften lassen. Der Präsident gemahnte in einer letzten Ansprache daran, daß »alle legitime Macht vom Volke kommt«. Eine These, die in entschiedenem Widerspruch zu den Prinzipien modernen Verfassungsrechts vom darauffolgenden Premierminister Vasco Gonçalves, von Alvaro Cunhal und General Carvalho, dem Chef der Fallschirmjäger, stand. Gemäß ihren Prinzipien kommt alle legitime Macht von der Bewegung der Streitkräfte, und die Legitimität ist umgekehrt proportional zur Zahl der im Land erhaltenen Stimmen.

Die regulären Wahlen konnten also stattfinden. Doch Portugal hatte sozusagen noch nicht das demokratische Existenzminimum erreicht. Denn die Militäroligarchie, die die Parteien gezwungen hatte, vor den Wahlen ein seitdem unantastbares Programm zu unterzeichnen, hatte sich nicht darauf beschränkt, die Wählerschaft ihrer natürlichen Funktion, ihrer Daseinsberechtigung zu berauben, die gerade darin besteht, zwischen verschiedenen Formen der Politik zu wählen. Die Junta hatte eben dadurch noch ein zweites Resultat erreicht, das logisch im ersten einbegriffen ist, nämlich daß in Portugal die Opposition seitdem praktisch verboten war. Denn da alle zugelassenen politischen Parteien den Pakt gegengezeichnet hatten, haben wir also de facto wenn auch nicht gleich ein Einparteiensystem, so doch zumindest, was nahezu auf dasselbe hinausläuft, ein Einheitsprogramm, einheitliche Information und Meinungsbildung. Seit dem Tag nach den Wahlen hagelte es auf die vom Volk Gewählten nur noch Drohungen. Die Armee wäre »unerbittlich« (Jesuino), wenn die Parteien den Pakt wieder in Frage stellen, oder auch nur dessen geringste Abänderung fordern würden. Die Sozialisten würden einen totalen Fehler begehen, wenn sie »ihren Wahlerfolg ausnützen würden« (tatsächlich eine extravagante Idee) und versuchen wollten, auf die Verwaltung des Landes Einfluß zu nehmen. Dies wäre »Selbstmord«, wie Hauptmann Vasco Lourenço im Namen des Obersten Revolutionsrates mahnte, ein wahrhaftes »Harakiri«, wie Otelo de Carvalho persönlich einigermaßen übertrieben betonte, indem er hinzufügte, daß sich die politischen Parteien während der Kampagne

»in Verruf gebracht hätten«, und daß ihre bedauerlichen Streitereien das Volk »traumatisiert« hätten. Wie sollte man, wenngleich das Trauma nicht allzu sichtbar war, die Stimme gegen den regierenden General der Angriffsstreitkräfte erheben?

Man protestiert nicht leicht gegen die Armee in einem Lande, welches den größten Militäranteil der Welt im Verhältnis zu seiner Bevölkerung (nach Israel, jedoch aus anderen Gründen) hat, eine Armee, die durch das Wahlergebnis als eine Leugnung der Legitimität ihrer Allmacht zutiefst beleidigt war. Im Gegensatz zu dem, was sie später, um das Gesicht zu wahren, vorgab, hatte die Bewegung der Streitkräfte tatsächlich dazu aufgerufen, Blankostimmen abzugeben. Jesuino selbst hatte zugestanden, daß eine »geheime« Umfrage ihn auf 40 % der Blankostimmen hatte hoffen lassen, doch die Ermittlung war ein taktischer und psychologischer Fehler, denn sie hatte die Wähler beleidigt. Hielt man sie für rückständige Idioten?

Nicht allein die Militärmacht ging gestärkt aus ihrer Niederlage hervor, sondern auch die KPP. Trotz ihres Schiffbruchs an den Wahlurnen wahrte sie ihren Zugriff auf die Informationsorgane, die Einheitsgewerkschaft, die Armee und die Polizei. Die KPP ist es, die seither im Besitz der Dossiers ist, welche die PIDE, die ehemalige politische Polizei Salazars und Caetanos, besaß. Es sah so aus, als würde die von dem Resultat der Wahlen neugeschaffene Situation keineswegs einen neuen politischen Prozeß einleiten. Dennoch ist er unleugbar. Soares hatte sehr oft die französischen Sozialisten aufs Dringlichste gewarnt: »Wir gehen auf die Volksdemokratie zu. Die Informationsmittel befinden sich vollständig in den Händen der Kommunisten. Wir müssen mit den Druckern der Einheitsgewerkschaft die Veröffentlichung eines jeden Artikels in der einzigen Zeitschrift, die uns noch zur Verfügung steht, diskutieren*.« Diese Zeitschrift war die *República*, deren Erscheinen *nach* den Wahlen endgültig verhindert wurde.

Doch angesichts dessen, was seit langem sichtbar und vorhersehbar war, beschränkten sich die französischen Sozialisten mit einer Geschick-

---

* Ein Satz, der einem vertraulichen Bericht entnommen ist, welcher im März 1975 François Mitterand übermittelt wurde, ein Bericht, der einem Mitglied der Sozialistischen Französischen Partei namens Antoine Blanca zu verdanken ist. Der Text wurde vom *Corriere della Sera*, wo ich ihn aufspürte, veröffentlicht, und in keiner Weise seitens der französischen Sozialisten, weder nach seiner Veröffentlichung in Italien noch nachdem ich ihn im *Express* zitierte, dementiert. Es ist im übrigen nicht nötig, auf »geheime« Berichte zu rekurrieren, um auf Dutzende ähnlicher Erklärungen von portugiesischen Sozialisten und ihren Führern zwischen Januar und Juni 1975 zu stoßen.

lichkeit im Ausweichen, die Pontius Pilatus vor Neid hätte erbleichen lassen, darauf, zwei oder drei stets gleiche Platitüden von sich zu geben: »Die Situation befindet sich in beständiger Entwicklung«, oder »Es ist zu früh, um darüber etwas zu sagen«, und vor allem »Portugal ist nicht Frankreich«. Nun weiß natürlich jeder Gelbschnabel, daß sich Portugal von Frankreich unterscheidet. Doch ist dies nicht die Frage, die Frage ist, welche Haltung die Kommunisten eingenommen hatten, ob die portugiesische Kommunistische Partei all ihre Bemühungen darauf verwandt hat, zur Schaffung einer pluralistischen Demokratie zu gelangen, oder darauf, den Militärs zur Hilfe zu eilen, um ein autoritäres Regime zu schaffen. Der Begriff der Bemühung, des *politischen Willens*, unterscheidet sich total von der Feststellung der spezifisch portugiesischen Schwierigkeiten, die ein anderes Problem sind. Und über die Richtung des politischen Willens der portugiesischen Kommunisten wie über die Richtung der Ermutigungen, welche ihnen von den französischen Kommunisten zukamen, gibt es nicht den geringsten Zweifel. Wenn die Genies der planisphärischen Intuition, die Visionäre der kartographischen Divination uns immer noch feierlich mitteilen, daß Frankreich weder Portugal noch Chile sei, so muß man sie fragen, weshalb sie sich in diesem Falle und so starrköpfig geweigert haben, zu sehen oder zu sagen, was sich in den beiden letzten Ländern zutrug?

Die portugiesische Situation in den Jahren 1974 und 1975 wurde in erster Linie von den katastrophalen wirtschaftlichen Konsequenzen der intellektuell inkompetenten Verwaltung der Militärs gekennzeichnet, in zweiter Linie von einem mit höchster Intelligenz geplanten und unerbittlich ins Werk gesetzten Komplott zur Vorbereitung der kommunistischen Machtübernahme im Staat, die durch die stalinistische Fraktion der Bewegung der Streitkräfte nur noch angeheizt wurde. Der erste Punkt, der ökonomische Aspekt, hatte tatsächlich nicht sehr viel mit der französischen Situation zu tun. In dieser Hinsicht hatten die Verfasser jener unvergeßlichen Maxime, »Portugal ist nicht Frankreich«, teilweise recht. Jedoch nur teilweise. Denn trotz der Unterschiede zwischen den beiden Ländern bestand das gemeinsame Allheilmittel der MFA und des Programmes der französischen Linken in der Verstaatlichung. Das Zugeständnis, die portugiesische Wirtschaft blute aus, hätte also bedeutet, daß man allen Zweifeln, die möglicherweise den Glauben an die Verstaatlichung und allgemeiner an den Sozialismus erschüttern könnten, Tür und Tor öffnen würde. Es ist nicht nötig, daß ausgesprochen wird, mit einer ökonomischen Verwaltung, die sich auf den Sozialismus beruft, stehe es schlecht.

Hat der Sozialismus, wenngleich er als solcher heilsam ist, auch alle technischen Imperative überwunden, hat er sich von jenen Gewichten befreit, welche die professionelle Erfahrung, die Kenntnis der Realitäten, das Know-how darstellen? Zugestandenermaßen kann der Kapitalismus mehr oder weniger glänzend verwaltet werden, gibt es gute und schlechte Finanzminister, gewissenhafte Unternehmensleiter und Blender. Mit dem Sozialismus verschwindet diese technische Unterscheidung. Der Sozialismus selbst ist es, der direkt handelt. Man darf also seine ökonomischen Schwierigkeiten nicht zugestehen, ohne ihn prinzipiell in Frage zu stellen. Daher also jene fortgesetzten Zensuren, jene Zusicherungen, das Schiff sei in bestem Zustand, während alle Passagiere schon bis zum Bauch im Wasser stehen.

Was das politische Komplott betrifft, so wies es gewisse Affinitäten mit einer potentiellen französischen Situation auf. Wie in Deutschland im Jahre 1932, in Spanien während des Bürgerkrieges, bestand das Hauptziel der Kommunisten in Portugal im Jahre 1974 darin, sich der Sozialisten zu entledigen, um die Errichtung eines pluralistischen Systems zu verhindern, *was gewöhnlich eine Situation schafft, in der sich die extreme Rechte ebenfalls verstärkt und in der die einzige Alternative, die übrig bleibt, nur jene beiden Möglichkeiten miteinander konfrontiert: kommunistische oder faschistische Diktatur.*

Was die Stalinisten auch immer dazu sagen mögen, sie ziehen diese Alternative vor. Sie wählen die Gefahr einer faschistischen Reaktion, die ihnen überdies ein aufrüttelndes Propagandathema bietet, das seit mehreren Jahrzehnten aufs höchste gerechtfertigt ist, anstatt einer parlamentarischen Republik, in der sie in der Minderheit bleiben würden. Denn diese letzte Perspektive ist für sie keineswegs vielversprechend und überantwortet sie einer unansehnlichen Mittelmäßigkeit. Zweifellos war die Linke der Welt glücklicher, zwischen 1939 und 1975 Franco anprangern zu können, als eine spanische Republik entstehen zu sehen, die gezwungenermaßen unvollkommen, weniger sozialistisch gewesen wäre, mit ihren konservativen Bauern, anarchistischen Arbeitern und reformistischen Bürgern. Darüber hinaus können die Kommunisten stets hoffen, daß der Faschismus in einem Aufstand endet, in dessen Verlauf sie, obwohl in der Minderheit, die Schalthebel dank der bekannten Methoden und einer bereits nachgewiesenen Wirkungsfähigkeit in die Hand bekämen.

In Portugal kehrte sich jene, mit etwas zu offenkundigem Zynismus angewandte Strategie gegen die Kommunisten. Ihr Verhalten trug ihnen ein, daß sie selbst der heftigen Verfolgung ausgesetzt waren, die sie anderen gegenüber betrieben hatten. Seit diesem kritischen Augenblick begann Marchais, die französischen Sozialisten aufzufordern, den portugiesischen Kommunisten zu Hilfe zu eilen, was darauf zu verweisen schien, daß Portugal plötzlich Frankreich geworden sei, was jedoch keineswegs der Fall gewesen war, als es darum ging, den Sozialisten gegen die KPP zu helfen. Marchais übermittelte Mitterand den Befehl, sich gegen Soares zu wenden, der ihm zufolge der »faschistische« Anstifter der »antikommunistischen Hysterie« war. Von neuem konnte man feststellen, daß die Anforderungen der beiden großen Linksfamilien nicht vollkommen übereinstimmen, denn niemals hatte Mitterand Marchais aufgefordert, öffentlich auf die »antisozialistische Hysterie« Cunhals zu verweisen.

Nach eineinhalb Jahren Revolution in Portugal war die Gefahr der stalinistischen Diktatur gebannt – obgleich die Bedingungen für eine mögliche Erneuerung der Rechtsdiktatur wiederhergestellt waren. Doch der Niedergang der Wirtschaft war bereits unter das Elendsniveau abgesunken. Was das politische Komplott sowie die wirtschaftliche Krise betrifft, waren die Sozialdemokraten Nordeuropas hellsichtig gewesen. Hingegen schrieben der mediterrane Sozialismus und der diffuse Marxismus, der erweiterte Stalinismus in Europa und in der Welt weiterhin klassische Analysen vor, denen zufolge das Scheitern – oder zumindest die Verzögerung – der Errichtung der Demokratie dem Gespenst Salazars und einem »strukturellen« revolutionären Gesetz zu verdanken sei: Der Sozialismus kommt vor der Demokratie. Ein Gesetz, das von der Erfahrung widerlegt wurde, denn wieder einmal konnte man gerade verifizieren: Will man den Sozialismus aufnötigen, indem man dabei die Demokratie *übergeht,* so führt das zum Zusammenbruch *beider.* Wenn es von Anfang an mehr Demokratie gegeben hätte, das heißt, wenn man zu den Entscheidungen so viele Portugiesen wie möglich befragt und hinzugezogen hätte, so wären vielleicht, anstatt daß alles den unzusammenhängenden Marotten einer borierten Militäroligarchie unterworfen wäre, weniger grobe Fehler begangen worden, die innerhalb eines Jahres die ökonomischen Grundlagen eines lebensfähigen Sozialismus untergraben hatten.

Mitte des Jahres 1975 war die Produktion auf den Punkt des totalen Versagens abgesunken. Das Personal der besetzten oder verstaatlichten Unternehmen wurde direkt vom Staat bezahlt, das heißt, von der Banknotenpresse, mit den wohlbekannten inflationistischen Rückwirkungen. Trotz der Millionen von Arbeitern und Angestellten, die nach Europa und Brasilien ausgewandert sind, ging die Arbeitslosigkeit über

10 % der dort lebenden Bevölkerung hinaus, was ungefähr drei Millionen Arbeiter beträgt, deren Anzahl durch den täglichen Zuwachs um tausend oder tausendfünfhundert arbeitssuchende Repatriierte aus Angola anschwoll.

Das Außenhandelsdefizit erreichte im Jahre 1975 zwei Milliarden Dollar – auf ein Bruttosozialprodukt von dreizehn Milliarden Dollar! Allein die letzten Reste der von Salazar angehäuften Geldreserven ermöglichen es jetzt, den Bankrott hinauszuzögern, und die neue provisorische Regierung, die im September unter der Leitung des Admirals Azevedo nach der langwierigen und mühsamen Verbannung von Vasco Gonçalves gebildet wurde, verhandelt verzweifelt mit der EWG um Geldanleihen zum Überleben, nachdem die portugiesischen »Revolutionäre« diese Idee im Namen ihrer sozialistischen Reinheit und ihrer Zugehörigkeit zur Dritten Welt mit Verachtung zurückgewiesen hatten, als ihnen zu Anfang des Jahres dieser Vorschlag gemacht wurde*. Trotz der Zerfalls der Wirtschaft läßt der putschistische Schelmenroman täglich seine Aktion heroisch-komischer Peripetien abrollen.

Ich gebe zu, daß es mir nicht gelingt, zu verstehen, was diese Dummheiten und ihre Folgen mit dem Sozialismus zu tun haben. Der Glaube, daß die Legitimität des Kampfes für die Unterdrückten auf wunderbare Weise Hellsicht hervorzaubert, ist eine Illusion, die ziemlich teuer zu stehen kommt. Tatsächlich verfügt der Sozialismus im Gegensatz zum Kapitalismus nicht über den seltenen Vorteil, sich »in einer Krise« befinden zu können, denn dazu müßte er anfangen zu

---

* Ich schrieb am 10. Februar 1975 im *Express*: »Nicht alle Hoffnung ist vergebens, daß Portugal der wirtschaftliche Ruin und die militärisch-kommunistische Diktatur oder die Diktatur der Rechten dank eines Gegen-Staatsstreiches nach der Art Pinochets oder auch der Bürgerkrieg erspart bleibt. Doch um diese Gefahren zu bannen, ist es nötig, daß sich eine *augenblickliche und totale europäische wirtschaftliche Solidarität*, welche die Demokratie respektiert und es ihr ermöglicht zu überleben, *zugunsten Portugals organisiert*. Warum sollte jene finanzielle Hilfsgeste, die Italien vorläufig gerettet hat, nicht dem portugiesischen Volk, das sie noch mehr verdient, zukommen? Warum sollten Helmut Schmidt und Giscard d'Estaing nicht die Initiative *eines wirklichen Marschallplans* der Europäischen Wirtschaftsgemeinschaft ergreifen zugunsten der Entwicklung eines demokratischen Portugals, das sich im übrigen gleichzeitig in diese Gemeinschaft einfügen könnte? Ein wenig politisches Vorstellungsvermögen müßte in diesem relativ einfachen Fall diesen kleinen Nachbarn von zehn Millionen Einwohnern retten (und mit ihm vieles in Europa).«
Dieser Artikel erschien unter meinem Namen, doch der Vorschlag, daß er dort abgedruckt wurde, war nicht ausschließlich meiner; er gab nur den Standpunkt der Zeitung und die Gedanken, die in der Redaktionskonferenz ausgetauscht wurden, wieder.

existieren. Wie könnte er, da er noch nicht einmal geboren ist, sündigen? Die einzige Krise, die er sich bisher leisten konnte, ist schlichtweg die Nichtexistenz. Die Verantwortung für diese Unfähigkeit wird stets dem Kapitalismus zugeschoben, so daß das kapitalistische System gleichzeitig an seinen eigenen Krisen und denen des Sozialismus schuld hat. Natürlich kreide ich dem sozialistischen System nicht die Schwierigkeiten der kommunistischen Wirtschaft an, die dessen Antithesen sind. Ich beziehe mich einzig auf die wiederholten und überaus besorgniserregenden Mißerfolge, die der Linken bei ihren Versuchen, einen Sozialismus in Freiheit zu errichten, zustoßen.

Gewöhnlich schreibt sie diese Mißerfolge der Feindseligkeit des Kapitalismus zu, von dem sie sich verraten glaubt. Die perfideste Form dieses Treuebruchs ist die berühmte »Kapitalflucht«. Setzt man voraus, daß die Sozialisten – nicht ohne zusätzliche wachsame Bemühungen, wie es scheint – verstanden haben, daß gerade dasjenige zurückzubehalten und mehr noch anzuziehen, dessen Zerstörung man ausdrücklich ankündigt, kein Bestreben ist, das sich leicht verwirklichen läßt, so muß man sich fragen, wie die Bedingungen für die Aufrechterhaltung der Investitionen aussehen. Um auf diese Frage zu antworten, muß man zunächst klar zum Ausdruck bringen, welche Richtung man einschlägt: völlige Verstaatlichung der Wirtschaft oder eine sozialdemokratische Übergangsphase, von welcher Dauer und mit welchen Garantien? Verstaatlichung oder kontrollierte Privatverwaltung? Wenn es auf Verstaatlichung hinausläuft, so sollte man sich in Erinnerung rufen, daß sie zumindest anfänglich *immer die Produktion haben absinken lassen,* das heißt, *während der kritischen Periode* und häufig auf irreversible Weise, ebenso wie die Vergemeinschaftung der Ländereien und ihre Umwandlung in Genossenschaften. Bis zum heutigen Tage bleibt die Antwort der meisten Sozialisten auf diese Frage verworren und widersprüchlich, ebenso wie ihr Handeln, wenn sie an die Macht gelangen. Wenn die Antwort eindeutig ist, wie in Venezuela, so laufen die Dinge außerordentlich gut. Wenn sie inkohärent ist, so ist das erzielte Resultat das Schlimmste von allem: nämlich die Anarchie. Sie herrschte in Portugal und verursachte nicht allein die Kapitalflucht, sondern auch die zahlreicher Angestellter und Arbeiter, die von einem absurden Chaos abgeschreckt wurden und keineswegs Handlanger des früheren Regimes gewesen waren.

Portugal war das Opfer jener anmaßenden Torheit, derzufolge die Demokratie »nach westlichem Muster« und die Sozialdemokratie für das Land nicht gut genug waren. Es befand sich bereits über und jenseits dieser kapitalistischen Lappalien, jener beständig überflüssigen Schminke beim Aufstieg zum Sozialismus. Nichts in der politischen Praxis hat bisher diese These oder vielmehr dieses Orakel bestätigt. Es ist ganz einfach: Es gibt *kein* Beispiel für ihre Wahrscheinlichkeit. Das hindert jedoch das sozialistische Denken keineswegs daran, sich darauf weiterhin wie auf ein Axiom zu beziehen, dessen einleuchtende Allgemeinheit die Geschichte so klar offenbaren wird, daß sie es jeglicher Anfechtung entzieht. Daß das Märchen vom Sozialismus, dem keine Demokratie voranging, mit anderen Worten, das Märchen vom Erwachsenen, der niemals ein Säugling war, vom Säugling, der niemals ein Foetus war, vom Foetus, der niemals ein Ei war, daß dieses Märchen in seiner portugiesischen Version von den üblichen revolutionären Voyeurs aller Länder verkündet würde, war vorauszusehen. Daß die Kommunisten ihrerseits es mit ihren klassischen leninistischen Argumenten speisten, war logisch. Man sollte den Stalinisten nicht vorwerfen, daß sie versuchen, ein stalinistisches Regime zu errichten. Sie sind wenigstens konsequent. Doch daß seriöse Denker, die einen guten Ruf haben, monatelang im Namen des Sozialismus und der »wahren« Demokratie die märchenhaften Interpretationen der Tatsachen, die ihnen vor Augen standen, vervielfachten, ist sehr viel beunruhigender, weil dies unter dem Segel der Unparteilichkeit ein Bild der Ereignisse herstellt, das von der Propaganda übertüncht wurde.

Die Furcht vor der Wahrheit, die Verwerfung der Wahrheit, höfliche Ausdrücke, um die Lüge zu bezeichnen, haben die Geschichte der Volksrepublik Chile neu geschrieben, wobei ihnen eine in gewisser Weise umgekehrte Aufgabe zukam. Denn Portugal ging von einer Rechtsdiktatur aus und bewegte sich auf eine Demokratie sozialistischer Ausrichtung zu. Chile verfügte zu dem Zeitpunkt, an dem Salvador Allende die Präsidentschaft übernahm, bereits über eine gut funktionierende Demokratie, die *schon* auf den Sozialismus ausgerichtet war: Nach drei Jahren befand es sich wieder unter einer faschistischen Diktatur. Die Geschichte hat hier in gewisser Weise das Theorem und seine Reziprozität nachgewiesen. Im ersten Falle ist es die Unfähigkeit der marxistischen Führung, eine Demokratie, also einen Sozialismus aufzubauen. Im zweiten Falle ist es die Zerstörung einer bestehenden Demokratie, die Abschaffung jeder sozialistischen Hoffnung. In den beiden Ländern vollzog sich der Zerfall der Wirtschaft mit einer solchen Geschwindigkeit, daß sogar das Substrat der Gesellschaft und der Gegenstand der Reformen den Revolutionären unter den Fingern zerrannen. Um eine Wirtschaft zu verstaatlichen, muß man es zunächst vermeiden, sie absterben zu lassen. Dieses Scheitern wurde durch die internationale sozialistische Meinung fast ausschließlich den äußeren Feinden und den Rechtsverschwörungen zugeschrieben. Wenn man sich die Version der drei Jahre Volksrepublik Chile in ihren wesentlichen Zügen vor Augen hält, wie sie im allgemeinen in den linken Kreisen der ganzen Welt dargestellt wird, so kann man sie folgendermaßen resümieren. Allende war ein demokratischer Staatschef, den die Volkswahl ganz im Sinne der chilenischen Verfassung an die Macht gebracht hatte, der jedoch von Anfang an auf die Feindschaft der Rechten, der Armee und der amerikanischen Interessen stieß. Von außen riefen die großen amerikanischen Gesellschaften, die er verstaatlicht hatte, mit Hilfe der CIA jene ökonomischen und gesellschaftlichen Schwierigkeiten hervor, die Chile in die Inflation, ins Elend und ins Chaos stürzten. Im Inneren ergriffen die faschistischen Elemente der Armee und die Mitglieder des Kongresses, die sehr viel weniger repräsentativ für die wirklichen Volksbestrebungen waren als der gewählte Präsident, den Vorwand dieser künstlich hervorgerufenen Schwierigkeiten, um dieses Linksexperiment, dem sie sich niemals gefügt hatten, im Blut zu ertränken und die Demokratie abzuschaffen. Man kann also auf legalem Wege keine Revolution machen, denn weder die Rechte noch der Imperialismus spielen mit.

Ich behaupte nicht, daß alle Sympathisanten Allendes sich an diese Version halten, da die Analyse und Information etwas weiter vorangetrieben wird. Ich behaupte nur, daß dies das Allerweltsresümee ist, das implizit für erwiesen gehalten wird, wenn man sich in Unterhaltungen, Artikeln und sogar ernstzunehmenden Büchern auf das chilenische Experiment bezieht.

Was bleibt also von diesem Credo, wenn man es mit den meist bezeugten Fakten konfrontiert?

Erster Punkt: Es stimmt nicht, daß Allende durch das Volk, durch eine mächtige und unwiderstehliche Strömung des ganzen Volkes zur Präsidentschaft gelangte. Die Wahl von 1970 war eine Dreieckswahl. Die Christdemokratische Partei, deren Kandidat Eduardo Frei im Jahre 1964 mit 55,6 % der Stimmen ins höchste Amt gewählt wurde, hatte sich seitdem zwar nicht genau in zwei geteilt, aber doch von ihren konservativen Verbündeten gelöst, die ihren eigenen Kandidaten aufstellten. Das Resultat bestand darin, daß Allende, der Kandidat einer Wahlkoalition der Volksfront, mit 36,2 % der Stimmen die Spitze hielt, gegen den konservativen Kandidaten mit 34,9 % und den Christdemokraten mit 27,8 %. Wenn man die Gesamtsumme zieht, so kann man feststellen, daß 62,7 % der Chilenen gegen Allende gestimmt haben.

Zweiter Punkt: Es ist nicht wahr, daß die Konkurrenzparteien der Unidad Popular Allende seinen Erfolg nicht verziehen und sich von Anfang an seinen Untergang geschworen hätten. Ganz im Gegenteil, gerade diesen Parteien und ihrem verfassungsmäßigen Legalismus sowie seinen eigenen Wählern verdankte er die Macht. Denn das chilenische Gesetz berücksichtigt in der beschriebenen Situation, wenn kein Kandidat die absolute Mehrheit hat erreichen können, keinen Unentschiedenheitsfall und sieht nicht wie in Frankreich einen zweiten Wahlgang vor, der die beiden Kandidaten mit dem höchsten Stimmanteil einander gegenüberstellte, sondern ein Kongreßvotum, das *nach freiem Ermessen* zwischen diesen beiden entscheidet. Offenkundig stand also nichts, weder nach dem Buchstaben der Verfassung noch nach ihrem Geiste (denn man konnte annehmen, daß mehr als die Hälfte der christdemokratischen Wähler dem konservativen Kandidaten näherstand als Allende), dagegen, daß der Kongreß jenen Mann ernannte, der zwar 1,3 % weniger Stimmen erhalten hatte als der Chef der marxistisch-leninistischen Linken, der jedoch potentiell eher dazu in der Lage war, hinter sich eine kohärente Regierungsmehrheit zu bringen als Salvador Allende, dessen zusammengewürfelte Basis sich von linksgerichteten Maximalisten über Stalinisten bis zu Sozialisten erstreckte. Dennoch beschlossen die Führer der zentristischen, konservativen oder reformistischen Gruppen, obgleich sie im Kongreß weitaus die Mehrheit *innehatten,* in dem die letzten Legislativwahlen nicht etwa die Linke, sondern die Rechte gestärkt hatten, Salvador Allende an die Spitze des Staates zu stellen, *um der Linken die Gelegenheit zu geben, ihre Erfahrung mit der Macht zu machen.* Es ist also schwierig, ihnen zu jenem Zeitpunkt eine unerbittliche Feindseligkeit zuzuschreiben, und erst recht nicht, da die christdemokratischen Führungskräfte sich der Allende-Koalition anschlossen, die sie zwei Jahre lang loyal unterstützten. Vor diesem Kongreßvotum im Jahre 1970 fand die erste der CIA zugeschriebene Intervention statt, der die multinationale Firma ITT Geld bot, um die Kongreßmitglieder zu bestechen und dazu zu verleiten, gegen den Linkskandidaten zu stimmen. Auf jeden Fall gab in jenem Stadium die amerikanische Regierung, wie später die verschiedenen Untersuchungskommissionen des Kongresses der Vereinigten Staaten festgestellt zu haben scheinen, der CIA die Weisung, das Angebot der ITT abzulehnen. Was es damit auch immer auf sich haben möge, das

Komplott mißglückte, denn Allende erhielt die notwendigen Stimmen; ebenso mißglückte der schmutzige Plan der Ermordung eines Generals, der zum Ziel hatte, Zorn und Aufruhr in der Armee gegen den neuen Präsidenten auszulösen. Diese Provokation der Geheimdienste scheiterte an einer sehr chilenischen Tradition der Neutralität der Militärs. Letztere, und dies muß hervorgehoben werden, dachten gar nicht daran, die Legalität *vor dem Frühjahr 1973* zu überschreiten, das heißt, bis zu jenem Zeitpunkt, da die Auflösung des Staates und der Wirtschaft ein Ausmaß erreicht hatte, das einen gewissen Verlust des Bürgersinns erklären, wenn auch nicht rechtfertigen konnte. Alles in allem ist es müßig vorzugeben, die politischen Gegner Allendes hätten in der Ausgangsphase versucht, ihn um seinen völlig relativen Wahlsieg zu bringen, denn sie hätten es keineswegs nötig gehabt, auf eine Verschwörung zurückzugreifen, um ihm den Weg zur Macht zu versperren, wenn sie es gewollt hätten: Sie hätten die Mittel gehabt, es auf die legalste Weise kraft eines Rechts, das ihnen die Verfassung unzweideutig übertrug, zu tun.

Dritter Punkt: Es ist falsch, daß sich Allende zu recht als beauftragt betrachten konnte, die chilenische Gesellschaft zu revolutionieren, und daß sein Scheitern also die Unmöglichkeit nachweist, eine Gesellschaft auf legalem und demokratischem Wege zu verwandeln. Es weist ausschließlich die Unmöglichkeit nach, die Gesellschaft auf legalem und demokratischem Wege zu verändern, *wenn man in der Minderheit ist,* und dies ist keine große Neuigkeit. Welchem Aspiranten auf einen Staatsstreich ist dies unbekannt? Nun handelte Allende aber, als hätte er den Auftrag einer völligen Umgestaltung erhalten, das heißt, als repräsentiere er achtzig oder neunzig Prozent der Chilenen. Im Gegensatz zu Leon Blum, der im Frankreich des Jahres 1936 genau wie er nur eine Minderheit hinter sich hatte, wenn auch keine derart geringfügige, hat er nicht begriffen, daß sein »technischer« Sieg einer konstitutionellen Finesse zu verdanken war, die es ihm ermöglichte, die *Ausübung* der Macht zu praktizieren, nicht aber zur *Eroberung* der Macht zu schreiten.

Wieso hat Salvador Allende der Versuchung nachgegeben und 62 % seiner Mitbürger als die Klassenfeinde jener 36 % behandelt, die für ihn gestimmt hatten, und so regiert, als repräsentierten diese 36 % der Wähler die Einmütigkeit des Landes, obwohl sie selbst uneinmütig waren? (Die Allende-Koalition umfaßte tatsächlich nicht weniger als *sechs* verschiedene Parteien oder politische Strömungen.) Ich überlasse die Antwort auf diese Frage Carlos Rangel, dessen grundlegendes Werk über Lateinamerika, *Du bon sauvage au bon révolutionnaire**, natürlich lange Ausführungen zum Thema Chile enthält. Unter anderen Erklärungen des selbstmörderischen Maximalismus Allendes faßt Rangel die folgende ins Auge: »Die gefühlsmäßige (und ideologische) Verwirrung, die in Lateinamerika von der kubanischen Revolution hervorgerufen wurde, war zweifellos einer der Hauptgründe für das Scheitern (oder auf jeden Fall die brutale Auflösung) des chilenischen Experimentes der Volksfront. Hätte sich Salvador Allende nicht verpflichtet gefühlt, sich mit Fidel Castro und Che ›auf gleicher Ebene zu zeigen‹, und wäre er vor allem nicht auf seiner Linken dem Druck der Castristen und Guevaristen ausgesetzt gewesen, so wäre es möglich, daß Salvador Allende noch lebte, daß er Präsident Chiles wäre und die Präsidentschaft einem im Jahr 1976 regulär gewählten Nachfolger übertrüge.«

Darauf hebt Rangel die zahlreichen gemeinsamen Punkte hervor, die zwischen dem Programm Allendes und dem des christdemokratischen Kandidaten, Radomiro Tomic, bestanden; welcher übrigens während der unruhigen Periode zwischen der Volksabstimmung und der parlamentarischen Abstimmung im Jahre 1970 ein aktiver Vertreter der Sache Allendes war. Ein gemeinschaftliches Regierungsprogramm zwischen den beiden hätte zweifellos *kaum* weniger Verstaatlichungen umfaßt als diejenigen, die später unternommen wurden. »Dies hätte«, fährt Rangel fort, »zu Austritten aus der extremen Linken der Volksfront (aber auch aus der Rechten der Christdemokraten) geführt. Zum anderen wäre Allende gewiß nicht in der ganzen Welt als ein ›Revolutionär‹ begrüßt worden. Man hätte ihn im Gegenteil beschimpft und des ›Verrats an der Sache des Proletariats‹ und der ›Unterwerfung unter den Imperialismus‹ bezichtigt. Doch Salvador Allende wäre noch am Leben und mit ihm die chilenische Demokratie; und die Welt hätte niemals etwas von General Pinochet gehört.«

Wenn man daran erinnert, was für eine geringe Minderheit Allende hinter sich hatte, und sicher existieren in der Welt zahlreiche demokratische Regierungen, die im Sinne des Volksvotums minoritär sind, doch von denen keine glaubt, den Auftrag und das Recht zu haben, die Gesellschaft von Grund auf umzustürzen, und dies nicht allein aus moralischen Gründen, sondern *weil es nicht funktionieren würde*, zumindest nicht ohne Totalitarismus, wenn man an die schwache Unterstützung erinnert, welche die Abstimmung von 1970 bezeugte, so beeilen sich gewöhnlich die Verteidiger der Unidad Popular, das Thema

* Paris 1976.

zu wechseln und rasch auf die Legislativwahlen vom März 1973 zu kommen, die den Anhängern des chilenischen Präsidenten 43 % der Stimmen eintrugen. Doch als diese Wahlen stattfanden, regierte Allende bereits seit eineinhalb Jahren, während derer er sein Mandat schon mißbraucht hatte. In der Folge blieb er weiter in der Minderheit, weil 43 % der Bürger *für* einen bedeuten, daß man 57 % *gegen* sich hat; dieses Votum war bei weitem nicht das nachträgliche triumphale Plebiszit, das vielleicht die dreißig vorangehenden Monate legitimiert hätte. Schließlich steht fest, daß dieses Resultat von 43 % unerwartet besser als angenommen war, und daß die sowohl feindselige wie sympathisierende internationale Meinung überrascht war, daß Allende seine Position im Kongreß verstärkte, obwohl das Wirtschaftsdebakel von niemandem mehr geleugnet wurde und obwohl seit einem Jahr die Protestdemonstrationen im Lande nicht aufhörten. Ein erstaunlicher Fortschritt. Er war es tatsächlich. Und dies ist der Grund.

Vierter Punkt: Es stimmt nicht, daß Allende den Geist der Demokratie im allgemeinen und die Vorschriften der chilenischen Verfassung im besonderen aufs genaueste respektiert hätte. Die marxistisch-leninistischen Denker sollten sich dessen versichern: Wenn er gestürzt wurde, so nicht etwa, weil er die Gesetze befolgt hat. Reinigen wir seine Erinnerung von jener verabscheuenswürdigen Verleumdung. Die Führungskräfte der Unidad Popular haben nie einen Hehl daraus gemacht, daß ihrerseits der im übrigen begrenzte Respekt vor dem Buchstaben der Verfassung nur eine taktische Konzession war*. Auf diese Weise schuf die Regierung jedesmal, wenn bei Wahlen in den Gewerkschaften, in den Bauern- oder Studentenorganisationen die Kandidaten der Unidad Popular geschlagen wurden, sofort eine ihr ergebene Parallelorganisation, gab ihr offiziell Unterstützung und Geld, ignorierte die authentischen und repräsentativen Gruppierungen. Man kann weiter eine Beschlagnahme der Informationsorgane nach Methoden aufführen, die denen vergleichbar sind, welche die Kommunisten in Portugal vier Jahre später anwandten – und man darf dieses Faktum nicht vergessen, wenn man das Geld erwähnt, das die CIA gewissen chilenischen Zeitungen zukommen ließ: Die Intervention ausländischer Geheimdienste kann häufig durch die Bresche illegaler Praktiken eindringen, die bereits im Land selbst existieren. Fügen wir noch ein Unterrichtsreformprojekt hinzu, das zum Ziel hatte, den Marxismus-Leninismus in den Schulen als offizielle Lehre einzuführen, den

---

* Siehe insbesondere Régis Debray, *Entretiens avec Allende*, Paris 1971.

Zustrom von vielen tausenden ausländischen Guerilleros, die aus ganz Lateinamerika kamen, schwer bewaffnet waren und von den Vertretern der Öffentlichkeit tolerierte Milizen bildeten – und vielleicht könnte man leichter verstehen, weshalb sich die sechs Zehntel Chilenen, die nicht Allende gewählt hatten, bedroht fühlten. Insbesondere war die geheime Anhäufung von Waffen der entscheidende Faktor, der das Oberkommando bewegte, eine ansonsten übliche und einer langen politischen Tradition entsprechende Neutralität aufzugeben.

Wenn sich irgendjemand darauf versteht, die berühmten Grundfreiheiten und legalen Garantien tatsächlich »formal« zu machen, indem er sie unterhöhlt, so sind dies die Stalinisten. Nirgends findet man wie in den kommunistischen Ländern derartig superbe Verfassungsmonumente, die vollkommen künstlich sind. In den liberalen Regimes erleidet das Gesetz durch seine Anwendung eine unbezweifelbare Abschwächung: In den kommunistischen Regimes erreicht die Abschwächung einen Prozentsatz, der jenem vergleichbar ist, den die Einheitspartei bei den Wahlen erzielt hat: 99,9 %.

Dennoch bemühte sich die Unidad Popular, nicht allein die Rechte der – mehrheitlichen – Opponenten gegen ihre Politik formal werden zu lassen, sie verletzte auch noch den Buchstaben der Gesetze, besonders bei jenen berühmten Wahlen vom Beginn des Jahres 1973, die jeder Erwartung zum Trotz eine Zunahme der Anhänger Allendes aufwiesen, ein Wahlwunder, das nur dank revolutionärer Unregelmäßigkeiten möglich war. Der Expräsident Eduardo Frei, der Vorgänger Salvador Allendes, richtete zwei Monate nach dem Putsch Pinochets einen Brief an den Christdemokratischen Weltverband, in dem er versucht, den Ursprüngen dieses Putsches nachzugehen. Zu den jüngsten Legislativwahlen kann man in diesem Dokument lesen, daß die Allende-Koalition im März 1973 mit 43 % der Stimmen in der Minderheit blieb, »obwohl [die Regierung] in einer Weise eingegriffen hat, wie noch nie zuvor in der Geschichte Chiles, obwohl sie den ganzen Verwaltungsapparat des Staates einsetzte, umfangreiche Finanzmittel verwandte und einen Druck ausübte [. . .], der bis zur Gewalt ging, [ganz abgesehen] vom später bezeugten Betrug, der mit vier bis fünf Prozent der Stimmen begangen wurde, denn die öffentlichen Dienste fälschten neben anderen [betrügerischen Praktiken] Millionen von Personalausweisen*«.

Es hatte gewiß Mittel gegeben, wird man sagen, die unrechtmäßigen Stimmen ungültig zu machen. Die bis dahin so »britische« Tradition des

---

* Zitiert nach Carlos Rangel, *op. cit.*

chilenischen politischen Lebens würde gewiß dieses Verfahren sehr leicht machen. Ja, zumindest in der Theorie, denn in der Praxis berücksichtigte Allende schon seit Jahren nicht mehr die Entscheidungen der Gerichtshöfe und der anderen Kommissionen, die damit beauftragt waren, die Rechtmäßigkeit des Vorgehens der Exekutive zu überwachen. Die chilenische Verfassung war nicht von parlamentarischer Art, die Legislative konnte die Exekutive nicht stürzen, doch hatte sie die Möglichkeit, auf den Schiedsspruch der richterlichen Gewalt zurückzugreifen, wenn sie der Ansicht war, die Exekutive habe die Verfassung verletzt. In Hunderten von Fällen hatten die Gerichtshöfe, bei denen der Kongreß gegen die Exekutive wegen Machtmißbrauch geklagt hatte, dem Präsidenten unrecht gegeben, und niemals hatte Allende diese Entscheidungen berücksichtigt. Der Konflikt ging bis vor den Obersten Gerichtshof. Dieser verurteilte den Präsidenten *einstimmig*, was ihn jedoch keineswegs dazu veranlaßte, von seinem Amt zurückzutreten. Alles in allem sah sich Allende im Frühjahr 1973 in seinem Lande derselben Vergehen gegen die Institutionen angeklagt, wie Nixon ein Jahr später in seinem. Doch Nixon wurde gezwungen, zurückzutreten und akzeptierte es, obwohl er zwei Jahre zuvor mit großer Mehrheit wiedergewählt worden war; Allende dagegen blieb ohne Rücksicht auf die legislative und judikative Gewalt und trotz der minderheitlichen Basis, die er weiterhin im Volke hatte, an der Regierung.

Fünfter Punkt: Es stimmt nicht, daß der Zusammenbruch der chilenischen Wirtschaft *im wesentlichen* einer »unsichtbaren Blockade«, die vom amerikanischen Kapitalismus als Druckmittel organisiert wurde, und der von der CIA als Folge der Verstaatlichungen Allendes organisierten inneren Unterwanderung zu verdanken ist.

Die Verstaatlichungen sind nicht allein das Werk Allendes. Bereits im Verlaufe der sechs vorangegangenen Jahre, von 1964 bis 1970, war unter der Präsidentschaft des Christdemokraten Eduardo Frei der natürliche Hauptreichtum Chiles, die Kupferminen, *zu 51 % Eigentum der chilenischen Nation geworden.* Ein Zeitplan war im Einvernehmen mit den amerikanischen Gesellschaften erarbeitet worden, der die Übereignung der restlichen 49 % an den chilenischen Staat in Etappen regelte. Diese Operation hatte keineswegs zu einer Unterbrechung der Auslandsanleihen geführt, und wenn Allende allmählich die Quellen neuer Kredite versiegen sah, so kamen ihm weiterhin diejenigen zugute, die von seinem Vorgänger ausgehandelt waren.

Doch weshalb sah Allende insbesondere seit dem Beginn des Jahres

1972 die Quelle für neue Kredite versiegen? Es ist schwierig, hier zu unterscheiden, was einem abgekarteten Vorhaben, die chilenische Wirtschaft abzuwürgen, anzulasten ist, und was ganz einfach auf den wachsenden und zunehmend berechtigteren Zweifeln an der Kreditfähigkeit Chiles beruhte. Aus einer detaillierten Untersuchung der Entwicklung der chilenischen Auslandsverschuldung* geht hervor, daß die Darlehensorganisationen und die Investoren im allgemeinen, die sich von der Weltbank über private oder verstaatlichte, amerikanische oder europäische Banken bis zum Internationalen Währungsfond erstrecken, zu vielfältig und verstreut sind, um die Ausführung gemeinsamer Machenschaften glaubhaft erscheinen zu lassen. Einige von ihnen wollten nach den *unentschädigten* Enteignungen ausländischer Besitztümer, die von der neuen Regierung dekretiert waren, ein Zeichen setzen, daß dies zu weit ginge; andere folgten vielleicht ideologischen Voreingenommenheiten, doch nicht alle: Auf diese Weise mußte später, im Jahre 1975, die Weltbank ihre Zustimmung für umfangreiche Darlehen an Tansania geben, um dem Land zu ermöglichen, eines der radikalsten Experimente von Bodenverstaatlichung unter Leitung chinesischer Berater bestreiten zu können. (Dies ist nicht der einzige Fall, in dem der Sozialismus durch die Geldmittel des Kapitalismus vorangetrieben wurde.) Aufgrund seiner Schwierigkeiten wurden dem Chile Allendes im übrigen nicht allein im Januar 1972 neue Kreditbestimmungen eröffnet, welche die alten ersetzten, sondern es erhielt überdies im April 1972 einen ungewöhnlich entgegenkommenden Aufschub, der seine Zahlungsverpflichtungen vorübergehend aufhob. Denn das Übereinkommen, das zu jenem Zeitpunkt zwischen Chile und seinen im sogenannten Pariser Club (Vereinigte Staaten, Kanada, Japan und Westeuropa) vereinten Gläubigern in Kraft getreten war, sah die Verschiebung der Begleichung fälliger Zahlungen, die am 1. November 1971 noch nicht geregelt waren, auf 1975 vor, auch jener, die am 31. Dezember desselben Jahres, 1972, fällig gewesen wären. So daß Allende am 30. August 1973, einige Tage bevor er gestürzt wurde, auf dem internationalen Finanzmarkt über kurzfristige Kredite verfügte, die *höher waren als diejenigen, die er im Jahre 1970 hatte* (genau 574 Millionen Dollar anstatt 310). Selbst wenn also von einigen eine Strategie verfolgt wurde, die der Unidad Popular »die Kredithähne abdrehen« sollte, war sie folglich kaum systematisch und nur von

---

* Siehe insbesondere Paul E. Sigmund, »The invisible Blockade and the Overthrow of Allende«, in: *Foreign Affairs*, Januar 1974.

mittelmäßigem Erfolg gekrönt: In dieser Richtung die zugrundeliegende Ursache für die Verschlechterung der chilenischen Wirtschaft zu suchen, erscheint bedenklich.

Sollte also diese Verschlechterung selbst schließlich im wesentlichen von den amerikanischen Geheimdiensten angezettelt worden sein? Die Tätigkeit dieser Geheimdienste wurde von den amerikanischen Untersuchungskommissionen selbst aufgedeckt und von der Öffentlichkeit streng verurteilt, wie mehrere Meinungsumfragen, sowie die Leitartikler der großen Zeitungen wie James Reston oder David Broder und die Spezialisten der politischen Wissenschaften* bezeugen. Dies ging so weit, daß die Proteste gegen die heimliche Einmischung in die chilenische Innenpolitik in den Vereinigten Staaten selbst zum Sturmsignal gegen die CIA und zur Erhebung der Anklage gegen sie wurden. Gegenwärtig wird die berühmte Agentur in einem solchen Maße überwacht, das sogar zu Zweifeln Anlaß gibt, ob sie noch in der Lage sei, den Spionagetätigkeiten und der Subversion der Länder des Ostens entgegenzuwirken. Es läßt sich nicht leugnen, daß die Tendenz besteht, die Tätigkeiten der CIA viel häufiger und härter zu verurteilen als die Arbeit ihrer Gegner, da die Geheimdienste der kommunistischen Länder niemals demaskiert noch von innen her kritisiert werden und die anderen Informationsquellen als ausländische natürlich der Parteilichkeit oder der Mythomanie verdächtigt werden können. Dennoch wäre man berechtigt, hin und wieder von anscheinend neutralen Beobachtern eine weniger einäugige Sicht zu erwarten: So war die kubanische Gesandtschaft in Santiago de Chile am Ende eines Jahres Allende-Präsidentschaft dahin gelangt, daß sie *mehr Funktionäre zählte als das chilenische Außenministerium selbst.* Castro persönlich stattete Chile einen verblüffenden »offiziellen Besuch« ab, der einen Monat dauerte, und in dessen Verlauf er Städte und Landgegenden bereiste und dabei mit einer solchen Dreistigkeit ohne Einspruch der Regierung Reden hielt, Verweise erteilte und sich in die ausschließlich inneren Angelegenheiten des Landes einmischte, daß man sich fragen konnte, ob er nicht auf der Stelle ein für allemal die Zügel des Staates in die Hand nehmen werde. Doch die Einbrüche der einen entschuldigen nicht die der anderen, und die Immoralität der Operationen der CIA wird nicht vom zynischen Exhibitionismus eines Agenten der Kommunistischen Internationale gemildert, der in keiner Weise seinen Wunsch verhehlte,

---

* Siehe insbesondere Richard R. Fagen, »The United States and Chile, Roots and Branches«, in: *Foreign Affairs*, Januar 1975. Fagen ist Professor an der Stanford University.

die Chilenen zur Liquidierung der bürgerlichen Demokratie zu treiben. Genügen aber die »Destabilisierungsversuche« der amerikanischen Geheimdienste in Chile, um den ökonomischen Zerfall dieser Nation zu erklären, oder muß man die Krise, die innerhalb von drei Jahren die Demokratie zerstörte, nicht vielmehr immanenten Ursachen zuschreiben?

Es wurde behauptet, daß die bald einsetzenden chronischen und zahlreichen Streiks und Demonstrationen gegen die hohen Lebenshaltungskosten, gegen eine Inflation, die rasch 100, dann 200 % im Jahr überstieg, gegen die Verknappung der Grundnahrungsmittel unter der Hand von den Amerikanern organisiert und subventioniert worden seien. Es wurde sogar nachgewiesen, daß gewisse Gewerkschaften, zum Beispiel die der Lastwagenfahrer, von der CIA Gelder erhalten hatten. Doch zunächst rührte die Unzufriedenheit der Lastwagenfahrer, die häufig Kleineigentümer mit ein oder zwei Fahrzeugen waren, nicht vom Erhalt dieser Gelder her, sondern vielmehr von der Absicht der Regierung, ihr Produktionsmittel zu »verstaatlichen«, mit anderen Worten zu beschlagnahmen. Wenn man schließlich bedenkt, daß die Arbeitsniederlegungen und Protestmärsche nacheinander oder zugleich manchmal mehrere Wochen oder sogar Monate lang die Bergarbeiter, die Autobusschaffner, die Krankenpfleger, die Hausfrauen, die Unterstützungen verlangten, die Kleinhändler, die Taxichauffeure, die Linienpiloten und die Mitglieder zahlreicher anderer Arbeits- oder Verbraucherkategorien samt den Bauern mobilisierten, so würde es einem schwerfallen, eine derart wundersame Wirksamkeit und eine solche Freigebigkeit der Geheimagenten des Imperialismus plausibel zu finden: Es hätten wirklich allzuviele bezahlt werden müssen.

Doch welche Talente schreibt man nicht den geheimen Agitatoren zu, wenn man die Ursachen eines Bankrotts nicht sehen will – offenkundig die exzessive Geschwindigkeit der Verstaatlichungen in der Industrie, eine wilde Agrarreform, das katastrophale Absinken der Lebensmittelproduktion und der Exporte, das daraus resultierte, die Lähmung, die auf dem Aufblähen einer unfähigen Bürokratie beruhte? Ein amerikanischer Eiferer für die Unidad Popular, ein konkretes Beispiel für die Verirrungen, zu denen die Interpretation der Weltgeschichte durch die Geheimdienste führt, brandmarkte die konterrevolutionären Kräfte in Chile, indem er schrieb, daß die Schüleruniformen beim Schulbeginn 1972 zur großen Unzufriedenheit der Familien »auf geheimnisvolle Weise vom Markt verschwunden waren«, und daß dieser suspekte Mangel nur das Ergebnis irgendwelcher dunklen Machenschaften der vom Imperialismus unterstützten Rechten gewesen sein könne*. Der Autor war in diesem Punkte eher mit Indignation als Information gerüstet, denn der Finanzminister Allendes, der Kommunist Orlando Millas, beklagte in einer Selbstkritik, die ihn ehrte, vor dem Parteiplenum vom 15. März 1972, wo er sich auf diese Angelegenheit bezog, »die Vetternwirtschaft, die Erteilung von Vorzugsquoten aufgrund von politischer Protektion, das sektiererische Proselytentum, die Vergeudung und Ineffizienz in den kürzlich verstaatlichten und der Leitung des Komitees des Textilsektors unterstehenden Fabriken, deren Unfähigkeit sich einmal mehr daran erwies, daß es ihr nicht einmal gelang, rechtzeitig für ein ausreichendes Programm zur Herstellung von Schuluniformen zu sorgen**«.

Es gibt zahlreiche Schuluniformen, die in der Geschichte des Sozialismus fehlen. Dies ist der Grund, weshalb sie so häufig durch Generaluniformen ersetzt werden.

---

* Dale L. Johnson, *Chile and the Forces of Counterrevolution.* In dem Kollektivwerk: *The Chilean Road to Socialism,* New York 1973.
** Zitiert nach Norman Gall, »Chile: Hard Times«, in: *New York Times,* 1. Juli 1973 (im *Book Review).*

DER STAAT UND DIE
REAKTION

Der narzißtische Staat

Ein grundlegender Widerspruch unserer Epoche besteht zwischen der Aufteilung der Welt in souveräne Nationalstaaten und Entscheidungszentren und Arbeitsmethoden, die in der Lage wären, möglicherweise die Probleme zu lösen, die sich der heutigen Menschheit stellen. Der Nationalstaat, der Territorialstaat, bleibt mehr denn je in diesem letzten Viertel des 20. Jahrhunderts das einzige Entscheidungs- und Aktionsinstrument, mit dessen Hilfe es in der Praxis möglich ist, in die Weltangelegenheiten einzugreifen. Andere einflußreiche Kräfte haben sich herausgebildet, angefangen von den offiziellsten, wie den internationalen Organisationen oder den Arbeitergewerkschaften, bis hin zu den diffusesten, den Pazifisten, welche die Öffentlichkeitsmeinung vor den Atomversuchen warnen, die Verbände zur Verteidigung der Verbraucher oder auch die Terroristenkommandos. Doch Einfluß und Terror sind kein Handeln, es sind dies Pressionen, die, um wirkungsvoll zu sein, letztlich auf einen Staat ausgeübt werden und versuchen müssen, ihn zum Handeln zu bringen.

In den Staatsgruppierungen wie der Europäischen Wirtschaftsgemeinschaft, der Organisation erdölexportierender Länder, dem Andenpakt, bleibt ein jedes Land Herr seiner Beschlüsse, und wenn ein einziges Land mit den anderen Mitgliedern nicht übereinstimmt, so können diese es nicht dazu zwingen, sich der Mehrheitsentscheidung anzuschließen, wie sich die Minderheit in einem demokratischen Staat der Mehrheit beugt. Die letzte politische Realität in dieser Art internationaler Bündnisse oder Organisationen bleibt also der souveräne Staat. Wenn nun die widerspenstigen Minderheiten zur Eingliederung gezwungen werden wie in den Ländern des Warschauer Paktes, so geschieht dies nicht aufgrund einer übernationalen Autorität, die von den Mitgliedsstaaten freiwillig anerkannt ist, sondern weil einer der Nationalstaaten, der dem Bündnis angehört, in Wirklichkeit Herr der anderen ist.

Einzig ein Staat besitzt die Macht, die Handlungen zu vollziehen, die von heute auf morgen eine Wandlung der internationalen Angelegenheiten bestimmen. Dies ist im übrigen weniger eine Frage der Macht als eine Frage der Anatomie. Der Chef des kleinsten Staates wie des größten, des reichsten wie des armseligsten, kann seine Grenzen für eine beliebige Art von Waren schließen, eine beliebige Art von Einwohnern verbannen, aus einem Militärbündnis ausscheiden, die Grenzen seiner territorialen Gewässer erweitern, oder sich von einem benachbarten oder entfernten Staat als bedroht erklären, was auch eine Form ist, jenen selbst zu bedrohen. Auf diese Weise führt er augenblicklich in das allgemeine Kräfteverhältnis ein (je nach dem Gesichtspunkt) störendes oder korrigierendes Element ein, dem die anderen Staaten Rechnung tragen müssen. Selbst wenn sein Handeln anmaßend ist, selbst wenn er nicht die Mittel oder Befähigung hat, es fortzusetzen, selbst wenn es den Ländern, die es stört, gelingt, es zu durchkreuzen, im Notfalle dadurch, daß sie Krieg gegen ihn führen, einmarschieren und ihn zerstören, wird doch dieses Handeln allgemein als *Handeln* anerkannt und berücksichtigt. Die zahllosen Hoffnungen und Abneigungen der Menschenmassen, die Entstehung und das Altern von Religionen, die genialen Menschen und die zerstörerischen Ungeheuer, die Anstrengungen der Intelligenz und das hartnäckige Beharren auf Verirrungen, die neuen kollektiven Mythen und der Verfall von ehemals geheiligten Anliegen, das Elend oder die Übersättigung der Völker, die medizinischen Entdeckungen oder die Vervollkommnungen der Agronomie, die technologische Neuerung oder Stagnation, all dies bildet zweifellos den wahren Rohstoff der Geschichte, das heißt, des Lebens. Diese großen Phänomäne lasten unaufhörlich mit ihrer Allgegenwart auf der Gesamtheit der Nationen, sie lassen sie entstehen, erhalten sie, zerstören sie oder treiben sie auf der Straße der Jahrhunderte voran; ihr Vermögen läßt sich mit dem der Politiker nicht messen. Doch so grundlegend ihre Bedeutung auch sein mag, das Menschenleben ist kurz, und in der alltäglichen Praxis, auf lokaler und weltweiter Ebene betrachtet, sowie innerhalb von kurzen Zeitspannen, die für eine Einzelexistenz einen Sinn haben, besitzt allein der Nationalstaat innerhalb dessen, was man euphemistisch die internationale Gemeinschaft nennt, die Fähigkeit, Fakten zu schaffen.

Denn der Nationalstaat stützt sich auf das nahezu einzige heutzutage anerkannte und respektierte Prinzip: die Souveränität. Die anderen Prinzipien, insbesondere diejenigen, auf die sich die internationalen Chartas oder Konventionen und die Menschenrechte stützen, sind nur virtuell, ihre tatsächliche Anwendung hängt vom guten Willen der souveränen Staaten ab. Der souveräne Staat ist die technische Stufenleiter, welche jede Operation notwendig durchschreiten muß.

Sagt man, daß die Souveränität der Staaten das einzige Prinzip ist, das in der alltäglichen Praxis tatsächlich berücksichtigt wird, so bedeutet dies nicht, daß jeder Staat davon absieht, den Versuch zu machen, die anderen Staaten zu zerstören, umzustürzen oder zu beherrschen. Anstatt die Idee der Souveränität zu negieren, impliziert sie im Gegenteil diesen Willen zur Herrschaft, ebenso wie die Kämpfe zwischen rivalisierenden Firmen, von denen jede versucht, die andere in Schwierigkeiten zu bringen, zu schlucken oder zu beseitigen, sich nicht gegen die Idee des Eigentums richten, sondern sie im Gegenteil implizieren. Die einzige mögliche Leugnung von Souveränität ist die Weigerung, eine Regierung anzuerkennen, was übrigens gewöhnlich der Anfechtung der Legitimität eines besonderen Regimes eher gleichkommt als der Aberkennung der Souveränität des Staates im allgemeinen. Darüber hinaus ist das Fehlen von diplomatischen Beziehungen zu einer Macht, gleichgültig welcher, derart unbequem, daß man dem im allgemeinen ziemlich schnell auf diskreten und indirekten Wegen abhilft – was einen zusätzlichen Beweis für den unersetzlichen Charakter des Staates als Gesprächspartner darstellt.

Mit dem Augenblick, da ein Staat im Rahmen einer der territorialen Einheiten existiert, denen die Zufälle der Geschichte und die Trägheit der Staatskanzleien den Status einer Nation zuschreiben, ist er unantastbar. Ob er nun eine Demokratie oder eine Diktatur, eine Republik, die sich auf Gesetze gründet, oder ein polizeistaatliches, totalitäres, KZ-artiges Regime ist, ob er nun in den Händen von rechtmäßig gewählten Beamten oder einer Junta, ja sogar eines Wahnsinnigen sich befindet, der Staat wird respektiert. Das »Weltgewissen« kann in diesem Falle noch so sehr eine bestimmte barbarische Verhaltensweise, die ein Staat zeitweilig oder ständig seinen eigenen Bürgern gegenüber an den Tag legt, verabscheuen, es gibt für einen anderen, selbst mächtigeren Staat keinerlei Methode oder Motiv, auf ihn, damit er davon abläßt, andere Pressionen auszuüben als moralische. Überdies kommen diese Pressionen meist nicht von anderen Staaten, sondern von politischen Parteien, die sich je nach ihren Sympathien in selektive Verurteilungen spalten, oder von über die ganze Welt verstreuten Gruppen von Individuen, was einen Staat ziemlich indifferent läßt. Wenn die Verurteilung von einer anderen Regierung ausgesprochen wird, weiß jeder sofort, daß diese »humanitäre« Stellungnahme wahrscheinlich durch politisches Kalkül diktiert wird, durch den Versuch, die eigene Macht zu erweitern. Sie wird im übrigen als »Einmischung in die inneren Angelegenheiten eines Landes« verworfen.

Obwohl das Recht des Familienvaters über Leben und Tod seiner Kinder seit mehreren Jahrhunderten abgeschafft ist, kommt das Prinzip der Nichteinmischung in die inneren Angelegenheiten, das stärker floriert denn je, in der Praxis einer Anerkennung des Rechtes der Staaten über Leben und Tod ihrer Einwohner gleich.

Selbstverständlich »respektiert« ein Staat nicht etwa die Souveränität eines anderen Staates in dem Sinne, daß er es vermeiden würde, sie so weit als möglich zu reduzieren, sie seinen eigenen Interessen unterzuordnen. Zu diesem Zwecke gibt es eine ganze Skala klassischer Mittel, die seit der frühen Antike eingesetzt wurden. Das Hauptmittel zur Zerstörung eines Staates bleibt der Krieg; doch Kolonial- und Eroberungskriege nach altem Muster sind selten geworden. Nennen wir als zeitgenössische Beispiele die wiederholten Versuche der arabischen Staaten, Israel zu vernichten, die Annexion Tibets durch China, Sikkims durch Indien oder weiter die seit langem angekündigten und teilweise durchgeführten Absichten dieser letzten Macht, den pakistanischen Staat zu stürzen. In Ermangelung der Annexion also, die den anderen Staat schlicht und einfach vernichtet, kann der Krieg eine Änderung des Regimes hervorrufen, eine Macht einsetzen, die dem Willen der siegreichen oder herrschenden Nation gefügiger ist, doch hat man es am Ende des Prozesses immer noch mit einem Staat zu tun. Viele andere Formeln wurden von jeher angewandt, um die Souveränität der kleinen Staaten zugunsten der großen zu beschränken, obwohl man sie prinzipiell zugleich respektierte: Bündnisse, die eine Hegemonie zur Folge hatten, die Umwandlung schwacher Länder in Satelliten oder Anhänger, ökonomische Übereinkommen, die einen der Partner begünstigen, »unausgewogene Verträge«, geheime Intervention in die inneren Angelegenheiten anderer Länder durch Geld oder Agenten, mit denen Zeitungen, Ausbildungsstätten, Gewerkschaften oder Politiker gekauft werden. Keine Geschichtsperiode, in der es diese Praxis nicht gegeben hätte. Jede Großmacht hat sich stets bemüht, bei anderen politische Parteien oder andere Organisationsformen zu schaffen oder zu entwickeln, die ihre (wohl- oder schlechtverstandenen) Interessen begünstigten. Sparta und Athen, Philipp von Mazedonien und Rom haben dieses System mit einer Meisterschaft beherrscht, die von den modernen Staaten selten übertroffen wurde. Ich spreche hier nicht von streng militärischer Spionage und Gegenspionage, die als normal erachtet und von verehrten und gleichsam offiziellen Spezialisten gelenkt werden, ich spreche von der Teilnahme an der Innenpolitik eines anderen Landes, die von offenen und anerkannten bevorzugten

Beziehungen zu einer politischen Partei oder einer Gewerkschaftszentrale bis zur Hilfe durch subversive Gruppen, Guerilleros, putschistische Militärs, extremistische Intellektuelle, »aufgebrachte Bauern« und dergleichen gehen kann. Diese Einmischungen, in denen sich Engländer und Franzosen, Chinesen und Russen, Kubaner und Amerikaner hervortaten, können sich im übrigen darauf beschränken, eine echte und spontane lokale Bewegung zu unterstützen und ihrem Erfolg nachzuhelfen. Sie sind nebenbei bemerkt keine Eigentümlichkeiten der Großmächte, der Personifizierung des »Imperialismus«: Zwischen 1970 und 1973 konnte man miterleben, wie der libysche Regierungschef in Afrika und Europa Unterstützungen und Drohungen austeilte und Terroristen aussandte, um die Politik zahlreicher Staaten Israel gegenüber zu beeinflussen oder die Öffentlichkeitsmeinung einzuschüchtern. Meist jedoch scheitern diese Aktionen, wenn sie völlig künstlich sind und nicht die realen Unstimmigkeiten der Ländern, die sie unterwandern oder »destabilisieren«, ausbeuten. Würde das ganze Gold von Transvaal dem KGB und der CIA gemeinsam zur Verfügung gestellt werden, so würde es bei dem gegenwärtigen Stand der Dinge nicht ausreichen, um in den Niederlanden oder in Schweden eine Militärdiktatur zu errichten.

Gerade weil die Intervention in die inneren Angelegenheiten eines Landes heimlich ist, stellt sie indirekt eine Huldigung an das Prinzip der Souveränität dar. Denn jeder weiß sehr wohl, daß eine offene Intervention von außen kaum eine Chance hat, zu einem dauerhaften akzeptierten Wandel zu führen, und daß es sich empfiehlt, sie als inneres Ereignis des Landes, in dem man einen Wandel wünscht, zu verschleiern.

Von innen kann ein Staatsstreich oder ein Aufstand, ein Hilferuf an eine verbündete Regierung, die um »Rat« gebeten wird, oder sogar ein simpler Geldsegen für die Wahl im entscheidenden Moment eine Regierung brutal verändern. Und das Paradoxe ist, daß diese Operationen, die nach der Verfassung des Landes – wenn es eine gibt, die dieses Namens würdig ist – illegal sind, in den Augen des Auslandes legitim sind, wenn sie zu einem neuen Staat führen, der sich halten kann und nur unter der Bedingung, daß er das kann. Der souveräne Staat, die einzige legitime Einheit in den internationalen Beziehungen, ist selbst nicht genötigt, irgendeinem präzisen Kriterium von Legitimität zu entsprechen, da die einzige Bedingung, deren Erfüllung man ihm abverlangt, die Wahrung der faktischen Macht über ein Territorium mit anerkannten und durch den Brauch konsekrierten Grenzen während eines minimalen Zeitraums ist.

Sicher tauchen hin und wieder Bündnisse auf, die mehr sind als Militärpakte für gegenseitige Hilfe und die eingestandenermaßen die Funktion haben, einen gewissen Typ politischer und sozialer Herrschaft innerhalb jedes Mitgliedstaates zu schützen und fortzusetzen. Dies gilt im 19. Jahrhundert für die Heilige Allianz, deren Ziel die Verteidigung des Prinzips der dynastischen Legitimität in Europa war. Dies gilt heute in Osteuropa, wo die Intervention der Armee der Sowjetunion in die inneren Angelegenheiten der Satellitenstaaten im Falle von Revolutionen durch ein »Interventionsrecht der sozialistischen Gemeinschaft« mit der Hypothese einer »konterrevolutionären Gefahr« erklärt wird. Doch dieses »Interventionsrecht« ist ziemlich ungenau definiert (zumindest in der Theorie, in der Praxis ist es von unbezweifelbarer Deutlichkeit). Denn bald behauptet die Sowjetunion, aufgrund einer Verpflichtung zur Erhaltung des Sozialismus zu handeln, bald gibt sie vor, einem Hilferuf von einer legalen Regierung nachgekommen zu sein, der selbst durch eine subversive Verschwörung, die vom Ausland gesteuert wird, begründet sei. Diese Erklärung führt wieder die klassische Fiktion eines Bündnisses ein, das ausschließlich im Falle einer *äußeren* Bedrohung gegen einen der Verbündeten in Aktion tritt. Wenngleich es sich um eine Ausflucht handelt, ist es interessant zu beobachten, wie sie durch ihre Lächerlichkeit selbst den lokalen souveränen Staat als entscheidende Autorität konsekriert, der allein dazu in der Lage ist, ein inneres Problem zu regeln.

In der Gruppe der westlichen Demokratien sah man ebenfalls die Bestrebungen scheitern, dem Prinzip der Souveränität der Staaten ein Korrektiv hinzuzufügen, welches der Art der Herrschaftsform, die von dieser Souveränität geschützt wurde, Rechnung trägt. Einige Regierungen mit ungewöhnlich feinen demokratischen Skrupeln haben zum Beispiel im Rahmen des Europarats zwischen 1967 und 1974 gegen die Diktatoren von Athen Anklage erhoben. Die amerikanischen Senatoren haben im Jahre 1971 versucht, die Finanzhilfe, die zugunsten des griechischen Militärstaats verabschiedet war, von einer Umwandlung des Regimes abhängig zu machen. Der außenpolitische Ausschuß des Repräsentantenhauses stimmte im Juli 1971 für die Einstellung der Militärkredite für Griechenland und Pakistan. Dieser Kampf gegen die Exekutive hatte zur Folge, daß seit 1972 die amerikanische Militärhilfe – vom Verteidigungsministerium die vorangegangenen 23 Jahre geheimgehalten – Land für Land publik gemacht und in den offiziell bekannten Budgets aufgeführt wurde. Der Senat stellte die amerikanische Militärhilfe für die Türkei nach der Zyperninvasion durch die türkische Armee im Jahre 1974 ein und schlug damit eine Bresche in den militärischen Verteidigungswall der NATO im Mittelmeer. Die verärgerten Reaktionen führen, ebensowenig wie die Anwendung ökonomischer »Sanktionen« – gegen das Italien Mussolinis von 1939 oder Rhodesien am Ende der 60er Jahre –, niemals zu Maßnahmen, die für diejenigen, gegen die sie gerichtet sind, wirklich eine Behinderung darstellen, es sei denn, daß zu den rein moralischen Gründen starke ökonomische oder politische Interessen hinzukommen.

Aufs Ganze betrachtet gehen also alle Versuche, die Anerkennung einer Staatsmacht oder auch nur die Bewilligung finanzieller, kommerzieller oder militärischer Vorteile für diesen Staat mit seinem Verhalten gegenüber seinen Bürgern zu verbinden, kaum über die Bedeutung von symbolischen Gesten hinaus. Sind diese Drohungen oder Forderungen nach Vergeltungsmaßnahmen bereits beschränkt und kurzlebig, wenn sie von anderen Staaten kommen, so sind sie um so wirkungsloser, ja sogar völlig vergeblich, wenn die ausländischen Quellen, von denen sie stammen, Privatpersonen, Meinungsströmungen, gutwillige Gruppen oder empörte »Weltbürger« sind. Anstatt den Wert einer Nation dem Wert der Zivilisation, die von ihr Gebrauch macht, unterzuordnen, hat das 20. Jahrhundert der Nation als solcher ohne moralische, politische oder humanitäre Erwägung einen Status verliehen. Verfügt man über einen Nationalismus und einen Staat, so verfügt man über alle Rechte, man ist nicht kritisierbar. Der nationale Absolutismus hat die absolute Monarchie ersetzt.

Oder genauer, er hat dahingeführt und dazu beigetragen, sie wiederherzustellen, denn die Macht eines Einzelnen ist die logische Fortsetzung des Kultes der einzelnen Nation. »Wenn Sie beschlossen haben, Patriot zu sein, so sind Sie notwendigerweise Royalist«, sagte Charles Maurras.

Charles Maurras, der Theoretiker und Anhänger der Monarchie, ist heute weitgehend in Vergessenheit geraten, und dennoch werden seine Ideen fast überall angewandt. Karl Marx ist es nicht, und dennoch werden seine Ideen von keiner Herrschaftsform verkörpert, die wirklich dem, was er wollte, entspricht.

Ist der Einfluß eines politischen Denkers auf die Ideen und Emotionen um so stärker, je geringer sein Einfluß auf das Handeln ist? Zweifellos. Wird er allzu genau befolgt, so wird er von der Realität verschlungen und erlischt als Mythos. Ist er nicht angewandt oder unanwendbar, so fährt er fort, die Phantasie anzuregen und Kommentaren Nahrung zu geben. Der Name Karl Marx wird wahrscheinlich täglich mehrere Millionen Mal in den etwa dreitausend Sprachen, die auf unserem Planeten gesprochen werden, genannt, obwohl – und vielleicht weil – keine Gesellschaft nach dem Geständnis der Sozialisten selbst wirklich sozialistisch ist. Der Name Charles Maurras wird wohl kaum mehr als wöchentlich einmal in der Muttersprache des Autors genannt, es sei denn hinter den Bollwerken der Herrenhäuser in der Vendôme, und dennoch wird die ganze oder fast die ganze Welt nach seinen Prinzipien regiert, denen der absoluten Monarchie.

Der Monarchie und nicht des Königtums. Schweden, Dänemark, Großbritannien haben Könige, die politisch keine Monarchen sind. Die Macht eines Einzelnen oder auch schlimmstenfalls seines Substituts *(the second best)*, die Macht einiger – die Oligarchie –, braucht, um in Kraft zu treten und sich auszubreiten, nicht der Regel zu folgen, die für königliche Macht wesentlich ist, der Erblichkeit. Politische monarchische Macht und erbliches Königtum sind zwar in einigen und sehr wichtigen Staaten noch vereint, in Saudi-Arabien und dem Iran. Doch, wie aus der Geschichte ersichtlich wird, kann auch ein anderes Nachfolgeprinzip die Kontinuität sichern. Heutzutage definieren sich die modernen politischen Regimes, jene, die anscheinend in der Praxis von der zeitgenössischen Menschheit begünstigt werden, als absolute Monarchien, deren Nachfolgeprinzip der Staatsstreich ist.

Von den etwa 140 souveränen Staaten, die man im Jahre 1975 zählt, lassen sich nur 28 bis 30 als demokratisch betrachten. Überdies geben einige von ihnen Anlaß zu Zweifeln: In Mexiko zum Beispiel gibt es zwar freie und regelmäßige Wahlen, doch gibt jeder Präsident seinem Nachfolger seine Stimme. Manchmal löst die Anarchie, wie in Argentinien oder im Libanon, die Demokratie auf. Häufiger sieht man ein Land von der Demokratie zur Monarchie übergehen als umgekehrt, doch glücklicherweise vollzieht sich der Wandel nicht immer in dieser einzigen Richtung. Seit 1973 ist Chile faschistisch geworden, doch Griechenland und Portugal sind es nicht länger, selbst wenn dieses letzte Land fast die Salazar-Monarchie gegen die stalinistische Monarchie eingetauscht hätte.

Die demokratischen Staaten sind in der heutigen Welt bei weitem in der Minderheit. Doch darf man nicht allein die Staaten in Erwägung ziehen. Der Triumph der Monarchie enthüllt seinen ganzen Umfang, wenn man darüberhinaus die Zahl der *Bevölkerungen* berücksichtigt, die jeweils von dem einen und dem anderen System regiert werden. Denn in der Liste der demokratischen Nationen findet sich ein bedeutender Anteil, der weniger als 15, ja sogar 10 oder 5 Millionen

248

Einwohner zählt, wie zum Beispiel Österreich, Norwegen, Neuseeland, Israel. Abgesehen von den Vereinigten Staaten von Amerika, befinden sich die meisten demographischen Riesen im Lager der Monarchien. Was wiegen die 9 Millionen Griechen, die zur Demokratie zurückgekehrt sind, angesichts der 600 Millionen Inder, die seit der Proklamation des Notstands durch Frau Gandhi im Juni 1975 vom monarchischen System annektiert wurden?

Der Coup von Madame Gandhi ist einer von denen, durch die ein demokratischer Staatschef sein eigener Nachfolger wird, indem er sich zum Monarchen macht, wenn er sich von den konstitutionellen Gesetzen belästigt fühlt: Dies ist ein Staatsstreich vom bonapartistischen Typ. In den bereits vorhandenen Monarchien sorgt der Staatsstreich im Gegensatz dazu für die Erneuerung der führenden Persönlichkeiten, für den Machtwechsel. Dies ist ein einfacherer Mechanismus als derjenige der Wahlen, er erspart dem Volk Vakanzen in der Exekutive, die mit den Präsidentschaftskampagnen im Zusammenhang stehen, und er wird so oft wie nötig in Gang gesetzt.

Im Jahre 1975 lieferten Madagaskar, Nigeria, die Komoren, Bangladesch, der Tschad und Peru den Nachweis dafür, daß das System sowohl dann gut funktionierte, wenn es die Hinrichtung ohne Gerichtsverfahren für den entthronten Monarchen nach sich zieht, wie dort, wo die Sukzession keine Hinrichtung zur Folge hat. Der Staatsstreich ist der erblichen Überlieferung insofern überlegen, als der Anwärter ein Risiko eingeht und seinen Posten erringen muß. Staatsstreiche, die schon zu unterschiedlichen Entwicklungsstadien gelangt waren, sind in Libyen, Uganda, im Sudan und in Ecuador gescheitert. In Bolivien verordnete der Präsident einen simulierten Staatsstreich, damit alle Partner, ähnlich wie andernorts durch Militärmanöver, gut in Form bleiben. Ein Bürger von Zaire, Absolvent einer amerikanischen Universität, an der er mit großer Begabung eine Dissertation über das Thema: »Wie man im Staat Zaire einen Staatsstreich vorbereitet und mit Erfolg durchführt« verfaßt hatte, begab sich dann, mit der Absicht, seine Theorie anzuwenden, ins Land zurück, scheiterte jedoch kläglich. Dieser Mißgriff bildet leider nicht den ersten noch den letzten Beweis für eine gewisse Sterilität der politischen Wissenschaft.

In den kommunistischen Monarchien spielen sich die Staatsstreiche innerhalb der Einheitspartei ab. Die verworrenen und rätselhaften Wandlungen innerhalb der chinesischen Führungselite seit der Kulturrevolution sind sichtbare Resultate von Coups und Gegencoups, die wir nur erraten können. Der Sturz Scheljepins in der UdSSR, sein

Ausschluß aus dem Politbüro, haben vielleicht eine Absetzung Breschnews, ähnlich der erfolgreichen Chruschtschows im Jahre 1964, verhindert. Entsprechend dem Geiste von Helsinki müßten die kommunistischen Monarchien ihre Staatsstreiche demokratisieren, das heißt, den Bürgern, die keine eingeschriebenen Parteimitglieder sind, das Recht geben, an ihnen teilzunehmen und dem Volk in seiner Gesamtheit, sich des Spektakels zu erfreuen, wie dies in Afrika geschieht. Denn ist der Staatsstreich nicht auch eine Art, »Personen und Ideen frei verkehren« zu lassen?

Heutzutage sind alle früheren politischen, religiösen, familiären oder geographischen Einheiten, in welche sich die Menschen – Stämme, Stadtstaaten, Provinzen, Kirchen – gruppierten, zu Staaten zusammengeschmolzen, selbst wenn sie manchmal deren Grenzen überlappen oder deren Autorität streitig machen. Der Staat wiederum hat die Tendenz, auf dem Territorium, das er kontrolliert, eine Vielfalt zu unterdrücken, in der er nur Partikularismen erblickt, die sich gegen seine vereinheitlichende Autorität auflehnen und im Widerspruch zum »nationalen Zusammenhalt« stehen. Und nach außen hat er die Tendenz, sich den anderen Staaten zu widersetzen, selbst wenn er vorübergehend ihr Verbündeter ist, die Welt in Begriffen der Rivalität zu denken, denn er ist ein Werkzeug, das für die Rivalität geschaffen wurde. Sein Gesetz und sein Gewicht veranlassen ihn dazu, das, was man Grenzbewußtsein nennt, zu verschärfen. Gleichzeitig macht er die Gesellschaft innerhalb seiner Grenzen immer homogener, und die Trennung zwischen dieser Gesellschaft und dem Äußeren, zwischen »uns« und »den anderen« ausgeprägter.

Dies ist der Grund, weshalb sich so viele Regierungen bemühen, ihre Bevölkerung von der übrigen Menschheit zu isolieren, indem sie ihre Kontakte mit den Ausländern, den Einlaß und das Hinausdringen von Personen und vor allem Ideen verbieten oder sorgfältig dosieren. (Auf dem Gebiet der Ideen bleibt nach einer gewissen Zeit nicht mehr viel, was hinausdringen könnte.) Sie verhindern den freien Nachrichtenverkehr, sowohl was das Land selbst wie die anderen Länder und die Weltangelegenheiten betrifft. Zensur und Propaganda rekonstruieren Tag für Tag einen nationalen und internationalen paranoischen Roman, so daß nichts oder fast nichts eindringt, was nicht für die herrschende Macht günstig ist und die Gerechtigkeit ihrer Absichten und die Fruchtbarkeit ihrer Handlungen im hellsten Licht erscheinen läßt. Der Traum eines jeden Staates, nämlich daß niemand, jedenfalls unter denjenigen, die seiner Autorität unterstellt sind, seine Behauptungen verifizieren und seine Taten beurteilen kann, ist fast auf der ganzen Welt zur Realität geworden. Die Informationswellen und ihre Geschwindigkeit, von der die Medientheoretiker seit 1960 so viel sprechen, betreffen nur 30 von 140 oben erwähnten Nationen. Zweifellos gibt es überall sonst ebenfalls Wellen und Geschwindigkeit, die jedoch für alles andere gelten als für Information. Die Medien sind vielmehr Fortsetzungen der politischen Macht, Wellenkäfige, in denen der Geist gezähmt wird.

Diese Isolierung menschlicher Gruppen voneinander wird durch ein Parallelverfahren erleichtert, nämlich durch die Anstachelung zum Volksnationalismus, zur kindischsten chauvinistischsten Eitelkeit, zum Fremdenhaß und zur Empfindlichkeit. Der unauslotbare Informationsmangel der Völker, der auf dem fast universellen Überwiegen der Staatspropaganda beruht, bewirkt und rechtfertigt zugleich einen kollektiven Größenwahn, der um so leichter zu kultivieren ist, als man ihm jede Vergleichsmöglichkeit mit dem Ausland entzieht – und um so nützlicher für die gesellschaftliche Ruhe, da er der Langeweile der Bevölkerungen, deren einzige Zerstreuung das Spektakel der Großartigkeit des Staates ist, abhilft.

Der Nationalismus wird von den Regierenden ausgebeutet, um die kritischen Geister zu zerstreuen, von der inneren Situation abzulenken und durch ehrgeizige Ziele in der Außenpolitik zu faszinieren, die als neuer Vorwand dienen, um die Omnipotenz der exekutiven Gewalten zu legitimieren. Bekanntlich besteht das Hauptanliegen der zeitgenössischen Regierungen darin, sich mit Waffen zu versorgen. Auf diese Weise stellen die Militärausgaben der Welt einschließlich und sogar vor allem in den ärmsten Ländern jährlich das Doppelte der Erziehungsausgaben, das Dreifache der Ausgaben für das Gesundheitswesen und das Zwanzigfache der Hilfe der reichen Länder für die Dritte Welt dar. Das normale Verhältnis zwischen den Nationen und den Staaten, demzufolge die zweiten Instrumente im Dienste der ersteren und der Menschen, die sie bewohnen, stehen sollten, hat sich vollkommen verkehrt. Die Nationen und die Menschen sind es, die fast in jedem Falle gewaltsam in den Dienst der Staaten gestellt wurden, welche autonome Organismen oder Apparate geworden sind, die nichts anderes mehr verfolgen als die Betrachtung ihres eigenen Funktionierens und das Anwachsen ihrer eigenen Macht.

Dieses Machtstreben bemerken die Staaten im allgemeinen jedoch nur bei den anderen. Kommt es von ihnen selbst, so erleben sie es als einen natürlichen Wunsch nach Unabhängigkeit, als einfachen Widerstand gegen die imperialistischen Übergriffe anderer.

Doch gibt es nur einen Gradunterschied zwischen der »Macht« und der »Unabhängigkeit«. Eine »Macht« oder »Supermacht« ist der Staat, der über die Mittel zu einer weltumfassenden Diplomatie verfügt. Eine einfache Politik der »Unabhängigkeit« verfolgt der Staat, der nur die Mittel hat, der weltumfassenden Politik der Super-Großen auf merkliche, häufig rein symbolische, aber psychologisch wirksame Weise entgegenzuwirken. Die »Unabhängigkeit« ist die Supergröße der Kleinen. Prinzipiell unterscheidet sie sich nicht von der Hegemonialpolitik der Super-Großen, sie geht aus denselben Beweggründen und derselben nationalstaatlichen Kultur hervor. Sie besteht in der Praxis in dem, was man im Fußball als Antispiel bezeichnet, das heißt, den Ball so häufig wie möglich aus dem Feld herauszumanipulieren und die sinnlosen Abgaben zwischen Spielern zu vermehren. Die Mannschaft, die ein Antispiel treibt, beschränkt ihren Ehrgeiz darauf, das Spiel am normalen Ablauf zu hindern, da sie nicht fähig ist, selbst Tore zu schießen. Wäre sie jedoch stark genug, so würde sie sich beeilen, zum offensiven Spiel überzugehen und wie jeder zu versuchen, die Meisterschaft oder den Pokal zu gewinnen. Da die Diplomatie der Nationalstaaten selbst ein Wettbewerbssport ist, stellt auch die Politik der »Unabhängigkeit« der mittleren oder schwachen Staaten keinen Zivilisationsfortschritt dar oder den Beginn einer Systemveränderung, die zu einer synoptischeren und universalistischeren Sicht der Interessen der Menschheit führen würde, sondern eine Rückzugsposition, den Ersatz für eine Hegemonie, die außerhalb ihrer Reichweite liegt und die sie nicht ihrem Prinzip nach verdammen, sondern nur weil sie anderen angehört. Die Hegemonialpolitik der Großen hat sogar mehr Chancen, zu einer Internationalisierung der Weltverwaltung zu führen, als die Summierung der Politiken der »Unabhängigkeit«. Denn auch wenn sie aus dem expansionistischen Egoismus hervorgehen, der das Wesen der Nationalstaaten ist, sind die Supermächte doch unausweichlich dazu genötigt, weltweiten Verantwortlichkeiten zu begegnen, die über diesen Rahmen hinausgehen, und in Begriffen globaler Interdependenz der Probleme zu denken. Wäre die Welt völlig sowjetisch, völlig chinesisch oder völlig amerikanisch, so wäre, bei allen möglichen existentiellen Vorbehalten, die man gegen die eine oder andere dieser drei Lösungen haben könnte, zumindest ein Aspekt der absurden heutigen Situation beseitigt: nämlich die Inkonsequenz, die darin besteht, die Verantwortlichkeit für Probleme, deren Lösung für die gesamte Welt einheitlich sein müßte und nur auf dieser Ebene angewandt lebensfähig wäre, einer Menge von autonomen, disparaten, rivalisierenden, häufig intellektuell beschränkten oder sogar jedem Gemeinschaftsdenken fremden Zentren zu überlassen. Seit 1945, zur selben Zeit, als sich eine Rhetorik der internationalen Kooperation entwickelte, in der die Organisationen gediehen, welche die großen Fragen im Interesse aller Menschen behandeln sollten, erlebten wir die wachsende Fragmentierung der Welt in ständig härtere und abgeschlossenere Kerne. Und zur selben Zeit, da sich eine Ideologie und eine Parodie der demokratischen Macht, die angeblich im Volke verwurzelt und den Massen zu Diensten sei, verbreitete, wohnte man in Wirklichkeit dem Einfall der allerschönsten Horde von Mächten der Weltgeschichte bei, die ihrem Ursprung nach Abenteurer und ihrer Praxis nach autoritär waren. Der Nationalstaat verstärkte sich immer mehr, behauptete sich im internationalen Kontext als heilige Autorität, die keinem Rechenschaft schuldig war über die Art, wie sie den Menschen als »Staatsangehörigen«, der von ihm abhängig ist, behandelte, und die Herren dieser Nationalstaaten waren immer weniger von den Völkern, in deren Namen sie sprachen, wirklich gewählt und kontrolliert.

Dieser Vorwurf gegen den Staat läßt sich in einigen Sätzen zusammenfassen.

Indem der Staat nationalistische Gefühle hervorruft und unterhält, ersetzt er in jeweils verschiedenem Ausmaß die wahren Probleme durch falsche.

Der Staat entspricht fast nie den realen kulturellen und wirtschaftlichen Einteilungen der menschlichen Gesellschaften.

Er mobilisiert, was am unkritischsten und pathologischsten am Menschen ist, im Dienste von Pseudointeressen, die sich national nennen und es nicht immer sind.

Er verwendet den wesentlichen Anteil des Reichtums auf die Rüstung.

Er bietet eine ideologische und gefühlsmäßige Basis für den Despotismus und zugleich einen Schauplatz, der den politischen Starkult von Demagogen begünstigt (die Bedingungen, unter denen in den meisten Ländern die Staatsmacht ergriffen und gewahrt wird, bieten keine ausreichende Garantie für intellektuelle Kompetenz und Verantwortlichkeit der Führungskräfte).

Er stellt eine Aufforderung zur Korruption dar, weil er diejenigen, die ihn besetzen (in den meisten Fällen handelt es sich in der Tat um Besetzung des Staates in dem Sinne, in dem man von der Besetzung eines eroberten Landes spricht), sowohl zur Käuflichkeit und Geschäftemacherei, wie zum Mißbrauch der eigentlich politischen Macht anhält.

Dies läßt sich in den kapitalistischen oder sozialistischen entwickelten und unterentwickelten Ländern feststellen.

Der Staat kann nur um den Preis bis ans Ende seiner Möglichkeiten gehen, daß er entweder eine totale Zensur oder eine umfangreiche Beschneidung der Information einführt, welche die Menschengruppen untereinander und für sich selbst immer undurchschaubarer werden läßt.

Es besteht also eine Unvereinbarkeit zwischen dem ständig egozentrischeren Nationalstaat und den Handlungsweisen, die dem weltweiten Charakter der bedeutendsten Probleme, welche die Menschheit heute zu lösen hat, angemessen sind.

Da der Staat sich seiner Bestimmung nach immer stärker zentralisiert, läßt er Minderheiten, die sich zu Recht oder zu Unrecht unterdrückt fühlen, keinen anderen Ausweg als den Aufstand, um ihrerseits neue Nationalstaaten zu gründen, ein Prozeß, der sich täglich beschleunigt und die Fragmentierung bis ins Unendliche voranzutreiben droht.

Der Staat, der theoretisch ein einfaches Werkzeug des kollektiven Willens ist und zunächst nur ein Mittel war, betrachtet sich mehr und mehr als Zweck und strebt, indem er sich in seinen eigenen Dienst stellt, automatisch einer Grenze zu, die im Inneren vom Totalitarismus und nach außen hin vom Imperialismus konstituiert wird.

Die neun Gewalten

Die Verbindung von Stalinismus und Aufspaltung der Welt in Nationalstaaten verleiht den kommunistischen Mächten eine Überlegenheit über
die kapitalistischen oder sozialdemokratischen liberalen Mächte. Ihr
Hauptvorteil besteht darin, daß die kommunistische Exekutive weder
öffentlich kritisiert oder von anderen Mächten auf legale Weise in ihrem
Handeln gebremst werden noch aufgrund einer allzu großen Feindlich-
keit der öffentlichen Meinung zum Verzicht darauf bewegt werden
kann. Auf diese Weise finden es zahlreiche Führungsmächte der Dritten
Welt zweckmäßig, ihren Staat nach der stalinistischen Struktur zu
modeln. Allein ernste ökonomische Schwierigkeiten schaffen in diesem
System eine innere Mißstimmung, die für die Autoritäten gefährlich
wird. Überdies gelingt es dieser kaum, in Ermangelung anderer Ventile,
sich außer einigen wenigen Aufständen Luft zu schaffen, denen die
Wirksamkeit der Unterdrückung kaum Erfolgschancen verleiht. Übri-
gens verfügt der stalinistische Staat sogar in jener Extremität über einen
Trumpf, der dem liberalen Staat nicht freisteht, denn die Zensur der
Information ermöglicht es ihm zumindest in den Riesengebieten UdSSR
und China der Gesamtheit des Landes die Mißstände oder Schwierigkeiten, die in einer bestimmten Region eingetreten sind, zu verbergen.
Außerhalb dieser Möglichkeit und der gegenwärtig nicht aktuellen einer
Niederlage in einem Krieg mit einem anderen Land ist der stalinistische
Staat sowohl im Hinblick auf seine eigene Bevölkerung als auch auf
seine liberalen Konkurrenten lückenlos.

Das bedeutet nicht etwa, daß der totalitäre Staat nicht angreifbar ist,
wenn er sich unfähig zeigt, der Gesellschaft, die er regiert, in hohem
Maße die Befriedigung und die Lösungen, derer sie bedarf, zu
verschaffen. Er beseitigt sogar in gewisser Weise die zivile Gesellschaft,
indem er ihr durch eine pausenlose Überwachung ihr autonomes Leben
nimmt, und er fürchtet es, da er jedem seiner Mitglieder bei seinen
Beschäftigungen, Zerstreuungen, Ortswechseln, Freundschaften, bei
seiner Lektüre, der Nahrung seines Denkens und Gefühlslebens
nachspürt. Doch diese Angreifbarkeit des totalitären Staates erklärt
auch, weshalb er sich kein Nachlassen seiner Wachsamkeit, keine

Toleranz gegenüber einer wirklich konsequenten Kritik und fast keine Konzession in der Außenpolitik erlauben kann. Da es ihm fast völlig an Nachgiebigkeit oder Elastizität fehlt, ist er zur Härte gezwungen, um zu überleben, stets in der Furcht, daß eine Krise, so harmlos sie auch erscheinen mag, tödlich werden könne. Seine Schwäche verurteilt ihn dazu, stets stärker zu sein. Demgegenüber geht das Entwicklungsgesetz des demokratischen Staates in eine entgegengesetzte Richtung: die der zunehmenden Aufspaltung, Vervielfältigung und Differenzierung der Gewalten und der Entscheidungszentren. Die Idee der Teilung, des Gleichgewichts und der gegenseitigen Kontrolle der Gewalten hat zur Entstehung des liberalen Staates beigetragen. Die Teilung der drei Gewalten im Sinne von Montesquieu wird häufig dort als »überholt« ins Lächerliche gezogen, wo sie entweder zugunsten eines als Sozialismus verschleierten Totalitarismus oder zugunsten einer modernistischen und antiparlamentaristischen Rechtsherrschaft aufgegeben wurde. In Wirklichkeit ist sie nur sehr schwer zu respektieren, sie verlangt ein höheres Niveau staatsbürgerlichen Bewußtseins und bleibt trotz ihres Alters die Basis einer jeglichen Demokratie. Sei es ein Präsidialsystem, sei es ein parlamentaristisches oder ein gemischtes System – es gibt keine demokratischen Institutionen, wenn die Exekutive außerhalb des von der Legislative aufgestellten Rahmens und ohne Mandat regiert, wenn die Judikative den Befehlen eines Kabinetts oder einer Versammlung untersteht.

Doch seit dem 18. Jahrhundert haben sich zahlreiche andere Gewalten von den drei ersten abgelöst. Die ökonomische Gewalt der Unternehmen, die gewerkschaftliche Gewalt, die Informationsgewalt*; die polizeiliche Gewalt, die zeitweilig die Tendenz hat, von der Judikative und der Legislative und auf lange Sicht auch von der Exekutive unabhängig zu werden; die Militärgewalt, die immer mehr zu einer den anderen äußerlichen Gewalt wird und deren Stellungnahmen sogar in der Innenpolitik häufig entscheidend sind; die Herrschaftsgewalt, oder die Gewalt, die Außenpolitik zu lenken. Die wachsende Komplexität der Diplomatie und der unvermeidliche Anteil an Geheimhaltung (und Geheimdiensten), den sie mit sich bringt, haben daraus so weitgehend von den Regierungen unabhängige Institutionen gemacht, daß sie schamlos die parlamentarischen Kontrollinstrumente und manchmal sogar den amtierenden Außenminister umgehen.

* Der Ausdruck leitet sich vom Titel des Buches von Jean-Louis Servan-Schreiber her: *Le Pouvoir d'informer*, Paris 1972.

Ich versuche nicht zu verbergen, daß diese Liste heterogen, impressionistisch und empirisch zugleich ist. Denn man kann sich noch andere Gewalten als jene vorstellen: zum Beispiel die technologische Gewalt – doch Technologie und Ökonomie sind untrennbar geworden –, oder auch die regionale Gewalt – doch in einigen demokratischen Ländern existiert diese Gewalt traditionell bereits von Anfang an, und in ihrem Inneren erneuert sich die Konfrontation der neun oder zehn oben aufgeführten Gewalten samt der Gewalt, Außenpolitik zu betreiben (so meinen zum Beispiel Alberta in Kanada und Schottland in Großbritannien, sich direkt in den internationalen Ölring integrieren zu können unter Umgehung ihrer jeweiligen Zentralregierungen). Eine weitere Kritik: Man kann die Armee der unterentwickelten Länder, deren Einflußnahme auf die Politik von primitivem und prätorianischem Charakter ist, und die der entwickelten Länder, in denen die Macht des »militärindustriellen Komplexes« sich von der zugleich technologisch und strategisch immer raffinierteren Spezialisierung der Verteidigungsprobleme ableitet, nicht auf dieselbe Ebene stellen. Und weiter sollte man nicht dasselbe Vokabular benutzen, um von der gewerkschaftlichen Gewalt und der Polizeigewalt zu sprechen, da die erste legal und demokratisch ist und die zweite, in dem Maße, wie sie Unabhängigkeit erlangt, der Demokratie nur Gewalt antun kann. Zwar ist dies richtig, doch in der Praxis haben es die politischen Gewalten, Exekutive oder Legislative, mit Körperschaften zu tun, die ihnen widerstehen – selbst wenn dies aus heterogenen Gründen geschieht –, mit Machtzentren, mit denen man verhandeln muß. Die Polizei, die stets zwischen der Aufrechterhaltung der politischen Ordnung, einem Bereich, von dem die Bürger meinen, daß sie dort immer zuviel Macht hat, und dem Kampf gegen das Verbrechen, von dem sie wiederum meinen, daß sie niemals genug Macht hat, gespalten wird, sieht sich also von Zeit zu Zeit veranlaßt, Bedingungen zu stellen: Entweder dispensiert man sie von der politischen Unterdrückung, womit sich kein Staat abfindet; oder man schließt noch mehr die Augen über einige ihrer Methoden, was die Freiheit der Bürger in Gefahr bringt. Was, die protestieren? Dann sollen sie, bitte schön, auch ganz allein mit den Gangstern fertig werden!

Was auch immer der Grund für diese Machtposition in jedem einzelnen Fall sein mag: die immer zahlreicheren Gruppierungen werden zum Gegenpart der politischen Macht in der Demokratie. Seit dem Moment, da der allgemeine Wille zum Ausdruck gekommen ist, das Parlament abgestimmt oder die Regierung entschieden hat, ist nichts geregelt: Im Gegenteil, *die Verhandlungen beginnen*.

Ein weiteres Resultat dieser Multiplikation antagonistischer Macht-zentren ist die ständig fortschreitende Befreiung der bürgerlichen Gesellschaft von der Bevormundung durch den Staat, ihre Möglichkeit, ein immer differenzierteres Eigenleben zu führen, in dem nicht nur mehrere politische, sondern auch mehrere kulturelle und moralische Konstellationen nebeneinander bestehen. Im Gegensatz zu dem, was manchmal von ihr im Geiste der Patronatsherrschaft, in welcher der autoritäre Paternalismus eine Verlängerung des religiösen Dogmatis-mus und ein Vorspiel zum Maoismus bildet, um die Gedanken und Handlungen der Massen zu modeln, verlangt wird, besteht die Aufgabe einer liberalen demokratischen Zivilisation nicht darin, die Lebensform der Individuen zu wählen, ihnen ein »Ideal« zu liefern. Allein die unreifen Untertanen erwarten vom Pygmalion-Staat ein »Ziel« und die Mittel zu dessen Erreichung, nicht etwa die reifen Bürger. In den totalitären Gesellschaften aber übernimmt es der Staat, dem Leben der Menschen »einen Sinn zu geben«. Der liberale Staat dagegen hat die Tendenz, Bedingungen zu schaffen, unter denen keine Lebensweise, kein Prototyp von Empfindungsweise dem Individuum von vornherein von der Gemeinschaft aufgenötigt wird. Dies sind eben die Bedingun-gen, die jede moderne Revolution definieren. Man sollte nicht gleichzeitig vom Liberalismus verlangen, sich der Verbote zu enthalten und eine Wahrheit zu predigen. Wenn die liberale Gesellschaft in dem Moment, da sie einen Druck auf die Werte der Individuen ausübt, als repressiv kritisiert wird, so kann sie nicht als unfürsorglich verurteilt werden, wenn sie es vermeidet einzugreifen.

Dieser zentrifugalen Bewegung der liberalen Gesellschaften, die häufig als Unordnung, Anarchie, Zerfall der nationalen Kollektivität in unregierbare Ausschnitte, Abschaffung jener Prinzipien, welche die Individuen disziplinierten, empfunden wird, wird häufig durch einen Versuch der Rückkehr ins Ei begegnet, der Zusammenfassung im ursprünglichen Zentrum, das alle Mächte zu einer verschmolz, wie es in Europa zwischen den beiden Weltkriegen, jener Wiege der Faschismen, der Fall war.

Denn der Faschismus setzt zunächst eine Demokratie voraus. Er ist die Zerstörung der Demokratie, er definiert sich unablässig gegen sie, jene unselige Spottgeburt, und er ist stolz darauf, ihr ein Ende gesetzt zu haben. Die ansteckende Wirkung Hitlers rührte daher, daß er Gift und Galle gegen die Weimarer Republik spie. Den Hintergrund des Generals Pinochet bildet die ehemalige chilenische Demokratie. Hätte es die Totengräber nicht gegeben, so würde er nicht unter die Faschisten

258

gezählt werden, sondern unter die Chefs jener autoritären und archaischen Staaten, die sich *noch nicht* zur Demokratie entwickelt haben, eine Kategorie, in der er neben den Königen Marokkos und Saudi-Arabiens aufträte. Er wäre *rückständig*, obwohl kriminell. Man hätte Frau Gandhi ihren Gewaltstreich, der alles in allem Indien nur unter die umliegenden und keineswegs verurteilten Länder einreiht, nicht derart übelgenommen, wenn es nicht zuvor auf dem indischen Subkontinent eine eingewurzelte Demokratie gegeben hätte. Der Faschismus ist die Apoplexie der liberalen Gesellschaft, er unterbricht ihr Funktionieren, wie die Apoplexie das des Hirns, manchmal in unwiderruflicher Weise. Deswegen hassen im übrigen die Demokraten die faschistischen Regimes mehr als die stalinistischen, selbst wenn man behaupten kann, daß diese letzteren für ebensoviel Verbrechen verantwortlich sind wie die ersten oder sogar für mehr. Die faschistischen Regimes sind in ihren Augen Abkömmlinge der Familie, sie haben die Zivilisation, der sie sich entgegenstellen, verraten, entehrt, während die stalinistischen Regimes weiter als Fremde aufgefaßt werden, die auf einem anderen Planeten leben: Na ja, wenn es diesen Leuten eben Spaß macht, sich gegenseitig umzubringen . . .

Eine subtilere Weise, die Gewalten wieder zu konzentrieren, hat sich seit 1945 in einem Kontext, der demokratisch blieb, durch die Auswirkung einer Art Hypertrophie der Exekutive erwiesen. Diese Hypertrophie stellte vor allem der Gaullismus dar, der so vielen Führern der Dritten Welt als Vorbild und Entschuldigung dafür diente, daß sie mit einem vollkommen guten Gewissen und selbstverständlich ohne die minimale demokratische Ausrüstung, welche die Originalität der gaullistischen Lösung ausmachte, auf persönliche Macht und politischen Starkult zurückgreifen konnten. In Amerika kennzeichnete die Tonkin-Resolution, die es dem Weißen Haus ermöglichte, den Vietnamkrieg fortzusetzen, ohne den Kongreß über seine blutigen und sinnlosen Großtaten auf dem laufenden zu halten, den Kulminationspunkt dieser Hypertrophie der Exekutive. Im Jahre 1974 bildete der Abschluß der Watergate-Affäre die Rache der peripheren Gewalten am Zentrum. Presse, öffentliche Meinung, Justiz und Kongreß zwangen den Chef des mächtigsten Staates der Welt wegen seiner Verstöße gegen die Verfassung zum Rücktritt, trotz der weltweiten Vorhaltungen, welche (insbesondere seitens der Sowjetunion) diese erneute Exekution Ludwigs XVI. dem amerikanischen Volk eintrug, die vielleicht deswegen revolutionärer war als die erste, weil sie unblutig war. Der erzwungene Rücktritt Nixons, der unter juristisch unangreifbaren

Bedingungen erreicht wurde – ein »legaler«, ja sogar gerechtfertigter Putsch hätte einen Rückschritt und nicht einen Fortschritt derDemokratie bedeutet –, war der Schlag gegen eine autoritaristische Abweichung, welche die Exekutive in gefährlicher Weise privilegierte. Er setzte sich in den Untersuchungen über die Aktivitäten der CIA, über die suspekten Aktivitäten der multinationalen Gesellschaften fort, indem er stets der Sorge um die Demokratie den Vorzug gab, sogar vor den außenpolitischen Interessen der Vereinigten Staaten – eine Sorge um die Demokratie, die in jedem anderen Land, zu jeder anderen Zeit rechtzeitig der Staatsräson gewichen wäre.

Die liberalen Gesellschaften haben also trotz der Faschismen und Autoritarismen weiterhin einen Kurs verfolgt, in dessen Verlauf sie beständig zentrifugaler und übernationaler werden. Ein englischer Autor, Ghita Ionescu, illustriert diesen Prozeß anhand eines konkreten Falles, nämlich dem der berühmten Ölvorkommen, die kürzlich in der Nordsee entdeckt wurden:

»Die Region*«, sagt er, »verlangt, daß man ihr das Monopol für die Ausbeutung gibt; die Gewerkschaften verlangen, daß dieses Monopol an den Staat geht; die multinationalen Gesellschaften meinen, daß es ihre Sache sei, die Vorkommen auszubeuten, denn sie sind es, die das Kapital investiert haben; und die Europäische Gemeinschaft verlangt die Aufteilung dieses Öls unter allen Mitgliedern der Gemeinschaft**«.

Es versteht sich von selbst, daß sich in einer Demokratie, die keine »Volksdemokratie« ist, die Phänomene der Zivilisation und der Kultur, die Informationsgewalt und die Erziehungsgewalt, jeder zentralisierten Gewalt entziehen und immer weiter entziehen werden. Deswegen auch hat die Sowjetunion die Klausel der Erklärung von Helsinki im Jahre 1975 über den »freien Verkehr von Gedanken und Personen« nur widerwillig akzeptiert und heftig sabotiert, da sie wußte, daß deren Anwendung für sie bedeutete, sich blindlings in den fatalen Wirbel der zentrifugalen Zivilisation zu stürzen.

Denn angesichts dieser Zivilisation bleibt die Vereinigung der neun Gewalten nicht allein in den zwei wesentlichen stalinistischen Gesell-

---

* Schottland.
**Ghita Ionescu, *Centripetal Politics, Government and the New Centres of Power*, London 1975. Der Autor schlägt den Begriff der »zentripetalen« Regierung vor im Gegensatz zu dem der zentralisierten Regierung, das heißt, um die wechselseitige Neutralisierung aller Entscheidungszentren zu vermeiden, nicht etwa die Rückkehr zur ehemaligen Konzentration, sondern die Konvergenz der periphären Gewalten innerhalb neuer Entscheidungsstrukturen.

schaften und ihren Satelliten, sondern auch in zahlreichen neuen Nationalstaaten der Dritten Welt die Goldene Regel, so sehr hat sich bewahrheitet, daß der simple Archaismus der einzigen und absoluten Gewalt mehr Bequemlichkeit und Annehmlichkeit bietet als die prekäre Verwirrung, die vielfältige Verzettelung der liberalen Macht. Auf diese Weise sind die Nationalstaaten in ihrer Mehrheit entweder bereits totalitär oder aber schon vorbereitete Sammelbecken für die stalinistische Mischung von reaktionärem Etatismus und Verbalsozialismus.

NATIONAL-TOTALITARISMUS
ODER WELTSOZIALISMUS?

Über die Fügsamkeit gegenüber
dem Stalinismus

(Versuch einer Erklärung)

»Das Publikum liebt die verlogenen Romane . . .
Es liebt die Bücher, die so tun, als würden sie sich in der großen Welt
zutragen . . .
Es liebt die schlüpfrigen kleinen Werke, die Memoiren von leichten
Mädchen, die Geständnisse aus dem Himmelbett, die erotischen Zoten,
den Skandal, der in den Auslagen der Buchhändler in einem Bild das
Röckchen hebt . . .
Das Publikum liebt außerdem die harmlosen und tröstlichen Lek-
türen, die Abenteuer, die gut ausgehen, die Phantasien, die weder seine
Verdauung noch seine Seelenruhe beeinträchtigen . . .«

Dieser Text entstammt keiner maoistischen oder christlichen Feder,
welche die gegenwärtige Pornographiewelle geißelt; er bringt auch nicht
die Beunruhigung eines patriotischen Parlamentariers angesichts des
Geburtenrückganges zum Ausdruck; er geht nicht aus der Diatribe eines
mißtrauischen Kritikers hervor, der die Konsequenzen der heutigen
niedrigen und kommerziellen Verlagsmethoden anprangert; er ist auch
keine streitbare und marcusische Anklageschrift im Geiste des Pariser
Mai 1968 gegen die entfremdende Pseudokultur von »U-Bahn-Arbeit-
Bett« – die einzige, die bekanntlich die Zivilisation der liberalen
Pseudodemokratie jemals in ihrer elenden Herde verbreitet hat.

Nein. Dieser Text stammt von 1864. Er wurde von den Brüdern Gon-
court als Vorwort zu *Germinie Lacerteux*, dem Roman, in dem sie vom
Leben und den Liebschaften einer Hausangestellten erzählen, verfaßt.

Erich Auerbach, der dieses Vorwort kommentierte, bemerkt in
*Mimesis**, daß im 19. Jahrhundert bei den Schriftstellern die Gewohnheit auftrat, ihr Publikum zu beschimpfen, in dem sie ein zurückgeblie-
benes Gesindel erblickten, bei dem verderbter Geschmack mit geistiger
Verworfenheit wetteiferte. Eine widersprüchliche Anklage, denn
schließlich ist es eben dieses Publikum, das den Massenerfolg eines
Dickens und eines Zola, eines George Eliot, Flaubert und Tolstoi
bewirkte. Dieser Leser, der seit der Romantik derart angegriffen wird,

---

* Erich Auerbach, *Mimesis*, Bern 1946.

ist im wesentlichen der »Bourgeois«, der als die Inkarnation aller Dummheit und aller Feigheit dargestellt wird. Und Auerbach fragt sich: »Können wir diesem Urteil ohne weiteres zustimmen? Sind es nicht dieselben Bürger, welche die überwältigende Aufgabe, das gefahrvolle Abenteuer der ökonomischen, wissenschaftlichen und technischen Zivilisation im 19. Jahrhundert vollbrachten? Gingen nicht gerade aus diesen Kreisen die Anführer der revolutionären Bewegungen hervor, jene Männer, denen die Krisen, die Gefahren und die Korruptionsherde dieser Zivilisation als erste bewußt wurden?«

Die Antwort auf diesen Einwand kennen wir. Im allgemeinen lautet sie, daß der ökonomische, technische und wissenschaftliche Erfolg ausschließlich dem Profitstreben und der Ausbeutung der Arbeiter zu verdanken sei, und nicht dem Vorstellungsvermögen und der Kunst der Realisation. Wodurch erklärt sich, wie ich bereits sagte, wenn das Profitstreben und die Ausbeutung der Arbeiter genügen, um die wirtschaftliche Entwicklung und den politischen Liberalismus, der sie begleitet hat, hervorzubringen, daß diese beiden Phänomene erst am Ende des 18. Jahrhunderts in Erscheinung traten? Die Arbeiter standen in den entwicklungslosen Ökonomien unter einem sehr viel größeren Druck als in den Gesellschaften, in denen der Industriekapitalismus verwurzelt ist. Und noch stärker in den heutigen unterentwickelten Gesellschaften. Wer jemals ein wenig in den unterentwickelten Ländern gelebt hat, ohne gegen den Virus der Tatsachen völlig immunisiert zu sein, kann nicht übersehen, daß das Elend des Volkes *nicht* die Bedingung für das wirtschaftliche Wachstum ist, denn sonst wären diese Länder die reichsten von allen. Ein Königreich wie Saudi-Arabien kann virtuell noch so sehr über den größten Reichtum pro Einwohner auf der Welt verfügen, es ist dennoch ein unterentwickeltes Land. Die intellektuellen Wandlungen, die »begrifflichen Durchbrüche« und vor allem die Fähigkeit, sie in Gewohnheiten umzusetzen, zählen für die Entwicklung mehr als Ausbeutung und Profitgier. Mit anderen Worten, wie sollte man zum Beispiel sonst erklären, daß ein derart »linker« Agronom wie René Dumont nach einem Arbeitsaufenthalt in Indien und »mit der Gesellschaft nicht vertraut, entsetzt war über das, was ihm als eine totale Mißachtung des Realen erschien«? Die Bemerkung stammt von seinem Namensvetter, dem Indologen Louis Dumont, in einem zugleich grundlegenden und kurzen Buch, *La Civilisation indienne et nous**. Unter der »intellektuellen Wandlung« hat man nicht

---

* Paris 1975.

allein die Wissenschaft zu verstehen. Eine Gesellschaft kann, wie die UdSSR, in einigen Spitzenbereichen ein hohes wissenschaftliches Niveau erreichen und dennoch teilweise oder sogar in weitem Maße unterentwickelt sein. Wenn es im übrigen gelänge nachzuweisen, daß die Wissenschaft und nicht die Profitgier der Hauptantrieb, das unterscheidende Element des wirtschaftlichen Aufstiegs war, so genügte dies nicht, um den industriellen kapitalistischen Gesellschaften in den Augen derer die Absolution zu erteilen, die sich auf sie beständig als den größten Schandfleck der Menschheitsgeschichte beziehen. Denn die Strömung in der heutigen Philosophie, die Wissenschaft und Technik feindlich gegenübersteht, ist ebenso stark wie der Abscheu, der von einer Gesellschaft hervorgerufen wird, die auf ökonomische Produktion ausgerichtet ist, und die beiden konvergieren häufig.

Oft hat man das Gefühl, daß die totalitäre Versuchung uns letztlich vom Haß gegen die Waren- und Industriezivilisation als ein Prinzip eingegeben wird, selbst wenn man nachweisen kann, daß die Menschen in ihr besser ernährt sind, es ihnen besser geht, sie mehr berücksichtigt werden als in jeder anderen, oder weniger vernachlässigt. Dies ist nicht das Problem. Es ist nur das Geld; das ist die Sünde. Und die Freiheit, die mit der Entwicklung entstanden ist, auch sie ist in diesem Zusammenhang die Sünde.

Es ist zum Beispiel bezeichnend, daß die »Pressefreiheit« ständig mit dem Begriff der »vom Geld versklavten Presse« in Zusammenhang gebracht wird, also einer Presse, die zu einer »Pseudo-Pressefreiheit« im Dienste des »Profits« entartet ist. Der Typ eines geistigen Schemas, das realitätsfremd ist, denn es gab und gibt bis heute keine Pressefreiheit, ob sie nun »pseudo« oder sonstwie aussieht, die nicht aus der privaten Investition hervorgeht. Die historische Erfahrung bietet uns nur zwei Arten von Presse: die Staatspresse und die Presse des »Geldes«. Und das Phänomen der modernen Presse und der Medien, jenes umfassende und zentrale Phänomen, ohne das sich die Welt unmöglich denken läßt, geht ausschließlich aus der zweiten hervor. Die Staatspresse war niemals etwas anderes als die Kopie und Karikatur der Geldpresse, die sich Diktatoren verdankte, welche sich begierig dieses neue Einflußmittel aneigneten, indem sie es zugleich kastrierten. Es ist also blödsinnig, die Presse zu verurteilen und zu sagen, sie sei eine »Geldpresse«: Es gab niemals eine andere.

Natürlich gibt es Gesellschaften, in denen eine lange demokratische Tradition es ermöglicht, ein Informationsmittel in den Dienst der Öffentlichkeit zu stellen, ohne es dadurch an die politische Macht zu ketten. Doch damit diese Formel redlich angewandt wird, ist es zunächst nötig, daß eine voraufgehende Praxis der »Geldpresse« den kritischen Sinn des Publikums und das Pflichtgefühl der Journalisten geschult hat. Fehlt dieses, so bemächtigt sich die politische Herrschaft bald offen oder geheim des betreffenden Mediums, das sich dann schließlich die Cliquen, die Clans und die Günstlingswirtschaft endgültig unterwerfen.

Gegenwärtig verdankt sich die Presse bei weitem nicht allein dem Geld: Sie verdankt sich ebenfalls unter anderem dem Nachlassen des Analphabetismus, denn woher hätte sie ohne die Demokratisierung des Unterrichtes ihre Leser und woher hätten also die Profitgeier der Rotationspresse und des Verlags ihre Gewinne bezogen? Es wird deutlich, mit welchen hinterhältigen Gewinnabsichten der kapitalistische Geist vor langer Zeit für die Gesetze über den obligatorischen und freien Unterricht gestimmt hat.

Die Ablehnung der Information aus Haß gegen das Neue wird im übrigen von den Politikern begeistert begrüßt, da sie stets schnell damit bei der Hand sind, die »Sensationsgier« der Presse zu tadeln (sprich: daß sie von dem redet, was sie stört), wobei sie im selben Atemzug die Schwächlichkeit der Journalisten brandmarken, welche ihnen zufolge nicht den Mut hätten, die Inkompetenz und Schändlichkeit ihrer Rivalen, der anderen Politiker, aufzudecken. Denn die Kunst des Politikers wie die des Zahnarztes besteht darin, seinen Klienten zu überzeugen, daß er der einzig Unfehlbare in einem von Hochstaplern überschwemmten Beruf ist, die alle gerade vor kurzem aus dem Stand der Veterinäre entlassen wurden.

Den Totalitarismus dem »Geld« vorzuziehen, lieber für die Armut unter der Diktatur als für die Freiheit in der Korruption zu stimmen, ist eine Entscheidung, die sich verteidigen läßt. Dazu bedarf es der Eloquenz und der moralischen Züge der alten aristokratischen und kirchlichen Kultur, deren Zusammentreffen sich in der Mentalität und dem Verhalten des Personals der stalinistischen Bürokratie häufig beobachten läßt. Eine Ideologie ist nur dann wirksam, wenn sie mit einer Lebensweise übereinstimmt. Und diese Lebensweise wiederum gibt die Ideologie ein. Gewisse Charaktere streben nach hierarchisierten Gesellschaften, in denen, wie im Traum Michel Foucaults oder im von Louis Dumont überaus real untersuchten Indien, das Individuum nicht existiert, nicht denkt bzw. nur in Relation zu einem Gesamtzusammenhang existiert und denkt. In der UdSSR und in China werden einem jeden nicht etwa vom gemeinen »Markt«, sondern von einer zentralen, überlegenen Autorität, die im Lichte einer transzendenten Wahrheit handelt, eine Funktion, ein Lebensstandard, ein Wohnort, Rechte und Pflichten zugewiesen. Im übrigen muß man feststellen, daß die vier westeuropäischen Länder, in denen der Kommunismus eine politische Macht darstellt (überall sonst ist er unbedeutend), romanisch-katholische Länder sind, in denen sich der Kapitalismus erst verspätet durchsetzte, die im Verhältnis zu den Nationen Nordeuropas industriell rückständig waren und noch sind und deren gestörte Verfassungsgeschichte voller antidemokratischer Episoden ist.

Die kommunistischen Führungskräfte sind sich der kirchlichen Vorzeichen ihrer administrativen und intellektuellen Organisation bewußt. Der Vertraute Togliattis und Thorez', Ceretti, berichtet in seinen Erinnerungen zu diesem Thema: »Sich in der Vielfalt zu verständigen, wie Togliatti verlangt, ist eine Kunst, die der Kirche bekannt ist. Sie ist zweitausend Jahre alt. Während wir gerade erst volljährig sind. Darin liegt das ganze Problem*.«

Der Erfolg der Werke von Roger Garaudy verdankt sich, vor allem, seit er aus der Partei ausgestoßen wurde, zweifellos zunächst seiner großen Begabung, vielleicht aber auch seinem Vorschlag, die beiden großen Dogmatismen des Okzidents zusammenzufassen. Im Verlauf einer seiner Aufenthalte in den Vereinigten Staaten wurde der brillante Autor von *L'Alternative* und *Parole d'homme* von einem unserer gemeinsamen Freunde – dem Philosophen John Wilkinson – freundlich mit dem Spitznamen »Mi-Marx, mi-Jesus**« bedacht. Doch dieser Witz resümiert das Ziel jener, die eher das Bedürfnis verspüren, sich in ein Gebäude einzufügen, das nach dem Rahmen einer Doktrin errichtet wurde, als in einer beständig im Fieber der Realisierung – der »achieving society« von McClelland*** – hin und her geworfenen Gesellschaft zu treiben.

Es ist im übrigen symptomatisch, daß die von den Unternehmern gebildete Klasse die erste führende Klasse der Geschichte ist, die nicht nur verurteilt, sondern verachtet wird. Das Mitglied des Klerus im Ancien Régime, das von kirchlichen Pfründen und Vorrechten lebte, der Adlige am Hofe von Ludwig XIV., der die Nächte damit verbrachte, Tricktrack zu spielen, können gewiß, vom gesellschaftlichen Gesichtspunkt aus, streng verurteilt werden: Sie werden nicht *verachtet* – weniger auf jeden Fall als der Bourgeois, der alles in allem mehr arbeitet, ob er nun Industrieller, Kaufmann, Arzt oder Ingenieur ist, und unter dessen

* Zitiert nach Philippe Robrieux, *Maurice Thorez, vie secrète et vie publique,* Paris 1975.
** »Halb-Marx, Halb-Jesus« (Anm. d. Übs.)
*** David C. McClelland. *The Achieving Society,* 1961.

Herrschaft die ausgebeuteten Massen weniger unglücklich wurden als unter der Herrschaft der früheren Oberklassen.

Man kann sich, man hat sich manchmal von der berühmten These Joseph Schumpeters in *Capitalism, Socialism and Democracy* verführen lassen, derzufolge der Kapitalismus und die politische Demokratie, die sich ihm notwendig zugesellt (denn kein anderer Wirtschaftstyp hat sie bisher impliziert), nicht wegen ihres technischen Versagens untergehen würden, nicht wegen ihrer moralischen Missetaten, die zwar beachtlich, aber dennoch weniger schwerwiegend, weniger unwiderruflich sind als die anderer Systeme, sondern wegen ihrer Intellektuellen. Die Abhandlung für oder gegen die »Intellektuellen« ist ein Vorzugsartikel der jährlichen Ausverkaufskampagne der Verlagswarenhäuser. Es ist eine Art von geistigem »Monokini«, der nicht allzuviel Stoff verlangt, und den ein Hirn von bescheidenem Zuschnitt vollständig ausfüllen kann, wenn es von außen einen vorteilhaften Eindruck seiner Maße abgibt. Doch die Hypothese von Schumpeter ist nicht überzeugend. Wenn Romain Rolland, Pound, Brecht, Aragon und Sartre den Kapitalismus als verbrecherisch bezeichnen und die liberale Demokratie als trügerisch, so gilt dies nicht für Bergson noch für Günter Grass noch George Orwell noch für Keynes noch für Thomas Mann noch für Raymond Aron. Der Anteil der Unverantwortlichen und Fanatiker unter den Intellektuellen ist in etwa derselbe wie in den anderen sozioprofessionellen Gruppen, und im übrigen verteilt sich der Wahnsinn gleichmäßig auf alle politischen Richtungen, wie Alfred Kazin in einem bissigen und unparteiischen Artikel gezeigt hat*. Zweifellos gehen einige Intellektuelle, wie viele andere, eine Art von politischer Pascalscher Wette ein und sagen sich folgendes: In einer liberalen Gesellschaft ist es nur von Vorteil, ein Anhänger des Marxismus-Leninismus oder des »erweiterten Stalinismus« zu sein. Wenn diese Gesellschaft liberal bleibt, befindet man sich in der Opposition, mit all den Garantien, mit denen die Demokratie diesen Status umgibt, ohne großes praktisches Risiko und sogar mit dem Prestige des Nonkonformismus. Wenn sie eines Tages totalitär wird und zu einem System übergeht, in dem Opponenten nicht mehr geduldet werden, so gehört man zum Kreise der Herren oder zumindest der Diener, auf jeden Fall aber der Nutznießer des neuen Systems. Doch, um es noch einmal zu sagen, gibt es auch andere als die berufsmäßigen Intellektuellen, die in der Lage sein dürften, derart kalt zu räsonieren. Der »Intellektuelle« erscheint mir, was mich betrifft, als

---

* Alfred Kazin, »The Writer as Political Crazy«, in: *Playboy* 1973.

270

ein im Augenblick ebensowenig monolithisches wie auf Dauer betrachtet ebenso wechselhaftes Wesen wie der »Bourgeois«.

Als zersetzende Kraft der liberalen Gesellschaften erscheint mir der Nationalismus sehr viel wirkungsvoller. Denn der Kapitalismus hat den Begriff von Erfolg oder Versagen, von einem mehr oder weniger »fortschrittlichen« Land zur Obsession gemacht. Die Verletzungen, welche die täglichen Vergleiche der eigenen Nation mit den »Leistungen« dieser oder jener Bezugsgesellschaft dem kollektiven Stolz zufügen, können den Wunsch erwecken, eine Welt herzustellen, aus welcher der Wettbewerb verbannt würde. Der Irrtum besteht hier nicht darin, daß man den Wettbewerb verbannen möchte – ich würde diese Bestrebung nicht allzusehr unterstützen –, sondern daß man ihn durch die Zerstörung, nicht durch die Neuschöpfung, nicht dadurch, daß man den Nationalstaat hinter sich bringt, sondern durch den kollektiven Selbstmord im Totalitarismus, eliminieren möchte. Lieber die Sehkraft verlieren, als sich zu bemühen, das Spektakel zu ändern! Die unterentwickelten Länder ertragen ihre Rückständigkeit nur dadurch, daß sie sie ausschließlich dem Imperialismus der reichen Länder, der »Ausplünderung der Dritten Welt« zuschreiben. Zwischen den industrialisierten Nationen besteht eine subtilere Rivalität: der Kampf um den ersten Platz. Vielen von ihnen schwebt folgendes vor: Lieber die ganze entwickelte Welt abschaffen als darin nicht der erste sein. Dieser erste war vor 1940 Großbritannien, heute sind es die Vereinigten Staaten. Der Mächtigste von uns erscheint als der einzig Schuldige, der Hauptverantwortliche für alles, was uns an Bösem zustößt und was wir der Dritten Welt antun.

In *Weder Marx noch Jesus* habe ich dargelegt, was ich unter Revolution und unter »Weltbewußtsein« verstehe. Ich hatte vor allem vor, den Revolutionsbegriff neu zu durchdenken und zu definieren. Doch daß ich die heutigen Vereinigten Staaten ins Zentrum meiner Überlegungen rückte und behauptete, diese Gesellschaft sei der Herd eines revolutionären Prozesses neuer Art, löste allerseits leidenschaftliche Reaktionen aus, wie heutzutage unausweichlich jede Erwähnung der amerikanischen Zivilisation. Gewisse Realitäten quälen das kulturelle Ich der Menschen derart grausam, daß sie ihnen die ohnehin schon allzu schmale Spannweite an Unparteilichkeit, über die sie verfügen, entziehen.

Als mitfühlender Zeuge beobachtete ich zwischen 1952 und 1956 diese geistigen Verwirrungen in Italien, jedoch im Zusammenhang mit Frankreich. Ich diskutierte häufig ästhetische Probleme mit Schriftstellern und Malern oder mit meinen eigenen Studenten. Doch jede allgemeine ästhetische Diskussion konnte eben gerade deswegen nicht allgemein sein, weil sie die schmerzhafte Erinnerung an einen besonders unerträglichen Skandal erweckte: Die modernen ästhetischen Revolutionen seit dem 19. Jahrhundert waren fast alle außerhalb Italiens entstanden. Vor allem die französische Malerei seit zwei Jahrhunderten verletzte das italienische Kulturbewußtsein auf das schmerzlichste. Denn es fiel ihm schwer, zuzugestehen, daß die schöpferische Imagination aus Italien, einer der drei Zivilisationen neben China und Griechenland, welche dieser Erde die höchste Schönheit hinterlassen hatten, entschwunden war. Jede scheinbar allgemeine ästhetische Abhandlung wurde als insgeheim von dem dringenden Bedürfnis geleitet, nachzuweisen, daß im Grunde nichts von dem, was sich seit etwa 1800 ereignet hatte, wirklich originell war und nur künstlich und vergänglich sei.

Genau dasselbe Bedürfnis leitet, jedoch auf Weltebene, die Auseinandersetzung um jede politische, kulturelle, wirtschaftliche oder moralische Frage, die sich von nahe oder von fern mit amerikanischen Beispielen befaßt. Daraus resultiert für *Weder Marx noch Jesus* eine Reihe von Mißverständnissen, die meine zahllosen Erläuterungen anscheinend nur noch vertieften. Um Ludwig Wittgenstein zu zitieren: »Meine Eitelkeit wurde dadurch verletzt, und ich hatte einige Mühe, sie zu beruhigen.« Dennoch hatte ich anläßlich früherer Bücher dieselbe Erfahrung gemacht, nämlich daß aufgrund einer Seltsamkeit, ja fast anscheinend eines Gesetzes, dessen Gründe ich nicht durchschaue, mit zunehmender Verbreitung das Verstehen sich verringert.

Ich habe also das Rätsel der neuen Sphinx, der Massenkommunikation, überdacht. Und mich gefragt, durch welche Verkehrung die ziemlich weite Verbreitung eines Buches, die Fülle an Kommentaren, die es hervorruft, die zahlreichen Gelegenheiten, die dem Autor gegeben werden, dazu Erklärungen abzugeben, am Ende immer eine stets falschere Vorstellung von seiner These erzeugen. Zum einen immer pauschaler, obwohl sie immer differenzierter sein müßte; zum anderen immer entfernter von dem, was der Autor gesagt hat, bis es manchmal in einigen Punkten zum Gegenteil dessen wird.

Bei einem der letzten Male, als die Sphinx mich fragte, nahm sie das strenge Gesicht des *Playboy** an, der noch vor einigen Jahren als eine ordinäre Zeitschrift galt, welche die joviale Zurschaustellung eines

---

* Mai 1975 (französische Ausgabe).

ostentativen Hedonismus mit dem dämonischen Mißbrauch kultureller Alibis verband; Auszüge aus Büchern, Berichte über Theaterstücke und Filme und vor allem lange und detaillierte Unterhaltungen mit Schriftstellern, Schauspielern, Soziologen, Philosophen, Wirtschaftlern, politischen Führern, Theologen und Anregern neuer Formen von Sensibilität. So viele Leute, denen die Verantwortung oder die Begabung auferlegte, einen Teil der Ereignisse, der Ideen, der Launen oder der Träume unserer Epoche, so gering er auch immer sein mag, zum Ausdruck zu bringen, haben, gewiß von den Widersprüchen des Kapitalismus verwirrt, die trügerische Tribüne des *Playboy* und seine repressive Toleranz – einschließlich Marcuse selbst* (und Sartre) – akzeptiert, daß es sicher sehr viel einfacher wäre, das Jahrzehnt 1960–1970 zu verstehen, wenn man sich davon dispensiert, das *American Journal of Sociology* oder die *Revue française de science politique* zu Rate zu ziehen, anstatt der auf traurige Weise berühmten leichten Zeitschrift aus Chicago.

Leicht ist sie heute wahrhaftig nicht mehr angesichts des Kinos und anderer Zeitschriften der 70er Jahre. Dennoch bietet sie weiterhin heroisch ihre anfängliche Mischung aus Bildern einer viktorianischen Sexualität und sanftem Zynismus.

Da das gesprochene Wort einen größeren Zynismus zuläßt als das geschriebene, möge man ihn mir hier in einem Auszug verzeihen, den ich aus meinen Plaudereien (nebenbei bemerkt) über *Weder Marx noch Jesus* und (insbesondere) den allgemeinen Antiamerikanismus, seine Ursachen und seine Funktion, anführe.

Frage: Gibt es eine Verbindung zwischen dem linken Antiamerikanismus – dem der Kommunisten – und dem rechten Antiamerikanismus – dem von General de Gaulle?

Antwort: Alle beide haben denselben Ursprung, das heißt, das Scheitern. Die europäische Rechte ist insofern gescheitert, als es ihr nicht gelungen ist, den Ländern Europas die Rolle in der Welt zu erhalten, die sie bis 1939 innehatten. Die europäische Linke ist noch sehr viel ernsthafter gescheitert: Im Augenblick der großen Weltwirtschaftskrise zwischen den beiden Weltkriegen reagierte Europa mit einem Rechtsruck, während Amerika mit einem Linksruck reagierte. In Europa gab es den Faschismus und den Nazismus, in Frankreich den Pétainismus, den Franquismus in Spanien. In den Vereinigten Staaten

---

* Michael Horowitz, »Portrait of the Marxist as an Old Trooper«, in: *Playboy*, September 1970, Interview mit Herbert Marcuse.

gab es den *New Deal* von Roosevelt, und eben das wollen die Europäer nicht eingestehen. In ihrem Unbewußten wissen sie es sehr wohl und können nicht gerade stolz darauf sein. Um so weniger als die Europäer für zwei Weltkriege verantwortlich sind; europäische Bürgerkriege, die in weltweite Konflikte ausarteten. Diese beiden weltweiten Konflikte haben Europa total ausgeblutet, haben es vom Standpunkt der Politik her völlig zerrissen und zerstückelt: Vor 1914 reichte Europa vom Atlantik bis zum Ural; es gab Verbindungen mit dem Rußland der Zaren, einen beständigen kulturellen und kommerziellen Austausch. Das Europa von 1920 reichte nur noch vom Atlantik bis zu den Karpaten. Das Europa von 1945 reicht nur noch vom Atlantik bis Tirol. Westeuropa ist heute in gewisser Weise als Kontinent nur noch ein Anhängsel. Die Folge dieser beiden Kriege war ebenfalls eine gewisse Zahl von politischen Ungeheuern. Immerhin ist es Europa, das den Stalinismus und den Antisemitismus mit geplanter Massenvernichtung erfunden hat. Stalinismus, Franquismus, Nazismus, Faschismus, Pétainismus, das ist reichlich viel! Die wesentlichen Verirrungen des 20. Jahrhunderts sind europäischer Abkunft. Letztlich haben die Europäer in Beziehung auf die Macht *und* auf die Moral an Boden verloren. Sie sind also verpflichtet, irgendeinem üblen amerikanischen Geist eine Macht der Vereinigten Staaten zuzuschreiben, welche die direkte Folge ihrer eigenen Irrtümer ist: Die amerikanische Macht ist aus dem Zerfall Europas entstanden, welcher wiederum von Europa selbst erzeugt wurde. Die Folge wurde für die Ursache gehalten: Die amerikanische Supermacht ist ebenso wie im übrigen die sowjetische Supermacht die direkte Folge des inneren Scheiterns der europäischen politischen Zivilisation während des 20. Jahrhunderts.

Frage: Was bedeutet ihrer Meinung nach seit 1945 der Ausdruck »amerikanischer Imperialismus«, der von der Linken gebraucht wird, und »amerikanische Hegemonie«, der von der gaullistischen Rechten gebraucht wird?

Antwort: Hier befindet man sich auf einem anderen Gebiet; die Vereinigten Staaten sind wirklich eine Weltmacht geworden, wie England im 19. Jahrhundert, wie Frankreich bis 1939, obwohl es eine weniger unkomplizierte Rolle spielte als England, da es wirtschaftlich schwächer war. Stets hat in der Geschichte irgendeine Macht eine dominierende Rolle gespielt; das Römische Reich, die spanische, die japanische Monarchie, Deutschland zur Zeit Wilhelms II. . . . . Dies ist ein konstantes historisches Phänomen. Nicht konstant ist jedoch die Tatsache, daß man auch hier wiederum denkt, dies sei ein spezifisch amerikanisches Phänomen, als könne man ungestraft aus Notwehr die erste Weltmacht werden (noch im Jahr 1939 wollten die Amerikaner weder eine Armee haben noch Außenpolitik treiben). Die politologischen Supervollmachten des Präsidenten, das große Zauberwort von heute, datieren seit Roosevelt. Die Progressisten von 1939 waren gegen die Vollmachten des Kongresses. Jene Macht, die zwischen 1945 und 1946 plötzlich die erste wirtschaftliche Weltmacht und zum anderen die erste Militärmacht war, wurde wiederum ein wenig gegen ihren Willen durch das Phänomen des Kalten Krieges dazu genötigt, glückliche oder unglückliche Verantwortung auf Weltebene zu übernehmen.

Frage: »Glücklich« oder »unglücklich«: woran denken Sie?

Antwort: »Glücklich«? Ich denke zum Beispiel an den Marschallplan. »Unglücklich«? Ich denke an alle Arten von halb-kolonialistischen Aktivitäten in Lateinamerika, die im allgemeinen an Imperialismen vom klassisch ökonomischen Typ gebunden sind. Die Briten und die Franzosen waren es, die neben dem System des traditionellen Kolonialismus das des »verborgenen Imperiums« erfunden haben. Da war die englische Präsenz in Griechenland. Da war die französische Präsenz in Rumänien zwischen den beiden Kriegen. Ich billige dies System nicht. Was mich interessiert, ist, weshalb man meint, es sei von den Vereinigten Staaten erfunden worden. Sie hatten eher die Tendenz, es in einigen Fällen zu bremsen, denn in den Vereinigten Staaten entstand eine Kritik am Imperialismus in der Außenpolitik in der amerikanischen Öffentlichkeitsmeinung, die stärker war als diejenige der französischen oder englischen Öffentlichkeitsmeinung zur Zeit unserer Imperialismen. Das amerikanische Verhalten ist das Verhalten einer Großmacht. Was man den amerikanischen Imperialismus nennt, ist teils ein Interventionsimperialismus, der Wille, ökonomische Positionen oder ein Weltsicherheitssystem zu schützen und zu entwickeln, teils eine Art automatischen Ergebnisses der Macht. Man betrachtet gerne ein Verhalten als eine Art von imperialistischem, amerikanischem Komplott, was wir selbst als die legitime Verteidigung unserer Interessen betrachten. Wenn Sie den Nationalstaat haben, so haben Sie den Imperialismus, der notwendig unterschiedslos aus den verschiedenen politischen Systemen hervorgeht. Und die stärksten Nationalstaaten sind aufgrund eines Gesetzes politischer Physik, für das ich in der Geschichte keinerlei Ausnahme sehen kann, die imperialistischsten. Wenn Sie den Imperialismus zerstören wollen, so müssen Sie seine Quelle zerstören: den Nationalstaat. Ich finde die Gaullisten erheiternd, die sich angesichts des amerikanischen Imperialismus ereifern, während sie auf der anderen Seite den Wahnsinn des Staates sowie des Nationalismus bis zum Äußersten übertreiben. Wenn Sie einem Kind Calvados in die Nuckelflasche geben, so dürfen Sie nicht über den Alkoholismus herziehen.

Frage: Aber muß nicht eine entwickelte politische Zivilisation, die verantwortlich ist, ihren eigenen Imperialismus begrenzen?

Antwort: Ja, sie müßte es; sie tut es selten. Und beachten Sie, daß die Vereinigten Staaten es im Verlauf einer Periode getan haben, an die wenig gedacht wird außerhalb der Erinnerung an den Kalten Krieg: Es ist die Periode 1945–1951, in deren Verlauf allein die Amerikaner die Atomwaffe besessen haben. Keine Macht in der ganzen Menschheitsgeschichte befand sich jemals in einer derartigen Situation des Monopols auf die absolute Militärmacht, die es ihr theoretisch ermöglichte, die ganze Welt zu unterwerfen. Haben sie es mißbraucht? Ich glaube kaum, daß man das behaupten kann. Alle Themen, von denen einige in Frankreich immer noch Gegenstand von Auseinandersetzungen bilden, waren bereits vor sieben oder acht Jahren in den Vereinigten Staaten beigelegte Probleme. Es gab im Juni 1974 eine Gallup-Umfrage, aus der hervorgeht, daß das, was man im Jahre 1967 die Werte der »Gegenkultur« nannte, mittlerweile die Werte des mittleren Bürgertums geworden sind.

Frage: Die Linken sagen, daß dies eine Art von Nachholen und Entschädigung sei.

Antwort: Bei jeder Entschädigung wird dasjenige, was entschädigt, ebenso verwandelt wie der Entschädigte. Wenn es im Jahre 1789 nur darum gegangen wäre, den französischen Bauern Land zu geben, um sie zu entschädigen, dann lebe die Entschädigung.

Frage: Im Jahre 1970 haben Sie *Weder Marx noch Jesus* veröffentlicht. Sie haben den ein wenig erstaunten Europäern und offenkundig verblüfften Franzosen angekündigt, daß die nächste Weltrevolution – die erste war die englisch-französisch-amerikanische des 17. Jahrhunderts – nur von den Vereinigten Staaten ausgehen könne. Halten Sie immer noch an den Thesen fest, die Sie in diesem Buch dargelegt haben?

Antwort: Mehr denn je. Übrigens habe ich nicht gesagt: Die Weltrevolution wird in den Vereinigten Staaten stattfinden. Ich habe mehr gesagt: Sie hat bereits begonnen. Denn im Hinblick auf alle Themen, die sich mit dem verbinden, was man den Wandel der gegenwärtigen Gesellschaften nennt, hat der Export bereits stattgefunden: Die Anwendung ist mehr oder minder glücklich . . . Alle Ideen, die

276

die Beziehungen zwischen Männern und Frauen, zwischen Erwachsenen und Kindern, zwischen politischer Macht und Bürgern, zwischen
ökonomischer Macht, Verbrauchern und Arbeitern, der Macht im
Unternehmen, den Verantwortlichkeiten der Unternehmen im Verhältnis zur Umwelt, zum Wohnen, zur permanenten Erziehung, den
Verantwortlichkeiten der Großmächte auf Weltebene, den Verantwortlichkeiten angesichts der Dritten Welt erneut in Frage stellen, sind im
Verlaufe der 60er Jahre in den Vereinigten Staaten entstanden. Der
erste »Minister der Dritten Welt« war McGovern im Kennedy-Kabi-
nett. (Ich sage nicht, daß es eine spektakuläre und wirksame Aktion
gegeben hat, doch ist man zumindest auf die Idee gekommen.) Ich habe
niemals behauptet, daß diese Revolution automatisch stattfinden
würde. Im übrigen habe ich geschrieben: »die Revolutionen in der
Menschheitsgeschichte, die scheitern, sind sehr viel zahlreicher, als die
Revolutionen, die gelingen«. In diesem Punkt, nämlich was den
Automatismus der Revolutionen betrifft, bin ich kein Marxist mehr.

Frage: Sie glauben nicht an einen historischen Determinismus?

Antwort: Ich glaube nicht, daß es eine *historische Finalität* gibt, es gibt
niemals einen Prozeß, der nur zu einem einzigen Resultat führen kann.
Dagegen gibt es in jeder Epoche, was ich eine »Laboratoriumsgesell-
schaft« nennen würde, in der die meisten neuen Begriffe, neuen Kräfte
und Erneuerungen entstehen oder ihre internationale Dynamik entwik-
keln. Auf diese Weise ist offenkundig, daß gewisse Ideen im Hinblick
auf die Arbeitsverhältnisse im Unternehmen in Schweden entstanden
sind und nicht in den Vereinigten Staaten. Doch die schwedische
Gesellschaft ist kein so geheiligtes Ungeheuer, als daß dies eine
weltweite Ansteckungsgefahr bedeuten könnte, abgesehen von jenen,
die sie an Ort und Stelle studieren; die amerikanische Gesellschaft ist
sogar für jene »ansteckend«, die sie nicht untersuchen, die gegen sie
sind. Der Beweis dafür ist, daß die Jugend der Ostblockländer nur an
Rock, an Jeans denkt, und nicht etwa an den Obersten Gerichtshof, der
offensichtlich außerhalb ihrer Reichweite liegt. Ein weiteres Beispiel:
Die europäischen Industrieländer entdecken die Rassenspannungen
durch die eingewanderten Arbeiter. Ihr Überlegenheitskomplex angesichts der Weise, in der Amerika sein Problem mit den Schwarzen oder
mit den Puertoricanern austrug, dürfte sich darüber gelegt haben, und
die Versuche, es zu überwinden (Schulintegration, Quoten in den
Universitäten und Parteien, im Fernsehen, unter dem Führungsperso-
nal, usw.), müßten studiert werden. Auch darin war Amerika eine
Versuchsstätte des Besten und des Schlimmsten, wie Athen im

277

5. Jahrhundert v. Chr., wie Paris im Jahre 1875. Revolution läßt sich in zwei Worte zerlegen: Krise + Erneuerung. Amerika hat die Idee der Zukunft erfunden. Bisher hatten alle zeitgenössischen Gesellschaften ihre Modelle in der Vergangenheit: Die Franzosen wollten im 18. Jahrhundert die Engländer des 17. imitieren; die französischen Revolutionäre wollten die Römische Republik imitieren; die nationalen Befreiungsbewegungen im 19. Jahrhundert wollten die französische Revolution imitieren; die Russische Revolution wollte die Pariser Commune und die französische Linke imitieren. Die Vorbilder lagen stets in der Vergangenheit: Die Vereinigten Staaten sind die erste Gesellschaft, deren Vorbild das Jahr 2000 geworden ist, das heißt: Wohin gehen wir? Dies ist ein revolutionäres Verhalten.

Frage: Ist der Antiamerikanismus in Frankreich heute qualitativ und quantitativ weniger bedeutend?

Antwort: Nein. Im Gegenteil, er wird stärker.

Frage: Sogar im politischen Bereich? Der Präsident Giscard d'Estaing ist weniger streitbar im Hinblick auf die »Angelsachsen« – und besonders die Amerikaner – als George Pompidou und ganz gewiß General de Gaulle.

Antwort: Für die Politik der französischen Regierung trifft das zweifellos zu. Giscard ist in dieser Hinsicht nicht krankhaft, auch Sauvanargues nicht. De Gaulle und Jobert waren von dem Amerikaproblem besessen. Doch wenn Sie von der französischen Gesellschaft sprechen, so finde ich im Gegenteil, daß der Antiamerikanismus in den geringsten Kleinigkeiten ständig gegenwärtig ist.

Frage: In allen Kreisen? Bei den Universitätsangehörigen ebenso wie bei den Arbeitern?

Antwort: In den Universitätskreisen sogar noch mehr! Lesen sie die Zeitungen, sehen Sie sich das Fernsehen an, hören Sie Radio: Wenn Sie den Antiamerikanismus beseitigen, so beseitigen Sie achtzig Prozent des französischen politischen Denkens, auf der Linken wie auf der Rechten.

Der Antiamerikanismus ist ein Symptom verschleierter Selbstbezichtigung: Die Europäer klagen Amerika dessen an, was sie gegen sich selbst vorzubringen haben, einschließlich des Vietnamkrieges: Er hätte niemals stattgefunden, hätten die Franzosen nicht zuerst ihre Finger darin gehabt. Der Antiamerikanismus ist, da er tatsächlich eine nach außen projizierte Selbstanklage ist, notwendig zweideutig: Es gibt immer gleich einen konstanten Antiamerikanismus und eine liebevolle Nachahmung der Vereinigten Staaten, die beide weit über das hinausgehen, was nötig wäre.

Frage: Haben Sie genaue Beispiele für das Jahr 1975?
Antwort: Oh ja! Zum Beispiel lese ich im *Nouvel Observateur* vom 20. Januar 1975:

»Da die Amerikaner unfähig sind, ihre Wirtschaft zu reorganisieren, sind sie dazu verurteilt, sich ihren Wiederaufstieg von ihren Partnern bezahlen zu lassen.« Diese Diagnose über die Weltkrise stellte der Theoretiker Jacques Attali.

Es handelt sich dabei um die zusammenfassende Ankündigung eines Gesprächs mit diesem jungen Wirtschaftswissenschaftler, der gleichzeitig Lehrer an der polytechnischen Schule und Berater der Sozialistischen Partei ist. Darin findet sich die übliche Zweideutigkeit: Die Amerikaner sind Esel, sie sind »unfähig«, nicht in der Lage, in ihrem eigenen Haus ein bißchen Ordnung zu schaffen, rückfällige Bankrotteure; doch zugleich sind sie so ungeheuer listige Geldfüchse, daß es ihnen immer gelingt, teils ihren Wohlstand, teils ihren Wiederaufstieg sich von der restlichen Welt »bezahlen zu lassen«. Ich würde es nicht wagen, daran zu erinnern, daß die Vereinigten Staaten hin und wieder ein bißchen den Wiederaufstieg der anderen bezahlt haben*, denn diese Art der Pseudogroßzügigkeit ist angeblich, wenn sie von ihnen kommt, nur eine besonders schmutzige Form des Imperialismus. Doch bin ich ein wenig besorgt über die Geringschätzung, die der sozialistische Theoretiker der Menschheit entgegenbringt: Denn der Nachweis, daß die Amerikaner zum einen Idioten und zum anderen gerissen genug sind, um die ganze Welt zu betrügen, ist nicht gerade schmeichelhaft für die Fähigkeiten der anderen Völker.

Etwas später wiederholte Jacques Attali im Verlaufe einer Rundfunksendung** seine Analyse und schmückte sie noch weiter aus: »Amerika hat kein anderes Ziel mehr«, als »der wirtschaftliche Feind Europas« zu

---

* Nach einem Bericht des Finanzausschusses des Repräsentantenhauses (1973) haben die Vereinigten Staaten seit 1946 164 Milliarden Dollar für Auslandshilfe ausgegeben, um Europa und Japan wiederaufzubauen und die Dritte Welt zu unterstützen. Selbstverständlich ist ein Teil dieser Hilfe militärischer Natur, besonders die 12 Milliarden, die seit 1966 Südvietnam zugebilligt wurden. Doch dies ist bei weitem nicht der größte Anteil der Ausgaben: Zum Beispiel umfaßte das Budget von 1974 2 Milliarden 800 Millionen Dollar Auslandshilfe, von denen 490 Millionen für Rüstung bestimmt waren. Das Komitee errechnete, daß man zu einer tatsächlichen Hilfe von 270 Milliarden käme, würde man zu diesen 164 Milliarden Dollar die Zinsen seit 1946 hinzuzählen. Diese Kredite gehen nicht immer in eine einheitliche Richtung, wie man immer annimmt. So erhielt zum Beispiel Israel im Jahre 1974 eine Hilfe von 324,5 Millionen, Ägypten 350 Millionen, und 100 Millionen wurden zwischen Syriern und palästinensischen Flüchtlingen aufgeteilt.
** *France-Inter*, Sonntag, den 20. April 1975, 13 Uhr.

werden oder vielmehr zu bleiben. Nachdem der brillanteste französische Wirtschaftswissenschaftler unter vierzig Jahren mitleidig zugestanden hatte, daß die Amerikaner (im Jahre 1975!) die Probleme der Umweltverschmutzung und der Riesenstädte »entdeckt hätten«, legte er dar, daß es »nicht ausgeschlossen« sei, daß die Vereinigten Staaten »von einem Tag auf den anderen faschistisch« würden. Gerade nach Watergate, das ein großartiges und sehr seltenes Beispiel dafür war, wie ein Volk einem faschistischen Komplott Einhalt gebieten kann, entbehrte diese Prophezeiung keineswegs der Anzüglichkeit und ließ auf eine robuste soziologische Scharfsicht schließen. Doch seien wir duldsam: Das gewöhnlich alerte Hirn des Lehrers an der polytechnischen Schule wurde zu jenem Zeitpunkt von einem Rekurrensphantasma heimgesucht, das sich so auswirkt, daß man den Europäern den Faschismus in einem der wenigen Länder (von denen, die traditionsgemäß demokratisch sind) nachweist, wo er niemals triumphiert hat. Vorsicht, ich sage *triumphiert*. Ich verstehe darunter nicht, daß es in Amerika keine Faschisten gibt oder gegeben hat, sondern daß das Land und seine Regierung niemals faschistisch geworden sind. Zwischen den beiden Weltkriegen (oder während des Zweiten) wurde der Staat in Italien, Deutschland, Rumänien, Polen, Ungarn, Spanien, Portugal, Frankreich, Japan und Griechenland* faschistisch: Doch *niemals*, weder vor noch nach diesem Goldenen Zeitalter der Faschismen, gab es in den Vereinigten Staaten ein totalitäres Regime. Dennoch erblicken wir anderen Europäer dort und allein dort die faschistische Gefahr. Welch lobenswerte Wachsamkeit! Es ist gar nicht nötig, Freud gelesen zu haben (La Fontaine genügt in diesem Punkte), um zu verstehen, daß man es hier mit einem massiven Schuldübertragungsphänomen der Europäer zu tun hat. Dasselbe gilt für den Vietnamkrieg. Der kam uns außerordentlich entgegen, denn der amerikanische Vietnamkrieg war ein realer Greuel im Gegensatz zu den imaginären faschistischen amerikanischen Regimes, deren düstere Vision seit dreißig Jahren unsere Auguren unerschütterlich an die Wand malen. Doch leider vergessen wir, daß der amerikanische Vietnamkrieg *die Verlängerung des europäischen Imperialismus war.*

Dank dieses zweckmäßigen Vergessens diente er uns als Sündenbock für alle Sünden des Westens, als Blitzableiter für unsere eigene Schuld. Die Vereinigten Staaten von Amerika wurden von den Weißen all jener

---

* Ich spreche hier von der Diktatur von Metaxas (vor 1939), die erstaunlicherweise nicht auch noch nachträglich der 1947 geschaffenen CIA zugeschrieben wurde.

Verbrechen beschuldigt, die sie selbst seit fünf Jahrhunderten der übrigen Welt angetan haben. Wir Europäer haben in gewisser Weise Amerika eine Generalvollmacht für alle Übeltaten, die der Menschheit vom Westen zugefügt wurden, erteilt, ebenso wie übrigens die Opfer der Expansion der Weißen auf der Erde selbst es sich zur Gewohnheit gemacht haben, einzig auf Amerika die Verwünschungen und den Haß, den ihre Invasoren verdient haben, zu konzentrieren.

Seit 1973 hat der Antiamerikanismus ein neues Schlagwort gefunden: die multinationalen Gesellschaften, die mit dem amerikanischen Kapitalismus identifiziert werden. Man vergißt ganz einfach zweierlei. Zunächst, daß die multinationalen Gesellschaften amerikanischen Ursprungs in den Vereinigten Staaten stärker angegriffen werden als anderswo. Weiter kann ich zehn multinationale Gesellschaften nennen, die zu den mächtigsten der Welt gehören und nicht amerikanisch sind: Ciba, schweizerisch – Nestlé, schweizerisch – Philips, niederländisch – Unilever, englisch-niederländisch – Michelin, französisch – Fiat, italienisch – Erikson, schwedisch – Mitsubishi, japanisch – Bayer, deutsch – Saint-Gobain, französisch. Ohne die geheimste, die unverwundbarste, die allgegenwärtigste und die mächtigste aller multinationalen Gesellschaften mitzuzählen: die Schweizer Bank; 70 000 Schweden arbeiten in ausländischen multinationalen Firmen in Schweden und 200 000 Ausländer in den schwedischen multinationalen Gesellschaften in der ganzen Welt. Alle bedeutenden Firmen haben immer Zweigniederlassungen im Ausland gehabt. Doch das Prinzip der multinationalen Firma besteht in der Verlegung der Produktionszentren an Orte, die für Rohstoffvorkommen, verfügbare Arbeitskräfte und besondere Regierungsformen im Hinblick auf Kapitalerlangung und Steuerwesen günstig sind; also gibt es kein Zentrum mehr; das Zentrum ist überall.

Systematisch über die multinationalen Firmen herzuziehen, ist reaktionär. Ich habe da eine kleine These im Hinterkopf; die multinationalen Firmen sind in vielerlei Hinsicht ein Fortschrittsfaktor, ebenso wie die Nationalstaaten gegen die Feudalherrschaft zu Beginn des 16. Jahrhunderts. Ein etwas revolutionärer Geist müßte sich für die multinationalen Gesellschaften interessieren und sie nicht zum Teufel wünschen, während er sich zugleich mit dem Weihwasser von Marx und Déroulède besprengt. Dieses Phänomen bricht die ökonomische Karte unter Bedingungen auf, die vielleicht nicht völlig negativ sind.

Frage: Wird Ihrer Meinung nach in Frankreich ein für die USA negatives Faktum überbewertet, und wenn es etwas anderes Positives gibt, besteht dann die Tendenz, es schweigend zu übergehen?

Antwort: Ja. An dem Tag, als ein Urteil des Obersten Gerichtshofes die Todesstrafe abschaffte, wurde das von der französischen Presse nicht hervorgehoben. Hätte er sich dagegen ausgesprochen, so hätte das auf der ersten Seite gestanden.

Frage: Wie erklären Sie sich dieses Phänomen, da sich doch der Informationsverkehr ständig verbessert . . .

Antwort: Er verbessert sich, wenn Sie englisch lesen. Doch wenn Sie nur französische Zeitungen lesen, wenn Sie nur fernsehen und Radio hören, so sehe ich nicht, wie Sie sich über Amerika informieren können. Ich erinnere mich, wie ich im letzten Herbst [1974] eine ORTF-Sendung über die Fernsehinformation in den Vereinigten Staaten sah, die mit einem Unterton verächtlicher Selbstzufriedenheit beschrieben wurde, insbesondere von einem Exkorrespondenten unseres Fernsehens, den ich niemals etwas anderes habe tun sehen, als sein eigenes Bild vor dem Hintergrund des Weißen Hauses oder des Kapitols zu verbreiten und dabei irgendwelche trivialen Neuigkeiten aus den Zeitungen vom letzten Abend zu schwatzen. Wenn man vom Fernsehen, von den amerikanischen Fernsehen spricht, so hat man niemals wirklich verstanden, daß eben jenes Fernsehen nicht verstaatlicht ist – man hebt die exzessive Werbung hervor, die mehr oder weniger geschmackvollen Unterhaltungssendungen, die Serien . . . Dagegen wird nicht erwähnt, daß anläßlich der Watergate-Affäre die Hearings des Erwin-Komitees *täglich sechs Stunden* direkt übertragen wurden. Dies war auch der Fall, als der Ausschuß des Repräsentantenhauses über die Akte des »Impeachment« von Nixon zu befinden hatte. Mir ist keine großartigere Lektion über die politische Partizipation bekannt . . . Ich möchte einige der mehr oder weniger weit zurückliegenden Maßnahmen aus dem Stegreif aufführen, die sich Frankreich oder Italien besser zum Vorbild nehmen sollten: die Kontrolle der Wahlfonds; Watergate, das nicht etwa eine Miniaffäre ist, die sich mit der des *Canard enchaîné* vergleichen ließe, sondern die historische Mattsetzung der Allmacht der Exekutive und des Mißbrauchs der Staatsräson auf legalen Wegen. Dies wäre eher eine Art Dreyfus-Affäre, wenn es nicht für ein Volk schwerwiegender wäre, einen Staatschef anzuklagen, als die Unschuld eines Artilleriehauptmanns zu beweisen.

Frage: Haben Sie den Eindruck, daß der Antiamerikanismus seinen Höhepunkt erreicht hat?

Antwort: Ich glaube nicht, daß der Antiamerikanismus im Volk nachläßt. Er wird in der ganzen Welt zunehmen. Wir wohnen immer häufiger Phänomenen bei, für die – wo es auch immer sein mag: auf

Zypern, auf Bali oder in Brasilien – die Amerikaner für alles, was in dem betreffenden Land an Üblem passieren kann, verantwortlich gemacht werden. Wenn sie nicht als verantwortlich verwickelt sind, so schreibt man ihnen dies zu. Sind sie es, so übertreibt man.

Frage: Woran denken Sie?

Antwort: Wir haben den Versuch einer Beschlagnahme Portugals durch die Kommunisten erlebt. Hätte es auch nur die geringste Gegenreaktion gegeben, so würde die CIA augenblicklich von den anderen *portugiesischen* Bürgern verantwortlich gemacht werden. Auf der wirtschaftlichen Ebene wird die Inflation Amerika zugeschrieben; die Energiekrise wird Amerika zugeschrieben. Gerade in der französischen Presse konnte man im Jahre 1974 jene absolut wahnwitzige These lesen: Kissinger habe absichtlich im Jahre 1973 den Krieg im Nahen Osten provoziert, um die Energiekrise zu provozieren und Europa und Japan in die Knie zu zwingen! Ich erlebe immer häufiger, wie Leute spontan alles, was passiert, der Schändlichkeit der amerikanischen »Präsenz« zuschreiben. Wie gesagt, dieses Verhalten ist immer zweideutig.

Frage: Warum zweideutig?

Antwort: Wir sind zu einer Zusammenarbeit mit den Vereinigten Staaten verurteilt. Dies ist einer der Hauptgründe für den Antiamerikanismus. Außerdem ist die Welt in zwei Hauptblöcke aufgeteilt. In jedem Lager beklagt man sich über die herrschende Macht. Doch die Länder, die zum Sowjetblock gehören, können, selbst wenn sie ihr Mißgeschick dem sowjetischen Einfluß zuschreiben – was auch der Fall ist –, sie ihm nicht offen zuschreiben, da sie keine Meinungsfreiheit haben. Folglich hört man in der Welt nur das antiamerikanische Geschrei.

Frage: Wollen Sie damit sagen, daß in dem Augenblick, in dem die ostdeutschen Zeitschriften frei wären, der sowjetische Antiimperialismus dem amerikanischen Antiamerikanismus gleichkäme?

Antwort: Er würde ihn zweifellos übertreffen. Glauben Sie, daß der unausweichlich gemäßigte Antiamerikanismus eines westdeutschen »Verräters« (um mit Jobert zu sprechen) auch nur annähernd an den Haß heranreicht, den heutzutage ein Tscheche gegen die UdSSR verspüren kann? In den Ländern der Dritten Welt können die demographischen Probleme und Ernährungsprobleme zu einem Teil der egoistischen Politik der reichen Länder angelastet werden, zum anderen aber den Mißerfolgen dieser Länder der Dritten Welt selbst: politische Mißerfolge, Mißerfolge, die auf dem Gewicht der religiösen, familiären und abergläubischen Traditionen, auf dem Widerstand gegen

Veränderung und auf der Korruption beruhen – siehe Bangladesch: Sie gestehen offiziell ein, daß alle Hilfslieferungen, die sie seit einem Jahr erhalten haben, in Indien von den Beamten, die damit beauftragt waren, sie an die Bengalis zu verteilen, weiterverkauft wurden. Ich habe selbst gesehen, wie in Kalkutta Kanister mit Tafelöl zum Verkauf angeboten wurden, auf denen stand: »Not for sale. Gift of the American People«. Sie kosteten 200 Rupien.

Den Amerikanern wird zugeschrieben, was man den Amerikanern nicht anlasten kann; man wird ihnen zuschreiben, was man den Europäern nicht anlasten kann; man wird ihnen zuschreiben, was man der Dritten Welt nicht anlasten kann. Das erleichtert das Gewissen sowohl der Dritten Welt als auch der Europäer, und ich sehe nur Möglichkeiten für das Anwachsen des Antiamerikanismus. Wenn die Amerikaner – einer gegenwärtigen Meinungsströmung entsprechend, die sich in dieser Richtung in Amerika abzuzeichnen scheint – beschließen, ihre Hilfe für die Länder der Dritten Welt in zahlreichen Fällen einzustellen – selbst wenn diese Hilfe mit Bedingungen verknüpft ist, das heißt, mit politisch-militärischen – wird auch das ihnen wiederum zum Vorwurf gemacht. Schauen Sie sich alle großen internationalen Konferenzen an, die versucht haben, die Probleme von lebenswichtigem Interesse für die Welt zu regeln, nämlich die Konferenz über Umweltprobleme in Stockholm im Herbst 1972, die Konferenz über Meeresrechte in Caracas während des Sommers 1974, die Konferenz über Weltbevölkerung in Bukarest im Herbst 1974, die Konferenz in Rom über die Ernährungsprobleme in der Welt am Ende des Jahres 1974. Dies sind vier Konferenzen, von denen man nicht leugnen kann, daß sie Probleme hätten behandeln sollen, welche die gesamte Menschheit betreffen. Die vier Konferenzen wandelten sich in eine antiamerikanische Diatribe, die sich sogar gegen die Ausführungen amerikanischer Experten richteten, die mit der amerikanischen Regierung nichts zu tun haben; ihre Untersuchungen wurden einfach deswegen abgelehnt, weil sie Amerikaner waren. Es genügte, daß sie vorschlugen, die Bevölkerung in einem bestimmten Bereich der Welt einzugrenzen, damit man in ein Geschrei ausbrach: »Im Gegenteil! Mehr Kinder sind nötig! Ihr Verhalten ist imperialistisch!«

Ich sehe also eine Entwicklung des Antiamerikanismus auf einer allgemeinen Empfindungsebene, die sogar ein Problem darstellt, denn schließlich geht die Lösung der Weltprobleme unter dem Gesichtspunkt einer Findung von Lösungen, die auf Weltebene auf diese großen Probleme anwendbar sind – die Ökologie, das Meer, die Bevölkerung, die Lebensmittel, die internationalen Währungsprobleme –, nur über eine Einigung zwischen den Hauptindustriemächten, also in erster Linie den Vereinigten Staaten auf der einen Seite und den Entwicklungsländern auf der anderen. Also kann der systematische Antiamerikanismus jede Verhandlung nur vergiften. Doch auf der anderen Seite gibt es zwei Faktoren, die im entgegengesetzten Sinne wirken: Nämlich daß die Regierungen trotzdem zu einigem Realismus angehalten sind; ich nenne den kürzlich eingetretenen Fall der OPEC-Länder, die sich bereits darüber klar wurden, daß das Öl nicht rückhaltlos als ausschließlich politische Waffe benutzt werden kann, um sich – zu recht oder zu unrecht, das ist hier nicht das Problem – zu rächen, und die eingesehen haben, daß dies eine Bumerang-Wirkung haben könnte, und daß die Länder, deren Wirtschaft möglicherweise durch den hohen Ölpreis abgewürgt würde, nicht ausschließlich imperialistische Länder wären. In diesem Hinblick bestand ein gewisser Realismus. Ich glaube, daß ein großer Teil der Probleme, die sich gegenwärtig der Menschheit stellen, sich nicht ohne eine gute *und* schlechte bedeutsame Rolle der Vereinigten Staaten lösen lassen, ebenso wie es eine gute *und* schlechte Rolle des Römischen Reiches gab. Auf jeden Fall werden die Vereinigten Staaten moralisch besiegt oder unter Anklage gestellt: Wenn sie in der heutigen Welt eine Führungsrolle wahren, wird man es ihnen vorwerfen; und wenn sie darauf verzichten, so wird man es ihnen ebenfalls vorwerfen.

Solange das System der Nationalstaaten fortbesteht, verliert die Demokratie an Boden. Wenn die Demokratie an Boden verliert, kann sich der Sozialismus nicht konstituieren.

Die Demokratie, die in der Welt von heute schon in der Minderheit ist, wird allmählich vom Stalinismus und all seinen totalitären oder autoritären Varianten verschlungen, das heißt, von einem System, das notwendig stärker ist als sie. Denn der Stalinismus strebt nicht etwa nach dem Glück des Menschen, sondern nach der Beherrschung der zivilen Gesellschaft im Inneren und der anderen Staaten außerhalb, und wendet darauf seine ganze Energie, während für die Demokratie das Glück meist wichtiger ist als die Sicherheit. Die Auflösung der totalitären Welt kann nur aus ihrer Demokratisierung hervorgehen. Doch sie selbst hat vollkommen verstanden, daß ihre Demokratisierung ihre Auflösung mit sich brächte. Diese Situation ist ein Circulus vitiosus: Der Nationalismus bietet den Bürokraten und Diktatoren die ideale Waffe, um der Demokratisierung Widerstand zu leisten; im Namen des

Prinzips der Nichteinmischung in die inneren Angelegenheiten lehnen sie jede Infragestellung ihres Regimes durch die internationale Gemeinschaft ab. Da er diktatorisch in der Innenpolitik und revolutionär in der Außenpolitik ist, spielt also der National-Totalitarismus auf allen Klavieren zugleich.

Wenn in diesem Prozeß der Nationalismus eine besonders große Rolle spielt, so liegt dies, wie ich behaupten möchte, daran, daß innerhalb eines jeden sogar demokratischen Volkes das Ressentiment gegen ein Land, das stärker ist als das eigene, größer ist als die Sorge um das Überleben der liberalen Gesellschaften in ihrer Gesamtheit. Und in den Augen der Menschheit, die in der armen Welt lebt, vernichtet der Nationalismus die politischen und kulturellen Wurzeln der Demokratie, da er sich für den Fremdenhaß und gegen die Entwicklung entscheidet. Die Dritte Welt hat in der Tat das Bedürfnis, anzunehmen, der einzige Grund ihres Scheiterns liege im Imperialismus, vor allem im amerikanischen – und sie wird in dieser fixen Idee natürlich sowohl von den kommunistischen Staaten als auch, was schwerwiegender ist, von den demokratischen Ländern außerhalb der Vereinigten Staaten bestärkt, die meinen, die Ausnutzung des Antiamerikanismus würde ihnen Märkte eröffnen und Öl verschaffen.

Doch solange die Welt in Nationen aufgeteilt ist, wird immer die Reihe an eine dieser Nationen kommen, die dann wirtschaftlich und militärisch dominierend wird. Die nationalistische Illusion besteht in der Meinung, man müsse sich nur *dieser bestimmten Nation* entledigen und nicht etwa des Nationalstaats im allgemeinen, um die Weltpolitik des imperialistischen Phänomens abzuschaffen.

Wenn wir nicht die Urform verwerfen, so werden wir ewig »diese bestimmte Nation« haben, gestern England, morgen vielleicht Brasilien, Kanada, den Iran, Japan oder Australien. Indem sie dem unvernünftigsten Chauvinismus, wo immer er entsteht, einfach aus Animosität gegen die Vereinigten Staaten schmeicheln, schaffen die Pseudosozialisten der ganzen Welt die Bedingungen für eine allgemeine antidemokratische Reaktion, denn unter dem Vorwand der »unabhängigen« Außenpolitik, tragen sie dazu bei, daß jeder beliebige Staat in den Händen eines jeden beliebigen Staatschefs immer mehr für unverletzlich gehalten wird. In dem Moment, da sie gegen den Imperialismus sind, wird den Despoten und Oligarchen die Absolution der Progressisten erteilt. Eine Milchmädchenrechnung: Auf der Ebene der historischen Zeit ist die amerikanische Macht ein vorübergehender Faktor: das methodische Aufgeben der Demokratie, dem der Nationalismus und Antiamerikanismus als Rechtfertigung dienen, wird dagegen ein dauerhaftes Resultat.

Die Welt, die sich ausschließlich aus chauvinistischen, antidemokratischen Staaten zusammensetzt und auf die wir zusteuern, ist aus zwei Gründen mit dem Entstehen eines wahren Sozialismus unvereinbar.

Das erste ist, daß sie weiterhin ein Zoo von Imperialismen sein wird, in dem das Streben nach Macht stets den Vorrang vor dem nach Glück, der Geist der Herrschaft vor dem der Verwaltung, der besondere Ehrgeiz vor der weltumfassenden Sicht hat. Und wenn ich vom Imperialismus spreche, so spreche ich von *allen* Imperialismen: dem der kapitalistischen Länder, welche an der Spitze der Dritten Welt stehen; dem der Dritten Welt, die an der Spitze der Vierten Welt steht; der kommunistischen Länder gegenüber diesen beiden Welten und den kapitalistischen Ländern; dem dieser Länder gegenüber den kommunistischen Ländern; der kommunistischen Länder untereinander, der kapitalistischen Länder untereinander, der unterentwickelten Länder untereinander und dieser letzteren gegenüber den beiden ersten Welten, wenn sie über ein Herrschaftsmittel verfügen, wobei Öl gegenwärtig eins der wichtigsten ist.

Der zweite Grund besteht darin, daß der Nationalismus den Sozialismus in eine einzige Richtung drängt, einen Engpaß, der jede wirkliche ökonomische Demokratie abwürgt: Ich spreche von der fixen Idee der Verstaatlichung! Bis heute ist den Sozialisten in der Praxis nichts weiter eingefallen, als den Staat, der allein aufgrund seines vertrauenerweckenden Eindruckes geheiligt ist, die Verkörperung der Kollektivität und des »allgemeinen Interesses«, zum Eigentümer der Produktionsmittel zu machen. Obwohl die Erfahrung ausführlich erwiesen hat, daß das wirtschaftliche Staatsmonopol sowohl für die landwirtschaftliche wie die industrielle Produktion unheilvoll ist*, bewirken die vereinten Verheerungen der totalitären Faszination, des Hasses auf die Privatunternehmen und der Regression auf die prälogische nationalistische Mentalität, daß die selig schlummernden Sozialisten ernsthaft nach nichts anderem streben, als jenem primitiven Zaubermittel barbarischer Alchimie, jenem magischen Schlüssel, der unweigerlich die Pforte zur totalitären Armut öffnet. Wie können, abgesehen von dem wirtschaftlichen

---

* Und auf den Lebensstandard der Arbeiter. Es ist wahrhaft verblüffend, festzustellen, daß die Löhne der Bergarbeiter in den verstaatlichten Zinnminen des heutigen Boliviens, *ihrer Kaufkraft nach* unter den Löhnen liegen, die vor fünfzig Jahren vom »wilden Kapitalisten« Simon Patiño gezahlt wurden (Zahlen in: Norman Gall, *Field Reports, West Coast, South American Series*, Bd. 21, N. 1 und 2, 1975).

Desaster, das bisher von jeder stalinistischen Verwaltung bestätigt wurde, die Verstaatlicher von demokratischem Sozialismus reden? Wer sich auch immer nur eine vage Vorstellung von Marx hat vermitteln lassen (was bei vielen von ihnen wohl der Fall sein dürfte), kann nicht ignorieren, daß es diesem Soziologen zufolge eine gewisse Beziehung zwischen ökonomischem Unterbau und seinem politischen Überbau gibt. Und kann man mir erklären, wie es möglich ist, daß eine Wirtschaft von der Spitze ab vollkommen dirigiert wird, ohne daß sich die politische Macht auf die ökonomische niederschlägt, sich mit ihr verbindet und sie zum Ausdruck bringt, das heißt, wie kann es eine verstaatlichte Wirtschaft ohne politische Diktatur geben?

Die kommunistische Konterrevolution muß also, unterstützt von dem Fortbestehen der Nationalstaaten, anscheinend dahin gelangen, ziemlich rasch Kapitalismus, Demokratie und Sozialismus abzuschaffen.

Das Auftauchen des Kommunismus hat seit 1920 die Entwicklung der liberalen kapitalistischen Ländern zu einem demokratischen Sozialismus verhindert. Der Kommunismus hat eine historisch konterrevolutionäre Rolle gespielt. Es ist kein Zufall, daß er gerade in Rußland und in China siegte, jenen beiden Reichen, welche die bereits xenophobischste und totalitärste Vergangenheit hinter sich hatten, in denen der Staat stets zum Götzenkult des Monarchen, zum bürokratischen Despotismus und zum kulturellen Dirigismus genötigt hat. Wenn insbesondere Europa wieder Fortschritte in die linke Richtung machen will, muß es sich zunächst von der Vorstellung freimachen, daß der Kommunismus zur Linken gehört.

In Richtung Neo-Sozialismus?

Ich hatte daran gedacht, diesem Buch einen im Grunde wenig reißerischen und absichtlich didaktischen Titel zu geben:»Über den unvermeidlichen Fortschritt des Stalinismus in der Welt und über das sichere Scheitern der Versuche, die gemacht werden, um sich ihm entgegenzustellen.« Die Verblüffung, die sich regelmäßig auf die Gesichter meiner Zuhörer malte, wenn ich ihnen diesen Satz vortrug, brachte mich davon ab, ihn beizubehalten.

Dennoch resümiert er recht gut die Entwicklung des Kräfteverhältnisses. Die Unbesiegbarkeit des Stalinismus rührt daher, daß er das erste Regime in der Geschichte ist, das nach innen reaktionär und nach außen revolutionär, in seiner Herrschaftsform unterdrückend und in seiner Propaganda befreiend ist. Diejenigen, die ihn an sich erleben, wollen ihm sicher entrinnen, können es jedoch nicht. Diejenigen, die ihn herbeiwünschen, haben ihn niemals erlebt und nehmen vom Kommunismus nichts anderes wahr als seine Kritik am kapitalistischen System und an der liberalen Demokratie, von der einiges nur allzu begründet ist. Gerade dies gestattet es einer totalitären Maschinerie, die keinerlei gemeinsamen Punkt mit irgendeinem möglichen Sozialismus aufweist, dennoch in seinem Namen Fortschritte zu machen und seine Attraktiva zu usurpieren.

Der Sozialismus kann nur innerhalb des Kapitalismus Fuß fassen, sich durch Überschreitung und nicht Zerstörung der kapitalistischen Zivilisationen und unter der Bedingung, daß er zwei ihrer wesentlichen Punkte beibehält, herausbilden: die Produktionskapazität und die politischen, individuellen und kulturellen Freiheiten. Alle Revolutionen, die bisher unter der sozialistischen Etikette gemacht oder geplant wurden, waren für diese beiden Aspekte fatal, und dies ist der Grund, der einzig wesentliche Grund, weshalb ihre Urheber beseitigt wurden oder auf den Polizeitotalitarismus zurückgreifen mußten, um weiterbestehen zu können. Die einzigen Herrschaftsformen, die eine Ähnlichkeit mit dem sozialistischen Ideal, wie es seit dem Beginn des 19. Jahrhunderts formuliert wurde, bieten, und die für einen greifbaren Beginn der Realisierung dieses Ideals gelten können, sind die sozialdemokratischen Herrschaftsformen, die sich nur ausgehend vom liberalen und hochentwickelten Kapitalismus konstituieren. Dies löst nicht das Problem der Dritten Welt*, doch für die Industrieländer gibt es keine andere Art, sich ohne Katastrophe vom kapitalistischen Produktionssystem zu lösen, das im übrigen aufgrund unablässiger Korrekturen noch ziemlich lange bleiben wird, wenn kein stalinistischer Infarkt eintritt.

Man wird mir entgegenhalten, daß dies keine sehr originelle These sei und daß ich mich genaugenommen nur in den schmutzigen Fluß des Reformismus stürzen würde. Zwei Antworten auf diesen Einwand.

In erster Linie ist die Politik nicht etwa das Gebiet *theoretischer* Imagination, sondern praktischer Originalität, *das heißt*, der korrekten Wahrnehmung des Konkreten. Der theoretischen Imagination stehen andere Bereiche offen: die Literaturkritik, die Theologie, das Schachspiel, die Mathematik, die Grundlagenforschung in den Wissenschaften von der Natur und vom Menschen. Politisches Denken besteht darin, sich abzugewöhnen, etwas zu sehen, was nicht existiert, und sehen zu lernen, was existiert, um im jeweiligen Fall dementsprechend zu handeln. Die Politik impliziert nach der schönen Formulierung von Antonio Gramsci, »den Pessimismus der Intelligenz und den Optimismus des Willens«.

In zweiter Linie – und dieser Punkt ist noch wichtiger als der vorangehende – läßt sich als demokratisches sozialistisches Fortschreiten nur ein reformistisches vorstellen. Bedenken wir eine Sekunde, auf welche Weise sich die Frage nach dem Respekt vor dem Menschen stellt, wenn man eine Gesellschaft verwandeln will, und ein jeder wird sich wundern, daß man derart lange und endlos über dieses alte Klischee der »Reform«, die »das Gegenteil der Revolution« wäre, hat disputieren und dissertieren können. Alle Sozialisten und sogar die meisten Kommunisten – in den Ländern, in denen sie die Herren im Staat sind – sind sich darüber einig, daß der Sozialismus im und mit dem *Pluralismus* entstehen muß. Dieser Pluralismusbegriff taucht unablässig in den Auseinandersetzungen über »den demokratischen Weg zum Sozialismus« auf und stand im Mittelpunkt der Polemiken zwischen Sozialisten und Stalinisten in Portugal.

Nun schließt aber die Vorbehaltsklausel des Pluralismus jeden anderen Typ als den des Reformismus aus. Verdammt man den zweiten,

---

* Ich erlaube mir anläßlich dieses Themas auf ein zukünftiges Werk zu verweisen, das den »Krieg der Welten« und die Verschärfung der Imperialismen im Zusammenhang mit dem Scheitern der Entwicklung behandeln wird.

so verzichtet man auf den ersten. Denn eine »totale Veränderung« der Gesellschaft setzt die Beseitigung der widerspenstigen Minderheiten voraus und sogar die Unterwerfung der Mehrheit unter eine Diktatur, wenn die Mehrheit diese Veränderung nicht wünscht (dies war, wie wir sahen, in Chile der Fall). Jeder plötzliche und vollständige Ersatz eines Gesellschaftssystems durch ein anderes erforderte, um sich demokratisch zu vollziehen, einen neuen Gesellschaftsvertrag, also Einmütigkeit: Allein der Gesellschaftsvertrag muß, wie Rousseau sehr zutreffend sagte, einstimmig angenommen werden, denn er ist der Pakt, durch den jedes einzelne Individuum sich verpflichtet, sich *in der Zukunft* den von der Mehrheit verabschiedeten Gesetzen zu unterwerfen, sogar wenn es nicht selbst für sie gestimmt hat. Doch ist klar, daß kein Individuum einen solchen Pakt wider seinen eigenen Willen unterschreiben kann. Ebenso stünde es mit der Schaffung der europäischen Regierung: man müßte einstimmig das Gesetz der Mehrheit verabschieden. In der Praxis werden innerhalb der Nationen neue Verfassungen mit einer Zweidrittelmehrheit angenommen. Doch ebenfalls in der Praxis verbietet das revolutionäre Verfahren (wie die historische Erfahrung ausführlich gezeigt hat) den Pluralismus. Wenn man umgekehrt den Pluralismus übernimmt, so übernimmt man den Reformismus, es gibt keine andere Lösung. Sind die Kommunisten also Reformisten geworden?

Sehen wir heute, zentriert auf das Beispiel Italien, die Entwicklung dessen, was man, um den vom Chefredakteur der *Stampa*, Arrigo Levi, vorgeschlagenen Ausdruck aufzugreifen, einen Neokommunismus nennen könnte*?

In den internationalen Beziehungen wäre der Geist von Helsinki die inspirierende Quelle dieses Neokommunismus. Innerhalb der Beziehungen der nationalen kommunistischen Parteien zur Sowjetpartei würde die neue Regel die Freiheit der Analyse und die Entscheidungsautonomie aufgrund der besonderen Situationen gestatten. Wie sieht es gegenwärtig mit dem Realitäts- und dem Realisierungsgrad dieses Neokommunismus aus, und was für eine Zukunft hat er?

Es lassen sich zwischen den Satellitenstaaten Osteuropas wie zwischen den verschiedenen westlichen kommunistischen Parteien Divergenzen feststellen, und im Westen manchmal sogar Polemiken. Das Gesamtbild ist nicht einheitlich. Die polnische Formel besteht in einer totalen diplomatischen Unterwerfung unter die UdSSR im Austausch

---

* Siehe seinen Leitartikel in *Newsweek*, 14. Juli 1975: »A Communiqué from World War III«.

gegen eine geringfügige Liberalisierung im Inneren. Die rumänische Formel besteht dagegen in geringerer diplomatischer Abhängigkeit, die von einer unnachgiebigen inneren Disziplin begleitet wird, damit die UdSSR es niemals für ihre Pflicht hielte, Truppen nach Bukarest zu schicken, um dem Sozialismus zu Hilfe zu eilen. Im Westen erlebte man im Jahre 1975 die Verschärfung des Kontrastes zwischen der französisch-portugiesischen, vom Stalinismus durchdrungenen Borniertheit und der Großzügigkeit der italienischen Auffassung, die ebenfalls von einer aus dem Untergrund auftauchenden spanischen Kommunistischen Partei übernommen wurde. Welche Lehren lassen sich aus diesen Entwicklungen und Unvereinbarkeiten ziehen?

Die sowjetische Partei als erste betroffene scheint ihrerseits keineswegs zu berücksichtigen, daß die internationale kommunistische Bewegung nicht mehr ihre Spitze in Moskau zu haben braucht, noch daß es aufgrund der lokalen Situationen notwendig ist, die leninistische Lehre von der Diktatur des Proletariats, sagen wir besser, die Machtübernahme durch den Parteiapparat, gleichgültig wie minderheitlich der Kommunismus in einem Lande auch immer sein mag, abzuwandeln. Seit dem Sommer 1974 machte sich ein verschärfter Ton in den sowjetischen Artikeln und Erklärungen gegen den Polyzentrismus bemerkbar, gegen die Idee, die internationale kommunistische Bewegung könne mehrere wirklich autonome Entscheidungszentren haben; gegen den Pluralismus, das heißt, die Praxis der westlichen Demokratie; gegen den Reformismus und die Sozialdemokratie. Schon vor dem Artikel von Konstantin Zarodow (*Prawda*, 6. August 1975), der die unzüchtige Verbindung zwischen der französischen und italienischen KP und ihre »irrtümliche Konzeption« der Demokratie verurteilte, konnte man zahlreiche Texte lesen, die in dieselbe Richtung gingen, wie zum Beispiel den Artikel von Boris Ponomarjow (*Probleme des Friedens und des Sozialismus**) oder im Mai einen Leitartikel der Zeitschrift *Polticeskoe Samoobrazovanie* (die sich im wesentlichen an die Kader der KPdSU richtet), welcher sich gegen »die Überschätzung der spezifischen Bedeutung von Nationalcharakteristika« und »die Ideologen des Imperialismus wendet, die den Begriff des vorgeblichen Pluralismus mit dem Ziel erfunden haben, die kommunistischen Parteien und die

---

* Siehe *L'Express* vom 30. Juni 1975. Der Chefredakteur von *Probleme des Friedens und des Sozialismus* ist eben jener Konstantin Zarodow. Es ist eine internationale Zeitschrift, die in verschiedenen Sprachen herausgegeben wird und sich vor allen Dingen an die nichtrussischen Parteien richtet. Die französische, italienische und spanische Ausgabe enthielten den fraglichen Artikel von Boris Ponomarjow *nicht*.

sozialistischen Staaten zu spalten«. Selbst wenn also die westlichen KPs ihre Handlungsfreiheit forderten, so würde Moskau ihnen nicht etwa spontan diese Freiheit gewähren. Ganz im Gegenteil. Unvermeidlich würden daraus Reibereien und sogar Konflikte resultieren.

Genau das geschah nach dem Artikel der *Prawda* vom 6. August. Daß das Zentralorgan der italienischen KP, *L'Unitá*, sehr ruhig diesen Artikel widerlegte, indem es insbesondere an seine »Ablehnung des Prinzips der Diktatur« erinnerte, ist nicht weiter erstaunlich. Dagegen begrüßte man die lebhafte Reaktion des Generalsekretärs der französischen KP als eine Neuigkeit. Doch, wie es scheint, war Marchais mehr aus formalen denn aus inhaltlichen Gründen verärgert: genauso wie damals, als die Sowjets die Reise des Ersten Sekretärs der französischen SP nach Moskau auf unhöfliche Weise annulliert hatten. Die KPD konnte nicht, ohne das Gesicht zu verlieren, zulassen, daß Mitterand derart rücksichtslos behandelt wurde, noch tatenlos zusehen, wie man eine »opportunistische Politik« der »Einheit um jeden Preis« beschrieb, als führte sie angeblich dahin, daß sie »sich in eine ideologisch amorphe Organisation auflöst«, den fast beleidigenden Ausdrücken von Zarodow in der *Prawda* zufolge.

Doch im Grunde genommen (und deswegen war die Beleidigung unverdient) bleibt die KPF sehr orthodox und integrationistisch, selbst wenn sie den kritischen Modernismus so weit treibt, daß sie behauptet, Lenin habe nicht den ganzen Ablauf der Weltgeschichte voraussehen können. Im Bericht von Georges Marchais vom 29. Juni 1972, der von Etienne Fajon in *L'union est un combat* veröffentlicht wurde, finden sich Sätze, die eines Zarodow würdig sind: »Es wäre gefährlich, sich auch nur der geringsten Illusion über die Aufrichtigkeit oder die Festigkeit der Sozialistischen Partei hinzugeben [. . .] Die Ideologie, die heutzutage die Sozialistische Partei beseelt, ist und bleibt absolut reformistisch [. . .] Sie ist dem wissenschaftlichen Sozialismus vollkommen fremd.« Und dies wurde inmitten der Einheitseuphorie vor der erneuten Frostperiode vom Ende des Jahres 1974 gesagt.

In Portugal unterstützte die KPF energisch die klassische Linie von Cunhal, eine strenge Anwendung des Prinzips, demzufolge überall dort, wo es machbar ist, die Priorität nicht der Demokratie gehört, sondern der Machtergreifung durch die Kommunistische Partei, die sich insbesondere der Sozialisten und der Zentrumsanhänger zu entledigen hat. Angesichts des gescheiterten Versuches von Cunhal appellierten die portugiesischen Kommunisten, unterstützt von den Franzosen, an das heilige Bündnis, gegen die »Pogrome«, »Scheiterhaufen« und »Hexenjagden«, die einem Faschismus zugeschrieben wurde, dessen Erwachen sie selbst provoziert hatten. Will man alle Demokraten, die keine Kommunisten sind, beseitigen, wen hat man dann am Ende vor sich zu erwarten?

Doch die russischen Theoretiker des internationalen Kommunismus stellen die umgekehrte Überlegung an: Die »Revolution« ist in Portugal und Chile gescheitert, *weil* die Kommunisten dort zu tolerant waren. Es ist nötig, schreibt Ponomarjow, »daß die von den antikommunistischen Extremisten innerhalb der Sozialdemokratie verfolgte Politik neutralisiert wird [. . .]

Es kommt darauf an, daß man die Errungenschaften der Revolution zu verteidigen weiß, sich bereit hält, rasch die Formen des friedlichen und nicht friedlichen Kampfes zu verändern, der bürgerlichen konterrevolutionären Gewalt die revolutionäre Gewalt entgegenzusetzen [. . .]

Die großen Informationsmittel spielen in den gesellschaftlichen und politischen Kämpfen unserer Zeit eine Rolle, die in der Geschichte der vergangenen Revolutionen nicht ihresgleichen hat. Die Erfahrung Chiles lehrt uns, daß man, um zu siegen, der Herrschaft des Klassenfeindes über die wesentlichen Informations- und Propagandamittel ein Ende setzen muß [. . .]

Selbst bei einem friedlichen Ablauf der Revolution ist es unerläßlich, dem Zugriff der Repräsentanten des alten Regimes auf ein so wesentliches Machtinstrument wie die Armee ein Ende zu machen und einen neuen Staatsapparat zu schaffen.«

Der Artikel von Zarodow vertritt dieselben Thesen. Offenkundig darf man nicht meinen, daß diese Artikel von integristischen Dissidenten stammen, die eine gegen Breschnew und die Entspannung feindlich eingestellte Clique bilden, denn Breschnew selbst hat Konstantin Zarodow nach seinem berühmten Artikel vom 6. August 1975 in der *Prawda* mit großem Aufwand empfangen und beglückwünscht, um öffentlich seine völlige Zustimmung zu diesen Analysen deutlich kundzugeben.

Der Neo-Kommunismus der KPI scheint solider zu sein, da er im Gegensatz zu dem der KPF sich nicht in allen Situationen, die noch nicht existieren, auf Versprechungen beschränkt, und in allen Situationen, in denen die Möglichkeit besteht, konkret und unmittelbar zu handeln, auf stalinistische Verhaltensweisen. Die KPI beschränkt sich nicht auf die Behauptung, ihre Politik werde in Rom und nicht in Moskau definiert, sie definiert eine Politik, die sich von der Moskaus unterscheidet.

In der Außenpolitik: die antisowjetische Analyse der portugiesischen

Situation, die Treue Italiens gegenüber dem Atlantischen Bündnis und der NATO, die Zustimmung zum Ideal der Supranationalität in Westeuropa – gegen das *L'Humanité* und die *Prawda* bei jeder Gelegenheit wettern. In der Innenpolitik: der Respekt vor dem politischen, gewerkschaftlichen, intellektuellen Pluralismus. Doch mehr noch: Zusammenschluß mit Unternehmen in einer Wirtschaft, in welcher der Kapitalismus seinen Platz wahren würde. Umberto Agnelli kann erklären:»Fiat ist bereit, zum Wohle Turins mit der KPI zusammenzuarbeiten.« Umgekehrt beeilt sich Giorgio Amendola, einer der »historischen Chefs der KPI«, zu antworten, er »unterstreiche von neuem die Bedeutung der Privatinitiative«.

Sicher begünstigt die KPI die Demokratie, weil sie von ihr profitiert hat, und wenn sie die Wahlen respektiert, so weil sie sie gewinnt. Doch der Abstand, den sie zu den marxistisch-leninistischen Thesen gewonnen hat, ist so groß, daß sie entweder zur Kommunistischen Internationale zurückkehren oder völlig mit ihr brechen muß. Auf jeden Fall ist ihr Programm tatsächlich seinem Inhalt und seinen Prinzipien nach ein sozialdemokratisches Programm: kluge Atlantikpolitik, politische Demokratie, Kompromiß mit dem Kapitalismus. Nach dem Debakel des portugiesischen Kommunismus hängt die Zukunft Europas in hohem Maße von der Authentizität oder Nichtauthentizität des Neokommunismus in Italien ab.

Dennoch sollte man die Novität der Meinungsverschiedenheiten zwischen den einzelnen kommunistischen Parteien nicht übertreiben. Bereits nach dem XX. Kongreß der KPdSU und der Rede Chruschtschows, der im Jahre 1956 die Verbrechen Stalins denunzierte, hatte die französische Kommunistische Partei auf diese ungewohnte Offenheit mit großer Feindseligkeit reagiert. Jahre hindurch widersetzte sich die französische Partei hartnäckig den von Moskau ausgegebenen Entstalinisierungsparolen. Ihr Generalsekretär, Maurice Thorez, komplottierte zusammen mit der sogenannten »Molotow-Gruppe«, um der chruschtschowschen »Liberalisierung« entgegenzuarbeiten – die im übrigen völlig relativ war, da sie insbesondere weder die Invasion russischer Panzer in Ungarn im Jahre 1956 noch die bewaffnete Niederwerfung des Aufstands von Budapest (mit der Zustimmung und auf den Rat von Mao Tse-tung, der damals noch ein Freund der Führungskräfte des Kreml war) in irgendeiner Weise verhinderte. Diese Ablehnung des »Tauwetters« seitens der Franzosen isolierte sie nicht nur von Chruschtschow, sondern auch von den Italienern, welche der neuen Linie uneingeschränkt zustimmten. Im Verlaufe dieser Periode kam es zwischen Togliatti und Thorez praktisch zum Bruch. Es ist also nicht wahr, daß sich die französische KP ohne Ausnahme bedingungslos hinter Moskau gestellt hatte: Nach 1956 war sie zwar ein bedingungsloser Anhänger, jedoch Stalins und nicht Moskaus.

Dennoch ändern die Divergenzen innerhalb der Kommunistischen Internationale nichts an der Tatsache, daß sie eine Realität sind. Man kann zwar innerhalb des Lagers Differenzen haben, aber es bleibt dennoch ein Lager. Seit im Jahre 1973 innerhalb der kapitalistischen Länder wirtschaftliche und soziale Schwierigkeiten auftraten, scheint Moskau von den kommunistischen Parteien dieser Länder zu erwarten, daß sie eher den Westen nachdrücklich destabilisieren, anstatt an Koalitionsregierungen teilzunehmen. Die Kommunisten ihrerseits scheinen im Gegenteil darauf erpicht, durch Bündnisse mit der nicht-kommunistischen Linken, oder sogar – im italienischen Fall das Angebot eines »historischen Kompromisses« – mit dem Zentrum und der Rechten an die Macht zu gelangen. Zweifellos ist in den Augen des Kreml diese Lösung nicht gerade die angebrachteste, in einem Augenblick, da er den Ernst der wirtschaftlichen, gesellschaftlichen und politischen Krankheit in Italien und Großbritannien (wo die offizielle Kommunistische Partei belanglos ist, wo jedoch eine »destabilisierende« marxistische Minderheit sehr aktiv ist) ausnützen wollte, die prekäre innenpolitische Situation in Portugal, in Spanien, in Griechenland, der Türkei ausbeuten wollte, um das nicht-kommunistische Europa in einen chaotischen Kontinent zu verwandeln, der unfähig wäre, sich zusammenzuschließen und auch nur ein Minimum an Zusammenhalt seiner Verteidigungsorganisation unter dem nuklearen amerikanischen Schutzschirm zu wahren. Eins der außenpolitischen Ziele der Sowjetunion war stets ein schwaches und zerspaltenes Westeuropa, das zwar nicht annektiert ist, jedoch fügsam, und sich mehr und mehr von den Vereinigten Staaten löst. Folglich fürchtete sie immer den Erfolg sozialdemokratischer Experimente, sowohl ihrem Inhalt als auch ihrer Rhetorik nach, die unter der Beteiligung der Kommunisten, die darüberhinaus die Gefahr mit sich brächten die Errichtung der europäischen Einheit voranzutreiben. In diesem Sinne dient das antireformistische Vorurteil der pseudorevolutionären Ideologen des »erweiterten Stalinismus« sehr wirkungsvoll den totalitären Zielen. Die Entspannung nach der Art Breschnews besteht darin, von der kapitalistischen Welt ökonomische Vorteile zu erlangen, und gleichzeitig fortzufahren, sie zu destabilisieren, wobei im Hinblick auf die Freiheiten keine entscheidende Konzession gemacht wird.

Wer hat sich nicht darüber gefreut, die jüngsten Glaubensbekenntnisse der westlichen Kommunisten hinsichtlich eben dieser Freiheiten zu vernehmen? Was Italien betrifft, so kann ihre Aufrichtigkeit tatsächlich nur dann verifiziert werden, wenn sie die nationale Regierungsmacht ausüben. Bis dahin müssen sie überaus interessiert daran sein, sich ein liberales Image zu geben, das ihnen Stimmen einträgt. Denn vergessen wir nicht jenen seltsamen Charakterzug der Kommunistischen Parteien: Sie sind die einzigen, die verlangen, man solle sie nach ihren Erklärungen beurteilen, während man alle anderen politischen Parteien nach ihrem Handeln beurteilt. Auf der Ebene der Erklärungen sind die Italiener in der Tat auf dem Weg des politischen und kulturellen Liberalismus am weitesten fortgeschritten. Im Bereich der Regierungspraxis wissen wir nichts über ihr zukünftiges Verhalten.

Die Methode der französischen Kommunisten hat sich wenig gewandelt: Verbal verteidigen sie die Grundfreiheiten, doch sie garantieren sie uns weiter in einer totalitären Weise. Ihre Proklamationen der Treue gegenüber dem Pluralismus schlagen stets in heftige Invektiven gegen jene um, die sie verdächtigen, ihn nicht zu wollen. Ähnlich jener »gemäßigten« südamerikanischen Partei, deren Devise lautete »Tod den Extremisten!«, zerrt die Kommunistische französische Partei im Namen der Toleranz all jene in den Schmutz, die nicht ihre Meinung teilen, derzufolge sie alle Meinungen respektiert. Zum Beispiel wandelte sich ein Artikel des Zentralorgans der KPF, der mit bemerkenswerter Klarheit die Internierung des sowjetischen Mathematikers Leonid Pljuschtsch in ein psychiatrisches Gefängnis verurteilt, auf der Stelle in einen Ausfall gegen diejenigen, die diese Tatsache ausbeuten, »indem sie einzig durch antisowjetische Böswilligkeit dazu getrieben werden«, und gegen die Sozialisten, die sich mit der »extremen Rechten« zusammentun und »in die Fußstapfen der Emigranten treten«. Schließlich wird die »totale Mißbilligung« des möglichen medikamentösen Mordes an Pljuschtsch zu einer Art von Ultimatum, das jenen einschärft, zu schweigen, die vorgaben, aus dieser Tatsache irgendeine Lehre zu ziehen*.

Indessen kennen die restlichen Kommunisten sehr wohl die Schwäche der These von Zarodow, wenn er in der *Prawda* schreibt, daß »keine Revolution außerhalb der Vorherrschaft des Proletariats möglich ist«. Zunächst einmal nimmt das »industrielle Proletariat« immer weniger Platz in der Zusammensetzung der arbeitenden Bevölkerung der

* René Andrieu: »De grâce, pas de leçon!«, in: *L'Humanité*, 25. Oktober 1975.

entwickelten Gesellschaften ein; weiter ist nur eine Minderheit an Arbeitern kommunistisch. Wenn die Hälfte der kommunistischen Wähler Industriearbeiter sind, so stimmen doch nur zwei Drittel dieser Arbeiter für die Kommunisten. Das Arbeitervotum für die Kommunisten hat sich unaufhörlich verringert. »Die Archive der Ifop sind in diesem Hinblick formal: Im Juni 1946 stimmten 43 % der französischen Arbeiter für die Kommunisten, 31 % im März 1967, 33 % im Juni 1968, 34 % im Dezember 1972*.«

Weiter kann man in einem gewissen Maße Milovan Djilas folgen, wenn er behauptet, daß »der Kommunismus eine erloschene Kraft ist«**. Er fährt fort: »Sehen Sie sich die Länder an, die von Kommunisten regiert werden, sie sind zugleich wirtschaftlich und kulturell rückständig. Auf wann datiert das letzte vom Kommunismus inspirierte bedeutende Kunstwerk? Die Stagnation war das Hauptcharakteristikum Osteuropas, und dies schon seit Jahren. Was die Vergangenheit beweist, ist die Tatsache, daß der Kommunismus nicht etwa eine neue Art von Religion ist, sondern einfach eine andere Art von Diktatur.«

Dieses Buch wurde in der Absicht geschrieben, ein Licht auf diese Wahrheit zu werfen, aber leider auch auf die geringe Wirkung, die sie auf die Denker und die Weltpolitik ausübt. Das Verlangen nach Diktatur ergreift Besitz vom Gesicht der Linken und überschreitet bei weitem die Grenzen des organisierten Stalinismus. Die totalitäre Versuchung wird vielleicht mächtiger sein als das Streben nach dem Sozialismus, der Haß auf den Kapitalismus heftig genug, um die Beseitigung der Freiheit, die fanatische nationalistische Leidenschaft zu akzeptieren, um einen ewigen Bürgerkrieg auf dieser Erde fortzusetzen.

---

* Jean Charlot: »Qui vote communiste?«, in: *Le Point*, 5. Februar 1973. Charlot fügt hinzu: »Der Kommunismus gewinnt nur bei den Rentnern und Beschäftigungslosen (11 % der Stimmen für die KP im Jahre 1946, 20 bis 22 % heute) und bei den Kleinhändlern und Kleinindustriellen (von 5 bis 13 %) an Boden, er stagniert bei den höheren Berufen und den Freiberuflichen und geht bei den Angestellten zurück.«
** *Newsweek*, europäische Ausgabe, 1. September 1975.

Personenregister

Agnelli, Umberto 295
Allende, Salvador 28, 124 f., 128, 216, 226 ff.
Amalrik, Andrej 47, 85, 168
Amendola, Giorgio 295
Amin, Idi 115
Aragon, Louis 270
Ariès, Philippe 205 f.
Aron, Raymond 270
Attali, Jacques 279
Auerbach, Erich 265 f.
Azevedo, José-Baptista Pinheiro de 224

Baechler, Jean 153, 158, 174 f.
Bakunin, Michail 53
Bell, Daniel 180
Benn, Anthony Wedgwood 137
Bergson, Henri 270
Bernard, Claude 187
Berthelot, Marcelin 187
Bianco, Lucien 58
Blanca, Antoine 220
Bloch, Marc 153
Blum, Léon 106, 229
Bonnard, André 39
Boumedienne, Houari 118
Brecht, Bertolt 270
Breschnew, Leonid Iljitsch 25, 113 f., 117, 157, 250, 294, 296
Broder, David 235
Burnett, John 188

Caetano, Marcelo José das Neves Alves 90, 214, 217, 220
Camus, Albert 47, 72
»Carlos«, s. Ramirez Sanchez, Ilitch
Carlucci, Frank 73
Carvalho, Otelo Saraiva de 94, 219
Casanova, Laurent 51
Castro Ruz, Fidel 117, 216, 230, 235
Caute, David 116
Cavaignac 93
Ceausescu, Nicolae 157
Ceretti 269
Charlot, Jean 298
Chaunu, Pierre 102
Chevènement, J.-P. 147
Chiang Ching, Frau von Mao Tse-tung 39
Chomsky, Noam 206 ff.
Chruschtschow, Nikita Sergeje-witsch 25, 37, 42 f., 117, 189 f., 250, 295
Cocteau, Jean 11
Cunhal, Alvaro 67, 94, 124, 219, 223, 293

Daniel, Jean 88
Déroulède 281
Dickens, Charles 265
Djilas, Milovan 298
Duby, Georges 102